Diários, poesias, cartas

Hannah Senesh
Diários, poesias, cartas

Organização e tradução do hebraico,
inglês e espanhol de Frida Milgrom

Posfácio de
Ignácio de Loyola Brandão

TORDSILHAS

Copyright in all languages including photographs
© 2011 by Hannah Senesh family in Israel
Copyright of the Portuguese language Book © 2011 by Frida Milgrom

Todos os direitos reservados. Nenhuma parte desta edição pode ser utilizada ou reproduzida – em qualquer meio ou forma, seja mecânico ou eletrônico –, nem apropriada ou estocada em sistema de banco de dados, sem a expressa autorização da editora.

O texto deste livro foi fixado conforme o acordo ortográfico vigente no Brasil desde 1º de janeiro de 2009.

TRADUÇÃO E ADAPTAÇÃO DAS POESIAS Erez Milgrom
LEGENDAS Frida Milgrom
REVISÃO Erez Milgrom, Frida Milgrom, Otacílio Nunes e Beatriz de Freitas Moreira
PROJETO GRÁFICO Kiko Farkas e Thiago Lacaz/Máquina Estúdio
CAPA Mariana Newlands
FOTO DE CAPA Hannah Senesh na Hungria (verão de 1939)
FOTO DE CONTRACAPA Hannah Senesh com o irmão, Guiora, em Tel Aviv (janeiro de 1944)

1ª edição, Ipsis, 2010
2ª edição, revista e ampliada, Tordesilhas, 2011

Dados Internacionais de Catalogação na Publicação (CIP)
(Câmara Brasileira do Livro, SP, Brasil)

Senesh, Hannah,
    1921-1944 Diários, poesias, cartas / Hannah Senesh ; organização e tradução do hebraico, inglês e espanhol de Frida Milgrom ; posfácio de Ignácio de Loyola Brandão. – 2. ed. – São Paulo : Tordesilhas, 2011.

    ISBN 978-85-64406-30-8

    1. Combatentes - Biografia 2. Guerra Mundial, 1939-1945 - Hungria 3. Mulheres judias - Palestina - Biografia 4. Senesh, Hannah, 1921-1944 I. Brandão, Ignácio de Loyola. II. Título.

11-11658   CDD-920.0092924

Índice para catálogo sistemático:
1. Heroína judias : Vida e obra 920.0092924

2011
Tordesilhas é um selo da Alaúde Editorial Ltda.
Rua Hildebrando Thomaz de Carvalho, 60
04012-120 – São Paulo – SP
www.tordesilhaslivros.com.br

Sumário

Nota da organizadora e tradutora   7
Prefácio à edição brasileira, *por Eitan Senesh*   13
Infância e adolescência, *por Katarina Senesh*   15
Diários, poesias, cartas   39
A missão: a última fronteira, *por Reuven Dafni*   305
A captura, *por Yoel Palgi*   317
Encontro com a mãe na prisão em Budapeste,
   por Katarina Senesh   343
O final   371
O legado de Hannah Senesh, *por Moshe Braslavsky*   387
Posfácio, *por Ignácio de Loyola Brandão*   395
Sobre a organizadora e tradutora e o posfaciador   399

Nota da organizadora e tradutora

Este livro é dedicado à memória de Hannah Senesh, uma estrela que brilhou por pouco tempo, mas a mais radiante de todas. Dorme em paz, Hannah. Não foi em vão. Quem buscar ter fé na humanidade e em sua bondade encontrará teu nome. Sem você, as estrelas brilhariam menos.

Contar a história de Hannah Senesh é uma honra, uma grande responsabilidade e um sonho que se tornou realidade. Apesar de Hannah ser uma heroína, sua história é pouco conhecida no mundo e praticamente ignorada no Brasil.

Espero que este livro ajude a mudar isso e que Hannah se torne uma inspiração para todos aqueles que conhecerem sua história.

A vida de Hannah Senesh me impressionou desde o início por vários motivos. Fiquei fascinada por sua clareza de ideias e sua determinação. Conhecer sua história e ler seu diário e suas cartas reforçou ainda mais meu orgulho como judia. Hannah foi a verdadeira heroína do povo judeu: uma grande mulher, que morreu para que tantos outros tivessem a oportunidade de viver. Sua história deve ser contada e sua memória, perpetuada para que as futuras gerações se inspirem em sua coragem, em seu caráter e em seu amor pelo povo judeu e por Israel.

A vontade de tornar Hannah conhecida me levou a criar um projeto educativo para as crianças das escolas judaicas no Brasil. Esse projeto já está estabelecido com sucesso em São Paulo, estará em breve no Rio de Janeiro e conta com a inserção de Hannah Senesh no currículo escolar.

O livro *Hannah Senesh – Retrato de uma heroína*, em versão escolar resumida, foi distribuído gratuitamente aos jovens, que também estudaram sobre Hannah em sala de aula. O projeto conta com o apoio da Federação Israelita do Estado de São Paulo, que fez de Hannah Senesh o tema principal durante a Marcha da Vida Regional e na cerimônia de Yom Hashoá (Dia do Holocausto) celebrada pelas escolas judaicas em 2011, ano em que Hannah completaria noventa anos. O projeto contempla também a exibição do filme *Abençoado o fósforo: a vida e a morte de Hannah Senesh (Blessed is the match: the life and death of Hannah Senesh)*, de Roberta Grossman, filme que foi um dos oito finalistas ao Oscar de melhor documentário em 2008.

Pessoalmente, acredito que o projeto está sendo um grande sucesso graças ao empenho profissional dos professores de todas as escolas. O reconhecimento da importância de contar a história de Hannah Senesh no Brasil por parte desses profissionais foi fundamental, e sou muito agradecida a todos.

Precisamos ensinar aos jovens que os verdadeiros heróis não são feitos de força física, mas de força de vontade, de brio, de um caráter inabalável e de muita determinação. Hannah Senesh era tudo isso e ainda tinha em sua alma a delicadeza de uma poetisa.

Apesar de ter sido executada aos vinte e três anos de idade, essa jovem deixou um vasto repertório de cartas escritas à sua família, seu diário, fotos e muitas poesias.

Foi uma estrela que brilhou por pouco tempo, mas foi a mais radiante de todas.

É nosso dever transmitir seu legado às futuras gerações. É nossa obrigação não deixar que se apague a chama que a manteve viva.

E é uma honra poder contribuir para que Hannah viva para sempre dentro de cada um de nós.

Talvez o melhor tributo a ela, como diz seu sobrinho Eitan Senesh, esteja em suas próprias palavras:

"Há estrelas cujo brilho é visível na terra embora elas tenham sido há muito tempo extintas. Há pessoas cujo brilho continua a iluminar o mundo, apesar de elas já não estarem entre os vivos. Essas luzes brilham particularmente quando a noite é escura. Elas iluminam o caminho para a humanidade."

Sobre a tradução

Até hoje, as cartas que Hannah Senesh escreveu tanto para a mãe quanto para o irmão foram publicadas em diversos livros nos mais variados idiomas, inclusive na versão escolar resumida que traduzi ao português e cuja edição ficou a cargo da Ipsis Gráfica e Editora. Com tiragem de três mil exemplares, essa edição resumida foi distribuída gratuitamente aos alunos das escolas judaicas de São Paulo cursando a partir do sexto ano.

Na versão completa aqui apresentada, adicionei seis cartas inéditas (três destinadas à mãe e três, ao irmão), nunca antes publicadas em nenhum outro idioma e nenhuma outra edição.

Além disso, vinte das cartas já publicadas em outros idiomas – inclusive na versão escolar resumida em português – são aqui publicadas integralmente pela primeira vez.

Todas as 26 cartas em questão estão marcadas devidamente com a referência necessária para facilitar ao leitor sua identificação.

Agradeço a Eitan Senesh, sobrinho de Hannah, a gentileza de ter-me oferecido todo esse material inédito.

Sobre a grafia dos nomes

Há várias maneiras de escrever os nomes que aparecem neste livro. Por exemplo, "Hannah Senesh" é a grafia usada em inglês, mas o nome já apareceu em outras publicações como "Chana Szenes". O próprio nome "Hannah" já foi escrito de maneiras diferentes: "Hana", "Hanna" etc.

Apesar de preferir manter os nomes originais, optei pela grafia usada em inglês pelo simples motivo da facilidade de pronúncia.

Hannah nasceu "Anna". No seio da família, era chamada de Anikó. Ela se torna Hannah quando se muda de Budapeste para a Palestina.

Em húngaro, nome e sobrenome se invertem: Hannah Senesh era Szenes Anna. Anikó era como todos a chamavam.

O nome original de Katarina Senesh na Hungria era Katalin, mas todos usavam a forma mais familiar do nome: Kató. Em Israel, ela era conhecida como Ima (Mãe) Senesh.

Gyuri é a forma familiar de György. Em Israel ele era chamado de Guiora. "Gyuri" tem o mesmo som fonético que "Yuri" com um "D" na frente ("DYuri").

Agradecimentos

À minha família, que sempre me apoiou e que junto comigo percebeu a importância de contar a história de Hannah Senesh, cada um de sua maneira, cada um envolvendo outras pessoas, e fazendo de várias partes um todo. Obrigada pelo apoio incondicional e por acreditar que eu consigo fazer qualquer coisa, independentemente do nível de dificuldade. Dov, Erez, Lior e Adam, esse sonho e esse trabalho vão de dentro da minha alma para vocês, com meu amor infinito.

Este projeto, no qual trabalhei durante quatro anos, não existiria não fosse a gentileza, a dedicação e o apoio de algumas pessoas no Brasil, nos Estados Unidos e em Israel.

Hannah Senesh não viveu para ver o final da guerra, nem a publicação e o sucesso de seus diários, cartas e poesias. Sinto-me honrada por ter tornado esse material acessível ao público brasileiro.

Agradeço a Eitan Senesh, sobrinho de Hannah, pela confiança de enviar-me material inédito do acervo particular da família, para que fizesse parte do primeiro livro sobre Hannah Senesh a ser publicado em português. Agradeço o apoio constante nesses quatro anos, através de e-mails, conselhos e encontros em Israel.

A Roberta Grossman, diretora do documentário *Blessed is the match: the life and death of Hannah Senesh* (Abençoado o fósforo: a vida e a morte de Hannah Senesh), por todo o apoio, compreensão e disponibilidade ao longo desses quatro anos, e por ter, juntamente com os profissionais de Facing History and Ourselves, me permitido traduzir os Guias de Estudo para os professores das escolas judaicas sem quaisquer ônus, acreditando e apoiando o projeto educacional e a inserção da história de Hannah Senesh no Brasil.

Fernando Ullmann, da Ipsis Gráfica e Editora, foi um grande parceiro, que entrou de corpo e alma para tornar o projeto educacional uma realidade e me fez sonhar mais longe com um segundo livro. Obrigada por acreditar, obrigada por sonhar comigo. Obrigada a você e ao Antonio Cestaro, da Alaúde Editorial, por tornarem este livro e esse sonho uma realidade para todos.

Agradeço também o apoio de Karen Stobiecki, Gabriel Jarovsky e Marcelo Klabin. Sem vocês esse projeto não teria visto a luz do dia.

Fui extremamente afortunada por ter ao meu lado amigos atenciosos, compreensivos e generosos, com os quais sempre pude contar. Eles deram, de diferentes formas, uma contribuição moral e espiritual essencial ao longo desse projeto, e eu não gostaria de ter feito esse trabalho sem que essas pessoas especiais fossem parte dele.

Lorena Quiroga algumas vezes saiu da cama à noite para ler trechos da tradução quando eu pedia. Não tenho como expressar minha eterna gratidão pelo seu apoio constante, pela sua torcida e por acreditar em mim, quando muitas vezes eu mesma desacreditava. Você faz parte desde o início de cada respiro desse projeto e foi uma das primeiras pessoas a ter conhecimento do projeto educacional quando ele ainda engatinhava.

Michel Stolar e Abramino Schinazi sempre tiveram palavras de apoio, conselhos, incentivos e, principalmente, humor, que para mim foi essencial. Obrigada por acreditarem em mim, por me "empurrarem" quando eu pensava em parar e por terem entendido a importância do momento. Minha eterna gratidão e carinho.

Monica Becker, mais irmã do que amiga, é o que se chama "pau pra toda obra", seja lendo os trechos da tradução sempre que eu pedia, seja tirando fotos nas escolas quando da entrega do livro aos alunos, sempre sentindo no próprio peito as minhas alegrias, me incentivando e torcendo constantemente. Que sorte a vida ter posto você no meu caminho.

A Alberto Milkewitz e à Federação Israelita do Estado de São Paulo, por todo o apoio e por acreditarem na importância de apresentar Hannah Senesh às escolas judaicas e à comunidade em geral.

A esse time de primeira, gostaria de acrescentar ainda Vivian Behar, uma pessoa de importância fundamental na minha vida no último ano. Aquela a quem a gente agradece e não há necessidade de dizer por quê, pois – como disse Hannah Senesh – "você sozinha entenderá por que as palavras são desnecessárias".

Este livro não poderia ser publicado não fosse o trabalho profissional e dedicado de Erez Milgrom, que leu incontáveis vezes tanto os textos originais como a tradução, e trabalhou, mesmo quando não tinha tempo, na revisão, na tradução e na adaptação das poesias de Hannah Senesh, tornando-as uma obra-prima literária e poética em nosso idioma. Sou incapaz de encontrar uma palavra forte o suficiente para expressar o orgulho, o amor e a felicidade de ter você ao meu lado desde o início.

Não posso terminar sem agradecer àquela que é a razão de tudo isso. Obrigada, Hannah Senesh, por você ter existido mesmo que brevemente. Obrigada por você ter lutado com tanta bravura pelos seus ideais, deixando um exemplo de determinação, de coragem e de caráter. Obrigada por me mostrar que, tendo força de vontade e objetivos claros, o compromisso em realizar algo importante é possível, e a satisfação de tê-lo realizado é imensa. Obrigada por me fazer compreender que vale se esforçar por cumprir certas metas, mesmo que o resultado alcançado não seja o que foi esperado ou inicialmente desejado.

Obrigada, Hannah Senesh, por ter perpetuado dentro de mim a chama que ilumina minhas origens e por me mostrar que uma pessoa, mesmo sozinha, pode fazer diferença.

Espero que esta leitura tenha me tornado digna da confiança e do carinho que recebi de todos vocês. Sintam, em cada linha, em cada frase, em cada parágrafo, todo o meu amor e a minha gratidão.

São Paulo, julho de 2011
Frida Milgrom

Prefácio à edição brasileira

Como sobrinho de Hannah Senesh nascido após a Segunda Guerra Mundial, educado e criado no Estado de Israel, acredito que a história de Hannah, os valores que ela expressa e seu modo de vida devem ser levados ao conhecimento de jovens em todo o mundo. Esta é a primeira vez que um livro dela é traduzido ao português, e ele traz ao público partes selecionadas do diário pessoal de Hannah e algumas de suas poesias. Com isso, abrimos caminho para que Hannah conte, com as próprias palavras, a história de sua vida tão singular. Através desta edição educativa, espero que os jovens leitores aprendam a observar a própria vida como Hannah observava a dela. Cada um poderá adquirir por si só as ferramentas apropriadas para utilizar durante o longo caminho do futuro.

Estendo os meus agradecimentos à tradutora, Frida Milgrom, por ter se oferecido para fazer o grande trabalho de tradução e edição deste livro. Também quero agradecer a Fernando Ullmann e Antonio Cestaro, da Alaúde Editorial, por tornarem este livro maravilhoso disponível ao público.

Vejo este livro como um fósforo abençoado e uma chama que alimenta a imaginação, aproxima as pessoas umas das outras e incorpora a prece universal para a paz neste mundo.

Haifa, Israel, 2011
Eitan Senesh

Infância e adolescência,
por Katarina Senesh

Há muitos anos a ideia de escrever minhas recordações sobre minha filha Hannah me persegue. Não pela publicidade, mas pelo desejo de determinar, na medida do possível, os motivos, as circunstâncias e as influências que traçaram seu destino. De certa maneira, ela mesma o fez em seu diário e em outros escritos, mas existem pormenores, motivos e acontecimentos vitais que a conduziram com coragem ao seu destino, dos quais eu fui a testemunha mais próxima.

Não há dor maior do que a dor de uma mãe que viva mais que seus filhos – talvez por ser ilógico e antinatural. Essa dor é muito maior no caso de uma mãe que é privada do fruto de seu ventre sob circunstâncias trágicas e diante dos próprios olhos. Não é comum e desperta certa resistência emocional uma dessas mães sair de seu isolamento para fazer conhecer o rigor da verdade, suas memórias mais queridas e dolorosas. Mas é uma tarefa que pretendo desempenhar.

Hannah (três anos) com seu irmão, Guiora (quatro anos).

Infância

I

Anikó[1] passou os primeiros anos de sua infância num ambiente cordial, cheio de uma alegria de viver muito sincera. Seu irmão, Guiora, um ano mais velho, era seu companheiro de brincadeiras: o riso e a alegria no quarto das crianças contagiavam os pais e a família inteira. A avó Fini (minha falecida mãe, que morava conosco) e o pai, que abandonava por uns momentos o mundo da imaginação para se juntar às crianças e refrescar sua alma criativa, contribuíram enormemente para essa atmosfera alegre.

O pai era escritor, autor de peças teatrais e de comédias de muito sucesso. Realizava a maior parte de seu trabalho durante a noite. Por esse motivo, e também por um problema cardíaco que o afetava desde a juventude, levantava-se tarde. A rotina diária com as crianças integrava sua vida, com exceção do tempo que dedicava aos ensaios ou quando o fervor da criatividade o tirava da cama cedo. Os pequenos se sentavam, então, na cama do pai, e uma coleção de contos saídos de sua fértil imaginação e criados unicamente para o prazer das crianças fluía da boca do escritor, que sabia se relacionar com o mundo das crianças e jovens com um amor incomum. Quando adoeciam, comprovávamos que esses contos aliviavam mais que os remédios receitados pelo médico. Noites inteiras eram dedicadas a histórias e lendas, em especial para Anikó,

---

[1] Diminutivo do nome "Ana" em húngaro. (N. T.)

que era mais sensível a doenças. Com o tempo, descobrimos que esses relatos se alojavam em sua mente e fecundavam sua imaginação, pois ainda menina já mostrava sintomas de critério independente, de interesse insaciável e de desenvolvimento mental especial. Lembro-me de uma manhã quando, sentada ao lado da cama do pai, relatou-lhe todo o programa da festa celebrada na escola de seu irmão, Guiora, onde ela estivera presente. Hannah tinha cinco anos de idade e repetia ou imitava para o pai palavra por palavra, movimento por movimento, tudo o que havia escutado e visto, e o pai me fez perceber que ela era dotada de duas qualidades: capacidade de compreensão e talento narrativo.

Katarina e Bela Senesh e vovó Fini.

Um episódio comovente aconteceu quando nos preparávamos para celebrar o quarto aniversário de Anikó. O pai a pegou no colo e perguntou que presente ela mais gostaria de ganhar, pois ela era uma boa menina que dava sempre muita alegria aos pais. E ela respondeu: "Tenho um pedido: sei que todas as meninas devem amar seus pais mais do que qualquer outra coisa no mundo. Mas se vocês concordarem, eu gostaria de amar a vovó Fini mais do que amo vocês". Demos a ela nossa permissão como "presente" de aniversário. Mas, obviamente, foi a vovó Fini quem se beneficiou do presente.

Com frequência saíamos de casa e muitas vezes por várias semanas, e a vovó Fini nos fazia um longo relatório detalhado sobre o comportamento das crianças e seu desenvolvimento nesse período.

Hannah (três anos) com seu irmão, Guiora (quatro anos).

O pai, sempre temeroso de que sua doença lhe desse um golpe prematuro, esforçava-se para enriquecer a infância e a juventude dos filhos com lindas recordações cheias de euforia, passeios maravilhosos, visitas ao jardim zoológico ou ao teatro infantil do "Tio Oscar" – um artista que divertia as crianças e sabia conquistá-las com suas narrações geniais. Porém, do que as crianças mais gostavam era de sentar em seu quarto com o pai, que brincava com eles em suas horas livres.

Hannah (quatro anos) com seu irmão, Guiora (cinco anos).

Essa infância feliz foi interrompida de modo imprevisto: em 1927, na madrugada de um dia de maio, um ataque cardíaco pôs fim à vida do pai. Ele tinha apenas trinta e três anos de idade.

Vários dias antes, seu pensamento concentrava-se em uma de suas peças teatrais, que estava lhe tirando o sono. Pela manhã, vi seu reflexo no espelho em frente à minha cama enquanto arrumava a gravata mergulhado em pensamentos, sem ao menos olhar a própria imagem. Comentei que ele estava com boa aparência, pois tinha acabado de passar uma temporada de repouso num famoso balneário junto ao lago Balaton. De repente ele disse:

"Sabe? Acho que minha vida já pode terminar. Para dizer a verdade, consegui tudo o que um escritor pode obter na Hungria. Sou conceituado como um dos escritores mais notáveis e colaboro para os jornais de maior circulação (no jornal *Pesti Hirlap*, com tiragem de cem mil exemplares, escrevia uma coluna humorística muito famosa, "Parágrafos Hilários", que os leitores adoravam), minhas peças são representadas pela companhia de teatro mais qualificada; a escolha dos artistas e a distribuição de papéis são feitas a meu gosto. Antes que a tinta seque, a gráfica já está esperando o manuscrito para rodar. O que mais posso querer? É verdade que as portas do Teatro Nacional não se abrem facilmente aos escritores judeus, mas mesmo que elas se abrissem para mim, eu preferiria o meu teatro, onde minhas peças são mais adequadas. Então, o que mais? Sucessos no estrangeiro? Cinema? Dinheiro? O que isso me acrescentaria? Realmente, já poderia partir."

Hannah aos cinco anos.

Essa não era a primeira vez que falávamos sobre a morte. Numerosas poesias descobertas nos papéis dele após a sua morte relatam esse estado resignado que o dominava com frequência, mesmo quando o sorriso não sumia de seu rosto.

Contive as lágrimas e respondi:

"E nós? Você não pensa em nós? Que faríamos se você se fosse?"

"Obviamente este é o ponto doloroso da questão. As crianças eu deixo em mãos dedicadas." (ah, se ele soubesse que estava profetizando!)

Sempre terminava nossas conversas sobre a morte com uma piada e se fechava no escritório. E, após alguns dias, veio a desgraça. Guiora tinha sete anos. Anikó, seis.

Hannah (seis anos) e seu irmão, Guiora (sete anos), com um repórter, dando entrevista para um jornal.

O efeito sobre Anikó teve expressão nas poesias que escreveu pouco depois do falecimento ("Tristeza", "Oh, crianças felizes" e "Felicidade que passou" – cujos dois primeiros versos são: "Gostaria de estar contente, mas não posso/ Não importa como eu gostaria de estar, não importa como eu quero estar"). Não escrevia as poesias de seu próprio punho, pois na primeira série da escola ainda não dominava corretamente a caneta. Em vez disso, ditava-as à vovó Fini. Suas primeiras poesias, que foram escritas com a caligrafia harmoniosa da avó, refletem as impressões e os sentimentos que a grande comoção fez com que se manifestassem de maneira mais evidente. Parecia que Anikó tinha herdado do pai o talento poético, que, provavelmente, marcou suas poesias juvenis.

Mesmo anos mais tarde, como rotina, a avó anotava cada uma das poesias da menina em pequenos cadernos – e quando Anikó partiu para Eretz Israel, empacotou esses cadernos junto com seus pertences mais queridos.

II

As crianças não ouviram falar de religião nem de judaísmo durante os anos de sua infância, apesar de que o pai delas e eu nos considerávamos judeus conscientes e não ocultávamos nossa origem, como era comum na sociedade assimilada ou não judaica da Hungria naquela época. As formas externas de rituais não eram importantes para nós. A crença do pai, como escritor-criador, consistia no humanismo puro, cujo altar ele cultuava de forma escrita, verbal e através de ações. Mas a escola inculcava na alma dos pequenos as bases da fé e da religião.

Ainda em seus primeiros anos de infância, Anikó reagia ante qualquer menção judaica ou ao judaísmo. Na verdade, também se destacava na liderança das outras atividades da escola. Logo que começou a frequentar a escola, sentia-se como em casa. Numa ocasião, sua professora da primeira série me contou que Anikó a ajudava em seu trabalho. Quando era preciso que se ausentasse da classe por alguns instantes, pedia a ela para que ficasse em seu lugar e tomasse conta da classe. Nesses momentos, Anikó contava a seus companheiros histórias que eles escutavam com o maior interesse, e o tempo passava na mais perfeita ordem.

São interessantes as observações sobre Anikó feitas por essa professora – que era conhecida como excelente pedagoga –, além do boletim que a menina recebeu ao final do ano letivo. Em sua frequente observação das crianças, a professora chegou à firme certeza de que os princípios básicos que determinam o caráter do ser humano aparecem, em sua maioria, durante a infância. E as opiniões que ela tinha de Anikó se confirmaram com o tempo.

Da escola primária até o ginasial, as crianças participavam à tarde das brincadeiras no Colégio Húngaro-Britânico e assim, brincando, aprenderam o inglês. A diretora desse colégio – muito amável e muito minha amiga – acompanhava atentamente o desenvolvimento das crianças. Para a festa de dez anos do colégio, ela pediu que Anikó escrevesse um texto alusivo. A menina o fez de imediato e, em seu diário, menciona com alegria que essa foi sua primeira criação literária pela qual recebeu salário.

Outro episódio de sua infância: aos oito ou nove anos de idade publicavam "O Jornal dos Pequenos Senesh". As páginas datilografadas circulavam de mão em mão entre as crianças, que pagavam a "assinatura" com barras de chocolate. Guiora era encarregado da parte gráfica e das "ilustrações", e Anikó escrevia todas as seções, com eventuais colaborações de alguns companheiros.

Enquanto o pai era vivo, as crianças nunca haviam assistido a nenhuma de suas peças no teatro, pois todas eram destinadas ao público adulto. Após seu falecimento, levei-as à apresentação de uma comédia a cuja estreia ele mesmo não teve a sorte de assistir, para que elas vissem o sucesso que o pai fazia nos palcos. E elas veneravam sua memória e se orgulhavam dele. Anikó tinha sete anos quando expressou esses sentimentos de forma trágica e consoladora: seu irmão contou sobre os brinquedos novos com os quais brincara na casa de um amigo e disse com sinceridade infantil:

"Como o Ivan é feliz, quantos brinquedos ele tem!"

Anikó o olhou surpresa e disse:

"Ivan é um menino feliz porque tem muitos brinquedos? E eu que pensei que você queria dizer que ele é feliz porque o pai dele está vivo! Mas eu nunca trocaria o meu pelo dele, pois não há no mundo um pai como nós tivemos!"

Anikó tinha oito anos quando dois escritores adaptaram uma peça de seu pai para uma opereta. Um deles nos visitou e fez uma "reportagem" com as crianças – e quando ouviu as respostas espertas e astutas de Anikó não pôde conter o riso nem o assombro.

Por causa da admiração que a menina despertava, os pais de seus companheiros de colégio, convencidos do proveito que seus filhos tirariam da amizade com Anikó, a enchiam de presentes e de convites para numerosas festas na casa deles.

Hannah (nove anos) e seu irmão, Guiora (dez anos).

III

Anikó terminou a escola primária e os anos iniciais do ginasial com excelência e sem nenhum esforço. Naturalmente, surgiu a ideia de inscrevê-la no Colégio da Comunidade Reformista, que, após anos de isolamento absoluto, terminou por abrir suas portas a crianças de origem judaica. A discriminação para crianças de outro credo surgiu, porém, no que dizia respeito à mensalidade escolar: os católicos pagavam mensalidade em dobro e para os judeus o pagamento era triplo. Ainda assim, examinavam-se minuciosamente os candidatos, que eram admitidos somente quando acompanhados de uma recomendação muito especial – e quando os pais gozavam de certo prestígio.

Em uma carta que me escreveu, a professora de Anikó elogiou suas aptidões singulares e destacou "que suas redações e poesias lembram o talento herdado do pai". Ao terminar o ano letivo, Anikó trouxe o boletim: excelente como de costume, com felicitações dos professores. A mensalidade tripla me pesava, mas mais que tudo me doía o significado dessa discriminação injusta. Conversei com a monitora de Anikó e expliquei a falta de lógica: em qualquer outro colégio, a menina teria recebido bolsa por seus méritos, enquanto ali devia pagar uma mensalidade tripla. Por conseguinte – acrescentei –, apesar de valorizar muito o alto nível do colégio, me veria obrigada a transferi-la para outro estabelecimento. A tia Ilona – de quem Anikó mais gostava entre todas as professoras – me respondeu:

"Não, não. Não permitiremos que tire a menina, ela é nossa melhor aluna e a de influência mais benéfica na aula. Ainda que não haja precedente como o que estou sugerindo, peço-lhe que apresente um pedido por escrito e o levaremos à assembleia geral."

Não fiquei totalmente satisfeita, mas pelo menos conseguimos que a mensalidade fosse igual à dos alunos católicos, já que o regulamento instituído pelos fundadores estipulava que somente os protestantes pagariam a mensalidade normal. Vale dizer que, quando as discriminações prejudicavam os alunos superdotados, os professores buscavam favorecê-los com prêmios ou outras vantagens.

Adolescência

I

Como era Anikó em casa, com a família?

Geralmente se mostrava ligada a tudo que dizia respeito à família. Era sensível e se interessava por tudo. Delicada, com um grande senso de responsabilidade, surpreendia por sua inclinação aos afazeres domésticos e por sua aptidão em aproveitar o tempo ao máximo. Quando voltava da escola se sentava à sua mesa e, na meia hora que antecedia o almoço, terminava suas lições de casa. Depois de comer, não a víamos estudar. Pelo contrário, ajudava outras meninas com seus exercícios. A partir do segundo colegial, tinha alunos permanentes entre os colegas de classe. Eram maravilhosas sua vocação pedagógica e sua paciência, um presságio do futuro brilhante que poderia ter como educadora.

Nunca houve necessidade de traçar um plano diário para ela, e me assombrava como o seu tempo rendia para fazer tantas coisas distintas. Muitas vezes me opus à sua rotina, que era demasiado intensa. Ela também estudava línguas e música, tomava parte em passeios e excursões e era muito dada à leitura.

Junto à sua intensa vida espiritual, revelou-se nela uma admirável vocação pelas tarefas práticas. Seus julgamentos eram corretos e precisos. Rapidamente se evidenciou também um invejável talento organizacional. À medida que crescia, cuidava de Guiora com uma espécie de preocupação maternal. Às vezes brigavam e discutiam, obviamente, mas logo faziam as pazes. Seja como for, se advertíamos Guiora por seu exagerado entusiasmo esportivo, por exemplo, ou por suas travessuras, Anikó logo tomava seu partido, defendia-o, e com critério maduro nos explicava até que ponto não tínhamos razão no que dizia respeito ao irmão, "justamente por sermos uma família feminina (éramos quatro irmãs sem nenhum irmão), não entendemos a alma dos jovens". Portanto, não sabíamos compreender a natureza dos adolescentes, já que, "em comparação com outros, nosso Guiora é um verdadeiro anjo de Deus".

Hannah (dezesseis anos) e seu irmão, Guiora (dezessete anos), no jardim de sua casa.

As duas crianças diferiam em caráter e natureza, mas no fundo – e quando se tratava de questões vitais – ambos entendiam-se perfeitamente. Anikó não somente respeitava a avó Fini: ela a amava intensamente. As duas passavam longas horas ocupadas em afazeres domésticos e em conversas sobre o passado, o presente e o futuro. Dos sete netos, Anikó conquistou um lugar privilegiado no coração da avó. Também sentia-se ligada à outra avó, que contava para ela sobre a juventude de seu pai. Na casa dela celebrávamos as festas mais importantes, junto com os parentes do pai, e até houve um tempo em que faltava lugar para sentarmos todos juntos à mesa. Em 1940, ela escreveu à avó de Eretz Israel, pedindo que nos desse sua presença no Seder de Pessach.[1]

Seu relacionamento comigo, ela mesma descreve no diário, nas cartas e nas poesias. Mais de uma vez me perguntei por que tive a sorte de que minha filha fosse uma exceção à regra, segundo a qual os filhos não retribuem aos pais pelo sono perdido, mas recompensam seus próprios filhos com o carinho que receberam. Esse é meu consolo por tudo que perdi.

Nós duas passeávamos durante os feriados da escola e aos domingos pela manhã. Mesmo reservada em seu temperamento, ela se mostrava explícita comigo, e mais tarde, já adulta, não tive motivos para supor que houvesse alguma falta de confiança de sua parte em relação a mim. Entre nós se firmou uma relação de reciprocidade espiritual, algo que nenhuma mãe poderia conseguir à força:

Eu sinto, minha mãe, eu sei, minha mãe,
que neste mundo tão vasto e grande
você é minha melhor amiga.
Onde eu viver e para onde eu for,
não encontrarei uma amiga como você.
Nunca.

Em sua festa de Bat-Mitzva[2] na sinagoga de Buda, o grão-rabino e poeta Arnold Kish elogiou-a com palavras carinhosas e disse: "Seus votos, Anikó, você expressou muito bem. Só uma pessoa o fez melhor que você: Franciska Gaal".[3]

Se era bonita? Supondo-se que uma mãe pudesse julgar objetivamente a beleza de sua filha, eu diria que Anikó não chamava a atenção à primeira vista. Mas quando a conheciam, descobriam-se sua graça especial e seus

---

1   Ceia familiar da Páscoa judaica. (N. T.)
2   Maioridade religiosa de meninas judias. (N. T.)
3   Famosa atriz judia do teatro húngaro. (N. T.)

atrativos. Seus olhos grandes destacavam-se: às vezes de cor azul, às vezes azul-esverdeados. Os cabelos suaves emolduravam uma testa alta e bela. O rosto era oval e o sorriso, sincero. Sua presença, sua conduta e suas maneiras seduziam. Bastava falar uma palavra que logo ganhava o coração do ouvinte.

II

Os anos do ensino médio foram de muito trabalho e ao mesmo tempo de muitas alegrias. Aos dezessete anos, Anikó foi convidada pelas primas para passar as férias de verão em Milão; ao despedir-se delas, presenteou-as com uma poesia curta e brilhante.

Até aquele momento ela gozou da alegria juvenil de viver.

Hannah (dezessete anos) com a mãe, Katarina, em sua casa.

Seu diário descreve com exatidão a mudança que aconteceu nessa idade. Nesse meio-tempo, sofremos com a perda da avó Fini, e um ano depois nos despedíamos com o coração angustiado de Guiora, que, ao finalizar o Ensino Médio, não continuou os estudos em Viena como esperado, mas partiu para a França, pois a Áustria havia caído nas mãos dos nazistas. Não comentamos nada, mas intuímos que Guiora nunca mais voltaria ao círculo familiar caloroso e íntimo. Anikó compreendeu o quanto me doía essa despedida e, consequentemente, começou a me explicar pouco a pouco, após vários meses, sua nova visão de mundo, seus planos para o futuro e, finalmente, a decisão de partir logo para Eretz Israel. No começo me opus categoricamente a essa decisão. Porém, seus argumentos sensatos e convincentes debilitaram minha oposição. Uma vez ela me disse que, se não houvesse nascido judia, se colocaria do lado dos judeus, pois eles eram vítimas de tantos sofrimentos que todo homem tem o dever de ajudá-los. Outra vez, quando lhe perguntei o que faria com seu talento de escritora – pois ninguém podia ter mais que uma língua-mãe –, respondeu:

"Diante dos problemas da atualidade, este assunto se reduz à banalidade."

Por fim, me desarmou por completo:

"Se você não concordasse, mamãe, naturalmente eu não viajaria. Mas você deve saber que serei infeliz neste ambiente, e que não tenho nenhum desejo de continuar vivendo aqui."

Porém, quando me pediu que intercedesse perante conhecidos e amigos para conseguir um dos certificados de imigração à Palestina outorgados pela WIZO,[1] me opus veementemente:

"Não colocarei obstáculos em teu caminho, mas não me peça que te ajude a me abandonar."

Ela então lançou-se sozinha a organizar todos os trâmites, foi várias vezes à secretaria da WIZO, escreveu cartas à Escola Agrícola de Nahalal e visitou com frequência a "Makkabea". Simultaneamente, estudava hebraico e se afundava na leitura de livros sionistas. Por outro lado, eu não a via estudar para os exames

---

[1] WIZO – Women's International Zionist Organization: organização mundial não governamental apartidária, composta de mulheres do mundo inteiro identificadas com o judaísmo e a benemerência. (N. T.)

finais do Ensino Médio. Ela reduziu ao mínimo os laços com seus conhecidos, e, quando lhe perguntei por que recusava a companhia dos rapazes, me confessou que estava tentando premeditadamente cortar as relações com eles para que a despedida – que já é, por si só, difícil – não fosse mais dolorosa. "Existem vezes em que descubro um sentimentalismo especial por parte de algum dos jovens; nesse caso, ponho um ponto final aos encontros imediatamente."

A ideia sionista e o projeto de *aliá*[1] a dominaram totalmente. Ela estava ao meu redor, certamente, mas já pertencia completamente a outro mundo. Aparentemente mantinha-se tranquila como sempre, mas me bastava estar a seu lado para perceber o fogo interno que a consumia por inteiro. Muitos de seus amigos eram influenciados por seu fervor e se uniam ao sionismo.

Mesmo assim, devo mencionar um episódio que aconteceu na escola e que provavelmente acelerou a mudança que ia ocorrendo em sua alma.

Foi no outono de 1937, no penúltimo ano dos estudos. Segundo as normas em vigência, uma aluna desse ano desempenhava o cargo de secretária do "Círculo de Estudos Independentes". Deduzia-se que a sétima série elegeria Anikó. Mas a oitava – muito enraizada no espírito da época – não queria judias no círculo dirigente. Na assembleia preliminar se estranhou que o cargo, que havia sido aceito a pedido da sétima série, voltara a ser posto em votação. A orientadora, doutora Boriska Rava, consolou Anikó e com palavras severas reprovou as instigadoras da discriminação. Era certo, no entanto, que nem sequer o corpo docente podia modificar nada.

Anikó escutava em silêncio. Por educação, não fez nenhum gesto. Ao terminar a reunião, a aluna eleita se aproximou e, aflita, afirmou que rejeitaria o cargo, pois lhe faltava mérito suficiente para preenchê-lo. Anikó respondeu-lhe:

"Aceite o cargo. Não pense que guardo rancor. Se você não o aceitar, outra o aceitará. Não é uma questão de saber quem é mais competente para esse cargo, se Hannah Senesh ou Maria Mengano. O que importa é escolher entre uma candidata judia e uma cristã..."

---

[1] Ato de emigrar para Eretz Israel. (N. T.)

Ao término da assembleia, a orientadora lhe disse:

"Espero, Anikó, que apesar de tudo você continue colaborando com o 'Círculo de Estudos Independentes'."

"Como pode pensar isso, tia Boriska? Não colaborarei em nenhuma área com uma oitava série como essa..."

Quando contou em casa o ocorrido, notei que isso lhe afetara profundamente. Mas ela não voltou a mencionar o assunto.

Várias semanas depois, durante uma conversa entre a orientadora e os pais dos alunos, voltou-se a tocar no assunto, e ressaltei que deveríamos nos preocupar com o fato de que até na escola as meninas não estavam protegidas contra incidentes de ordem racista.

"Não posso esquecer o malfadado incidente", afirmou a orientadora, "porque nunca ninguém foi tão injustamente humilhado. Temo que a ferida não se cure jamais. Já noto na menina uma mudança que me é difícil definir. Ela continua sendo a melhor aluna e externamente nada mudou; mas, mesmo assim, parece que se afastou de nós."

Durante o almoço, contei a Anikó os elogios das professoras e a conversa com a orientadora. Ela levantou-se de repente e, com lágrimas nos olhos, correu para o quarto ao lado. Guiora e eu fomos atrás dela. Pelo choro incontido compreendi sua humilhação; agora tinha certeza de que ela tiraria as devidas conclusões.

Em 1939, viajamos para passar as férias de verão com Guiora e ela se sentiu triunfante ao saber que ele também havia se tornado um sionista. Eu os via juntos travando longas conversas, com entusiasmo juvenil e fulgor nos olhos, planejando o futuro: Anikó partiria para Eretz Israel dentro de alguns meses e Guiora a seguiria quando terminasse seus estudos. Claro que, assim que chegassem, tratariam de conseguir um meio de me levar para lá também...

Um mau presságio apertava meu coração: será que nós três voltaríamos a ficar juntos e em paz assim? E quando e onde isso se daria?

Regressamos, e ela se entregou completamente aos preparativos. Reuniu os objetos que lhe lembravam momentos agradáveis (livros, cartas, fotografias) e empacotou com cuidado sua coleção de reproduções artísticas. Finalmente, pediu para me acompanhar ao túmulo da avó Fini para despedir-se, caso eu fosse com minha irmã, como nos outros anos, ao cemitério de nossa cidade natal, Janusz Geza, onde estão os restos mortais de meus antepassados. A visita ao túmulo aconteceria um pouco antes das provas escritas; a viagem seria longa e cansativa, e, quando a preveni de que o excesso de cansaço poderia lhe prejudicar nas provas, limitou-se a me tranquilizar, sorridente.

Na pequena cidade, todos os cantos lhe interessavam. Entrou na casa onde eu nasci, tirou inúmeras fotos e conversou com os parentes idosos que lá viviam. Tempos antes, havia iniciado a reconstrução da árvore genealógica da família; antes de sua partida para Eretz Israel completou essa tarefa, e adicionou notas esclarecedoras em homenagem à memória da avó Fini.

III

Anikó passou nas provas finais e graduou-se com qualificação *summa cum laude* – excelente com distinção –, despediu-se do colégio, das professoras e dos amigos. Com alegria, recebeu o livro *A vida de Herzl*, de Josef Patai, que a comunidade judaica de Buda lhe presenteou "pela perseverança exemplar e pelo excelente progresso no estudo da religião". Essa dedicatória entusiasmada foi assinada pelo diretor da comunidade, o rabino e poeta dr. Arnold Kish, o rabino principal, dr. Banszócky, e o rabino dr. Paul Vidor.

Eu também me despedi dos educadores. Pela última vez, ouvi enquanto elogiavam e enalteciam a minha filha. A vice-diretora – sua professora durante oito anos – disse que meu agradecimento era desnecessário.

"Você não deve nos agradecer. Sentimo-nos orgulhosos de que esta menina tenha sido educada em nossa casa: não é somente uma aluna excelente, mas também uma personalidade excepcional. Em oito anos não cometeu nenhuma falta nos estudos, não transgrediu nenhuma norma de conduta, não fraquejou nunca em sua perseverança..."

Mas o que os professores não podiam entender era seu desejo de ir à Terra Santa. Queriam me convencer a dissuadi-la e se comprometiam a usar de suas influências para que ela fosse admitida na universidade (o *numerus clausus*[1] tornava-se cada vez mais severo e rigoroso).

Em casa, quando lhe contei, ela disse:

"Por acaso devo me alegrar? Graduei-me *summa cum laude* e a duras penas me receberão na universidade, somente graças às recomendações dos professores... Ao passo que qualquer aluno cristão, mesmo que aprovado por milagre, ingressará de cabeça erguida... Não entendem que não quero somente estudar, que tenho meus ideais e meus planos e que aqui não há nenhuma possibilidade de concretizá-los?"

E quando me referi à questão sobre a qual mais divergíamos – se já decidira mudar-se definitivamente para Eretz Israel, por que escolhera estudar numa Escola Agrícola e não na Universidade Hebraica, onde seu talento e sua capacidade de trabalho seriam reconhecidos e onde colheria mais frutos do que no trabalho agrícola, que lhe era estranho –, obtive a já conhecida resposta:

"São numerosos os intelectuais em Eretz Israel. O país necessita de braços para a construção. Quem realizará esse tipo de tarefa se não nós, os jovens?"

Como em todos os verões, também naquele ano fomos à cidade de Dombóvár,[2] onde viviam nossos familiares mais queridos: a família Sas. Desde que o pai falecera, Hannah e Guiora haviam se acostumado àquela casa. Até em Dombóvár ela continuava estudando o hebraico sem descanso. Quando o calor castigava e todos buscavam o frescor da casa, ela trabalhava na horta para "acostumar-se às condições de Eretz Israel". Esperava a correspondência com impaciência. Em julho, chegou finalmente o esperado certificado de *aliá*. A partir daquele momento, as semanas que precederam sua partida transcorreram rapidamente. No início de setembro, às vésperas de sua partida, estourou a Segunda Guerra Mundial e os caminhos a Eretz Israel se fecharam...

---

1 Número restrito de vagas numa universidade. (N. T.)
2 Dombóvár é uma cidade do condado de Toln, localizada na parte sul da Hungria. (N. T.)

Eu teria me resignado ao meu destino, mas ela não... Percorreu escritórios, foi de um funcionário a outro, não negligenciou nenhum lugar onde havia uma fagulha de esperança. Uma tarde me disse calmamente:

"Sei muito bem, apesar de você não falar, que ficaria contente se eu ficasse. Mas em compensação... Eu perderia todo gosto pela vida se continuasse aqui."

No final ela conseguiu se juntar a um grupo de chalutzim[1] tchecoslovacos que cruzava a Hungria. Uma tarde, enquanto estávamos no escritório de assistência, o empregado a cargo dos trâmites de viagem lhe disse com alegria: "Como não ajudar a filha de Bela Senesh? Seu pai era um dos discípulos preferidos de meu pai, o rabino dr. Miksa Weiss". E lhe anunciou que no dia seguinte, ao meio-dia, partiriam da estação de trem do leste.

Meu sangue gelou: "Amanhã...? Mas ela deve se preparar, empacotar...".

"Eu, minha senhora, fiz o que me pediram. O resto depende de vocês."

Os parentes e amigos que ficaram sabendo vieram se despedir. Empacotamos a noite toda. Na manhã seguinte, novas corridas aos consulados para receber vistos...

Às treze horas do dia 13 de setembro de 1939, cruzamos o portão de nossa pequena casa. Nós duas nos esforçávamos para conter as emoções. No último momento, no entanto, Anikó rompeu em pranto, abraçou a fiel empregada que trabalhava em nossa casa e lhe pediu entre lágrimas: "Querida Rozsi, por favor, cuide da mamãe...".

Nem mesmo os mandamentos divinos poderiam ser obedecidos de maneira mais completa: com quanta lealdade e sinceridade essa mulher simples cumpriu o que Anikó lhe pedira. Ela via Anikó como a criatura mais perfeita da terra. (Em 1944, depois da invasão alemã, os judeus foram proibidos de ter empregados cristãos. Essa mulher, no entanto, se negava a abandonar nossa casa: "Como poderia voltar a encarar a senhorita Anikó se descuidasse da mãe dela...!". No entanto, quando compreendeu que a desgraça colocava as duas em risco, concordou com meu pedido e passou

---

[1] Pioneiros. (N. T.)

a servir a uma de minhas melhores amigas, a diretora do Colégio Húngaro--Britânico. Ambas se esforçaram mais tarde para me salvar.)

Na estação ferroviária, uma de minhas irmãs solucionou os problemas relativos à alfândega e à viagem e depois nos despedimos definitivamente de Anikó.

De pé, junto à janela do vagão, ela não conseguiu mais conter as lágrimas. À tensão dos últimos meses somaram-se a emoção da despedida, a separação dos familiares e talvez alguma incerteza diante do futuro.

O trem partiu e se perdeu de vista.

Algo como uma sombra pesada cobriu a plataforma.

De volta para casa, quando o sol se pôs, fui rodeada pela tristeza dos "Yamim Noraim".[1] A luz das velas no quarto desocupado acrescentou a sensação de que não éramos mais que recipientes vazios. O destino nos castigou cruelmente e dispersou minha pequena família em três direções.

---

1 Dias solenes entre Rosh Hashaná, Ano-Novo judaico, e Yom Kipur, Dia do Perdão. (N. T.)

Diários, poesias, cartas

1930

O mar da vida

> Quando o homem os esparsos caminhos percorrer
> E concluir que não tem mais nada a aprender,
> Eis que se depara com sua maior provação:
> A escola da vida, com sua dura lição.
>
> A vida é um mar imenso, um distante horizonte
> Que o homem atravessa em seu minúsculo bote,
> Mas não decide o curso: flutua somente,
> Pois é o mar que navega, ditando a corrente.
>
> Há alguns que conseguem uma rota traçar
> E a beleza da vida podem apreciar.
> O mar lhes revela todos seus segredos
> E as ondas o ninam com suaves movimentos.
>
> Mas há outros que as ondas só irão derrubar,
> Arrastando-os ao fundo, perigando afogar;
> Há tantos obstáculos bloqueando sua estrada,
> Que não percebem a beleza que motivou a caminhada.

Mas um e outro compartilham do mesmo litoral.
Todos têm que enfrentar as ondas, afinal.

Budapeste, maio de 1930.

Tristeza

É triste este assunto, é triste realmente,
Que a alegria da vida se transforme em pesar de repente.
Meu querido pai muito cedo de nós foi tirado,
Subiu ao céu, nunca mais estará ao meu lado.

Já há muito que não vive, há anos que se foi,
Não contará mais suas histórias, nem brincará conosco depois,
Nuvens negras encobriram todo o nosso céu
E o coração escondeu-se por trás de um frio véu.

Apenas uma centelha ilumina a escuridão ao meu redor:
A esperança de um reencontro em um mundo melhor.
É triste que tuas histórias nunca voltes a contar,
Mas elas continuam vivas, e meu coração é seu lar.

Budapeste, maio de 1930.

1933

Chanuká[1]

Dia de Chanuká, as velas se acendem,
De todo coração judaico as batidas transcendem.

Antigas cenas o coração remete,
Idos povos, antigos, imponentes.

Do Egito o sofrimento, dos gregos o domínio,
A nossa força incólume mesmo diante do extermínio.

Levamos nossa Torá de lugar a lugar,
Dela, fé e inocência sempre pudemos captar.

Miseráveis e famintos, vagamos pelo deserto,
Mas nunca sozinhos: Deus estava sempre perto.

Daqueles patriarcas nós somos os herdeiros.
Não desesperamos: também somos guerreiros.

Estas velas acesas sempre irão nos animar.
Não temas, Israel, sua hora há de chegar.

10 de dezembro de 1933.

---

1   Festa judaica também conhecida como Festa das Luzes. (N. T.)

1934

Budapeste, 7 de setembro de 1934.[1]

De manhã fomos visitar o túmulo de papai. Que triste ter que conhecer o cemitério nesta idade, tão jovem! Mas sinto que papai cuida de nós e que nos ajudará de seu túmulo, mesmo que seja somente através de seu nome. Creio que essa foi a herança mais valiosa que nos deixou.

12 de setembro de 1934.

Hoje é o primeiro dia de aula. Mais uma vez passou-se um ano. Agora é tudo tão estranho: professores novos e, principalmente, um educador novo. Sentirei muita falta da "tia" Ilona, e, apesar de a "tia" Boriska parecer amável, ainda é cedo para ter uma opinião formada sobre ela. Nosso novo professor de literatura húngara é maravilhoso. Ele é um poeta importante, chamado Lajos Áprily. É uma alegria participar de suas aulas. É estranho saber que no ano que vem estarei no Ensino Médio. É horrível ver como o tempo passa rápido. Espero que este ano letivo também seja satisfatório.

20 de setembro de 1934.

Há alguns dias, houve eleições para o cargo de diretor do jornal da escola. Todos, exceto duas pessoas, votaram em mim. O que mais me alegrou não foi o cargo em si, mas sim o fato de ser benquista na classe.

---

1 Este diário foi começado por Hannah quando tinha treze anos. Desde a primeira entrada até o dia 18 de junho de 1939, foi escrito em húngaro. Mais tarde, durante um curto período, foi escrito alternadamente em hebraico e em húngaro, até passar a ser escrito somente em hebraico. (N. T.)

Ontem jejuei pela segunda vez em minha vida, no dia de Yom Kipur.[1] Não senti nada de fome.

7 de outubro de 1934.

Ontem e hoje foi feriado. De manhã teve uma festa muito bonita e à tarde fomos à sinagoga. Que estranhas são nossas orações coletivas aos sábados! Todos se dedicam a qualquer coisa, menos a rezar. As moças conversam e olham da galeria lá de cima para baixo, os rapazes conversam e olham para cima. Isso é tudo.
Estou contente, porque ultimamente cresci muito. Minha altura é um metro e cinquenta e cinco e peso quarenta e cinco quilos. Na minha opinião – e na de outros – não sou bonita, mas ainda tenho fé em que as coisas mudarão.

11 de outubro de 1934.

Hoje entramos em acordo, a mãe de Magda e eu, de que darei aulas à Magda. Por seis horas semanais ganharei quinze pengoes.[2] Junto com o que me paga a sra. Erdy, terei um salário mensal de vinte pengoes.
É uma soma bastante considerável. Não creio que alguém na minha classe ganhe mais que eu. Agora pagarei sozinha por minhas aulas de dança e patinação no gelo.

---

1 Dia do Perdão: os judeus tradicionalmente observam esse feriado religioso com um período de jejum de vinte e cinco horas e reza contínua. (N. T.)
2 Moeda húngara. (N. T.)

20 de outubro de 1934.

Dalmady, cujo pai morreu há alguns dias, voltou ontem à escola. Coitada! Ela está muito triste, mas pelo menos teve a sorte de ter o pai durante treze anos. Na aula de física presenciamos uma cena que nos cortou o coração. Naturalmente, Dalmady não preparou a lição e quis contar ao professor. De acordo com as normas da escola, devemos falar sempre a partir do nosso lugar. A pobre Dalmady levantou-se e começou a chorar. Ela ficou em pé por alguns minutos sem saber ao certo o que fazer e então, de repente, foi até o professor e em voz baixa lhe contou que seu pai havia falecido. Nesse momento nos emocionamos profundamente ao ver o velho professor apertar a mão da menina. Escrito assim não parece que foi grande coisa, mas quase toda a classe chorou.

18 de novembro de 1934.

Há muito tempo não escrevo no diário, pois estava muito ocupada. Gyuri[1] encontrou meu diário e o leu todo; fiquei furiosa, pois ele me provocou o tempo todo, mas à noite ele jurou solenemente que não falaria mais nisso.

Sexta-feira, no décimo quinto aniversário da eleição de Horthy,[2] houve uma parada militar. Ao observar os soldados, pensei como era bonito vê-los assim numa parada – mas o que aconteceria se estourasse uma guerra? Mamãe disse que a atmosfera era de guerra. Ainda bem que meu irmão ainda é pequeno. Que Deus nos proteja de uma guerra – pois ela destruiria o mundo inteiro.

No momento eu tenho problemas mais imediatos: a reunião de professores se aproxima. É possível que mandem para casa um aviso por causa de minhas notas em "Ordem e Higiene". Mas espero que tudo se ajeite da melhor maneira. Afora isso, tenho certeza de que a minha situação nas outras disciplinas é absolutamente satisfatória.

---

1 Nome em húngaro do irmão de Hannah Senesh (em hebraico: Guiora). (N. T.)
2 Horthy (Miklós Horthy de Nagybánya) foi o regente da Hungria no período entre as guerras e durante a maior parte da Segunda Guerra Mundial. (N. T.)

1935

13 de janeiro de 1935.

Hoje é domingo e tenho bastante tempo para escrever. Não posso ir patinar, pois estou resfriada. Gosto muito, e sou sócia do Clube B.B.T.E.

Hoje haverá o plebiscito em Sarre.[1] Me interessa muito o resultado. De acordo com as probabilidades, os alemães ganharão. Meu Deus! Se a votação tivesse sido realizada em zona húngara,[2] será que os habitantes teriam expressado seu desejo de voltar?

No dia 26 deste mês haverá o baile de final de curso. Estou bastante entusiasmada e ansiosa pelo sucesso da festa. Por conta do evento, ganhei um lindo vestido rosa.

---

1   O Sarre (em alemão, Saarland) é um dos dezesseis estados federados (Länder) da Alemanha, no sudoeste do país, que foi conquistado pelos franceses durante a Revolução Francesa, em 1792. Com a derrota de Napoleão em 1815, a região foi dividida em três partes. Depois da Primeira Guerra Mundial, foi determinado que o Sarre, altamente industrializado, seria governado pela Liga das Nações por um período de quinze anos. Sendo esse estado a única parte da Alemanha fora do Terceiro Reich, foi para lá que muitos alemães antinazistas fugiram em 1933. Mas isso não impediu que, dois anos depois, no fim do período sob governo da Liga das Nações, um plebiscito devolvesse o estado à Alemanha. Após a Segunda Guerra Mundial, o Sarre voltou a ser administrado pela França. Em 1955, um novo referendo foi convocado para determinar se haveria a independência da região, mas a proposta foi rejeitada. A maioria optou pela volta do Sarre à República Federal da Alemanha, que se daria em 1º de janeiro de 1957. (N. T.)

2   Hannah se refere às terras que foram tomadas da Hungria pelo Acordo de Trianon e cedidas aos países vizinhos. (N. T.)

27 de abril de 1935.

Hoje ganhei na escola a "aliança da amizade" e nela estava gravado: "No dia 1/5/1945 nos encontraremos!". Daqui a dez anos! Puxa, é daqui a muito tempo! Quantas coisas mudarão até lá!

31 de maio de 1935.

Na escola haverá uma festa e eu participarei dela. Na peça teatral de Madách,[1] *A tragédia do homem,* eu farei o papel do Anjo Miguel. No início houve um boato de que os meninos seriam convidados e que depois do espetáculo haveria um baile, mas os boatos provaram ser falsos. Pena, porque eu gosto muito de dançar. Minha situação na escola é boa, menos nas aulas de francês. Sinto vergonha de mim mesma por não conseguir melhorar meu nível justamente na única matéria em que tenho dificuldade. Isso não tem nada a ver com notas, já que tirei um "muito bom" em francês, mas sim com minha falta de autoconfiança. Eu me consolo com o fato de que as outras meninas têm aulas particulares em casa e, portanto, uma grande vantagem sobre mim.

Yutzi Viran me convidou para passar as férias de verão no lago Balaton,[2] e provavelmente viajarei assim que terminarem as provas.

---

1 Imré Madách, *A tragédia do homem* (1862), um drama em verso sobre o sonho de Adão sobre o futuro da humanidade. (N. T.)
2 Maior lago da Europa Central e Ocidental, com uma superfície de quinhentos e noventa e dois quilômetros quadrados. Como a Hungria não tem costa marítima, o lago Balaton é às vezes chamado de "Mar Húngaro". (N. T.)

Verão 1935.

É muito interessante o que o tio A. nos ensinou. Um mundo novo me foi revelado. Há criaturas que eu não acredito existirem, como ninfas e coisas similares. Mas no que diz respeito a astrologia, espiritismo e telepatia, estou disposta a aceitar algumas dessas coisas, pois, se o homem acredita, elas podem ajudá-lo. Por exemplo, nesse verão eu li O *pássaro azul*, de Maeterlinck. Nenhum outro livro me ensinou valores tão importantes como esse. Entre outras coisas, ele diz que a morte não existe, pois é possível reviver os mortos através da lembrança. Sinto que essa afirmação representa uma profunda verdade. Na realidade, quando me lembro de papai, parece que estou revivendo aquele tempo quando ele ainda era vivo. No entanto, não consigo expressar exatamente o que sinto. Mas certamente deve-se pensar muito bem a quem contar essas coisas: há muita gente que ridicularizaria essas ideias.

29 de agosto de 1935.

Durante todo o verão escrevi somente duas poesias: uma para o aniversário de mamãe e a outra – me envergonho de dizer – novamente sobre a vida. Parece que nasci para ser filósofa, porque em todas as coisas vejo a vida em miniatura. Durante o dia (manhã, tarde e noite); no rio (fonte, curso e desembocadura); durante o ano (primavera, verão, outono e inverno); tudo tem nascimento, vida e morte. É por isso que sempre penso sobre a vida e sobre a morte. Faço-o não por romantismo juvenil, que infunde em algumas moças o temor de não se casar e morrer jovem, mas por meditar sobre as leis eternas da natureza. Esta é a poesia:

A vida é só um dia curto e fugaz
uma folha toda escrita com esforço e sofrimento.
O homem se dirige a um lado e a outro
cores e imagens brilharam
a vida passou e já não está.

A primeira poesia mostrei à mamãe, mas esperarei para mostrar a segunda.

5 de setembro de 1935.

Pela manhã fomos ao cemitério. Não vejo sentido em fazer um longo trajeto somente para estar uns minutos junto ao túmulo de papai. Eu o tenho sempre presente em meus pensamentos. Frequentemente me pergunto: estará satisfeito comigo? Sou como ele gostaria que eu fosse? Lembro-me apenas de seu rosto, mas o amo muito e parece que o tenho sempre ao meu lado. Gostaria muito de honrar seu nome, inclusive ao escrever...!

Creio que, se algum dia eu chegar a ser escritora, poderei escrever romances, mas não tenho certeza disso. Para dizer a verdade, tenho inclinações, mas quem sabe se sou dotada de verdadeiro talento? Apesar de sentir em meu interior o desejo de me sobressair, não creio que o objetivo de minha vida consista em ser escritora, mas em ser feliz e fazer feliz aos demais. Meu grande desejo é aproximar – mesmo que seja com um pequeno passo – o mundo à sua felicidade. Certamente se trata de um campo de ação muito amplo e ainda não sei o que gostaria de fazer dentro dele. Às vezes penso que poderia ser professora. Mas é uma profissão muito difícil.

4 de outubro de 1935.

Que terrível! Ontem estourou a guerra entre Itália e Etiópia! Todos tememem que os ingleses intervenham, fazendo com que a guerra se alastre por toda a Europa. É horrível imaginar isso! Com que rapidez os homens esquecem! Até hoje continuam curvados sob o fardo da guerra anterior. Por que e para que esse massacre? Por que conduzir a juventude ao matadouro? Se a deixassem seguir pelos caminhos da paz, ela inclusive levaria uma bênção ao mundo. Creio que a política é a pior coisa que existe.

25 de outubro de 1935.

Na terça-feira, dia 22 deste mês, aconteceu a primeira exibição do filme baseado na obra de papai. O filme é muito bonito e teve muito sucesso. Rezei com toda a minha alma para que não fracassasse. Na verdade, se isso tivesse acontecido, não teria sido por culpa de papai, pois a obra é excelente. O lado material não me interessa.

1º de novembro de 1935.

Hoje é o Dia de Finados. Apesar de ser um feriado católico, costumamos pensar nos mortos próximos a nós. Hoje depois do almoço iremos ao túmulo de Lorika e do tio Ruby. Meu Deus, somos tão mal-agradecidos: já se passou quase um ano desde que estive no cemitério. Na verdade, não acredito que isso cause aos mortos alguma alegria, ou mesmo que eles saibam da minha visita, mas me sinto na obrigação de fazer esse pequeno sacrifício como um agradecimento pela bondade deles para conosco.

Ontem à noite estive com Gyuri na piscina aquecida. Vimos uma competição de natação entre Estados Unidos e Hungria. A disputa foi muito boa e um novo recorde mundial de nado de costas foi alcançado (pelo norte-americano Kiefer). Na verdade, acho que o entusiasmo de hoje em dia pelo esporte é um pouco exagerado (especialmente o entusiasmo de Gyuri), mas mesmo assim deve-se agradecer o fato de a atividade esportiva ter se tornado popular, já que é muito saudável. Também não se deve ficar condicionado somente a buscar recordes.

Ah! Quase esqueci de escrever: assistimos ao filme *Scarlet Pimpernel* [*Pimpinela Escarlate*]. Li o romance em inglês. Muito bonito. Esse foi sem dúvida um dos melhores filmes que vi em minha vida. O ator principal é Leslie Howard. Fantástico!

4 de novembro de 1935.

Hoje à noite senti como vale a pena ter um bom coração. Há alguns dias passei óleo na raquete de Gyuri, assim como na minha, pois pretendia guardá-las durante o inverno. Como eu estou "em pé de guerra" com Gyuri, não quis contar a ele o que fiz. Hoje mamãe chamou sua atenção e disse que ele não receberia seu casaco de inverno se não passasse óleo em sua raquete. Então mencionei sem querer que eu já o havia feito em seu lugar. Gyuri me olhou muito emocionado e depois disso foi tomar banho. Quando saiu, veio em minha direção e disse: "Anikó, foi muito gentil da tua parte passar óleo na minha raquete". Acho que por causa dessa minha atitude a paz voltou a reinar entre nós. Fiquei muito feliz. Feliz por comprovar que vale a pena ser boa.

14 de dezembro de 1935.

Após tão longo silêncio, quero recordar dois acontecimentos: o primeiro, relacionado ao espetáculo *Visão do homem*, de Medech, que me influenciou sobremaneira apesar de já tê-lo lido. A direção teatral, maravilhosa. Que bela e atraente é a história da humanidade! Mergulhamos na profundidade de seus problemas e nos encontramos diante da pergunta: qual será o destino da humanidade?

Estive num concerto de Bruno Walter. Na primeira parte tocaram uma sinfonia de Mozart muito linda, fácil e agradável. Na segunda, uma sinfonia de Brahms. Recebeu muitos elogios, mas eu não gostei. É muito longa e difícil de escutar. Gostei muito mais de *Tristão e Isolda*, de Wagner. Apesar de carecer de temperamento musical, pude deleitar-me escutando-a.

1936

16 de janeiro de 1936.

Estou de cama com um leve resfriado. Antes de tudo, quero escrever sobre o último sábado – não porque ele foi agradável, mas porque eu espero que depois que tiver escrito sobre ele, pensarei menos sobre o que aconteceu. Fui convidada para uma tarde dançante na casa de Zolya, e, com exceção de mim, todos se conheciam. A única que eu conhecia era Zolya, que provou ser má anfitriã, pois todos os assuntos – ao menos no início – interessavam somente a eles mesmos. Essa situação muito chata durou das cinco até as sete horas, quando tomamos chá, e então começou o baile.

Sinceramente, me senti muito mal pois notei a relutância com a qual a maioria dos rapazes me convidava para dançar e como me largavam imediatamente quando a dança terminava. Na verdade, apenas um ou dois não foram rudes. Parece que os rapazes pensam que todas as moças são tão estúpidas a ponto de pensar que uma música termina no meio do disco! No entanto, não me importo de ter ido, pois aprendi uma lição: nunca mais irei aonde não conheça ninguém. A mais rude de todos foi uma jovem que se levantou e se afastou quando me sentei perto dela, levando todos com ela e me deixando isolada. As pessoas são realmente estranhas!

Mas quero escrever sobre coisas mais interessantes e agradáveis. Fui a um concerto de Furtwängler.[1] Foi fabuloso! A *Abertura para Manfred*, de

---

1 Wilhelm Furtwängler (1886-1954) foi um maestro e compositor alemão, tido como um dos maiores regentes do século XX. Foi titular da Orquestra Filarmônica de Berlim durante o período nazista da história da Alemanha. (N. T.)

Schumann, a *Sinfonia nº 1 em si bemol maior – Primavera*, de Schumann, e a *Sinfonia nº 7*, de Beethoven. Foi tudo simplesmente magnífico!

Ontem tive um pequeno incidente com mamãe. Estava lendo um material específico, quando mamãe veio e o pegou de minhas mãos dizendo que não era uma coisa própria para eu ler. Fiquei muito sentida, pois era um aviso da escola para mamãe, e, portanto, achei que eu tinha o direito de saber o que estava escrito. Depois, pensando no assunto, imaginei o que eu faria se isso acontecesse com um filho meu. Cheguei à conclusão de que, se ele estivesse com a carta nas mãos, eu não a tiraria dele. Em vez disso, eu me preocuparia em não deixar ao seu alcance um material que fosse impróprio para ele ler... Mas não tenho certeza se continuarei pensando assim quando for adulta...

Hannah em 1936: autorretrato com a câmera em frente ao espelho.

8 de fevereiro de 1936.

Compramos uma casa. Esse era o maior desejo de mamãe, que agora sem dúvida foi realizado, apesar de ela estar preocupada se tomou a decisão certa. No que diz respeito a mim, estou muito satisfeita, pois a casa está localizada num lugar excelente e tem um jardim grande e bonito.

19 de abril de 1936.

Hoje foi minha primeira "estreia". Fizemos uma apresentação para a professora Boriska. Eu escrevi e dirigi a peça. Creio que a professora não soube apreciá-la. Acho que a peça é bastante boa, apesar de não ter nada de especial, nem nada educativo. No que diz respeito à profissão, continuo pensando em estudar hotelaria. Gostaria de construir um hotel perto de Drabfok. Mas pensei em algo mais sério: um trabalho ligado a crianças, um instituto no estilo dos colégios ingleses. É um assunto importante e de interesse, mas ainda não passa de um sonho!

Outra coisa que me preocupa é minha redação em húngaro: "Que tipo de pessoa eu sou?". De maneira geral, acho que me conheço na medida do possível para uma jovem na minha idade, e, no entanto, tenho dificuldade de escrever a redação. Não confesso meus maiores defeitos. Gostaria de poder escrever com clareza e sinceridade, mas o tema é muito difícil.

31 de maio de 1936.

O caso com Tomi Baron continua. Ontem ele literalmente "confessou seu amor". Na verdade ele o fez por escrito. Pelo jeito é minha sina que os rapazes da minha idade confessem por escrito seu amor por mim. Tentávamos estudar matemática e física quando de repente ele escreveu sua "confissão" no caderno. Eu não sabia o que dizer, então fechei rapidamente seu caderno. Mais tarde, ele me perguntou se eu realmente não tinha o que dizer. Eu disse que não. Tomi é um boboca. Um rapaz de dezesseis anos não deve escrever essas coisas para uma moça da sua idade, é ridículo. Eu não gosto muito dele em especial, mas posso aceitá-lo como colega.

Estive agora em nosso jardim colhendo cerejas. Como me sinto feliz de ir ao nosso jardim e colher nossas cerejas. Alegra-me muito, e estou muito agradecida à mamãe por ter comprado uma casa com jardim. Mas ainda não expressei meu agradecimento devidamente. Desisti de viajar a Viena com a escola e dei à mamãe o dinheiro da viagem: sessenta pengoes por quatro dias. Lamentei desistir, mas no final o passeio foi suspenso e fiquei contente com meu gesto. Mais uma vez, cheguei à conclusão de que sempre é melhor ser bondosa.

15 de junho de 1936.

Ideias estranhas voltam a me perturbar. Tenho pensado em ser escritora. Agora até eu mesma rio disso. Não sei se tenho talento, apesar de a peça que Gyuri e eu apresentamos me levar a crer que sim. Todos gostaram. Mas caso eu escreva, não serão precisamente obras teatrais. Gostaria de escrever romances. Tive uma ideia, apesar de não estar ainda clara. Pensei na vida de duas pessoas, dois mundos paralelos, sem que um saiba do outro. Com isso quero expressar até onde podem ser opostos os interesses que unem as pessoas. Sinto que se fosse capaz de escrever algo parecido, mesmo que seja mais adiante, valeria a pena tentar para ver se sei escrever de verdade. Ainda me falta confiança em mim mesma.

Hannah aos quinze anos na escrivaninha em seu quarto.

18 de junho de 1936.

Hoje acordei cedo, às seis da manhã. O clima está tão maravilhoso que não quero continuar na cama. Como mamãe viajou por alguns dias, eu me levanto quando quero. Desde o dia 15 deste mês eu estou vivendo como um peixe na água. Eu nado todos os dias e jogo tênis (apesar de não ter certeza se os peixes jogam tênis...). Viajarei a Dombóvár somente no final do mês.

Quando decidi fazer um diário, resolvi que escreveria somente sobre coisas bonitas e sérias. Disse que em nenhuma circunstância iria tagarelar sobre rapazes, como fazem as outras jovens. Mas pelo jeito não há como afastar esse assunto da vida de uma jovem de quinze anos e, para ser mais exata, terei que escrever aqui os detalhes sobre como se desenvolveu o caso com Tomi Baron. Pois bem, ao menino não bastou a "confissão" mencionada anteriormente, mas também colocou dentro de um livro que me emprestou (aliás, um excelente livro, *Pensamentos alegres*) sua foto e escreveu atrás "De Tomi, que te ama para sempre". Não lhe disse nada sobre a fotografia. Desde então, sempre que nos encontramos (o que acontece muito frequentemente), ele me faz elogios, aos quais eu agradeço.

Há alguns dias ele veio de novo me visitar e jogamos pingue-pongue. Nem sei como chegamos nessa conversa, mas de qualquer jeito foi culpa minha. Contei a ele que já tenho dois "pretendentes". Claro que contei tudo de maneira jocosa, e até descrevi meu constrangimento. Então ele me respondeu, depois do jogo de pingue-pongue, que queria me ver constrangida, e perguntou o que eu responderia a ele se ele me fizesse essa proposta dentro de dez anos etc. etc. Respondi que ele se comporta demais como um menino. De nada adianta manter essa conversa, pois ambos temos quinze anos e é melhor continuarmos com a amizade.

Bem, meu diário começa a ficar como o das outras moças de quinze anos, sem nada sério e sem individualidade.

23 de junho de 1936.

Escrevo aqui minha nova poesia. Não sei julgar se ela é realmente boa.

Noite

Lentamente cai o silêncio da noite
Sei que o mundo foi sempre assim
E noite após noite tudo se repete.

Um pássaro canta na árvore,
O olho de Deus me olha lá de cima
De algum lugar do céu escuro.

Ah! Quão magnífico e ilimitado,
Milagroso e inalcançável,
Doce e divino,
Que um espírito, que uma alma
Para sempre me proteja ao longo do meu caminho.

Será que algum dia serei uma escritora?

12 de julho de 1936.

Estou agora em Dombóvár. Gosto daqui. Estou muito amiga de Éva, e é muito bom quando temos uma amiga tão próxima.
De hoje em diante serei vegetariana. Tentarei convencer a mamãe também. Por enquanto, quero tentar durante meio ano. Se nesse período não mudar de ideia, continuarei sendo vegetariana para sempre.

3 de agosto de 1936

Novamente me perturba a ideia de ser escritora. Todas as noites eu rezo para que Deus me conceda o talento literário. Não sei se é pelo desejo de me destacar, mas que sensação maravilhosa dá escrever algo bom! O esforço de escrever vale a pena. Uma pessoa notável geralmente sofre mais, mas também se faz merecedora de glórias maiores.

Estou disposta a suportar um sofrimento extra, com o intuito de não viver uma vida medíocre. Não estou me referindo à literatura em especial e não penso que qualquer um que alcança a fama é merecedor de glória, mas sim aquele que se distingue por seu espírito. E esse é meu maior desejo.

4 de agosto de 1936.

Quando reli o que escrevi anteriormente fiquei zangada comigo mesma. Cada palavra soa exagerada, artificial. "Grande Alma"! Como estou longe disso! Tenho quinze anos, me agito com as futilidades da vida e luto, de maneira geral, comigo mesma. Essa batalha é a mais difícil de todas...

Também isso soa como mera fraseologia. Tudo o que penso, tudo "soa" como outra coisa. E por causa disso vale a pena deixar de escrever.

16 de agosto de 1936.

Estive visitando a cozinha junto com Évika[1] para aprender a arte da culinária maravilhosa da Ilka, e ontem preparei minha "refeição experimental".

Não estava nada mal. Preparei sopa de carne, cuscuz, almôndegas e torta com creme. Tudo saiu muito bom e estava muito saboroso. Depois do jantar, a tia Eliz e o tio Pishta me deram um "diploma de culinária" de brincadeira.

---

1   Diminutivo do nome de sua prima Éva. (N. T.)

Vou voltar para casa. A amizade com Évika continua de maneira ideal, e realmente passei aqui um excelente verão. Mas agora estou muito contente porque verei de novo a mamãe, a casa, o jardim e toda a cidade de Budapeste.

21 de agosto de 1936.

Quando voltei para casa e entrei no jardim, não acreditei que tudo isso é realmente nosso. A sensação é incrível.

Gaby esteve aqui, o que não significa absolutamente nada para mim. Agora vejo que não sinto por ele nada além de amizade, como se estivesse me relacionando com uma boa amiga (na verdade não é bem assim: a relação com um rapaz é sempre diferente da relação com uma moça).

Minha atividade literária parou completamente. Sinto que isso não foi nada além de uma fantasia tola, mas, apesar de tudo, podia ter sido ótimo. Aos quinze anos geralmente ainda ficamos satisfeitos com o que escrevemos.

18 de setembro de 1936.

Hoje é o segundo dia de Rosh Hashaná.[1] Ontem e hoje fomos à sinagoga. Ainda não está muito clara para a mim a relação que existe entre mim, a sinagoga, a religião e Deus. No que diz respeito a Deus, que é o mais importante de tudo, estou perfeitamente tranquila. Creio n'Ele, apesar de não saber expressá-lo. Mesmo assim, me parece evidente que, de todas as religiões, a judaica é a que melhor se adapta às minhas ideias. No que se refere à sinagoga, não a aprecio. Para mim, não é uma necessidade espiritual: se tivesse vontade de rezar, também poderia fazê-lo em casa.

---

1 Ano-Novo judaico. (N. T.)

27 de setembro de 1936.

Sou a tesoureira do Círculo de Estenografia e secretária do Círculo de Bíblia. Estou contente com esses cargos, mesmo com todos os aborrecimentos envolvidos. O Círculo de Bíblia terá uma comemoração no dia 12 de dezembro e nós (da turma VIa) seremos as principais organizadoras. Tenho muitos planos e espero que seja um sucesso.

Miky veio aqui de novo, mas já estou cheia disso. Temos poucos assuntos em comum. Ele me parece um rapaz fútil demais. Gostaria de conhecer um rapaz agradável, pois meus conhecidos me entediam. O Gaby agora está me ensinando a jogar bridge, um jogo de cartas bastante interessante, mas por enquanto tenho apenas uma noção básica.

Bem, aqui termina este caderno do diário. Quando comecei a escrever nele, não acreditei que ele algum dia chegaria ao fim.

Budapeste, 2 de outubro de 1936.

Fiquei em dúvida sobre como começar o novo caderno do meu diário. Ele é tão grosso que não consigo imaginar quando conseguirei terminá-lo. Não me ocorre nenhuma bela ideia, mas não importa. Tentarei fazer com que todos os meus sentimentos e pensamentos estejam refletidos da maneira que acontecem e existem dentro de mim, e dessa maneira sentirei o diário perto de mim, como se fosse meu segundo "eu". Sei que o primeiro diário não contém material relevante, e mesmo este atual não será muito diferente, mas gosto dele de qualquer maneira e é uma lembrança agradável. Não me incomodo se ele contiver outra vez histórias com rapazes, como aconteceu na última parte de meu diário anterior; finalmente isso se tornou uma pequena parte da minha vida, e talvez nem seja tão pequena assim. Então abro solenemente meu diário, consciente de que, quando chegar ao final, já serei uma jovem adulta: uma jovem mulher.

O caso com o rapaz do diário anterior já considero águas passadas, e Gyuri,[1] por enquanto, já declarou que jamais gostou tanto de alguém como gosta de mim. Hoje ele veio de novo aqui e após uma longa conversa eu lhe disse que não tenho a intenção de iludi-lo. Não estou apaixonada por ele, mas posso dizer que sua companhia me é agradável.

Na verdade, Gyuri não me atrai em especial. O que espero de um rapaz é que tenha uma superioridade espiritual, coisa que não existe, na minha opinião, no caso de Gyuri. E mesmo se não considerarmos o lado espiritual, ainda assim não acho que ele seja muito simpático. O que quer dizer que já não gosto dele. Infelizmente, ainda não encontrei alguém por quem tivesse paixão recíproca. Talvez seja minha culpa, mas talvez tenham sido poucos os rapazes que conheci até agora, e mesmo esses que conheci estão muito longe do meu "ideal".

Hoje tive aula de inglês. Este ano quero me dedicar seriamente ao estudo do inglês. Levando em consideração o tempo que venho estudando esse idioma, minha conversação ainda é fraca. Além do mais, é uma língua que me agrada.

25 de outubro de 1936.

Estou feliz! Li para mamãe minha poesia "O vendedor de sorvetes" e ela gostou muito. Quem sabe, apesar de tudo, eu tenha um futuro nessa área! Por outro lado, há tantas pessoas que escrevem...

---

1   Gyuri (György) Fuchs. (N. T.)

Celeste

Sobre a ponte Margarita passei recentemente.
Ainda não havia anoitecido, o crepúsculo coloria o horizonte,
Mas o sol tinha se posto por trás de um monte,
A brisa do Danúbio trouxe um vento apressado,
E o cheiro de Buda[1] nele estava misturado.
E sei. A primavera já passou, não está presente.

Olhei as águas do Danúbio adiante,
Seu enorme e abundante corpo rolando lentamente,
A tarde envolveu-o numa capa celeste,
Celeste a gaivota que sobre as ondas voa,
Celeste o redemoinho que o outono abençoa.
Como um olho celeste, fluía abundante.

Meus olhos percorreram o monte sombreado,
Um enorme manto celeste envolvendo seu dorso,
E a cidade com um casaco celeste cobrindo seu torso,
Celeste era a luz nas janelas das casas,
De celeste estavam vestidos os jardins das acácias,
Celeste fluía e abundava por todo lado.

O céu se alegrou de leste a oeste.
Com o celeste reflexo do fundo do mar,
A noite celeste veio nos abençoar,
Um mar celeste que as alturas tomou,
Veio uma nuvem branca e no celeste mergulhou,
E foi carregada pela correnteza celeste.

---

1   Budapeste. (N. T.)

Celestes eram a água, as montanhas, o céu.
E a sombra da esperança celeste apareceu
E por todo o horizonte se estendeu.

Era uma lenda, sonho boato,
Que os homens sempre tomam como fato,
Quando a primavera atravessa a ponte com recato.
Trago comigo a primavera.

Novembro de 1936.

A lágrima

Quando as lágrimas nossos olhos acobertam,
E mãos de ferro a garganta apertam,
Com os lábios trêmulos suspiramos,
E dizemos: nós, seres humanos, choramos.

Pelo rosto as lágrimas escorrem,
E eu não sei para onde correm,
Apenas que sempre sufocam e silenciam
E, com seus rastros, sulcos n'alma apareciam.

Essas lágrimas que transbordam e oprimem,
Tanto torturam, tanto deprimem,
Sempre que chegavam, nosso riso calava,
Mas apesar de tudo, nossa alma a lágrima lava.

Budapeste, 23 de novembro de 1936.

24 de novembro de 1936.

Hoje consegui uma aluna para quem darei aula particular. Terei que ensiná-la matemática. Já dei a primeira aula. A menina é muito simpática e estou muito feliz que finalmente consegui uma aluna. De tão feliz que estava, quase cantei na rua a caminho de casa. Para ser sincera, estou contente não por estar ganhando um salário, mas por ter conseguido o que desejava.

14 de dezembro de 1936.

Li as poesias na "Sociedade Literária". Foi decidido me conceder a medalha de excelência, mas na verdade eu não sei se as poesias realmente fizeram sucesso.

1937

1º de janeiro de 1937.

O ano de 1936 passou. Tenho a sensação de que nesse ano aconteceram muitas mudanças em minha vida interior e exterior ao mesmo tempo. Primeiro, pudemos celebrar o Ano-Novo na casa que compramos no ano passado. Um ano atrás, eu nem sonharia com isso. Fora isso, aulas de dança, patinação etc. No que se refere às coisas particulares, não posso definir exatamente quais são as mudanças que se passaram em mim. Mas meus problemas aumentaram, especialmente quanto a escolher uma profissão (literatura!); e no que diz respeito aos rapazes, não creio que progredi muito. Talvez neste ano eu tenha mais sorte. Mas, em resumo, também esse foi um ano bom e bonito, e passou muito rápido...

14 de fevereiro de 1937.

As notas do meu boletim do primeiro semestre são todas excelentes, exceto em desenho. Nesse meio-tempo, aconteceu algo magnífico: estreei meu primeiro vestido longo, de tafetá azul. A opinião geral foi que me caiu muito bem e que eu estava muito linda nele. Até agora só o usei para o concerto de Huberman. Obviamente, o concerto teve mais sucesso que meu vestido. Na realidade, foi esplêndido: sonata A *primavera* e uma sonata de Bach! Tocaram também obras de Brahms e Schubert. Depois disso não fui mais a lugar nenhum.

Hannah aos dezesseis anos com seu primeiro vestido longo, em casa, pronta para uma festa.

A dança dos minutos

    A luz das lanternas empalidece na rua,
    No céus, como brasa, as estrelas seguem queimando.
    No meu coração uma nova esperança se acentua,
    Pelo caminho da vida continuo vagando.
    Ao meu redor, numa fila oculta ao olhar,
    Surgem os momentos, numa roda a dançar
    Um clamor e um êxtase vindos do além;
    Eu os observo com um pouco de susto,
    E, curiosa, por fim lhes pergunto,
    O que, dentro de si, escondem tão bem?

    Uns são a imagem da pura alegria,
    Outros manifestam amargura sombria.
    Um, carinhoso, só mostra afeições,
    O outro se gaba de quebrar corações.

    Todos se vão, outros logo aparecem,
    São todos distintos, porém se parecem,
    E esta animada cadeia continua,
    Até o dia em que desapareça a lua.
    Eles vêm sem cumprimentar,
    E se vão sem se importar,
    Flutuam sempre em silêncio absoluto,
    Rumo ao infinito dissoluto.

Fevereiro de 1937.

25 de fevereiro de 1937.

Acabo de voltar do "Círculo Literário", onde li minha poesia "O vendedor de sorvete". Os participantes do Círculo acharam que é uma boa poesia. Mas eu achei que as duas poesias de Ági são muito melhores. Principalmente a primeira, "Morte de um professor", que achei excelente e que destruiu minha confiança e o interesse em minha própria poesia. Até agora eu achava que era talentosa, mas hoje vejo que Ági é muito mais dotada. Talvez eu tenha mais potencial como escritora de prosa. Não sei. De certo modo tenho medo de me envolver demais com a escrita e com a ideia de ser talentosa, mas também não consigo parar de escrever, e nem quero. Enviei duas poesias minhas para um jornal: "A lágrima" e "Dança dos minutos". Essa última é uma poesia nova e a melhor que já escrevi. Pelo menos é o que eu acho. Agora fico constantemente pensando se minhas poesias são tão boas quanto as de Ági. Meu Deus, seria tão bom se eu fosse realmente talentosa!

Para cada ação há uma reação. Ontem eu estava tão feliz com minhas atividades literárias, e hoje toda a alegria se esvaiu. Mas continuarei escrevendo apesar disso! Essa é sempre a minha reação ao fracasso e ao desespero momentâneo.

16 de março de 1937.

Na realidade, não tenho nada de novo para escrever. Estou simplesmente sentada, tenho o diário à minha frente e nada mais a fazer. Chegou o momento de fazer um exame de consciência. Não sei como tudo isso terminará. Sobretudo devo me preocupar em não me supervalorizar. O ser humano não deve se conformar consigo mesmo. Na verdade, hoje estou mais longe disso do que nunca. Sei e reconheço que tenho numerosos defeitos. Falo de forma altiva com as pessoas, e em casa sou até insolente e atrevida, mas não demais da conta. Ainda bem que sou autocrítica. Mas acho que não tenho a força necessária para melhorar meu comportamento.

21 de março de 1937.

A "Comédia em três atos", como mamãe a chama, terminou parcialmente. O primeiro ato foi protagonizado por Zoltan e o segundo, por Peter. O primeiro ato foi mais agradável que o esperado. Zoltan não foi bobo nem atrevido, contrariando a crítica anterior de que ele tinha más intenções. De qualquer maneira, se Zoltan se comportou dessa maneira com outras pessoas, comigo ele foi extremamente honesto. Apesar de não gostar dele em especial, sou sua amiga.

O segundo ato começou com certo atraso; ao invés de começar às onze e meia começou ao meio-dia e meia, pois Peter não achou o caminho para cá. Foi contrário ao que eu esperava, talvez por eu o ter esperado tanto tempo, e talvez porque eu estava esperando demais dele. Peter é um rapaz agradável, mas não sei o que ele pensa de mim. Ele leu minhas poesias e gostou delas. Agora escrevi uma poesia curta, que combina apenas com as páginas de um diário:

Já dá para ouvir a canção primaveril
E minha alma também achou sua voz
O sol aquece tudo lá de cima
Violetas desabrocham
Como o meu coração

E, de repente, estou apaixonada.
Não sei como este sentimento veio a mim
Talvez tenha sido o encanto da primavera
Não questionarei quando foi, nem por quê
Estou apaixonada – mas pelo amor.

28 de março de 1937.

Por enquanto deu-se também, é obvio, um "terceiro ato". E, além disso, Yanni veio me visitar mais uma vez. Ele é um rapaz esperto: dá para conversar direito com ele. Mas agora colocarei um fim às "peregrinações" dos rapazes, pois o ano letivo já vai começar e não dá para continuar nesse ritmo. Além do mais, quase não tenho tempo para ler.

1º de maio de 1937.

Ontem, pela primeira vez na minha vida, me pagaram um "salário". A professora me pediu para escrever uma poesia comemorativa pelo décimo aniversário da escola, e ela hoje me enviou um cheque no valor de vinte pengoes. Fiquei muito contente. Estes dias terminei de ler *Fouché*, de Stephan Zweig. Um livro interessante que me tocou a alma. Ao mesmo tempo li *Lyrische Hausapotheke*, de Erich Kastner, que também é bonito e grande. Estou fascinada. Os temas e as soluções dos problemas são muito originais e estão apresentados de maneira artística. Com grande pesar, descobri que ele usa algumas de minhas ideias. Assim, pouco a pouco, vou descobrindo que muitas coisas que acreditamos serem originais e novas são na verdade conhecidas há muito tempo.

Quanto aos meus alunos, estou desanimada. Tanto Trudy como Maria tiraram notas baixas em matemática. Não sei como esconder minha vergonha. Empenhei-me tanto em ensiná-las! Minha redação em húngaro ficou muito boa. O diretor anotou embaixo: "Trabalho muito inteligente e completo". Não é sensacional? Tomara que eu seja realmente uma pessoa talentosa!

15 de maio de 1937.

Um dia desses se falou no grupo de autoaperfeiçoamento sobre a eleição de uma nova secretária. A professora Boriska disse que se deve levar em consideração várias condições, entre elas, que a candidata seja protestante, o que é lógico para uma instituição protestante. E, ao mesmo tempo, que humilhante! Para dizer a verdade, não tenho certeza se sou a pessoa adequada para essa candidatura, mas, mesmo no melhor dos casos, não me considerarão. A partir de agora será difícil definir minha posição em relação ao grupo: se devo continuar atuando a fim de contribuir para o seu sucesso apesar do clima contraditório, ou se o melhor é me afastar por completo. Com a segunda opção, atuaria contra os interesses da classe. É-me muito difícil encontrar o caminho certo sem submissão nem arrogância, sem permanecer indiferente nem aspirar sobressair. Nesses casos, uma pessoa deve estar sempre alerta e medir cada um de seus passos, pois seus erros repercutem imediatamente na coletividade. Parece-me possível lutar contra o antissemitismo apenas com base nas condições individuais (condições morais, obviamente), e esta é a luta mais difícil. Agora começo a compreender o que significa ser judeu numa sociedade cristã, apesar de não me importar tanto pessoalmente. O fato de que nós, judeus, devamos lutar assim por nosso direito à existência e que alcancemos nossos propósitos encarando enormes dificuldades determina nosso desenvolvimento e nossa vontade de superação. Se eu tivesse nascido cristã, todos os caminhos estariam abertos para mim. Teria estudado para ser professora e resolvido assim todos os meus problemas. Agora é diferente. Eventualmente, chegarei à profissão que mais se adapte às minhas aptidões, mas nunca estarei disposta a me converter. Não apenas por mim, mas também por meus filhos; não poderia obrigá-los à humilhante situação de ter que negar e envergonhar-se de sua origem. Tampouco poderia despojá-los da fé que os pais convertidos não podem instigar neles. Acredito que a religião tem um grande valor na vida. É ridícula a opinião, tão popular hoje em dia, de que a religião não é mais do que um suporte para os fracos...

Conversa noturna

Vou entrar na cama, fecharei meus olhos.
A noite me sorri com a proposta de um papo divertido;
Puxo o cobertor até o queixo e estou pronta.
Te espero, papai querido.

Sente-se na cama. Aqui, bem na borda.
Minhas mãos em tuas próprias mãos tome assim;
E agora dê-me um beijo aqui na fronte,
E em segredo comecemos um papo sem fim.

Há dez anos já, só assim conversamos:
Mudos os dois, nenhum som emitido.
Mesmo assim, minhas palavras compreende
E no que esconde minha alma você é o maior entendido.
Quando foste embora eu era só uma criança,
A escola, para mim, nem havia começado.
Num dia de maio gelado e chuvoso
Deus veio buscar-te e você foi levado.

Meu irmão e eu fomos tirados de casa,
Vestes negras mamãe nos fez usar.
E à noite, ainda pálida, sussurrou-nos ao ouvido:
Papai foi-se, foi a um distante lugar.
No funeral uma multidão formou-se ao seu redor,
Eu me apertei entre parentes, com todo o meu pesar.
As palavras de mamãe eu ainda não compreendia:
Papai foi-se, foi a um distante lugar.

Mas à noite, ao deitar-me em minha cama
Compus algumas palavras em oração;
Que Deus, meu Senhor, tenha piedade,
E aceite o meu pai no seu coração.

Talvez Deus tenha te concedido descanso
E o pedido desta menina pura tenha acatado,
Mas aqui estou eu, te importunando o tempo todo,
Por favor, não fique bravo por eu tê-lo chamado.

O que atormenta meu coração de menina
Nenhum ser vivo conseguiria compreender,
Mas como é bom partilhar contigo cada confidência
E desaguar nos teu braços todo o meu sofrer.

E se fico feliz, tão alegre e sorridente,
Que as palavras me faltam para o motivo descrever,
Como é doce e gostoso ter você como ouvinte
E te contar tudo e sempre que eu quiser.

Papai, você sempre foi muito bondoso
Vir ao meu chamado você sempre se dispôs,
E a me acompanhar no meu caminho tortuoso
E enfrentar comigo os desafios que a vida me impôs.

Obrigada, papai, você merece toda a minha gratidão,
Mas tenho que me despedir, está tarde e o dia já se esvai.
Amanhã tenho que levantar bem cedinho,
Então boa noite, descanse, querido papai.

Budapeste, maio de 1937.

15 de junho de 1937.

Hoje foi o baile de fim de ano. Minhas notas foram todas excelentes. Mas o que mais me alegra é ter recebido um prêmio de cinco pengoes por uma tradução e dez pengoes por "A dança dos minutos". Sábado fui a uma festa. Estava ótima. Eu e Peter estamos tendo um bom relacionamento. Dancei só com ele.

Hannah em 1937, aos dezesseis anos.

18 de junho de 1937.

Escrevo no trem: meu plano de viajar para a Itália se concretizou. Às sete da manhã partimos da Estação do Sul. Mamãe, emocionada, me colocou aos cuidados da senhora sentada à minha frente. Uma senhora simpática. Falamos quase o tempo todo. Não pudemos nos aprofundar na leitura, pois nos aproximamos do lago Balaton, que, de vez em quando, deixava aparecer instantes de sua beleza. Saí por um momento ao corredor, desejando deleitar-me com o esplendor do magnífico lago. Da cabine ao lado saiu um rapaz de aproximadamente dezessete anos, acendeu um cigarro com parcimoniosa elegância e me observou de relance para ver que impressão tinha causado. Contive o riso. Por enquanto, comecei uma agradável amizade com minha companheira de viagem.

Perto da fronteira com a Iugoslávia tudo correu bem. Passamos por paisagens maravilhosas, com cores muito distintas às da paisagem da Hungria. O rio Dráva corre por entre montanhas elevadas, cujas ladeiras estão cobertas de pequenas cabanas. Liubliana. Cidade vasta e bonita. Uma igreja ortodoxa e esplêndidas mansões.

O controle da alfândega na fronteira italiana foi às sete da noite. Eu esperava impaciente essa oportunidade para usar meus conhecimentos de italiano, mas, apesar de meus esforços, não se dignaram a olhar nenhuma de minhas malas...

Chegamos a Trieste à noite. Aqui, desobedeci minha mãe: das duas horas que deveria esperar na estação, passei mais de uma hora percorrendo a cidade.

À uma da manhã chegamos a Veneza.

Na estação de Milão fomos recebidos por Géza, que nos levou em seu carro à sua linda casa.

20 de junho de 1937: Milão.

Após uma breve troca de opiniões, saímos de manhã cedo para Menaggio. No carro havia lugar para todos: atrás, as três mulheres e, na frente, os três jovens (entre eles o pequeno Guiora). No início, nos chamavam a atenção as placas com as declarações e os pensamentos "profundos" de Mussolini, que apareciam em ambos os lados da estrada. Mas à medida que viajávamos, fomos seduzidos pela paisagem maravilhosa do lago de Como[1] e suas redondezas.

O lago é um sonho, com um lado de cor azul-celeste escuro, e outro de tonalidade verde-escura. E altos picos de neve eterna o rodeiam totalmente! Este quadro ficará profundamente gravado na minha alma...

---

1 O lago de Como é um lago de origem glacial na Lombardia, Itália. Com uma área de cento e quarenta e seis quilômetros quadrados, é o terceiro maior lago da Itália e um dos mais profundos da Europa. (N. T.)

A própria Menaggio, à margem do Como, é uma aldeia encantadora. O balneário também é muito agradável: montões de areia, terrenos cobertos de grama e cheios de balanços, quadras de tênis... E sobretudo, sol, mar e montanhas! Em uma palavra: magnífico!

Além de nadar e nos tostarmos ao sol, jogamos tênis. Às seis da tarde voltamos para casa. Uma fila interminável de automóveis cruzava a estrada. Automotores em abundância, estradas de primeira qualidade. Um dia lindo e ameno, mas fiquei cansada.

21 de junho de 1937.

A experiência do dia: a visita ao Duomo de Milão. Dele já ouvi muitos elogios e inclusive tive a oportunidade de vê-lo em uma fotografia. Sabia que ele é de mármore branco, que uma pequena torre simboliza o dia útil e outra, maior, o dia de feriado. Sabia também sobre a infinidade de esculturas que o decora. Em minha imaginação já o havia visitado. Porém, agora, ao encontrar-me junto ao maravilhoso edifício que se ergue em todo o seu esplendor, sinto-me emocionada, prendo a respiração e admiro essa obra que pareceu ser apenas produto de uma fantasia. Começo a caminhar e entro pela porta de bronze, talhada em alto-relevo. Nas penumbras, distingo apenas o contorno das gigantescas colunas, e vejo as janelas em que brilham as tonalidades dos vitrais. Paulatinamente minha vista se levanta em direção às ogivas góticas e aos capitéis adornados com esculturas. Dimensões tão amplas guardam em seu seio o destino de pessoas cujos sonhos, esperanças e penúrias foram fundidos a esses pilares. Percorri a catedral. Sobre os altares ardiam círios das oferendas e as sineiras filtravam os raios de sol. Tudo era, ao mesmo tempo, sublime e deprimente. Eloquente, maravilhoso. No entanto, não foi isso que me seduziu.

Jamais esquecerei o momento em que entrei no domo. Ao sair do elevador que me levou ao alto de centenas de degraus, minha respiração parou e fiquei estupefata. Como se, depois de deixar uma terra envolta em névoa, eu tivesse chegado a um mundo celestial, resplandecente de beleza derramada diante dos olhos. Comecei a mover-me entre filigranas góticas, torres delicadas, arcos e colunas. Se eu tivesse que me expressar em música, teria que recorrer a um gorjeio num tom agudo de violino. Sob o firmamento azul, o mármore parecia resplandecer dentro de nós. Das profundidades das lembranças emergiam visões imaginárias da infância: um céu azul, um trono branco, anjos de alvas asas, mirantes que permitiam ver a terra...

Quão longe se encontra a febril cidade comercial, presa pelo vórtice de bondes elétricos e automotores! Como parecem pobres as luzes das vitrines, diante deste esplendor maravilhoso!

Chego ao pé da torre. Subo pela intrincada escada que leva até a parte superior. Cada volta revela uma vista nova, esculturas, filigranas que parecem flores de parede... No alto, me detenho admirada, atônita, como num sonho, na escada de Jacó...

Olho as horas. Preciso voltar. Despeço-me do lugar. Custa separar-me da luz, do calor, da serenidade... Não pude levar nada de tal beleza. No entanto, ao descer, senti de repente que levo algo daqui como lembrança eterna: o anseio de luz, altura, paz suprema...

Milão, 26 de junho de 1937.

Esta noite assistimos a uma representação ao ar livre. O preço dos ingressos era muito barato, quatro liras italianas. Os fascistas têm o mérito de oferecer às massas espetáculos a preços reduzidos. O público numeroso, umas cinco mil pessoas, pertencia em sua maioria às classes mais pobres e, no entanto, demonstrou mais entendimento que o público que frequenta os concertos em Budapeste. Foi muito lindo. Cantaram principalmente árias que eu pouco conhecia. É interessante que tenham tocado o hino nacional tanto no começo como ao final do espetáculo. O público aplaudiu freneticamente. Assim, em meio a uma grande multidão, o comportamento do povo revela-se melhor.

27 de junho de 1937.

À tarde fizemos um passeio de carro maravilhoso em direção a Certosa di Pavia,[1] onde há um convento e uma igreja magníficos. O monastério é enorme e foi construído para vinte e quatro pessoas, o número exato de seus moradores. Na igreja há vinte e quatro celas privadas com seus correspondentes altares adornados com mármore, pinturas artísticas e magníficas decorações. Aqui foi investido o trabalho de muita gente. Cada monge tem sua moradia: uma cela caiada, um quarto de trabalho, embaixo o refeitório, em cima o dormitório e atrás um pequeno jardim de que ele mesmo cuida. Assim passam a vida, trancados, longe do contato com outras pessoas, com exceção dos domingos, quando almoçam juntos e podem conversar durante uma hora. Não posso imaginar que essa fuga do mundo traga algum proveito a eles ou à humanidade.

Milão, 12 de julho de 1937.

Pela primeira vez desde que cheguei me sinto deprimida. Não me faltam motivos: planejava viajar para Florença por uns dias, mas mamãe se opõe. Soube ontem à noite, quando voltei de Menaggio, e sua proibição me tirou a alegria que senti durante todo o dia. O tempo estava maravilhoso. O vento soprava forte e agitava a água do lago. Gostei de nadar nas águas agitadas e por um bom tempo fiquei recostada num tronco que as ondas balançavam. As montanhas se refletiam na água com nitidez: entre todas, ressaltava o monte Rosa, coroado de neve.

Ao voltar, a sombra dos montes se desenhava sobre as ladeiras da cordilheira que se estendia em frente. A música não deixou nossos lábios durante todo o caminho. Mas ao voltar encontrei a carta com a proibição de mamãe. Que posso fazer? Um murmúrio de desgosto e... para casa.

---

1 Certosa di Pavia é um município italiano da região da Lombardia, província de Pavia. (N. T.)

Entretanto, meu desejo de visitar Veneza no caminho foi acentuado, mas quero fazê-lo sozinha, sem a família. Não há tempo para pedir permissão à mamãe. Talvez seja melhor assim: sem dúvida ela se oporia aos meus planos.

Veneza, 15 de julho de 1937.

Deixei minha mala no depósito. A sensação de independência me enche de prazer. Subo no vaporetto[1] que faz a travessia pelo Canal Grande. Não me surpreendeu em especial, pois já o havia visto em fotografias. É interessante ver os degraus dos palácios, submersos nas águas...

Os edifícios mais famosos deslumbram por sua brancura refletida no espelho d'água. São muito antigos e já teriam desmoronado não fossem as reformas pelas quais passam de quando em quando. Desço na estação que leva ao Frari.[2] Após uma breve procura chego ao umbral da igreja, mas não me deixam entrar pois estou vestindo uma blusa de mangas curtas. Sou obrigada a alugar uma mantilha vermelha.

A igreja conserva quatro obras muito célebres: A *Assunção*, de Ticiano;[3] duas *Madonas* de Bellini[4] e a tumba de Canova.[5] Essa tumba me impressionou enormemente. O mesmo efeito causam os afrescos. Quando saí da igreja,

---

1 Embarcação típica usada como meio de transporte público nos canais de Veneza. Seu nome deriva dos antigos modelos que usavam motor a vapor. (N. T.)
2 A Basilica di Santa Maria Gloriosa dei Frari, normalmente chamada simplesmente os Frari, é uma das maiores igrejas de Veneza. (N. T.)
3 Ticiano Vecellio (1473/1490-1576) foi um dos principais representantes da escola veneziana no Renascimento, antecipando diversas características do Barroco e até do Modernismo. (N. T.)
4 Giovanni Bellini (1430-1516) foi um grande pintor do Renascimento, famoso por suas fluentes e coloridas paisagens. Teve Ticiano entre seus aprendizes. (N. T.)
5 Antonio Canova (1757-1822) foi desenhista, pintor, antiquário e arquiteto, porém é mais lembrado como escultor. Recebeu diversas condecorações e foi nobilitado pelo papa Pio VII, que lhe outorgou o título de marquês de Ischia. (N. T.)

o vaporetto me levou a São Marcos. Aproximadamente às treze horas cheguei ao Palácio Ducal, entrando no pátio pelo luxuoso portão. Fiquei extasiada com as duas fontes e subi pela imponente escadaria. Quantos afrescos de Ticiano, o Veronês,[1] Tintoretto[2] e outros pintores! Preciso dar uma olhada em tudo, mesmo que rapidamente.

A sala de armas guarda vários instrumentos de tortura, canhões e peças protegidas. Dos afrescos, me impressiona muito *O Paraíso*, de Tintoretto. A partir do extremo oposto da sala, o afresco parece uma tapeçaria em que se perfilam as seis figuras que compõem seu conjunto. As figuras se separam através de um prisma e sua beleza oferece um prazer supremo. Quase não fechei os olhos durante a noite no trem. A sensação de viajar sozinha é magnífica!

Dombóvár, 19 de julho de 1937.

Estou em Dombóvár. Aqui não poderia ter escrito sessenta páginas em quatro semanas, como na Itália. Receberam-me com grande alegria. Tive que contar muitas coisas da Itália. Aqui tudo é diferente. No estrangeiro, podia fazer o que tivesse vontade, mas aqui sou vigiada por mamãe. A comida também é diferente. Depois da leve culinária italiana, a comida húngara, gorda e que empanturra, não me cai bem. Depois de conhecer a piscina de Milão, essa me pareceu terrivelmente pequena. Mas, por outro lado, fiquei contente porque não precisei me sentar sozinha com o meu livro – apesar de que, na verdade, isso também não era ruim. Aqui há um agradável grupo de moças. Rapazes não haverá, isso é evidente. Apesar de haver alguns rapazes cristãos, a separação é tão grande que é difícil imaginar que um rapaz cristão trave amizade com uma

---

1 Paolo Veronese (1528-1588) foi um importante pintor maneirista do Renascimento italiano. (N. T.)
2 Tintoretto (1518-1594) foi um dos pintores mais radicais do Maneirismo. Por sua energia fenomenal em pintar, foi chamado Il Furioso, e sua dramática utilização da perspectiva e dos efeitos da luz fez dele um dos precursores do Barroco. (N. T.)

judia. Muitas vezes ficamos intrigados com esse fenômeno que parece ridículo, mas, na verdade, é uma realidade tão triste quanto inquietadora.

Fali[1] chegou ontem, com seu recém-adquirido título de doutor. Ele nos deixou muito felizes, pois ficamos com muita pena dele pelo enorme esforço que investiu para se formar. Tenho certeza de que ele está muito feliz por ter podido estudar em diversas cidades do mundo durante cinco anos, sem nenhuma preocupação.

Enfim, a tia Eliz e o tio Pishta devem estar muito orgulhosos do filho, e com razão.

22 de julho de 1937.

Sento para escrever de estômago vazio. O dia todo não comi nada pois "supostamente" estou doente. Escrevo "supostamente" pois na verdade estou completamente saudável. Como eles estão tentando incansavelmente fazer com que eu engorde, eu fingi uma indisposição como contramedida. A ideia me ocorreu porque Évi estava realmente doente do estômago, assim como a vovó Fini. Então decidi usar esse pequeno truque. Tive dificuldade em me convencer a fazê-lo, pois não deixa de ser uma mentira, mas por fim me consolei de que não estou prejudicando ninguém e é realmente bom para o estômago jejuar de vez em quando. De manhã bebi água mineral e mamãe achou que minha língua estava branca. Quase morri de rir quando ouvi sua conclusão. Sorte a minha que tia Eliz e Fali também reclamaram de indisposição e por isso acham que comemos alguma coisa que nos fez mal a todos. Preciso dizer que sei mentir muito bem, mas não gosto disso. É uma sensação horrível.

Ontem terminei de ler um livro excelente e interessantíssimo de Ernst Lothar, chamado *Romance em fá maior*. Quase não pude largá-lo. É o diário de uma jovem de quinze anos e é muito parecido com o meu, tanto em estilo como em conteúdo. Agora estou lendo *No jugo de Deus*, de Nyiro.

---

1   Primo de Hannah, filho da tia Eliz e do tio Pishta. (N. T.)

Estou gostando muito, apesar de que eu não escreveria dessa forma mesmo se fosse capaz. Tanto o estilo como o mundo descrito no livro são estranhos para mim.

Converso muito com Évika sobre o futuro. Tenho uma ideia antiga chamada "Da cabeça aos pés": uma fábrica capaz de preparar, em um dia, todas as peças necessárias ao vestuário feminino. Será preciso contratar trabalhadores jovens e rápidos que estarão sob minha direção e organização. Tenho centenas de outras ideias, incluindo administração hoteleira. Temo que há muitas coisas que eu gostaria de fazer e por isso não farei nenhuma delas bem. Mas o que eu mais gostaria, realmente, é tornar-me uma escritora. Esse é meu maior desejo. Mas estou apavorada com a ideia de ter que escrever por encomenda, como ganha-pão. Sempre acabo minhas especulações com o consolo de que ainda tenho dois anos para pensar no futuro. Parece muito distante, mas eu estou totalmente consciente de que o tempo voa.

Dombóvár, 26 de julho de 1937.

Hoje dei minha primeira entrevista! Ontem o advogado, sr. Szabo, me disse que o diretor do jornal *Tolnamegyei News* queria me conhecer para fazer uma crônica sobre a jovem poetisa que está passando o verão na cidade. Pensei que se tratava de algo totalmente supérfluo, mas o jornalista apareceu de repente antes do almoço e tive que conceder-lhe uma entrevista como manda a regra. Ele me fez uma série de perguntas bobas, como, por exemplo, quem é meu poeta favorito. Me pediu uma de minhas poesias. Agora estou na expectativa para saber que baboseira vai aparecer no jornal. Tenho uma experiência amarga no que se refere a jornais e repórteres. Se não escreverem bobagens, não lamentarei, mas se o fizerem... Espero que não chegue a tanto.

Dombóvár, 28 de julho de 1937.

Saiu o jornal. Começa apresentando meu pai e logo passa a falar de mim de maneira bastante correta. Tudo poderia ter saído às mil maravilhas não fosse por uma frase. Meteu também meu diretor no assunto, dando a entender que ele está encantado comigo, ou algo assim. Isso me irritou muito, apesar de que a chance de esse jornal chegar às mãos dele é remota. Mas como não é certo, achei muito desagradável.[1]

Vovó Fini está de cama hoje. Ela está muito fraca e sofrendo muito.

30 de julho de 1937.

Vovó Fini faleceu ontem, depois de sofrer por dois dias. Como foi terrível ouvir do médico que não havia esperança de salvá-la! Todos nós começamos a chorar. Mamãe está completamente abatida: nem sequer posso consolá-la. Somente lhe prometi que faria o possível para ficar a seu lado. Sei muito bem como ficará desamparada sem a vovó. A tia Irma e o tio Félix estiveram aqui e já viajaram, mas voltarão para o enterro.

Não paro de pensar na morte de papai. Acho que ainda não compreendo o que a morte da vovó representa para mim.

Hoje já não consegui chorar, apesar da sensação deprimente que continua me perturbando. Até seria capaz de rir. Vovó querida! Como estou contente por todos os momentos em que fui boa para você, em que fui gentil. Tenho certeza de que, se alguma vez não me comportei devidamente, ela me amou da mesma maneira e não se irritou comigo. Dizem que até o seu último momento ela olhava a fotografia de papai.

---

1 A crônica apareceu com o título "Anikó Senesh, a grande promessa da poesia húngara" e se refere especialmente a seu pai – Bela Senesh –, o lugar dele na literatura húngara e ao talento florescente de sua filha. (N. T.)

31 de julho de 1937.

Ontem não pude continuar escrevendo pois Évi e eu corremos o dia todo ajudando o máximo possível. Mamãe e tia Eliz estão incapazes de fazer qualquer coisa. Mamãe ficou o dia todo na cama e tenho medo do que acontecerá quando voltarmos para casa. Tia Manci chegou ontem à noite e percebi que está tentando muito se controlar. Mamãe me contou, no entanto, que ela passou a noite toda acordada, andando de um lado para o outro sem conseguir dormir, e que ela também ficou muito afetada pela repentina desgraça.

Estou muito cansada, pois tenho acordado às seis da manhã. Não porque é necessário, mas porque não consigo dormir mais. Espiritualmente estou bem, mas muito preocupada e temerosa por causa de mamãe. Penso o tempo todo na vovó Fini. É claro que nunca a esquecerei, mesmo no futuro distante, mas a vida volta ao normal com uma velocidade incrível, mesmo quando alguém desaparece de nosso mundo. É difícil de acreditar que foi apenas anteontem que ela faleceu, e hoje já estávamos rindo.

Mamãe é a que mais está sofrendo e posso imaginar como a vida em casa será difícil para ela agora. Também percebo como fui boba ao pensar, mesmo que por um instante, que eu poderia tomar o lugar da vovó Fini. Afinal, não tenho nem o dom nem o tempo para isso. Os estudos, os alunos particulares e o curso de idiomas tomam todo o meu tempo. Mas mesmo assim, se Gyuri pensa como eu, nós dois podemos tornar as coisas mais fáceis para mamãe. Vou escrever agora para ele em Paris, mas mamãe não quer que eu conte sobre o falecimento da vovó Fini. De qualquer jeito, ele não poderia voltar sozinho agora. Com o falecimento da vovó Fini, será que ele – assim como eu – sentirá quão grande é nossa perda?

1º de agosto de 1937.

Às duas da tarde foi o enterro da vovó. Vieram muitos parentes de vários lugares. Obviamente, tanta gente causou tumulto. Évi e eu estivemos ocupadas o dia todo. O cortejo fúnebre começou ao meio-dia, com um pouco de atraso. Foi espantoso. Levaram o caixão para o pátio, o rabino fez as orações fúnebres e depois acompanhamos o caixão até o cemitério. Leo – que ficou aqui mais do que os outros, pois seu trem partia mais tarde – ria tanto que nem nós mesmos pudemos nos conter e rolamos de rir. Assim é a vida: ela continua, é só a vovó Fini que deixou de existir. Ah, pobre mamãe querida! Que será da casa? Estou cansada, exausta. Para dizer a verdade, não se nota, mas estou um pouco pálida.

Mamãe quer voltar para casa na próxima semana. Eu também voltaria com prazer, mas ainda não nos deixam voltar.

Discutiu-se o lugar de seu túmulo, se seria em Jánosháza, ao lado do falecido vovô. Mas no final resolvemos sepultá-la em Dombóvár. Eu também concordei, pois tanto o cortejo como o enterro são para os vivos que queiram visitar o túmulo. O morto – se é que a alma continua realmente existindo depois da morte – poderá encontrar-se com os entes queridos de alma em alma... Mas ao corpo, que ao cabo de uma semana se decompõe, tanto faz se descansa junto à pessoa amada ou a um estranho.

Talvez essa concepção seja infantil, egoísta. Por outro lado, se fosse o desejo da vovó Fini ser enterrada em Jánosháza, ou se encontrarmos esse pedido entre seus papéis, teremos que exumá-la. Mas espero que isso não aconteça.

Budapeste, 15 de agosto de 1937.

Desde o dia 12 deste mês estamos em casa. Não temos empregada e em consequência disso o trabalho é abundante. De manhã arrumo os quartos, apesar de que o faço muito por cima. Preparo o café da manhã, como e lavo a louça. Preparei uma espécie de comida, à qual acrescentei o que trouxemos de Dombóvár e que nos serviu de almoço, assim evitamos ter que ir a um restaurante. Estou contente de trabalhar, pois isso colore um pouco minha vida e me sinto feliz de poder fazê-lo. Mamãe está ocupada na preparação de conservas, embalagens e em receber visitas. Custou-lhe bastante voltar para casa, mas tenho a impressão de que já está mais calma. Mesmo assim, não creio que esta nova vida seja tão difícil para nós como supomos. É verdade que quando as aulas começarem será mais penoso para ela estar sozinha. Gostaria de conseguir algum trabalho, não para me entreter, mas porque é preciso ajudar em casa.

Agora vou arrumar minhas fotografias e reproduções. Gosto muito de fazer isso.

5 de setembro de 1937.

Rosh Hashaná. Hesitei se deveria ou não escrever hoje, mas creio que não há nenhuma razão para proibir publicações como esta. A fé, em seu sentido mais elevado, tem conteúdo e forma absolutamente diferentes.

Começaram as aulas. Fora as de latim, a que não assisto, não há nenhuma mudança. Já no ano passado eu achava que elas me tomavam tempo demais; por outro lado, não vou precisar saber latim, afinal, não penso em inscrever-me na universidade. Sem dúvida me dão todos os tipos de conselhos sensatos sobre a conveniência de continuar estudando, mas eu permaneço indiferente. Dizem que, se não estudar na universidade, deverei escolher algum ofício. Para mim é difícil decidir, apesar de que muitas ideias fervilham em meu cérebro. Ainda não cheguei a uma conclusão.

16 de setembro de 1937.

Hoje aconteceu uma coisa desagradável: com o estabelecimento do "Círculo de Estudos Independentes", fui indicada para o cargo de líder do grupo. Geralmente o grupo aceita um membro eleito pela classe, mas nesse caso pediram nova eleição e indicaram duas outras moças, com o claro objetivo de impedir minha eleição por eu ser judia. Caso não houvessem me indicado, eu não teria reagido, mas dessa forma foi uma ofensa. No futuro, não participarei das atividades do Círculo e não darei minhas opiniões.

Por sorte, aconteceram coisas boas também. Peter telefonou e perguntou se ele pode me visitar. Combinamos de nos encontrar no domingo antes do almoço.

1º de outubro de 1937.

Terminei o livro de papai, *O décimo primeiro mandamento*, e estou sob a influência de sua leitura, por isso hoje mais que nunca sinto papai perto de mim. Sei que o romance não reflete sua vida, mas de todo modo remete, exagerando um pouco, à sua juventude, ao amor entre meus pais, e isso é muito lindo. Tenho vontade de ler outros livros de papai e creio que chegou o momento de fazê-lo.

Hannah aos dezesseis anos.

6 de outubro de 1937.

Ontem depois do almoço saí para passear com Peter. Conversamos sobre todas as coisas que escrevo no meu diário. Depois de uma introdução balbuciante, ele me disse que me amava. Escutei suas palavras com uma sensação agradável. Não foi uma surpresa para mim. Ontem, quando estava no cinema com ele e com outro rapaz, Peter não parou de me olhar no escuro, de modo que sua confissão não me surpreendeu. Adivinhei quando me pediu anteontem para que saíssemos para passear juntos hoje também. Eu me mostrei amável mesmo quando não lhe disse que o amava. Se tivesse dito, teria mentido. De todo modo, me alegra. É a primeira vez que recebo uma confissão dessa natureza e fico contente (é difícil dizer que lamento as vezes anteriores, mas o afeto não era recíproco). Não sei se conto à mamãe, mas acho que sim. Ele e eu conversamos depois sobre inúmeras coisas e isso nos aproximou muito. Não me parece certo continuar me relacionando com outros rapazes, mas a verdade é que não faz muito tempo Sandor me visitou e nos divertimos bastante; no dia seguinte, Janos, um rapaz bom e inteligente, esteve aqui. Mamãe conhece os pais dele e foram eles que o trouxeram aqui em casa.

Harmonia

Contrastes regem a natureza inteira.
A luz diurna brilha e a noite é negra,
Monte polido e vale florido,
Musgo diminuto e cedro robusto,
Norte deprimente e sul contente,
Verão abafado e inverno gelado,
Caos e organização,
Silêncio e comoção,
Abismo e firmamento,
Começo e encerramento.
A história humana é cheia de antagonismo
Busca de lucro e patriotismo,
Guerras de sangue e pacto fraterno,
Assassinatos em nome do Eterno,
Escravos e governantes,
Inglaterra e os bôeres,
A paz

E a força –
Tudo são extremos, como o vale e a montanha
A alma humana e a vida que a acompanha,
Emoções à flor da pele e raciocínio astucioso,
Planos audaciosos e braço receoso,
A palavra e a ação,
A beleza e a deturpação,
O bom e o malvado,
O inteiro e o fragmentado –
E, apesar desses contrastes, fazemos uma observação:
A harmonia que rege toda a criação.

Budapeste, outubro de 1937.

1938

1º de janeiro de 1938.

Algumas palavras sobre o ano que termina.
Sinto que nesse ano amadureci. Tive experiências importantes, impressões de viagem e impressões literárias. Tampouco não faltou dor: o falecimento da vovó Fini. Em resumo, um ano cheio de acontecimentos. Creio que no terreno literário eu progredi, mas não em meu caráter nem em minha generosidade. No ano passado prometi em meu diário melhorar, mas isso não ocorreu. Não digo que os defeitos aumentaram: certamente não faltam... mas devo eliminá-los. Talvez este ano eu consiga.
Através da cortina branca desvenda-se uma vista maravilhosa. Lá fora tudo é branco, inclusive a copa das árvores. A neve cai sem parar e se conjuga com uma gama de matizes variados: luzes azuis, cinza, brilhantes e escuras. Maravilhoso, indescritível!
Assim inicio solenemente meu diário de 1938.

14 de janeiro de 1938.

Folheando meu diário, cheguei à conclusão de que não esclareci devidamente o que aconteceu com Peter. Em resumo: já estava entediada, percebi que ele esperava mais sentimento de minha parte. Não fui muito simpática com ele, e ele percebeu. Ponto final! Não me arrependo de nada. Os estudos até agora vão muito bem. Tirei notas ótimas. De modo geral estou muito satisfeita com tudo.

28 de janeiro de 1938.

Se eu não estivesse tão ocupada como realmente estou, eu diria que somente por minha falta de interesse ainda não contei sobre o baile de Marianne. Sem sombra de dúvida posso dizer que esse foi um evento em larga escala. Entre danças e bate-papo, as horas voaram. Cheguei em casa às quatro da manhã. Sorte que Pali de Dombóvár está aqui e por isso podemos andar por aí juntos sem que eu precise que alguém me acompanhe especialmente.

31 de janeiro de 1938.

Mary, minha "Pen-Pal"[1] da Inglaterra, me escreveu sobre a viagem no verão, mas provavelmente só poderei ir no ano que vem. Eu preferiria ir agora, mesmo com estes tempos incertos. Sábado à tarde Náday me visitou de

---

1   Pen-Pal (traduzindo literalmente: "amigo de caneta") é uma expressão em inglês que designa um conceito que tem como base a amizade por correspondência. Como no caso de Hannah, um pen-pal não precisa ser uma pessoa com quem já nos encontramos fisicamente. (N. T.)

novo. Gosto muito de conversar com ele, é um rapaz inteligente e agradável. Acabamos discutindo sobre cálculo diferencial e integral. Mas é claro que geralmente não falamos sobre essas coisas.

No sábado à noite mamãe e eu fizemos algo muito agradável: lemos cartas que papai escreveu para a mamãe. Cartas carinhosas e cheias de humor – um verdadeiro prazer lê-las. Imagino como foram importantes e significativas para mamãe! Ainda não terminamos de ler todas, talvez hoje continuemos.

13 de março de 1938.

Hoje devo escrever sobre duas coisas: os acontecimentos políticos e o baile de ontem à noite. Sinto que a política é mais importante. Começarei por ela.[1]

Os acontecimentos provocaram também entre nós uma grande excitação, tanto na escola como nas ruas. Durante as noites se fala única e exclusivamente desse tema. Esses eventos afetam diretamente a muita gente, mas inclusive aqueles que não se viram afetados perguntam com temor: decretará a Tchecoslováquia uma mobilização para defender os Sudetos?[2] Que dirão a Inglaterra e a França? (Acaba de estourar uma crise de governo na França.) A quem a Itália vai se aliar? E afinal, que será de nós, à mercê de um povo cruel de setenta milhões de pessoas que se expande para o Leste? Enquanto isso, Hitler chegou a Viena. Apesar de minha antipatia, devo confessar que ele faz as coisas com rapidez e valentia. Nesses momentos reina o silêncio e a expectativa, e teme-se pelo futuro.

---

1   Aqui, Hannah descreve fiel e minuciosamente a conquista da Áustria por Hitler. (N. T.)
2   Os Sudetos constituem uma corrente montanhosa entre a Boêmia e a Silésia. "Crise dos Sudetos" é o título atribuído aos acontecimentos de 1938, iniciados pelos "Sudetendeutsche", minoria étnica na Europa Central formada por alemães que viviam na Boêmia, Morávia e Silésia oriental. (N. T.)

E agora contarei sobre um acontecimento muito mais lindo e alegre: ontem fomos convidados, uns quarenta jovens, à casa de Lucy. Depois da abertura habitual, chegou a hora do baile, da comida, da cantoria, tudo num ambiente muito alegre. Apesar de mamãe ter me pedido que não dançasse muito, não pude evitá-lo: dancei demais e me senti esplendidamente bem.

26 de março de 1938.

Purim[1] passou. A festa foi um sucesso: não há nada a acrescentar. Ontem eu também dancei... Havia rapazes bastante agradáveis, mas nenhum me atraiu.

A tempestade que se desencadeou após os últimos acontecimentos políticos vai se acalmando pouco a pouco. Só agora é possível distinguir as ondas tempestuosas que se estenderam ao longe. Esse assunto afeta diretamente a muitas pessoas daqui, e muitos pensam em ir embora. Todos temem o que virá. Não há conversa que não toque nesse problema doloroso. Cada qual espera inquieto, apesar de o perigo de estourar uma guerra ser distante. As coisas se ajeitaram por milagre, e em silêncio. Ao que parece, o momento era o mais oportuno...

---

1 Purim é um feriado judaico que comemora a salvação dos judeus persas do plano de Haman para exterminá-los, no antigo Império Persa, tal como está escrito no Livro de Ester, um dos livros da Bíblia. A festa de Purim é caracterizada pela recitação pública do Livro de Ester por duas vezes, distribuição de comida e dinheiro aos pobres, presentes e consumo de vinho durante a refeição de celebração. Outros costumes incluem o uso de máscaras e fantasias e comemoração pública. Purim é celebrado anualmente no décimo quarto dia do mês hebraico de Adar, o dia seguinte à vitória dos judeus sobre seus inimigos. O nome "Purim" vem da palavra hebraica "pur", que significa "sorteio". Este era o método usado por Haman, o primeiro-ministro do rei Achashverosh da Pérsia, para escolher a data na qual ele pretendia massacrar os judeus do país. (N. T.)

Hannah no jardim de sua casa em Budapeste.

4 de abril de 1938.

Estou envergonhada de não ter escrito nada sobre o mundo deprimente, tenso e agitado de hoje em dia. E, mesmo agora, escrevo apenas para contar sobre os acontecimentos de sábado à noite. Falamos e escutamos tanto sobre os eventos na Áustria, e ficamos tão nervosos sobre a situação local, que quando chega o momento de escrever sobre as coisas nos sentimos muito deprimidos e desencorajados. É evidente que Gyuri não quer ir para a Áustria no próximo ano como planejado, mas talvez ele vá para a França – para sempre. Estaremos espalhados pelo mundo.

Mas voltando ao sábado à noite. Estávamos na casa de Vera e eu estava me divertindo muito. O estado de ânimo era excelente por causa das danças e Vera improvisou um bar pequeno e muito agradável. Como sempre, a companhia era maravilhosa. Passei a maior parte da noite com Gyuri Révész. Não acredito que o tenha mencionado antes, apesar de tê-lo encontrado várias vezes. Quando nos conhecemos dançamos juntos ocasionalmente, mas depois dançamos muito mais vezes. Ele é um excelente dançarino e um rapaz particularmente gentil. Entre outras coisas, ele me contou como meu comportamento, maneira de falar etc. o atraem. Ele disse que gostaria que sua irmã fosse como eu e me "consolou" garantindo que, mesmo se eu não tivesse tantos admiradores quanto algumas das outras "tipinhas", eu sempre faria mais sucesso do que elas com os rapazes que realmente valem a pena. É interessante o fato de a prima de Marianne ter dito exatamente o mesmo sobre mim há pouco tempo. Obviamente, dancei com muitos outros rapazes além de Révész, e já era dia quando a festa acabou.

Dombóvár, 24 de abril de 1938.

Já faz um tempo que não escrevo. Na terça-feira fui a Dombóvár e no trem tive uma aventura (ou melhor, conheci uma pessoa). Quando subi no vagão, apareceu um jovem que me ajudou com as malas e sentou-se ao meu lado. Percebi imediatamente que ele queria conversar comigo e portanto comecei a ler meu livro Um gosto e seis vinténs,[1] de W. Somerset Maugham. "Você se incomoda se eu fumar?", me perguntou. E a seguir: "Você está indo para Dombóvár?" (ele ouviu isso do condutor) e continuou fazendo outras perguntas. Respondi lacônica e displicentemente, mas quando ele interveio na discussão que ocorreu no vagão com respeito à janela, ele mostrou abertamente que estava do meu lado. O que eu podia fazer? Vi-me obrigada a responder às suas perguntas. Resultou ser um estudante de teologia da escola protestante. Tentou convencer-me a me inscrever nesse curso. Disse-lhe que era muito complicado e impossível porque... Mas isso não impediu que ele continuasse falando. Quis saber meu nome, mas me neguei a dar, e ele reagiu dizendo que nós, judeus, realmente nos cuidamos para não travar conhecimento com os demais. A conversa girou ao redor desse problema. Refutei sua opinião mas não revelei meu nome, apesar de seu interesse em sabê-lo. Prometeu que viria me esperar na porta da escola um dia. Pedi que não o fizesse e com isso o assunto terminou.

---

[1] Baseado na vida do pintor Paul Gauguin. (N. T.)

O debate sobre a "Lei Judaica"¹ está progredindo. Houve – e continua havendo – uma tensão horrível sobre isso, e a pergunta que se faz é: será essa lei aprovada? Em todos os lugares se fala sobre isso: no comércio, na indústria, teatros, cafeterias. Tudo está suspenso à espera da decisão do Parlamento. Vamos ver como isso vai acabar...

7 de maio de 1938.

Gyuri e seus companheiros terminaram a escola. À tarde, despediram-se deles na sinagoga. Também nos anos anteriores fez-se o mesmo, mas este ano a despedida teve um significado mais profundo.

Desta vez a despedida foi mais emotiva e mais cheia de temores que nunca. Os jovens se dispersaram, e quem sabe que destino os aguarda? Ivan falou, e em seu discurso tentou levantar o ânimo dos presentes. No entanto, notava-se claramente o pessimismo, a falta de fé e de confiança que invadiam cada uma de suas palavras. Por acaso era possível falar diferentemente num momento desses? De qualquer forma era triste, muito triste. A mim isso tocava diretamente, porque Gyuri está no meio disso. Só agora entendi o que significa. Ele nem bem terminou os exames e viajará ao exterior. Quem sabe quando voltará para casa? Para mamãe é terrível. Apesar de tudo, Gyuri está bastante otimista. Tenho pena desses rapazes. Mesmo assim, é melhor para eles estarem longe. O que acontecerá aqui? Só Deus sabe. Entre os companheiros de classe, há alguns que pertencem à organização húngara fascista. Gyuri lhes disse que, se algo ruim acontecer,

---

1 Em 11 de março de 1938, como consequência da Anschluss (anexação político-militar da Áustria por parte da Alemanha), o antissemitismo cresceu na Hungria, resultando em um debate sobre a "Questão Judaica" no Parlamento Húngaro. Isso tornou-se o projeto de "Lei Judaica" que reduziu a relação de representação judaica em vários campos a uma porcentagem específica. O projeto também afirmava que "a expansão dos judeus é prejudicial e perigosa para a nação". (N. T.)

que cuidem de mamãe. Mas é ingenuidade pensar que farão algo por ele ou por nós duas.

Ao regressar da cerimônia na sinagoga, fui até a quadra de tênis e me diverti muito. Esta temporada é a quarta vez. Tudo foi ótimo.

30 de maio de 1938.

Volto a escrever depois do sábado agradável que tive. Fui com Peter à casa de Mari, com um vestido novo. Sobre o tafetá celeste pus musselina e na cintura resplandecia uma flor rosa. Ficou muito lindo. Penteei-me sozinha, com cuidado para que o penteado ficasse lindo, e consegui. Devo ressaltar que pensei muito se deveria ou não ir, pois a família de Mari se converteu há pouco tempo e isso me desagrada muito. No final, venceu o desejo de passar uma boa noitada. Dancei muito e com vários jovens. Resumindo, me senti muito bem.

Outra notícia: a família Virág me convidou para passar o verão em sua casa de Lelle. Deverei ajudá-los um pouco. A ideia me encanta e aceitarei de bom grado o convite. Tomara que dê certo!

Escrevi também uma poesia. Chama-se "Montanhas celestes", e gosto muito dela.

Montanhas celestes...

Montanhas celestes para sempre banhadas em calma
Com calma me contagiaram.
Senhor! Permita que leve impressa na alma
O que as montanhas me inspiraram.

Biela-Voda (Eslováquia), 1938.

15 de junho de 1938.

Hoje terminaram as aulas. Minhas notas são todas excelentes. Além disso, recebi um prêmio de fotografia: três rolos de filme. É meu segundo prêmio. Esse ano não participei de nenhum outro concurso, pois me zanguei com um jurado por causa do incidente do ano passado. Pode-se dizer que não aproveitei suficientemente bem o ano. Ano que vem trabalharei com mais empenho.

Vale a pena dar a este caderno do diário um final digno. Li *Crime e castigo*, de Dostoievski. Sua descrição da alma me comove. Tive a impressão de que há algo em comum entre a família do livro e a nossa. É claro, porém, que só em parte.

Aqui termina, então, este diário.[1] Acho que ele está entre minhas melhores e mais belas recordações.

23 de junho de 1938.

Bem, começo aqui, um tanto emocionada, um novo diário.[2] Este será o terceiro. Quero lembrar, nesta oportunidade, o sr. Tót, professor húngaro de Dombóvár, que há quatro anos me induziu a escrever um diário. Disse-me que um diário seria uma recordação tão gratificante que em caso de incêndio eu correria para salvá-lo antes de qualquer outra coisa. É provável que ele tivesse razão. Neste momento não posso escrever mais. Ao meu redor há um monte de coisas para empacotar, uma grande bagunça. À tarde irei para Lelle. Que difícil será me despedir de meu irmão...

---

1 Fim do segundo caderno. (N. T.)
2 Um caderno novo. (N. T.)

Lelle, 25 de junho de 1938.

É meu segundo dia em Lelle. Não tenho quase nada para fazer. Banho-me todo dia no lago Balaton, jogo pingue-pongue e outras coisas. É muito agradável estar aqui. Dou-me muito bem com Erzsi e conversamos muito. Não tenho nada de especial para escrever no diário. Temo que o diário deste ano seja muito mais pobre que o diário do ano passado.

28 de junho de 1938.

Voltarei para casa. Mesmo que seja uma vergonha, não posso me acostumar com a maneira de ser de Erzsi. O único prazer aqui é banhar-me no lago. Minha tia me persegue o tempo todo e proibiu que eu me afaste da orla. Mas é claro que não consigo resistir. Uma vez, quando me afastei um pouco da margem, ela se assustou muito, teve palpitações e ficou terrivelmente zangada. Quando eu quis pedir desculpas, ela disse que não estava disposta a ter os nervos em frangalhos por minha causa. Por isso, resolvi voltar para casa. Não dei muita importância ao assunto quando ocorreu, mas senti que não poderia continuar assim por muito tempo. Subi ao meu quarto, tranquei a porta com a chave e chorei amargamente. Sentei no chão para não molhar a cama com meu maiô. Assim escrevo estas linhas. Minha tia tentou entrar, bateu na porta, mas não abri. Não gosto de ir embora dessa forma. Por fim, quando Erzsi insistiu, abri a porta. Minha tia foi muito amável e disse que só estava preocupada com minha segurança e bem-estar. Pediu que eu não fizesse mais isso, me beijou e me disse para parar de chorar. É claro que não consegui parar de chorar tão facilmente, mas acabei me acalmando. Agora devo descer. Espero que meus olhos não estejam vermelhos demais.

Continuarei escrevendo depois do almoço. A tempestade já se acalmou. Aparentemente a paz está reinando, mas os rastros da tempestade deixaram em mim sua marca. Talvez fique aqui, pois tento ver o incidente como um ato de boa vontade e de preocupação com o meu bem-estar. Não esquecerei essa cena tão facilmente. Se não me contivesse, poderia continuar chorando ainda agora. Custo a acreditar que ficarei até meados de julho, a menos que eu tenha mais trabalho e possa refletir e estudar. Resumindo: há que pensar no que virá.

2 de julho de 1938.

Já esqueci de quase todo o incidente. As coisas melhoraram e gosto de estar aqui. Aprendi a remar em dois dias e isso me satisfaz plenamente. Paramos o bote perto da margem, tomamos banho de sol, lemos e ficamos olhando o barco a vela "D-22", que ancorou perto de nós e no qual havia dois ou três jovens. Aqui não acontece nada sério com os rapazes. Na pensão há um tipo que não aguento.

Gyuri conseguiu permissão para transferir ao exterior a soma em dinheiro de que necessitará. Alegra-me que ele tenha conseguido, apesar de que me entristece nossa separação. Se o trem dele passar por aqui, iremos à estação ferroviária para vê-lo. Se é que o trem passará por aqui. Compartilho a aflição de mamãe. Coitadinha! Mas o que se pode fazer? Em meu modesto entendimento, esse é o único caminho para ele.

4 de julho de 1938.

Não poderei continuar aqui por mais tempo. Não pelas pessoas: elas realmente são legais comigo. É o ócio que me expulsará daqui. Preciso trabalhar ou descansar, mas aqui não posso fazer nem um nem outro. Ainda acho que é cedo para contar à mamãe. Talvez cheguem mais hóspedes para veranear e aí eu também estarei mais ocupada. Mamãe ficaria preocupada se soubesse que não me sinto bem aqui e que quero voltar. Bela veio me visitar como se pressentisse que as coisas não estão bem. Respondendo à sua pergunta, assegurei-lhe que me sinto perfeitamente bem e acrescentei que ninguém pode estar sempre sorrindo. Cheio de compreensão, ele calou-se. Nesse momento, senti que seria capaz de amá-lo. Talvez seja porque estou muito só. Posso começar a chorar a qualquer momento.

10 de julho de 1938.

Meu ânimo melhorou muito. Creio que poderia me adaptar a esta vida, mas avisei à mamãe que quero ficar somente até o dia 15. Hesitei muito antes de escrever pois não quero assustá-la, mas acabei escrevendo, pois não vejo razão em continuar aqui. Certamente não será agradável comunicar à minha família que partirei antes da data combinada. Eles me tratam tão bem! Não quero ofendê-los. Além disso, hoje tive a oportunidade de ajudá-los no trabalho. Temo que pensem que estou fugindo do trabalho. Por enquanto ainda não recebi resposta de mamãe.

Vejo que não mencionei o encontro com meu irmão. Fomos à estação ferroviária, subimos no vagão e trocamos algumas palavras. É difícil saber quando nos encontraremos de novo, mas mesmo assim nossa despedida não foi tão triste. Falamos de coisas sem importância. É difícil para mamãe estar em casa. Ela escreve que, por sorte, tem muito o que fazer, que está ocupada a maior parte do tempo. Gostaria que ela também fosse veranear. Ela precisa descansar mais que qualquer um de nós.

14 de julho de 1938.

Ontem continuei de cama. Esperei o dia todo. Além de minhas anotações no diário, escrevi um carta, um cartão e uma poesia. Creio que esta última é bastante boa. Ainda não lhe dei um título. Talvez a chame de "Tormenta" ou algo parecido. Minha mãe mostrou várias de minhas poesias a um jornalista e tradutor de poesias. Ele ficou surpreso e emitiu uma opinião muito favorável. Quando chegar em casa, saberei mais detalhes. Ele me encaminhou a outra pessoa para que também dê uma opinião. Quando voltar, irei vê-lo. Gostaria de ouvir uma crítica séria e não apenas elogios de conhecidos e familiares.

Tenho a sensação de ter uma caneta ágil, que meus textos são bons. É uma sensação muito agradável. Há algum tempo mostrei a Erzsi a poesia sobre minha despedida de Gyuri. Acho ela boa por sua simplicidade e falta de artifícios. Erzsi observou: "Que feliz é aquele que pode escrever versos quando quer! Escrevi minha última poesia quando completei doze anos e desde então não tive mais vontade de fazê-lo". Pelo jeito tenho que escolher melhor as pessoas com quem falo sobre poesia.

Já levantei da cama. Estou sentada no jardim. Há pouco tive uma grande experiência. Muitas coisas incertas sobre meu futuro me foram reveladas por uns sessenta centavos. Apareceu por aqui uma jovem cigana que leu minha sorte a partir da minha mão esquerda. É certo afirmar que tudo isso é mentira e trapaça. Ela previu que eu me casaria aos dezoito anos e disse que meu marido teria um carro. Pouco depois disse que na realidade ele não seria rico, mas que seríamos felizes. Teremos um filho. Sobre o ano de 1938, não pôde dizer-me nada de excepcional, mas, em compensação, afirmou que 1939 me reservaria grandes satisfações. Também me disse que já estive duas vezes apaixonada, mas nunca de verdade. Acrescentou que alguém havia pedido minha mão e que um homem no exterior pensava em mim (isto indubitavelmente está errado) e que, em breve, receberei uma carta que me proporcionará enorme prazer. Veremos o que há de certo em tudo isso. Anotei todos esses detalhes para poder, em seu devido tempo, confirmá-los. A cigana tinha uns olhos magníficos. Mas podemos aceitar o que dizem algumas pessoas: "Ela não adivinha lendo as cartas ou as linhas da mão, ela simplesmente inventa".

28 de julho de 1938.

Ontem estive com Piroska Reichard, membro da redação do jornal *Nyugat*.[1] Mostrei-lhe as poesias. A crítica foi honesta. Encorajou-me, disse que as poesias a surpreenderam e, na sua opinião, eu tenho talento. Acrescentou que minhas poesias estão acima do nível médio e que ela tem certeza de que terei sucesso. Talvez não exatamente em poesia, pois pelo que leu ela percebeu que não tenho alma lírica. Depois, comentou três defeitos: os versos são longos, às vezes sacrifico o conteúdo em favor da forma, e a expressão ainda é

---
1 O jornal literário mais difundido na Hungria. (N. T.)

infantil. Mas, apesar de tudo, ela está certa de que tenho condições de seguir carreira literária. Alegrei-me muito. Como um estímulo faz bem!

Amanhã viajo para Biela-Voda, que fica perto de Matlarahza e Teplitz. Creio que será agradável. Évi[1] viaja comigo. Neste momento disponho de tempo para escrever, pois são sete horas da manhã. Mamãe ainda dorme e sem ela não poderei começar coisa alguma.

Bem, devo mencionar o assunto Dini. Há pouco tempo recebi uma carta dele em que confessa seu amor por mim. Diz que se preocupa com os estudos no colégio só por minha causa e que também no futuro está disposto a fazer tudo por mim. Essa carta me assustou, pois eu o conheço sob um aspecto completamente diferente. Não gostei. Respondi imediatamente. Minha resposta foi cordial, mas terminantemente negativa. Expliquei-lhe que o via como amigo, por ser amigo de Gyuri. Pode-se afirmar que é um rapaz bastante correto, mas não posso suportar algumas de suas características.

Daqui a pouco mamãe acordará e o trabalho terá início.

30 de agosto de 1938.

O verão chegou rapidamente ao fim. No dia 3 começam as aulas, e aguardo o seu início com sentimentos confusos. Preparo-me para um trabalho sério, mas, por outro lado, vejo com um pouco de repugnância certos fenômenos desagradáveis ligados a alguns círculos em nossa escola. Experimento uma sensação estranha ao saber que este é o último ano de estudos. Em casa já se fala de escolher uma profissão. Não pensei que este assunto levantaria tantas dúvidas, inclusive em mim. Entretanto, estamos conversando sobre hotelaria e há também a possibilidade de que eu comece a escrever. A questão fundamental é o local: aqui ou no exterior? Não é fácil em nenhuma parte. Devo confessar que nascemos em um mundo um tanto complicado. Outra vez se fala na possibilidade de estourar uma guerra. Às vezes apenas mencionando

---

1 Prima de Hannah. (N. T.)

o assunto e outras de forma mais séria, já que estamos expostos a esse perigo há meio ano. Eu tento não pensar muito nesse problema. É evidente que precisarei de nervos saudáveis, e é uma lástima arruiná-los desde agora.

Agora

Agora, agora eu gostaria de dizer algo,
Algo maior que a palavra,
Mais vistoso que a cor.
Mais sonoro que a rima,
Algo nunca antes dito por outrem.

Apenas algo. – A terra ao meu redor silencia.
A floresta aguarda de olhos abertos,
Um olhar curioso me observa do céu,
Tudo cala. Assim como eu.

Biela-Voda (Eslováquia), agosto de 1938.

17 de setembro de 1938.

É difícil escrever como é feia a época que estamos vivendo. É como se toda hora nos incomodasse somente um problema: a guerra estourará ou não? As mobilizações nos países envolvidos não são bons presságios. Não se conhecem detalhes das negociações entre Chamberlain e Hitler. Todo mundo anda com os nervos à flor da pele. Todos, ou pelo menos nós, estamos muito cansados de esperar. A situação muda todos os dias. Dá medo pensar que a guerra pode estourar talvez nos próximos dias. Custo a crer. Alegro-me que Gyuri esteja na França. Mamãe teme por ele, o que é compreensível. Que o diabo leve embora os alemães dos Sudetos e o resto dos alemães do mundo com seu "Führer"!!

Às vezes é bom insultar um pouco. Meu Deus, para que complicar tanto o mundo quando se pode viver tão bem sem isso? Mas talvez seja impossível de outro modo, pois "o homem cresce com maus instintos". Tomi vê a guerra de um ponto de vista completamente diferente. Ele pensa como materialista; tanto a vida do homem como o esforço de gerações carecem de importância para ele. Sabe explicar e argumentar sua posição de tal maneira que é quase impossível rebatê-la.

27 de setembro de 1938.

Passaram-se dez dias desde que escrevi pela última vez. A situação não muda. Negociações, discursos de Hitler e Mussolini; Chamberlain voa, vai e volta. Nos jornais continuam as notícias sobre mobilização que são logo desmentidas. Fizeram também exercícios de defesa contra ataques aéreos. No ar paira a velha pergunta: haverá guerra ou não? No momento é como se estivéssemos sobre um barril de pólvora. Ainda espero que a paz não seja perturbada. Não quero me conformar com a ideia de que haverá guerra. Por conta disso, não celebramos os dias de Rosh Hashaná com tranquilidade espiritual, e não houve o brilho habitual. Para nós, como judeus, a situação é muito mais difícil. Quem sabe como terminará tudo isso? Irei à sinagoga, mas sem entusiasmo. Organizam para a juventude uma oração sem interesse e que não conseguirá despertar em nós nenhum sentimento sublime, mas mesmo assim quero estar presente.

Nosso povo.[1]

A leitura do livro *Meu povo*, de I. Niro, me fez pensar. Chamou-me a atenção pela grande semelhança entre o destino do judaísmo e o daqueles membros do povo húngaro que vivem no exterior, separados de sua pátria,

---

1   Nota que foi escrita mais ou menos nessa data. (N. T.)

como minoria nos países vizinhos. O enredo é sobre a vida dos húngaros na Transilvânia, sua triste guerra, a posição e a luta da pequena ilha húngara em meio a um mar romeno que açoita as margens com suas ondas. O autor destaca uma figura, um homem que foge da luta, apesar de não ser o único. Travamos com ele um conhecimento mais próximo: diante de nós está um professor húngaro que ficou desnorteado. Seu destino atual são o sofrimento, a fome e as privações. Sempre discriminado, sempre expulso, fatores que acabaram quebrando-o. Para conseguir trabalho numa escola romena, aceitou a doutrina eslavófila,[1] convertendo-se em romeno. O acompanhamos através do livro, em um caminho semeado de dificuldades por onde quer que ande e até o dia fatal. Alcançará seu objetivo? Encontrará uma compensação pela perda de sua autoestima? Será que esse passo lhe dará motivos para valorizar-se, para assegurar sua moral violada?

Somos apresentados a ele pela primeira vez na inauguração da escola romena. O professor não encontra seu lugar nem entre os húngaros nem entre os romenos, e nota-se que nenhum deles quer recebê-lo entre eles. O professor aparece de novo no banquete de inauguração. E, mais uma vez, a mesma cena se repete. Faz sentido rebaixar-se dessa maneira? Olhares zombeteiros e depreciativos o acompanham. Mas o que mais lhe doeu foi a zombaria de seus companheiros.

No final, o infeliz se dirige aos húngaros, pede clemência e implora que o aceitem novamente entre eles. Ninguém jamais se sentiu tão feliz quanto esse professor ao retornar ao seu povo, ao sentir-se novamente húngaro.

Essa figura não evoca uma imagem muito conhecida na luta do judaísmo? Todos aqueles que por um emprego ou por sonhos distantes jamais realizados renegam sua crença e seu povo, ficam alheios aos meios cristãos e judeus. Pois quando o homem renuncia ao contexto judaico, a terra cede debaixo de seus pés. E, mesmo que consiga elevar-se na trajetória da vida materialista, perderá seu caminho. Caminho de queda, de descida.

---

1 Que gosta dos eslavos. Partidária da propagação da cultura ou das tradições eslavas. (N. T.)

29 de setembro de 1938.

A agitação geral que comove as nações do mundo todo é absoluta. Amanhã vencerá o prazo para evacuar os Sudetos. Somente se a Tchecoslováquia aceitar é que a guerra não estourará. É difícil acreditar nessa possibilidade. No último momento, Chamberlain, Hitler e Mussolini se reuniram para tratar de "salvar" a paz. Começo a acreditar na possibilidade de que haverá guerra. Em todo o mundo há mobilizações e preparativos. É quase certo que Gyuri foi embora da França. Dói-me saber de sua situação; o pobre rapaz sendo obrigado a resolver por si só assuntos tão decisivos. Também é possível que ele volte para casa ou que consiga chegar à Suíça. Por ora não sabemos como está nem o que pensa fazer. Mamãe, obviamente, está muito nervosa. Cada um tem seus motivos de preocupação.

Agora um assunto totalmente diferente: recebi recentemente uma carta de Bela. Ele foi além de Dini. Não sei o que responder a ele. É um assunto difícil. Eu e minha eterna falta de sorte – ele não me atrai em quase nada.

Folhas

   Primeiro foi verde,
   Depois virou amarelo.
   Logo sua face mudou para vinho.
   Amanhã poderá se esconder nas vestes de um monge,
   E sua cor seguinte soletrará morte.

Tatra, Biela-Voda, 1938.

1º de outubro de 1938.

Hoje é o sábado antes de Yom Kipur. Eu deveria ter ido à sinagoga. Em vez disso, compus uma poesia e agora tentarei analisar tudo o que realizei durante o ano. Por onde começar? Sei que cometi muitos erros no ano passado, mas não sinto que pequei. Não apenas contra Deus, mas contra mamãe ou contra mim mesma. Poderia relatar muitos dos meus erros, mas não sou capaz de confessá-los. Quero muito me comportar da melhor maneira possível com mamãe, levar meu judaísmo com orgulho e ser ótima aluna na escola. Queria crer em Deus e ter fé n'Ele. E existem dias em que não creio, mas me obrigo a fazê-lo, apesar de ser ilógico. Como é bom crer com fé íntegra e firme! Certamente são muitos os que duvidam. Creio que à fé pura se chega somente através da reflexão e da dúvida. Ah, como me custa continuar escrevendo!

27 de outubro de 1938.

Não me lembro se já mencionei que sou sionista. Essa palavra tem muito significado. Direi, brevemente, o que significa para mim: sinto que sou uma judia consciente e o sou de todo coração. Orgulho-me de meu judaísmo e meu propósito é ir a Eretz Israel e participar do processo de sua construção. É fácil compreender que essa ideia não nasceu de repente. Quando, há três anos, ouvi falar pela primeira vez de sionismo, me opus categoricamente. Mas as pessoas e a época em que vivemos me aproximaram desta ideia. Quanto me alegro disso! Agora piso firme e vejo diante de mim um objetivo pelo qual vale a pena trabalhar. Começarei a estudar hebraico e tomarei parte em algum círculo dedicado a esse idioma. Em outras palavras, quero trabalhar energicamente. Mudei completamente e me sinto perfeitamente bem assim. A fé é indispensável ao homem e é muito importante sentir que não se vive em vão, que a vida não transcorre no vazio, que o indivíduo desempenha seu papel. Tudo isso o sionismo me proporciona. Não me interessa ouvir opiniões contrárias. O essencial para mim é que acredito na realização do sionismo. Tenho plena consciência de que essa é a única solução do problema judeu. Creio que a magnífica obra de Eretz Israel está sendo erguida em bases firmes. Sei que me será difícil, mas vale a pena.

12 de novembro de 1938.

Não sei por onde começar, tantas são as novidades. Entre 2 e 10 de novembro recebemos de volta parte da Eslováquia, desde Komrón até Kosho. A entrada do exército húngaro nessa zona foi acompanhada por gritos de alegria e entusiasmo. Durante o recreio na escola, quando escutamos a transmissão no rádio, tivemos a sensação de tomar parte em toda a cerimônia. Pela manhã, dez alunos de cada classe participaram da reunião solene do Parlamento. Foi muito interessante, mas devo dizer que, do ponto de vista espiritual, minha adesão ao sionismo me oferece muito mais. Estudo hebraico e leio muito sobre Eretz Israel. Ao mesmo tempo, me deleito com a leitura de Szecsenji: *O capital* (livro importante em que o autor toca em assuntos fundamentais da vida de cada nação). No geral, posso afirmar que agora leio muito mais que antes e com mais seriedade. Preparo-me para a vida em Eretz Israel, integral e sistematicamente. E apesar de ser difícil em muitos sentidos, confesso que me custa bastante livrar-me de meu patriotismo húngaro... Mas não há mais remédio, não só pelo meu bem, mas pelo bem de todo o povo de Israel. Uma história de dois mil anos é testemunha. O presente obriga, o futuro, cheio de esperanças, chama, e por isso todo aquele que sinta dentro de si o fulgor de uma alma judia não pode deixar de contemplar esse problema em toda a sua gravidade. Minhas intenções não estão suficientemente claras. Não sei ainda qual profissão escolherei. Uma coisa eu quero: trabalhar não somente para meu benefício próprio, senão em prol de todo o povo judeu. Talvez, por enquanto, tudo não passe de ideias imaturas e falsas, fruto da fantasia juvenil. Mas mesmo assim acredito que terei as forças necessárias para realizá-las. Minha mãe não aceitará facilmente meus planos, mas conheço sua capacidade ilimitada de sacrifício e estou convencida de que não colocará obstáculos à minha saída. É fácil imaginar o quanto eu gostaria que ela também viajasse. Não posso conceber que nós três nos separaremos e nos dispersaremos em três direções. Gyuri está bem. Com grande impaciência aguardamos as notícias dele. Há pouco tempo ganhou uma competição de pingue-pongue que se realizou em Lyon. Apareceu nos jornais e nossa alegria foi imensa. Vou encerrar por ora. Creio que passará muito tempo antes que eu volte a escrever, mas tentarei fazê-lo e de acordo aos princípios de Szecsenji: ideias, e não acontecimentos.

Hannah aos dezessete anos com Katarina, perto de sua casa.

20 de novembro de 1938.

Apenas uma ideia me preocupa o tempo todo: Eretz Israel. Tudo o que lhe diz respeito me interessa; o resto não tem importância. Estudo sistematicamente apenas uma coisa: hebraico, e continuo o aprendizado intensamente. Já sei um pouco, por exemplo, algumas palavras: גמיודהתקטןעברית (sic)[1] (gam iodahat katán ivrit). Éva Beregi me ensina. Ela é adorável. Não quer receber nenhum pagamento por seu trabalho. Eu quebro a cabeça pensando como posso expressar-lhe meu agradecimento. Também tomo parte em um curso de hebraico por correspondência. Não é nada mau. Sei que escolherei uma profissão agrícola: talvez estude trabalho em fazenda de laticínios ou fabricação de queijos, seguindo o conselho de uma jovem que já esteve em Eretz Israel. Ela me contou com

---

1 Reprodução literal extraída do diário. (N. T.)

grande entusiasmo sobre a vida lá. Como foi agradável escutá-la! Tudo o que possa nos dar consolo, alegria e algo de beleza como judeus, tudo chega de lá.

Aqui a situação se agrava cada vez mais. Em breve aparecerá uma nova regulamentação para os judeus. É a questão mais urgente. Também pensam em resolver a reforma agrária à custa dos judeus. As propriedades que se encontram em mãos dos judeus serão divididas entre os camponeses, mas não tocarão nas propriedades realmente grandes. Creio que é assim que farão as coisas.

11 de dezembro de 1938.

São nove horas da manhã. No quarto há uma terrível desordem. Eu sou a única que ainda não está dormindo. Finalmente foi o meu baile, ou seja lá como o chamam. Só fomos dormir às seis e meia da manhã.

Não sei se foi bom ou não; me alegraria saber que foi bom, mas fiquei desiludida e é uma pena. Preparei-me com alegria e não consigo compreender qual o motivo dessa pequena desilusão. Talvez porque não me sentisse totalmente bem desde o início. Não encontrei nenhuma pessoa que me interessasse para ficar um pouco mais. Talvez haja outro motivo. Os tempos mudaram, e, em especial, minha concepção do mundo mudou fundamentalmente. Agora vejo reuniões como essa com um olhar completamente diferente ao do ano passado. Parecem-me sem sentido e de certa maneira até supérfluas. Dos trinta convidados, fora os familiares, me interessaram somente três. Pensei com meus botões: que bom seria se tivessem entregado os gastos da festa ao Keren Kayemet LeIsrael![1] Resultado da reunião: não voltarei a aceitar convites para

---

1 O Fundo Nacional Judeu (Keren Kayemet LeIsrael, abreviado como KKL) foi criado em 1901 para comprar e desenvolver a terra na Palestina otomana (depois Israel) para o assentamento judaico. Desde a sua criação, o KKL plantou mais de duzentos e quarenta milhões de árvores em Israel, construiu cento e oitenta barragens e reservatórios, desenvolveu duzentos e cinquenta mil acres (mil quilômetros quadrados) de terras e estabeleceu mais de mil parques. (N. T.)

reuniões similares. Estou farta dessa sociedade de renegados tão fútil. Oh, como gostaria de partir de uma vez para Eretz Israel e deixar para trás os exames finais, tudo! Não compreendo o que está acontecendo comigo. Custa-me continuar estudando e vivendo aqui. Não suporto meus antigos amigos e tudo que antes me era querido acabou para mim. Como terminar, apesar de tudo, o último semestre de estudos? Nunca imaginei que isso me aconteceria no último ano.

Vejo que não escrevi nada sobre a reunião, mas não consigo. Hoje partirá um barco para Eretz Israel e nele irão muitos judeus da Hungria. É um enigma para mim como pude viver assim até hoje.

21 de dezembro de 1938.

Hoje começam as férias. Posso me dedicar de novo a escrever. De manhã estudei hebraico e li. Li de novo *Bambi*, de Félix Salten, de que tanto gostei. Na verdade não posso me permitir luxos como este, pois tenho muitos livros para ler. Agora me entrego essencialmente à leitura de livros que tratam de Eretz Israel. Ontem à tarde Judit Kiss tentou, quando a visitei, dissuadir-me da ideia de Eretz Israel. É claro que não conseguiu. Pelo contrário: fiquei mais determinada ainda em minha convicção, e por fim Judit cedeu e disse que eu provavelmente estou certa. Prometi que lhe escreveria uma vez que lá chegasse, e então veríamos quem realmente está com a razão.

É uma pena que escrevi tão pouco em meu diário. Já queria saber hebraico, mas estou muito longe disso. Mal comecei a aprender.

1939

26 de janeiro de 1939.

Se não estivesse vendo a data, não saberia dizer quando foi a última vez que escrevi no diário. Tenho muito o que contar. Tenho três alunos particulares – duas horas por semana. Fora isso: hebraico, inglês, o "Círculo Bíblico", Makkabea (organização sionista que frequento de vez em quando) etc. A única coisa que não toma meu tempo depois do almoço são os estudos. Há duas semanas não toco num livro. Mas em tempos como estes, realmente não dá vontade de estudar.

6 de fevereiro de 1939.

Estive doente por vários dias. Hoje também não vou à escola. Quero dizer algumas palavras sobre o livro A *ilha por dentro*, de Ludwig Lewisohn, de que gostei muito, muitíssimo. O tema do livro me interessa muito. Agora estou metida nos assuntos do sionismo e esse livro expõe um caso interessante da vida de nosso povo. Descreve a vida de quatro gerações de uma família judia. O começo se desenvolve no gueto e o final em Nova York. A primeira geração vive com profunda fé, com plenitude espiritual e em perfeita união, mas a quarta já perdeu essas lindas qualidades e o conjunto se desmorona por completo.

As mudanças imprevisíveis pelas quais passa essa geração sem raízes são hoje características dos filhos de nosso povo. O livro contempla problemas complexos do povo judeu em geral e, na maioria das vezes, encontra uma solução clara e correta. Eu daria esse livro a todos aqueles que não entendem por que são judeus.

Folheei meu diário; vejo que falo de Bela e desejo completar essa nota. Quando esteve aqui, visitou-me várias vezes e quando regressou à sua cidade me enviou algumas cartas cordiais. Minha resposta foi sempre indiferente. Nestes dias, quando começaram a tratar novamente no Parlamento sobre o problema judeu, recebi uma carta em que me escreve que agora entende por que me afasto dele. Certamente porque temo que ele, em sua condição de cristão, sofra por minha origem judaica,[1] então... Respondi-lhe em seguida que, ao que parece, ele não pode aceitar que uma jovem judia tenha cons-

---

1 A lei prejudicou os renegados. (N. T.)

ciência própria. Apesar de haver exceções, eu não me incluo nelas. Escrevi-lhe também que seria conveniente que ele respeitasse minha raça. Também aqueles que ele havia elogiado pertenciam ao povo judeu. Em resumo, recebeu o merecido e assim terminou o assunto.

Purim, discurso pronunciado no "Círculo Bíblico"[1]

Todo aquele que alimentava o ideal sionista na Hungria há cinco ou mesmo há dois anos era considerado pela opinião pública judaica como traidor da pátria, ridicularizado como se fosse louco, alucinado, e não era digno de atenção. Mas hoje, talvez por causa da pobreza, também os judeus da Hungria começam a interessar-se pelos problemas judaicos. De todo modo, é o que parece quando perguntam: qual é a extensão da Palestina? Qual a sua população? Também para nós haverá lugar na pátria em construção? Mas o que menos perguntam é: qual é a finalidade do sionismo e qual é seu pensamento básico? E eu quero deter-me precisamente nessa pergunta, já que para mim é a mais importante. Aquele que entenda e sinta será sionista sem relação com as perguntas formuladas a seguir: quantas pessoas podem imigrar para a Palestina? Nossa situação melhorará ou piorará aqui na Hungria? Há ou não oportunidades em outros países? O sionismo não está sujeito ao tempo nem a condições e, precisamente por isso, está sempre alerta, absoluto. Sobre esse sionismo quero dizer algo.

Se quiséssemos definir brevemente qual é a essência do sionismo, talvez pudéssemos expressá-lo com a frase de Nachum Sokolov:[2] "O sionismo é o movimento do povo judeu em prol de seu ressurgimento". São muitos os que invocarão em seu pensamento a primeira contradição: "O judaísmo não é um povo". Quais os fatores que fazem de determinada coletividade um povo?

---

1 Uma nota de seu legado: "Ideias para fundamentar o sionismo". (N. T.)
2 Nachum Sokolov (1861-1936): líder sionista e jornalista, presidiu de 1931 a 1935 a Organização Sionista Mundial e a Agência Judaica. (N. T.)

Uma origem comum, passado, presente e futuro comuns, leis comuns, língua e solo. A Eretz Israel antiga possuía todos esses valores. Depois, a pátria comum foi destruída e pouco a pouco o vínculo também cedeu. A consciência nacional foi salva pela Torá, a invisível, a transportável, a que se transformou no Estado mais forte que tudo. Mas é impossível imaginar que, num mundo escasso de nacionalismo como o da Idade Média, quando a religião ocupava o centro da vida, se fortalecesse entre os judeus dos guetos a consciência nacional a tal ponto que os conduzisse a renovar a vida nacional, a reconstruir o velho lar. A oração solene e cheia de nostalgia, "Ano que vem em Jerusalém", atesta que a fé no retorno à pátria ainda não havia desaparecido. Mas eis que chega o século XIX, o século que concebeu a ideia dos direitos do homem e o renascimento dos valores nacionais. Todo povo, começando pelos maiores e terminando na última tribo balcânica, começou a buscar-se a si mesmo e aos seus direitos. Chegou a hora decisiva: existe ainda o povo judeu, e será ele capaz de seguir vivendo? Anima-o esse novo espírito? Mas a maior parte do judaísmo reclama unicamente seus direitos humanos e aceita com afeto e satisfação a boa vontade dos gentios, e em troca se despoja do que lhe sobra, de seu modo judaico de viver. E, de repente, uma centena de jovens judeus da Rússia toma o caminho de Sion. Não demorará e Herzl escreverá o "Estado Judeu" e milhares aderirão à ideia sionista. O povo judeu existe! Quem tem outra opinião falará somente em seu próprio nome, mas, por favor, não esqueçam que há outros para quem o judaísmo é algo mais que mera certidão de nascimento.

 O sionismo é baseado na convicção de que o problema judaico no mundo é uma doença que não pode ser combatida com palavras, tampouco com uma ação superficial, senão que se deve curá-lo pela raiz. Os judeus vivem em condições anormais e por isso não podem seguir vivendo de acordo com seus talentos e suas qualidades nobres: não podem criar os valores humanos eternos que lhes correspondem. Não é verdade que na diáspora nos tornamos professores dos gentios: nos transformamos somente em seus imitadores, seus servidores, em garotos de recados de seus erros; perdemos nossa personalidade e as condições elementares da vida. Quantas grandes ideias, quantos ideais judaicos foram condenados ao esquecimento dentro das muralhas visíveis do gueto judaico na Idade Média, e das muralhas invisíveis do novo judaísmo! Se comparássemos as criações de meio milhão de judeus que vivem hoje em Eretz Israel com as criações, em todos os campos, do igualmente numeroso judaísmo húngaro, talvez deixássemos de acreditar que somente seja possível fomentar valores na diáspora. A diáspora, portanto, não pode ser uma finalidade.

De onde virá, então, a salvação do povo judeu? Não queremos esmola, senão o direito que nos corresponde e a liberdade que conquistaremos por nossos próprios meios. Nosso dever como homens e como povo exige isso. Queremos construir um lar adequado ao povo e ao espírito judaico. A solução é bem clara: necessitamos um Estado Judeu. "O Estado Judeu é uma necessidade universal e por isso surgirá", disse Herzl; "os judeus que o queiram o construirão por si só, e o merecerão." Renunciar ao sionismo é renunciar à tradição, à consciência e à justiça, renunciar a uma vida humana. Não temos direito de renunciar a nenhuma destas, mesmo sendo certa a acusação ridícula de que o sionismo alimenta o antissemitismo. O antissemitismo não é uma consequência do sionismo, mas da diáspora, de nossa dispersão. Ai do indivíduo ou do povo que tente agradar seu inimigo ao invés de seguir seu próprio caminho!

Não podemos renunciar ao sionismo mesmo que o antissemitismo se fortaleça. E não é estranho que o sionismo seja menos combatido por isso do que por outras razões. Mais ainda, a única esperança de que o antissemitismo termine ou se detenha depende da realização do sionismo e de que o povo judeu possa viver sua vida como todos os outros povos. Somente o sionismo em sua realização pode dar aos judeus que vivem na diáspora a possibilidade de expressar seu amor à sua pátria, pois seus laços com essa pátria dependerão de sua vontade, de sua livre escolha e não lhes serão impostos à força. Quando se fala de uma nova pátria para o povo, a opinião unânime sionista escolhe Eretz Israel. Ela atesta, assim, que sua finalidade é não somente encontrar um lar para os judeus perseguidos em determinado lugar do globo terrestre, mas também definir uma pátria no país com o qual está ligada por laços históricos. Não me proponho a falar aqui sobre o trabalho realizado em Eretz Israel durante umas poucas décadas. Isso já diz respeito à realização, e não à ideia.

Contudo, é um dever mostrar que a realidade confirmou e justificou a ideia. Ela demonstrou a vontade de viver uma vida judaica, o amor ao trabalho, a capacidade de criar um Estado, e provou que no nome "Eretz Israel" está oculta uma força mágica capaz de unir os judeus de todos os países da diáspora. Esta faixa estreita de terra na costa do Mediterrâneo que, mesmo depois de dois mil anos, os judeus consideram como própria bastou para desenvolver uma cultura judaica, uma nova vida judaica ligada organicamente à vida antiga. E mesmo sob esse regime (inglês), Eretz Israel pode se tornar uma ilha no mar de desespero do povo judeu, sobre a qual ele haverá de se levantar como um farol iluminando nossas trevas com a luz de nossos eternos valores humanos.

10 de março de 1939.

Não estarei exagerando se escrever que a única coisa com a qual vivo e que me fascina intensamente é o sionismo: tudo que tem alguma relação com esse tema me interessa. Não sou capaz de me ocupar de outras coisas e não temo ser parcial.

Dou-me o direito de olhar em apenas uma direção: a nós, ao judaísmo, a Eretz Israel e seu futuro. A situação é muito grave.

As negociações na "Mesa-Redonda" em Londres não podem levar a nada concreto. Tenho certeza de que a população de Eretz Israel não renunciará a seus direitos, mesmo que tenha que recorrer às armas para se defender.

Enviei uma solicitação de ingresso na Escola Agrícola para Moças em Nahalal. Tomara me aceitem! Entretanto, aproxima-se a data das provas finais, mas eu quase não estou prestando atenção e não estou me preparando. Para que preciso de literatura húngara, história, geografia, história da arte? E o alemão, que me lembra tantos atos abomináveis. E do francês não necessito em Eretz Israel. Restam então a álgebra e a física, e também o hebraico, que infelizmente não ensinam na escola. Em história do século XIX tocamos no problema judaico. O ambiente em torno disso está muito envenenado. No Parlamento continuam os debates sobre a legislação judaica. Por enquanto, o primeiro-ministro Imrédy renunciou, pois se soube que também por suas veias corre sangue judeu. Que solução mais ridícula!

À Diretora da Escola Agrícola para Moças de Nahalal[1]
Anexo meu currículo ao meu pedido:
Meu nome é Hannah Senesh. Minha mãe, Katarina Zaltzberger, é a viúva do escritor Bela Senesh.
Nasci no dia 17 de julho de 1921 em Budapeste; sou cidadã húngara. Terminei meus estudos na escola primária governamental de Budapeste. Desde 1931, frequento o Liceu de Moças e me formarei no final deste ano letivo. Ao longo dos anos terminei meus estudos com distinção. Além do alemão e do francês, que estudei na escola, domino também o inglês.
Ainda antes da situação de nosso povo em nossa pátria piorar, eu desejava viver em Eretz Israel e decidi estudar uma profissão que me possibilite participar de forma ativa na reconstrução do país. De acordo com essa determinação estudei hebraico e continuo me aperfeiçoando na esperança de que o problema do idioma não me cause dificuldades.
Por esse motivo, peço responder afirmativamente à minha solicitação, pois meu ingresso nessa Escola me proporcionará enorme alegria e felicidade, e verei nisso, então, o primeiro passo para a realização de meu objetivo na vida.
Com cordiais saudações de Sion,

Hannah Senesh

22 de abril de 1939.

Realmente me é difícil explicar por que não escrevi em meu diário. Já se passaram mais de dez dias desde que regressei de minha visita a Guiora em Lyon. A viagem foi encantadora. O caminho é maravilhoso. Magnífico, o espetáculo montanhoso. Vimos o amanhecer. Os contornos das montanhas

---

[1] Carta escrita em hebraico, cedida pela direção da Escola Agrícola de Nahalal. (N. T.)

se perfilavam por entre a escuridão e os cumes pareciam cobrir-se de uma auréola vermelha. O nascer do sol foi maravilhoso. Mas de que vale tudo isso comparado com a felicidade de encontrar Guiora?

Guiora não quer continuar morando lá. Ele quer ir para Eretz Israel. Ele também é um sionista fervoroso. Quanto me alegrei ao conversar com ele e ver que nossas ideias não diferiam!

Guiora nos mostrou nessa oportunidade o belo e moderno edifício de sua escola. Ah! Sinto-me tão bem depois de tê-lo visto!

Hannah aos dezoito anos no jardim de sua casa em Budapeste.

18 de junho de 1939.

Não escrevi durante quase dois meses. Não porque nada aconteceu, mas simplesmente porque não desejei fazê-lo. Amanhã realizo os exames finais. Mesmo não dando maior importância ao assunto, reconheço que para mim é uma questão de prestígio. De qualquer maneira, estou empolgada. Na verdade, há algum tempo estava convencida de que tudo isso não me interessava, mas mesmo assim quero passar nas provas.

O tema para a prova escrita de húngaro foi "A imagem trágica do camponês húngaro na literatura". Creio que me saí bem na redação. Na prova de alemão me deram algo para traduzir ao húngaro. Tenho certeza que nessa também fui bem. O professor disse que estou entre as três melhores. Na verdade me apressei um pouco, pois tinha que averiguar a resposta ao meu pedido a Nahalal. Às onze e meia deveria estar lá, então entreguei a prova quinze minutos antes das onze horas. Também em francês tive que fazer uma tradução.

Amanhã saberei se as notas que tirei são inferiores às que tive no boletim durante o ano (nele tenho tudo "excelente"), e, se forem, terei que fazer provas orais. Ultimamente tenho frequentado assiduamente a Organização Makkabea.[1] Como gosto de estar lá! Sinto-me no clube como se estivesse em minha casa. Todos os que lá frequentamos temos os mesmos problemas, e lá se encontram pessoas muito sensatas. Tranquiliza-me e me alegra que nosso povo seja assim, apesar de seus tantos erros. Ouso acreditar que esses erros são fruto da diáspora, apesar de que também aqui na diáspora adquirimos algumas virtudes. Minha esperança é de que em Eretz Israel conseguiremos nos libertar de todos os maus costumes que absorvemos, conservando somente os valores positivos. Após as provas, quero me dedicar mais ao hebraico e ao sionismo.[2]

Primeira página escrita em hebraico no diário.

---

1 Organização Sionista de Estudantes Universitários. (N. T.)
2 Até aqui, o diário está totalmente escrito em húngaro. Daqui em diante, Hannah começa a escrever alternadamente em hebraico e húngaro. (N. T.)

Eu quero ler o Tanach em hebraico. Sei que será muito difícil, mas é a língua verdadeira e a mais bonita, e nela está o espírito de nosso povo. Escrevo agora sem dicionário, sozinha e certamente com muitos erros, mas fico feliz de estar aprendendo rapidamente o hebraico. Quero escrever algo sobre meu irmão Guiora. Ele também estuda hebraico e ao final de uma de suas cartas escreveu: "É bom morrer por nossa pátria". Ultimamente essa frase é muito popular, pois Eretz Israel está passando dias difíceis. Os ingleses inventaram um Livro Branco de conteúdo terrível, e é claro que toda a população se opõe a essa traição. Agora terminarei, pois quero deitar cedo e já são oito horas.

Hannah com amigas no último dia de aula, aos dezoito anos, junho de 1939.

Junho de 1939.

Na última aula de religião me despedi de minha professora Guiorgy com as seguintes palavras:

"Há oito anos, enquanto esperávamos com um misto de tensão e curiosidade pela primeira aula, o dia em que teríamos que nos despedir e agradecer parecia estar a uma distância impensável. Hoje, oito anos depois, sentimos que o tempo teve uma importância significativa não no que diz respeito ao calendário, mas nas mudanças espirituais pelas quais passamos. Sobre essas mudanças, sobre nossa formação e desenvolvimento, devemos muito àquelas duas aulas que estavam na grade curricular como destinadas à religião. Na verdade, estas horas eram dedicadas à alma. Elas nos deram a consciência do judaísmo e nos mostraram que somos judeus e que o judaísmo é uma enorme herança: uma cultura de seis mil anos que personifica a mais elevada moral, a pura crença em Deus e um objetivo supremo. A moral nos foi exposta em sua plenitude e nos ensinou a buscar Deus. Era tão fascinante acompanhar o caminho dos grandes ideais com a orientação da professora Guiorgy, que nos inspirou com seu jeito de ser, com sua compreensão, bondade e fé, fazendo com que sua personalidade refletisse esses ideais que ela nos propôs.

Ainda não sabemos valorizar o quanto aprendemos nestes oito anos. Se nos próximos anos ecoar em nossos ouvidos uma frase de consolo do livro dos profetas; se formos perseguidores de lei, justiça e amor e com isso contribuirmos para a felicidade do homem; se ao lermos um livro ou se estivermos diante de uma flor que desabrocha, cara a cara com Deus, saberemos que passamos com louvor nos ensinamentos da religião.

Nessas ocasiões, lembraremos agradecidos as palavras calorosas e cheias de fé da professora Guiorgy."

27 de junho de 1939.

Queridos companheiros![1]
Certamente, ao receber o convite da Makkabea, vocês se perguntaram: com que direito e com que objetivo lhes chama a juventude sionista? O que ela quer e o que ela pode lhes dizer? Eu quero tentar responder a essas perguntas.

---

1   Em uma reunião da Makkabea. (De seu legado. Junto ao cabeçalho está anotado: "Discurso pronunciado aos formandos do Colégio".) (N. T.)

Que direito temos de chamá-los? Simplesmente, porque são judeus. Queremos acreditar que hoje já não existe nenhum judeu que observe com indiferença esta mais pura e decisiva tendência: a do judaísmo. Queremos crer que hoje não há um só judeu que não esteja impressionado ante o milagre do renascimento de um povo, ainda mais este povo sendo precisamente o povo judeu. Sabemos quão abundantes são os argumentos contra o sionismo. Nós os ouviremos e responderemos com prazer. Somente contra uma coisa é impossível defender-se: a indiferença. Por isso, nos sentimos no direito de chamá-los, pois temos esperança e fé que vocês não são indiferentes.

Para que os chamamos? Não acreditamos que ao final de uma ou duas horas poderemos lhes convencer sobre a verdade do sionismo. Ela está composta de fatores poderosos e complexos, impossíveis de abranger, fazer sentir e aceitar em apenas uma tarde. E talvez não sejamos precisamente nós – que terminamos hoje oito anos de estudos secundários e saímos em busca de nosso caminho – os mais indicados para falar sobre a pátria que está sendo construída para o povo judeu em Eretz Israel pela juventude judaica. Talvez vocês também, quando encerraram seus cursos e se reuniram em suas sinagogas, tenham ficado pasmos com a falta de esperança e impotência que reinava nesta despedida: o adeus de uma juventude que perdeu sua pátria, que ficou órfã de ideais e de um objetivo na vida. E não havia ninguém lá para dizer: "Levantem a cabeça! Ergam-na com vigor, pois vocês têm uma pátria, têm um ideal, têm um objetivo na vida! Em vão fecharão milhares de portas, em vão tantas humilhações!". Há um só lugar no mundo, um lugar onde seiscentos mil de nossos irmãos judeus estão construindo uma pátria. Não para eles próprios, mas para dezessete milhões de judeus, e eles aceitam com prazer qualquer mão que se estenda para ajudar.

Existe um só lugar no globo terrestre onde poderemos entrar não como imigrantes ou refugiados, pois lá estaremos em nossa casa. Durante a despedida na sinagoga não falamos qual o nome deste lugar, mas ele estava gravado nos rolos da Torá. Profundamente – e talvez de forma oculta – estava gravado também no coração de cada judeu: Eretz Israel.

No grave e tormentoso mundo judaico de hoje, é dever de todos nós dar ao próximo o que pudermos e o que tivermos para dar.

E nós, a juventude sionista, talvez possamos dar a vocês fé, consciência de si mesmos, objetivo, ideal, renovação e paz interior. Sentimos que é nossa obrigação dar-lhes essa oferenda. Vocês a aceitarão?

Mas não queremos somente dar, senão também pedir. Pode ser que nem todos os aqui presentes acharão o caminho a Eretz Israel, e dentro de alguns meses se dispersarão por todos os cantos do mundo. Nosso pedido: onde quer que se encontrem, ao escutar o nome Eretz Israel, não o ocultem, não o menosprezem nem o neguem com facilidade. Saibam: o destino dessa terra está ligado com laços indestrutíveis ao destino do judaísmo e assim ao destino de todos nós. E a história nos fez responsáveis pela existência e pelo futuro desse país. Nós lhe damos a luz, mas essa luz se refletirá em nós. Lá nós mesmos construímos, e tudo o que lá construímos é nosso. Lá poderemos viver uma vida judaica sem vestígios de vergonha, nem da aceitação do veredito, como um fato natural, evidente. Sobre isso gostaríamos de conversar um pouco com vocês e por isso os convidamos para esta reunião.

Em nome da Makkabea eu os saúdo afetuosamente.

11 de julho de 1939.

A partir de hoje escreverei em meu diário somente em hebraico. Em algum momento teria que começar e creio que a partir de agora o assunto "andará".

Ainda não escrevi nada sobre o final de minhas provas do vestibular. Para dizer a verdade, não fiquei nervosa; talvez um pouco ontem de manhã. A primeira prova era de alemão. Deram-me um trecho de Grillparzer[1] para traduzir. Depois tive que falar sobre *Safo*, drama de

---

[1] Franz Grillparzer (1791-1872) foi um dramaturgo austríaco. (N. T.)

Grillparzer. Sabia muito bem tudo sobre isso. Depois da prova, saí da classe. Essa era a ordem. Dez minutos depois voltei e encontrei sobre minha escrivaninha o tema de literatura húngara. Deram-me dois temas. No primeiro momento fiquei nervosa, mas logo percebi que sabia a resposta e me aproximei tranquilamente até a mesa, presidida por um homem inteligente e agradável. Era um prazer fazer as provas com ele. Falei por um bom tempo sem chegar sequer à metade do assunto. Então ele me disse que lamentava muito, mas que não podia escutar tudo. Respondi à segunda pergunta. Vi que minha professora estava muito contente. Depois escutei-a dizendo às colegas das outras classes que minha resposta estava corretíssima. A terceira prova foi de história. Quando tomei meu lugar e vi as perguntas a que deveria responder não soube o que aconteceria. Tive que escrever em húngaro sobre a reunião do Parlamento da Reforma. Para ser sincera, não conhecia o tema. Não sabia nem quando o Parlamento havia se reunido nem o que acontecera por lá. A segunda pergunta foi mais fácil: a Revolução Francesa, suas origens, duração e ação. Rezei para que me perguntassem sobre isso primeiro e entreguei os dois papéis para o presidente da mesa, porém com o da Revolução por cima. Tive sorte e ele me perguntou primeiro sobre a Revolução. Modéstia à parte, conhecia bem o tema. Não me perguntaram sobre o outro assunto. Assim se passaram as três primeiras provas. Álgebra e física não me amedrontavam. Durante o intervalo de meia hora liguei para casa e comi. Não estava empolgada. Mas quando me deram o tema de álgebra, minha alegria terminou. Era o tema mais fácil da matéria e justamente por isso eu não o havia estudado. Mas, no final, eu soube o que responder. A última prova foi a de física. Todos os problemas foram fáceis e eu sabia resolvê-los bem. Tirei "Excelente".

Hoje não tenho tempo para continuar, mas creio que em breve poderei escrever, especialmente sobre sionismo. Tenho trabalhado muito nisso. Amanhã viajarei a Dombóvár.

Dombóvár, 16 de julho de 1939.

Por ter que empacotar tudo, não pude escrever. Já chegamos, e me alegra muito estar de volta. Depois da cirurgia para retirar as amígdalas, ontem foi o primeiro dia em que me deixaram nadar, jogar tênis, tomar sol, em resumo, fazer tudo o que é bom e saudável. Aproveitei tudo, pois tinha muita necessidade de movimentar-me. No que diz respeito à minha *aliá*, não há nenhuma novidade. Todas as noites deito e todas as manhãs me levanto pensando se terei a sorte de obter um certificado. Talvez eu consiga, mas tenho minhas dúvidas. Não tenho como fazer nada a respeito, somente esperar e sentir saudades do país. Se não puder ir, ingressarei na "hachshará",[1] mas ainda tenho esperança. Sempre tenho. E por que não? Será que outras moças também querem imigrar tanto quanto eu? Refiro-me a essas que, como eu, aguardam seus certificados.

Enfim, veremos.

Ontem assistimos a um filme francês lindíssimo chamado *Abismo*, uma verdadeira expressão de arte. Não sei hebraico o suficiente para expressar o que senti naquele momento, nem tampouco minhas impressões posteriores, mas devo dizer que foi uma ótima experiência.

17 de julho de 1939.

Hoje é meu aniversário. Faço dezoito anos. É tão difícil imaginar que eu seja tão "velha". Mas sei que esses são os melhores anos de minha vida e aprecio a ideia da juventude. Estou contente com a minha vida, com tudo que me rodeia e tenho fé no futuro. Meu ideal me preenche completamente e espero poder realizá-lo sem me decepcionar. Meus conhecidos e muitos familiares dizem que me decepcionarei em Eretz Israel. Acredito ter a real noção sobre a situação no país, e sei que as pessoas que lá vivem têm falhas e pecados. Gosto da ideia de fazer de Eretz Israel um Estado judeu, excepcional, belo, e o

---

1 Centro de preparação para pioneiros. (N. T.)

futuro depende disso. Quero fazer de tudo e investir todos os meus esforços para aproximar esse sonho à realidade. Ou o inverso: aproximar a realidade ao sonho. Escrevo em hebraico o tempo todo. Claro que menos que o húngaro, mas é melhor um pouco em hebraico do que muito em húngaro. Talvez daqui a alguns meses eu já escreva com menos dificuldade. Tudo vai dar certo.

Hannah aos dezoito anos na Hungria, verão de 1939.

Hannah aos dezoito anos no lago Balaton com uma amiga.

21 de julho de 1939.

Chegou! Recebi meu certificado! Estou contentíssima e feliz. Não sei o que escrever, não posso acreditar: leio e releio a carta com a notícia e não há palavras que expressem o que sinto. Não tenho outro sentimento, só alegria. Mas entendo que minha mãe não veja as coisas como eu: ela está muito emocionada. Minha mãe é uma heroína verdadeira. Jamais esquecerei seu sacrifício. Não são muitas as mães que fariam como ela. Deverei estar em Eretz Israel no final de setembro. Ainda não sei quando viajarei. Não escreverei mais. Gostaria de dizer uma só palavra a todos os que me ajudaram, a Deus, à minha mãe, a todos: Obrigada!

Ontem estivemos em Fitch. Estava um lindo dia e muito agradável. Não escreverei sobre o passeio, pois que importância tem diante dos acontecimentos de hoje?

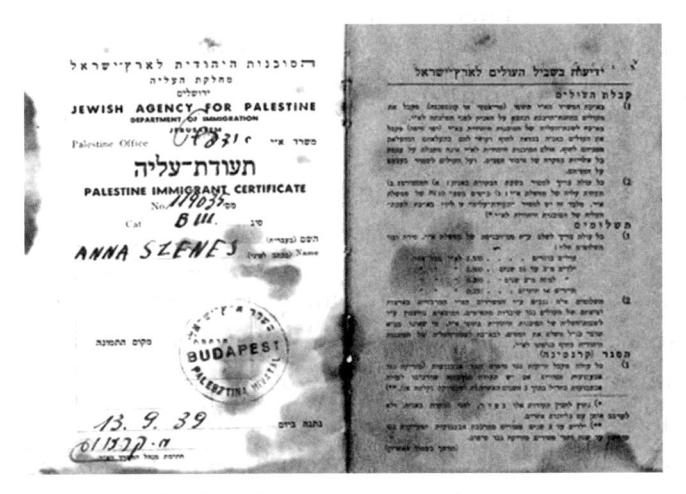

Certificado de Imigração para a Palestina, 1939.

14 de agosto de 1939.

Não sei por onde começar. É tão terrível! Temo estar doente. Ainda não fui ao médico, ainda não falei à mamãe e não quero acreditar. Ainda espero que nada disso seja verdade, que tudo passará. O fato é que sinto uma leve dor no coração que se repete todos os dias e hoje também. E também já tenho lágrimas nos olhos. Porque isso para mim é a pior coisa que se possa expressar: que, sendo eu tão jovem, meu coração já esteja doente.

Meu pai viveu desde os dezoito anos tendo consciência disso, e se esse também for meu destino – eu também deverei suportá-lo. Mas isso não é o pior para mim, senão minha *aliá*. Irei para uma escola agrícola, ou seja, deverei realizar trabalho físico. Obtive a vaga que eu mais queria, uma vaga disputada por muitas outras moças. Se eu estiver realmente doente e for assim mesmo a Eretz Israel, as pessoas descobrirão que não estou apta para o trabalho e eu serei vista pelos sionistas como uma moça irresponsável e muito imprudente. Mas se eu agora ceder meu lugar a outra, não terei outra oportunidade de ir a Eretz Israel e então perderei a grande chance e o objetivo de minha vida. Que fazer? Não posso falar com minha mãe sobre isso. Preciso decidir sozinha. Nos momentos mais difíceis – é cada um por si. Quero ir ao médico. Meu Deus, meu Deus! Que não seja mais que uma alucinação, um sonho ruim!

21 de agosto de 1939.

Fui ao médico com mamãe. Telefonei antes para dizer do que se tratava. À mamãe contei que queria consultar o médico para saber se havia alguma mudança no crescimento excessivo de minhas glândulas, como tive anos antes. O médico me examinou e também com raios X, e o resultado é: posso realizar trabalho físico. Não há nenhuma lesão no coração, mas há um nervosismo e isso provoca a dor. Esse nervosismo vem do que mencionei antes (não sei como se diz em hebraico), e ele não tem maior importância. Espero que essa seja a verdade. De qualquer jeito, agora estou mais tranquila. Quase todos os dias vou à cidade comprar coisas e fazer os preparos necessários. Na verdade ainda falta um mês, mas é possível que eu viaje antes.

8 de setembro de 1939.[1]

São muitos os acontecimentos, mas não tive nem tempo nem vontade de escrever sobre eles. A guerra que tanto temíamos começou. Ela estourou por causa de assuntos do Danzig[2] e do Corredor.[3] Mas todos sabem que essa é apenas a causa aparente, pois Danzig é um lugar pequeno e sua população é, na verdade, alemã, mas toda a Polônia e toda a Europa estão em perigo. Se quisessem, ainda haveria tempo de salvar a paz. Mas não quiseram. Por isso, a Polônia e a Alemanha estão em guerra. Os alemães já conquistaram grande parte da Polônia, e a Inglaterra e a França, aliadas da Polônia, também entraram no conflito. Ainda não poderão ajudar a Polônia de forma concreta, mas estão preparadas e armadas. A Itália, a Hungria e mais alguns países continuam neutros. Todos sabem que a guerra atualmente envolve destruição espantosa e por isso querem evitá-la. Essa é a política.

No que diz respeito à nossa vida privada, Guiora continua na França e mamãe não sabe se ele continuará lá ou voltará para a Hungria. Aqui ainda reinam a paz e a tranquilidade. Na França, a guerra. Mas ninguém sabe se a Hungria chegará a participar dela; ser um soldado húngaro hoje não é nada agradável. Mas quem

---

1 Escrito em húngaro. (N. T.)
2 Gdańsk é uma cidade da Polônia localizada na foz do rio Vístula, na província de Pomerânia. Designou-se Danzig durante a dominação alemã, entre 1793 e 1945. A ocupação do corredor de Danzig pelos nazistas resultou na Segunda Guerra Mundial em 1939. (N. T.)
3 Corredor polonês (ou corredor de Danzig) é um termo usado para designar uma faixa de terra de cento e cinquenta quilômetros de extensão e largura variável de trinta a oitenta quilômetros aproximadamente, que foi obtida pela Polônia como parte do Tratado de Versalhes de 1919 e que lhe deu acesso ao mar Báltico. O livre trânsito alemão era permitido em todo o corredor que separava a Prússia Oriental do resto da Alemanha. Apesar de o território antigamente fazer parte da Pomerânia, grande minoria da população era de origem alemã. O acordo causou atrito crônico entre a Polônia e a Alemanha. Em março de 1939, a Alemanha pediu a cessão de Danzig e a criação de um corredor extraterritorial alemão em todo o Corredor Polonês. A Polônia rejeitou estas demandas e obteve a garantia de franceses e britânicos contra a agressão. Em 1º de setembro de 1939, a crise polonesa-alemã culminou na invasão alemã da Polônia e na Segunda Guerra Mundial. (N. T.)

sabe o que será dos estrangeiros na França? A situação é muito grave para nós e ninguém sabe o que fazer. Quanto a mim, recebi o certificado e ontem recebi o visto. Quero viajar já, mesmo que não seja muito seguro viajar por mar.¹

Hannah no convés do navio a caminho da Palestina, setembro de 1939.

Hannah no navio para a Palestina, setembro de 1939.

---

1 Essa é a última vez que Hannah escreveu em seu diário na diáspora. Dois dias depois, ela imigrou para Eretz Israel. (N. T.)

Mezőtúr,[1] 13 de setembro de 1939.[2]

Minha querida mamãe,

Para que nós duas possamos desfrutar das vantagens desta pequena máquina de escrever, começo a escrever esta carta às quatro e quinze, enquanto ainda estou no trem, e talvez a envie ainda antes de cruzar a fronteira. Depois enviarei mais cartões-postais ou telegramas. Bem, mamãe, foi penoso o momento em que o trem começou a se mover, então não pude mais me controlar. De nada adiantou a alegria infinita da viagem, pois chega o momento em que esquecemos todos os sonhos, todos os planos e esperanças, e pelo menos nesse momento pesou-me apenas uma coisa: que precisava me separar de você por um longo tempo. Outras despedidas não me entristeceram. Talvez também quando deixamos nossa casa pequena tenha sido doloroso, pois ela era para nós uma espécie de símbolo de nossa vida até aquele momento, mas essa foi somente a parte mais fácil da despedida. A outra parte? – não há motivo para entrar em detalhes. Você sabe...

Quero te contar sobre a viagem até agora, como me arrumei na cabine do trem. Além de mim, há aqui um senhor muito simpático. Não tive muito contato com ele, mas ele foi muito doce e prestativo. Na outra cabine está a família Walder.[3] São cinco pessoas muito agradáveis, fora de série. Você pode ficar tranquila: é muito bom passar tempo com eles. Logo no início, quando eles viram que eu estava um pouco triste, quase todos eles, um após o outro, entraram aqui e me chamaram para ficar com eles. No início não tive vontade, mas mais tarde resolvi ir. Conversei também com o senhor mais velho. Ele disse que já ouviu tudo o que contaram sobre mim e sobre as condições em que estou aqui, e ele decidiu me ajudar em tudo o que puder durante a viagem e também depois. Ele disse para eu não me preocupar com minhas despesas da viagem, se eles puderam viajar, eu também poderei. A respeito da armaze-

---

1   Cidade no nordeste da Hungria. (N. T.)
2   Esta carta está sendo publicada pela primeira vez na íntegra, como foi escrita. (N. T.)
3   A família Walder foi companheira de viagem de Hannah até Haifa. (N. T.)

nagem de minhas coisas, recebi informação bastante tranquilizadora de uma mulher que já esteve em Nahalal, ela disse que realmente só temos direito a metade de um armário, mas que há um depósito enorme para guardar coisas desnecessárias, e que checam os pertences todo mês, para verificar que não entraram ratos. Espero que essa seja a norma ainda hoje, pois a mulher esteve em Nahalal há muito tempo.

Quando olho pela janela vejo um grande vale, uma fonte de água, construções etc. Por tudo isso e em especial por causa da placa da estação anterior (Szolnok),[1] posso concluir, apesar de meu escasso conhecimento de geografia, que estou na Grande Planície. Pelo menos fico conhecendo também isso antes de ir embora.

Estou fazendo excelente uso da nécessaire e de maneira geral pode-se dizer que estou muito bem equipada para a viagem. É claro que quando saio da cabine para ir visitar a família Walder eu fecho tudo com cuidado (na verdade trata-se apenas da nécessaire) e levo comigo minha bolsa. Escrevo isso para te tranquilizar, por enquanto não há nada faltando em minhas coisas. Bem, me parece que a parte que virá agora é mais complicada, mas espero que com o que já contei tenha conseguido te provar o quanto serei independente.

Ao partirmos de um lugar chamado Szajol,[2] um soldado subiu no trem. Felizmente, é um soldado jovem e não há motivos para me assustar. Coloquei os óculos escuros e sentei-me junto à máquina de escrever. Assim, certamente pareço bastante ameaçadora. O vagão é muito bonito e agradável, almofadas de couro estão colocadas sobre o veludo dos assentos, e eu aproveito esta viagem tão elegante.

---

1 Szolnok é uma cidade e um condado urbano na Hungria na região chamada de Grande Planície, que constitui a maior parte da planície da Panônia (planície da Europa Central, dividida aproximadamente ao meio pelo rio Danúbio). (N. T.)
2 Vilarejo na Grande Planície da Hungria. (N. T.)

Escreverei aqui do trem também a Péter Munk,[1] pois receio que lá quase não poderei dedicar nem tempo nem dinheiro a isso, ao menos não tanto como gostaria, mas por outro lado não quero deixá-lo sem resposta, apesar de você manter contato com ele. Agora me lembrei de que não recebi o certificado de garantia da máquina de escrever, quando tiver oportunidade peça a eles e me envie.

De fato não celebraremos as festas judaicas com muito brilho, e temo, mamãe, que você também as passará de maneira triste. Apesar de preocupada com meus planos e com a viagem, meus pensamentos voam até você e em minha alma celebro os dias de Rosh Hashaná contigo. Espero que eu possa acrescentar mais algumas palavras depois de passar pela alfândega, para te contar sobre o processo da inspeção, e pedirei aos funcionários que coloquem a carta na caixa do correio. Não sei se eles podem fazer isso, mas mesmo assim vou tentar.

Um milhão de beijos, e desejo que o novo ano te seja muito melhor, cheio de paz e mais tranquilo do que hoje é possível acreditar.

Esta primeira carta é destinada apenas a você, mesmo que não contenha nenhum segredo. As outras cartas você poderá mostrar a quem por acaso se interessar por elas. Não fique zangada comigo por eu te escrever uma carta tão vazia, mas nos momentos em que no coração há tanto a dizer, na boca as palavras faltam. Somente duas palavras surgem: Mamãe querida!

Um milhão de beijos,
Anni

De qualquer jeito enviarei a carta agora. Mais tarde escreverei sobre a inspeção.

---

1 Ao que tudo indica, Péter Munk era um amigo da Makkabea. Ele escreveu uma carta para Hannah quando de sua *aliá*, e mais tarde também manteve contato com Katarina Senesh. (N. T.)

17 de setembro de 1939, a bordo do navio *Bessarábia*.[1]

O barco ancorou no porto de Constantinopla.[2] Estou no convés do navio, e escrevo como Évi, ou seja, com a máquina de escrever sobre os joelhos. Espero que você tenha recebido o telegrama que enviei de Constanta[3] e que não esteja preocupada comigo. Na verdade, não haveria motivo algum para isso: tudo está muito bem. E mesmo se tudo não estivesse bem eu não saberia, pois a família Walder afastou de mim toda e qualquer preocupação. Confesso que não sei como teria resolvido tudo sem eles, pois não foi nada simples. Houve muita bagunça até recebermos as malas, até passarmos as bolsas de mão pela inspeção e até conseguirmos transferir tudo para o navio.

A vida a bordo é agradável e meu camarote é bastante confortável. Escolhi a cama alta junto à claraboia, portanto, é bastante arejado. Dormi muito bem, talvez por causa do cansaço. Minhas companheiras de camarote são simpáticas, mais precisamente mulheres de Eretz Israel e da Polônia. Falo muito hebraico, me valho de meus conhecimentos de francês e tento evitar falar alemão. Hoje madruguei, pois não consegui ficar na cama quando vi o magnífico espetáculo do amanhecer. Andei pelo deque e passeei por todas as classes do navio. Conheço todo o barco, mas às vezes acontece de eu não encontrar minha cabine entre tantas cabines. Faço o possível para manter meus cabelos arrumados, somente para te satisfazer.

Em Constanta não consegui ver muita coisa, pois o trem entrou diretamente no porto. Do convés vi alguma coisa, mas anoiteceu e somente se via o cassino iluminado. Em Constantinopla vejo um pouco mais, pois o navio ficará três horas no porto, apesar de que estamos proibidos de descer. Porém, conseguimos ver mesquitas, torres, ruelas estreitas, carros carregados

---

1 Carta com trechos inéditos, publicados pela primeira vez. (N. T.)
2 Vilarejo na Grande Planície da Hungria. (N. T.)
3 Cidade portuária na Romênia. (N. T.)

de melancias, estivadores, o bazar e, no sopé da montanha, como a fortaleza do monte em Várhegy,[1] lindos edifícios modernos. Do outro lado veem-se também edifícios semidestruídos. Ao que parece, aqui há grandes contrastes.

Não enviei a carta ontem de Constantinopla, pois enviando-a por correio aéreo de Atenas você a receberá mais rápido. A carta de hoje tem mais uma vantagem: agora posso te contar sobre muitas coisas, coisas que certamente te interessam mais, como, por exemplo, sobre algumas pessoas, sobre a comida, sobre o que aconteceu ontem. A maior parte do tempo eu estive com a família Walder, e mais ainda com uma conhecida deles, uma moça[2] de boa família de Pozsony.[3] Ela tem vinte e três anos e é agradável, simpática e educada. Andamos juntas por todos os lados e conversamos muito. A maioria dos passageiros é gente de Eretz Israel que regressa depois de visitar parentes, apesar de que há muitos polacos e eslovacos. Há muitas crianças oriundas de Eretz Israel, de rostos deliciosos, que falam unicamente hebraico e que me dão a oportunidade de exercitar-me nesse idioma. No geral, há muitos que falam o hebraico e eu aproveito a oportunidade para acostumar-me à nova língua. Quase todos têm algo a contar sobre Nahalal e todos dizem que eu vou aproveitar muito. Já os rapazes dizem que lá é insuportável pelo fato de eles não poderem entrar no quarto das meninas nem mesmo pela janela, mas eu deixei claro que essa é uma coisa da qual eu realmente não sentirei falta. Sobre a vida em Eretz Israel, há diversas opiniões. Alguns vão ao kibutz e outros vivem nas cidades, regressam a seus lares em algum lugar do país, aceitam as dificuldades e estão adaptados. Um dos rapazes, oriundo da Transilvânia, deixou para trás um negócio bem-sucedido e está indo viver num kibutz. Ele já esteve lá algumas vezes, e creio que dessa vez ficará permanentemente. Conheci poucas pessoas para poder julgar, mas fato é que todos aguardam com impaciência o momento de chegarmos ao país. Isso não significa que a viagem não seja agradável. Eu, de

---

1 Área montanhosa em Budapeste. (N. T.)
2 O nome da moça era Józsa, e elas mantiveram contato também mais tarde. (N. T.)
3 Pozsony é o nome em húngaro de Bratislava, capital e principal cidade da Eslováquia. (N. T.)

minha parte, estou contentíssima. Agora, por exemplo, são quinze para as sete, estou coberta, sentada em minha espreguiçadeira e, enquanto escrevo, levanto os olhos por alguns instantes para olhar o espetáculo maravilhoso.

Os cinco membros da família Walder alugaram espreguiçadeiras, e assim sempre há cadeiras livres suficientes para que eu também possa me sentar. Após o almoço e à noite também deitamos nas cadeiras no convés. Mas por favor, não se zangue: não posso continuar escrevendo, tudo é tão lindo ao meu redor que é uma pena perder um só momento. Em breve chegaremos a Atenas.

Incontáveis beijos para todos vocês (famílias Barta, Sas, Gáti[1] etc.).[2]

18 de setembro de 1939.

O navio se deteve no porto de Alexandria, mas não posso descer e contemplar a cidade porque, por ter sido preguiçosa, cheguei tarde para pedir o visto. Fiquei muito nervosa, pois me disseram que a cidade é bonita e interessante, mas há uma vantagem: não gastarei dinheiro. Quero que você saiba que a viagem é encantadora. Deleito-me com a visão do mar e com o clima estupendo.

As novidades políticas que nos chegam da Europa[3] provocam grande comoção no navio, pois a maioria dos passageiros tem parentes na Polônia. Eu também gostaria de vê-la em breve em Eretz Israel. Eu sei que agora você não pensa nisso, mamãe, mas creio que essa é a melhor solução.

Ontem à noite dançamos e cantamos músicas em hebraico. Foi uma noite agradável. Preciso te escrever também sobre meus sentimentos. Creio que estou realizando agora a coisa mais importante da minha vida. Tenho certeza de que minha decisão foi correta. De conversas que tive com pessoas que estão voltando ao país e que já conhecem a vida em Eretz Israel, estou confiante de que me sentirei bem lá. Em breve escreverei mais sobre isso.

---

1 Família de Ilona Ilus Gáti, sua tia pelo lado do pai. (N. T.)
2 Não há assinatura na carta. (N. T.)
3 Véspera da invasão da Polônia pelos nazistas. (N. T.)

Em Eretz Israel

21 de setembro de 1939.

Querida mãe,

Quero te contar minhas primeiras impressões e sobre meu primeiro dia na Palestina.

Desembarcamos ontem às quatro da tarde. Um homem da Organização Sionista nos esperava. Ele encarregou-se de minha bagagem e arranjou tudo de maneira que eu não precisei me preocupar com nada. É claro que levou um tempo enorme passar por todas as formalidades e tomar a vacina contra tifo (até aqui isso não me incomodou em nada e daqui a oito dias devo tomar a segunda dose). Finalmente eles me levaram, junto com minha bagagem, para o Beit Olim.[1]

Desde o primeiro momento todos foram muito gentis e preciso dizer que foi uma sensação muito agradável saber que todas as pessoas com as quais tive contato são judias. Por exemplo, o motorista que me ajudou a te enviar o telegrama e que, quando tive que pagar com moeda local no correio, me emprestou o dinheiro até que eu conseguisse trocar algum do meu.

A casa para onde são levados os recém-chegados fica na praia, perto de Haifa, uma cidade linda com pessoas alegres e encantadoras. E tudo na cidade, as montanhas, o mar, as lindas casas, tudo é maravilhoso.

Voltando ao Beit Olim. É um lugar belo e grande, mas obviamente não é o mais confortável do mundo. Não é um hotel nem nada parecido, mas um "lar" onde cada recém-chegado pode ter um pequeno apartamento e refeições por alguns dias, sem custo.

Depois do jantar visitei Ilona (cujo endereço recebi de Arthur Thieben). Ela é uma mulher encantadora e eu me senti completamente à vontade com ela desde o primeiro momento em que nos conhecemos, graças à recomendação de Arthur e provavelmente por causa de papai. Mas, fora isso, acho-a amigável e amável em geral.

---

1 Casa dos Imigrantes. (N. T.)

Precisei retornar ao Beit Olim às dez horas naquela noite, mas decidimos que ficaríamos mais um dia em Haifa para podermos encontrar todos e também passear.

Dormi bem na noite passada e hoje de manhã depois do café fui de ônibus para Carmel.[1] No caminho, passamos por lojas lindas e modernas e edifícios chamativos. Todas aqui usam saia e blusa, é quase como um uniforme.

Tenho muito mais coisas que gostaria de escrever, mas preciso ir. Mil beijos.

Nahalal, Escola Agrícola, 23 de setembro de 1939.

Hoje devo escrever de novo em húngaro, pois tenho muito que contar. São tantas ideias que fervilham na minha mente, que meu hebraico é insuficiente para expressar. Hoje é Yom Kipur e quero expressar minhas ideias com clareza.

O que queria muito é eternizar no meu coração as impressões de meus primeiros dias em Eretz Israel. Estou aqui há quatro dias. À minha frente, não muito longe, um pequeno "sabra"[2] escala uma oliveira. Ao redor, árvores típicas de Eretz Israel. Estou no Emek Izreel, em Nahalal. Finalmente cheguei *em casa*. Ainda não conheço a escola; estou aqui somente há dois dias e ainda não tive tempo de conhecer tudo, mas a atmosfera do país é tão boa e as pessoas tão amigáveis! Parece que estou entre eles há muito tempo. E isso é quase certo. Sempre vivi entre judeus. Obviamente não entre judeus como esses: livres, trabalhadores, tranquilos, e creio que felizes também. Não me esqueço nem por um momento de que observo tudo a partir de um ponto de vista

---

1 Monte Carmelo é uma montanha na costa de Israel com vista para o mar Mediterrâneo. O seu nome (Carmel) significa "jardim" ou "campo fértil". A cidade de Haifa localiza-se parcialmente sobre o monte Carmelo, além de algumas outras cidades menores como Nesher e Tirat Hakarmel. Este é o local onde se deu o duelo espiritual entre o profeta Elias e os profetas de Baal. Foi no monte Carmelo que Elias provou aos homens que o Deus de Israel era o verdadeiro Deus, e não Baal. (N. T.)
2 Nascido em Israel. (N. T.)

idealista e que os dias difíceis ainda virão. Ontem, na véspera de Yom Kipur, me senti desanimada. Depois de comparar o que tenho aqui e o que deixei na Hungria, cheguei a duvidar se valeu a pena. É como se o objetivo tivesse sumido de vista. Mas fiz isso de propósito: deixei o cansaço mental se apoderar de mim. Era importante que a tensão desaparecesse. No fim, quando as lágrimas secaram, senti que fiz bem. O objetivo da minha vida e meu destino me ligam a Eretz Israel. Não quero simplesmente viver, quero cumprir uma missão. Pensando bem, todos os que vivem aqui cumprem uma missão.

Agora, uma breve descrição de minha *aliá*. Minha viagem foi linda: dois dias de trem e cinco no navio romeno *Bessarábia*. Como posso descrever a sensação agradável que experimentei nos portos de Tel Aviv e Haifa, em meio a carregadores e funcionários judeus?

Não posso escrever em detalhes sobre a cidade de Haifa, Beit Olim, a família Krausz, que me recebeu com todo o carinho. Visitei-os por sugestão

Hannah em setembro de 1939, um dia após sua chegada à Palestina.

de Arthur Thieben. Faltam-me palavras para descrever a emoção que senti durante minha viagem de ônibus ao Emek, a recepção e a inscrição na escola. Tudo é maravilhoso! Estou feliz de estar aqui. Quero que Guiora venha em breve, e, depois dele, mamãe também.

Nahalal, outubro de 1939 (cartão-postal).[1]

Desta vez envio apenas um cartão-postal. Na próxima enviarei a descrição dos acontecimentos, como foi pedido pela WIZO.
Talvez eu devesse esperar um pouco mais, pois é difícil ao cabo de um mês fornecer uma imagem geral sobre o lugar onde me encontro, mas tentarei fazê--lo. Diga à professora Rószi que meu idealismo segue firme e sem nenhuma mudança. É verdade que as coisas que imaginei tomam agora uma dimensão mais concreta. Aqui se fala muito menos e com menos frequência sobre o sionismo. Aqui se vive de acordo com este ideal. Posso afirmar que se vive única e exclusivamente de acordo com o ideal sionista.
Agora trabalho na lavanderia. Trabalharei aqui durante três semanas e depois passarei períodos mais longos ou mais curtos por todas as estações de trabalho que existem por aqui.

Nahalal, 12 de outubro de 1939.[2,3]

Queridas Mamãe e Vitz:
Alegro-me de escrever às duas juntas, porque Vitz está contigo,[4] mamãe, e você já não está tão só. Hoje recebi a carta conjunta de vocês, na qual acres-

---

1 Texto publicado na íntegra pela primeira vez. (N. T.)
2 Carta com trechos inéditos, publicados pela primeira vez. (N. T.)
3 Carta escrita à mãe e à prima Évi Sas. (N. T.)
4 Évi Sas, prima de Hannah, chegou para morar com Katarina de setembro de 1939 até maio de 1940, quando voltou à Dombóvár. (N. T.)

centaram algumas linhas simpáticas da tia Eliz. Fiquei muito feliz com a carta. Agora sento-me para escrever uma carta detalhada, espero que a recebam logo mesmo considerando as condições de hoje em dia. Sei que te interessam os mínimos detalhes, mamãe. Falarei deles nesta carta para que você possa imaginar nossa vida aqui.

Começarei por minhas atividades diárias. Às cinco e meia da manhã soa a sineta e minhas duas companheiras começam a se mexer. Eu também me levanto em seguida. A partir de amanhã terei três companheiras de quarto, pois hoje chegou uma moça da Bulgária. Agora divido o quarto com uma sabra e outra moça que sabe hebraico muito bem. No que diz respeito ao meu hebraico isso é ótimo. Elas são simpáticas, porém um pouco antiquadas. Em nosso quarto há uma pia. Escovo os dentes, me lavo, visto a calça comprida e a blusa, calço as botas e cubro minha cabeça com um lenço. Na verdade o lenço vem só mais tarde, pois às seis, quando começa a aula, ele ainda não se faz necessário. Arrumo minha cama. O colchão é magnífico e durmo maravilhosamente, me cubro com um cobertor e um lençol, isto é, de noite unicamente me cubro com o lençol e se está mais fresco coloco o cobertor. Ainda não comprei o mosquiteiro. Não preciso dele, pois em nosso quarto não há moscas, mas, se puder, por favor me envie um, pois talvez eu precise dele mais tarde. Às seis horas a sineta toca outra vez e devo ir para a aula. Até agora estudamos quatro matérias: química, botânica, agricultura geral e árvores frutíferas. As duas primeiras são ensinadas por uma professora e as outras duas por um professor. No momento, não posso julgar seus métodos de ensino, mas creio que teremos aulas interessantes. O que estamos estudando em química eu já conheço; a novidade é o idioma. No que diz respeito às outras matérias, também o conteúdo é novo. Nossa primeira aula de hoje será sobre a criação de gado; o currículo inclui também nutrição. Fora isso, temos aulas de hebraico também. Por enquanto é isso. O programa de estudos é bastante diversificado. Temos três ou quatro salas de aula, mas é suficiente, pois há apenas quatro turmas. As salas são bonitas e claras. Em cada nível há iniciantes ou avançados, de acordo com o conhecimento do idioma. Como já havia escrito, estou no nível avançado. Nas classes não é costume levantar-se quando o professor entra ou quando respondemos a uma pergunta. Em uma ocasião fui à lousa responder uma pergunta de química e outra vez respondi a uma pergunta sobre botânica do meu lugar. Não são perguntas difíceis, e fiquei contente principalmente porque consegui me expressar bem. Nosso relacionamento com os professores é absolutamente diferente: os chamamos por seus nomes próprios. O idioma exige a familiaridade e por isso o tratamento é mais direto, mas pelo mesmo motivo há menos respeito. Às sete horas termina a primeira aula e então vamos tomar café da manhã. A qualidade da comida não muda. É excelente, diversificada e abundante, e só economizamos em uma coisa: açúcar. O café da manhã consiste em chá, tomate, manteiga, queijo, pão e um cubo de açúcar para o chá. Já me acostumei a isso, e quando fui visitar as famílias Reichard e Krausz e coloquei mais açúcar o chá já não ficou tão gostoso. Esta semana sou encarregada pela limpeza do nosso quarto e realizo essa tarefa após o café da manhã. Primeiro varro (as camas estão arrumadas porque cada uma se encarrega de arrumar a sua ao se levantar), tiro o pó, arrumo o quarto, lavo o chão (o chão é de pedra) – isso dura até mais ou menos as oito horas. Então chega a hora do lenço vermelho ou do grande chapéu de palha e dos óculos escuros. Também costumo passar creme e então saio para trabalhar no pomar. Aqui há diversas tarefas. Antes, trabalhei colhendo azeitonas. É um trabalho fácil, mas enfadonho; o que lhe acrescenta algo de agradável é ter que subir nas árvores. Ultimamente não trabalhei muito aqui, pois tive que trabalhar no vinhedo, na adubação da terra. Não se assuste, não há nisso nada de desagradável, nem se trata de um trabalho pesado. Não posso negar que ao final de duas horas, ao terminar uma fila e meia, me doíam um pouco os braços, mas não tinha câimbras. No mesmo dia, depois do almoço, selecionei azeitonas. É um lindo trabalho, fácil, pois é realizado estando eu comodamente sentada à sombra, e assim descansei um pouco. Trabalhamos no campo até o meio-dia, mas a partir das onze e meia ficamos perguntando, pelo menos vinte vezes, que horas são. Ao meio-dia, depois de nos lavarmos e nos pentearmos, sentamos à mesa com um enorme apetite e eu, pessoalmente, muito animada (isso não deve ser generalizado). Em cada mesa sentam-se dez moças. As mesas estão cobertas com um linóleo branco – só no Shabat elas são cobertas com toalhas brancas. É difícil dizer qual é o cardápio do almoço porque geralmente não conheço os pratos, mas gosto deles mesmo quando não consigo descobrir seus ingredientes. Vamos tomar como exemplo o almoço de ontem: ovo com molho de tomate frio. Depois, um ensopado quente com almôndegas, um tipo de salada e grapefruit. Hoje: alguma coisa misturada com ovo e tomate, mas completamente diferente do que tinha ontem. Depois, carne fatiada, uma salada de verduras excelente, comida que lembra cubos de repolho,[1] só que mais gostoso (talvez seja a fome falando), e compota de frutas, fria e deliciosa. Sua importância é enorme, porque não se serve água nas mesas e nós chegamos com muita sede. Somente depois do almoço é permitido beber água. Dizem que a água aqui é boa, mas é preferível precaver-se enquanto não estamos acostumadas a ela. Ao meio-dia e meia terminamos o almoço.

Nosso trabalho recomeça à uma e meia da tarde. Temos, portanto, uma hora de descanso. Ontem aproveitei essa hora para lavar o cabelo. Hoje, me deitei, estudei, li suas cartas que chegaram ao meio-dia e logo voltei ao pomar. O dia todo trabalhei no vinhedo, limpando ervas daninhas e amarrando os galhos. Acredite, é uma delícia olhar uma longa fila de videiras quando está terminada e o trabalho não foi árduo. Agora não faz muito calor: cheguei numa boa época. O clima é ameno e agradável. Não posso imaginar que vocês já estejam ligando o aquecimento, enquanto nós vestimos roupas de verão e o sol brilha em todo o seu esplendor. Somente ao entardecer se sente que o inverno se aproxima. O trabalho no pomar tem uma vantagem enorme: no pomar há frutas que podemos comer. Comemos grapefruit como em casa comíamos laranjas: não colocamos açúcar, simplesmente comemos. É uma fruta muito refrescante e eu já não sinto seu sabor amargo. Agora há limões, figos e nozes, há muitos outros frutos cuja estação já passou. Às três horas corremos para lanchar, pois se não chegamos ao refeitório ao toque da sineta, já não encontramos nem sombra de geleia. Os primeiros a chegar comem tudo e isso é um grande problema, pois só nos restarão pão e chá. Essa é a refeição mais fraca do dia. Às três e meia continua a aula e enquanto isso tomamos banho e trocamos de roupa. Por enquanto estou me dando muito bem com o meu armário (estou batendo na madeira para afastar o mau-olhado), tenho um armário só para mim e isso é muito bom. Pendurei a chave do armário no meu relógio. O armário é espaçoso, mas espero que não me façam dividi-lo com uma parceira. Das qua-

---

1 *Kaposztás kocka*, cubos de repolho; comida típica húngara. (N. T.)

tro e meia até as seis e meia da tarde estamos livres e aproveitamos esse tempo para diversas coisas. Hoje, por exemplo, passei várias roupas, estudei e agora estou lhes escrevendo. Se é necessário costurar ou lavar roupas delicadas, isso deve ser feito durante essas duas horas, por isso elas são muito necessárias. Às seis e meia da tarde começa a terceira aula. Geralmente entendo tudo e, se não compreendo, anoto e sublinho as palavras que não conheço. O jantar também é variado. Depois, minhas companheiras geralmente escutam as notícias no rádio. Eu não costumo fazê-lo por enquanto, pois custo a entender e mesmo assim as notícias não me interessam muito, só Deus sabe o quanto a Europa está longe daqui. Interessam-me somente as novidades da Hungria, França e, é claro, as de Eretz Israel. Escutamos música, conversamos, estudamos. Às dez e meia estamos todas na cama e, ao cabo de uma hora, entregues ao sono.

Uso muito as reproduções[1] que trouxe e também o suporte que foi feito para elas, pois fazemos exposições na sala de rádio. Um pintor diferente ou uma época diferente a cada semana, com uma explicação curta ao lado. Eu não consigo chegar à leitura, ou, para ser exata, eu não quero ler livros em outra língua e em hebraico ainda é muito difícil para mim.

Minha saúde vai muito bem, e se eu tivesse qualquer problema informaria imediatamente. Estou contente, mamãe, que você tenha decidido participar do trabalho da WIZO. Espero que você consiga dedicar tempo para isso.

Minha querida Vitz, mamãe sempre me conta que você também está muito ocupada e que está fazendo coisas muito boas.[2] Se ao menos pudéssemos conversar um pouco, querida Vitz, agora há muito o que contar. Até mesmo uma carta de quatro páginas não é suficiente. Esta é a lei da relatividade: quatro páginas é pouco para nós, mas é muito para a censura. Espero que vocês pelo menos recebam esta carta logo. Estou enviando-a por correio normal e fico curiosa para saber em quanto tempo ela chegará.

---

1   Hannah tinha uma coleção grande de reproduções de obras de arte organizadas em cinco álbuns. (N. T.)
2   Katarina escrevia sempre sobre os estudos e o trabalho de Évi Sas enquanto esta morava em sua casa. (N. T.)

Milhões de beijos a todos vocês (estou considerando também o Guiora, pois você escreve que enviará a carta a ele).¹ Mandem beijos também à família em Dombóvár.

Anni.

Outubro de 1939.²

Guiora querido:
Recebi tuas duas cartas encantadoras e longas, e fiquei muito contente ao lê-las. Mamãe já tinha me contado sobre você antes, mas durante muito tempo não soube nada sobre como você estava e o que fazia. Durante esse tempo, senti ainda mais o quanto estamos distantes um do outro.
Sei que mamãe te envia minhas cartas, mas mesmo assim te escrevo diretamente, pois são muitas as coisas dignas de serem contadas. Em primeiro lugar, sabendo que à mamãe você descreve tudo tão bonito e com certo humor, quero te pedir para que escreva a mim com absoluta sinceridade sobre a tua situação e a tua vida. Pelas tuas cartas em húngaro,³ noto que você se sente muito só, e que a vida aí não é muito alegre. O motivo disso é muito claro: a guerra. Escreva sinceramente sobre tudo, pois você sabe o quanto me interessa, e talvez te alivie também confiar-me tudo o que você faz e pensa. Sei que te preocupa muito o fato de mamãe estar sozinha. Imagine o quanto isso me aflige, estou feliz que Vitz⁴ está lá agora, mas mesmo assim é diferente. Contudo, devo te dizer, Guiora, que

---

1 As cartas de Hannah e Guiora passam por Budapeste e chegam a Nahalal e à França. Katarina as envia também aos membros da família e aos amigos/conhecidos deles. (N. T.)
2 Esta carta está sendo publicada pela primeira vez na íntegra, como foi escrita. (N. T.)
3 Algumas cartas eram em francês. (N. T.)
4 Apelido de Évi Sas, prima de Hannah, como era chamada pelos membros mais próximos da família. (N. T.)

também mamãe ficará mais contente se você continuar teus estudos aí. Você certamente compreende o significado desta alegria. Como ela ficaria feliz se pudesse te ver apenas por um instante! Como te escrevi, no fundo tínhamos esperança de que você aparecesse naqueles dias críticos, mas se você pode continuar estudando, é o melhor que pode fazer. Creio que você também pensa em voltar para casa apenas caso não possa seguir estudando. Mesmo nesse caso, não sei se vale a pena arriscar. De qualquer maneira, estar na França melhora as tuas chances de vir para Eretz Israel. Só quero te pedir uma coisa, Guiora, e sei que falo em nome de mamãe pelo que conversamos em casa: não se aliste no exército. Mamãe, e confesso que eu também, não terá nenhum momento de tranquilidade se você se alistar, e mamãe não se perdoaria por não ter te chamado de volta para casa. Eu certamente entendo como é grande a diferença: o risco de lutar na Hungria a favor de Hitler, ou a possibilidade de lutar na França contra ele. E mesmo assim, Guiora, enquanto existir a chance de evitar tomar essa decisão, por favor evite-a, por mim e por mamãe.

A respeito da tua *aliá* para Eretz Israel, farei tudo o que estiver ao meu alcance para conseguir o certificado. Mesmo que comecemos os preparativos agora, na melhor das hipóteses o conseguiremos até o final dos teus estudos. Temos que levar em conta as condições do correio hoje em dia, pois desde o pedido de um documento até seu envio leva ao menos um mês. E também acho que será mais fácil para você encontrar trabalho aqui depois de terminar teus estudos. Falei com o diretor de uma fábrica têxtil em Kfar Ata[1] e ele concordou comigo. Queria que você já estivesse aqui. É parte de meu egoísmo o fato de eu ser tão impaciente.

Sobre o assunto financeiro: por enquanto não preciso de dinheiro. Não envie nada até que a transferência seja segura. Ainda mais porque você também precisa de dinheiro. Mas se você receber algum dinheiro, acho que será uma boa ideia enviá-lo para cá, enquanto ainda é possível. Assim, você poderá usá-lo quando chegar aqui. É mais urgente que você resolva a situação

---

1 Companhia de Têxteis Ata, construída em 1935 em Kfar Ata (hoje Kiriat Ata). (N. T.)

com a família Gauchat,¹ afinal, hoje em dia, é melhor que todos esses assuntos estejam em ordem. Você precisa entender que mamãe confia na família Gauchat, já que eles são a única família que conhecemos aí. E o fato de eles estarem perto de você foi a única coisa que a acalmou quando não recebeu notícias tuas. Pelas tuas cartas, entendo que essa confiança era infundada. Mas espero que você não tenha entrado em nenhum conflito com eles.

A situação aqui está totalmente calma, você não precisa se preocupar. (No que te diz respeito, concordo com a expressão "Não se perde uma moeda gasta",² mas espero que você realmente não se perca e que esteja se cuidando muito.) Nahalal é o centro de uma região totalmente judaica, e além disso aqui há guardas permanentes. Primeiramente, é muito tranquilizante que tudo aqui esteja muito calmo, principalmente desde que estourou a guerra. Às vezes há alguns tiros do lado dos árabes – da última vez escutamos tiros ao longe –, mas na maioria das vezes é calmo e seguro. Também já é possível viajar, apesar de os transportes funcionarem somente até as seis da tarde. Essa é uma lei que já não faz muito sentido.

Quero falar algumas palavras sobre mim: estou muito ocupada, mas você já sabe isso pelas cartas de mamãe. Tenho tempo pra te escrever desta vez porque cancelaram uma aula. Mas essas são coisas triviais: o essencial é que estou muito satisfeita e nem por um instante lamento ter vindo. Quando voltamos para casa, depois do trabalho, com a pá ou a enxada no ombro, e damos uma olhada no vale sabendo que esta terra é hebreia, que há trinta anos não era mais que um pântano horrível e que hoje é uma das regiões mais lindas e férteis do país, experimentamos uma sensação muito agradável. Mas quero ser sincera: este trabalho não tem somente uma face romântica. Quando arranco as ervas daninhas, ou limpo, ou lavo, ou espalho o adubo, devo confessar que

---

1 Conhecidos de Guiora na França, que o ajudaram no começo. A carta refere-se a uma discórdia entre os Gauchat e Guiora. (N. T.)
2 "Não se perde uma moeda gasta" é a tradução livre e literal da expressão em hebraico אסימון שתקוע איבואובך, que equivale em português à expressão "Vaso ruim não quebra". (N. T.)

poderia estar fazendo algo melhor. Talvez não esteja me expressando bem, pois agora vejo que esses trabalhos não são tão simples e exigem uma compreensão profissional. Com certeza tenho consciência de que são trabalhos de grande importância, mas, por outro lado... Guiora querido, você entenderá a que me refiro. Creio que eu poderia ser mais útil em outro trabalho. Escrevo isso seriamente e com toda a sinceridade, mas só de vez em quando penso nisso, pois compreendo que no começo serão só trabalhos mecânicos e que depois virão outros mais interessantes. Mas essas tarefas são boas, já que por seu intermédio é possível compreender a vida aqui tal como ela é e formar novos conceitos e valores. Do ponto de vista físico não tenho dificuldades e, creia-me, geralmente faço meu trabalho com gosto. Até agora aprendi muitíssimo e creio que as possibilidades de estudo continuarão aumentando. Já tenho muitas conhecidas e alguns conhecidos, e por isso também não fico nem entediada nem sozinha em meu tempo livre. Meu irmão e amigo querido, preciso terminar.

Mil beijos,
Anni

Nahalal, 26 de outubro de 1939.

Queridas companheiras![1]

Há muito tempo pretendo escrever-lhes, pois sei que estão esperando um sinal de vida meu e também estão interessadas nas novidades de Eretz Israel.
Tive dificuldade em escolher sobre o que escrever. Parece-me que vocês estão esperando um relatório mais abrangente e não necessariamente um relato de pormenores pessoais. Mas é muito difícil cumprir essa tarefa. Não somente porque um mês é um espaço de tempo muito curto, mas também porque em Eretz Israel não se deve generalizar. O povo, o modo de vida, os destinos, as re-

---

1 Carta escrita à juventude da WIZO em Budapeste. (N. T.)

giões, tudo é tão diverso que é difícil encontrar exemplos gerais. Devo ter muita sorte, pois até agora só encontrei pessoas agradáveis e muito simpáticas: tenho certeza de que não foi só o destino, pois escuto de todos os lados que os habitantes do país são hospitaleiros e gentis, mesmo para com estranhos. A primeira geração conserva as características de seu país de origem. A cultura e os costumes são diferentes, mas essas diferenças não causam nenhum tipo de antagonismo. A segunda geração já está completamente livre disso. Fico contente de contar-lhes que o que é dito pela nova e livre geração judaica não são palavras superficiais. Ao contrário: podemos sentir um ar de emancipação não somente nos sabras, mas também em todos os que viveram aqui por um longo tempo e se adaptaram ao ambiente do país. A maioria das pessoas vive aqui em condições mais difíceis do que as que tinham em seu país de origem e mesmo assim acredito que não são muitos os que estariam dispostos a voltar à sua vida anterior. Creio que estes que voltariam são, na maioria, os que vieram da Hungria e da Alemanha, mas obviamente também nesse caso não devemos generalizar.

    Sobre o modo de vida daqui e sobre os costumes das pessoas, vocês já estão a par. Ainda não conheci a vida de kibutz. Pelo que as meninas contam, é uma vida agradável e amistosa. Nahalal, por exemplo, é um moshav.[1] Dizem que nos moshavim as pessoas trabalham muito mais que nos kibutzim, apesar de que também lá o trabalho é pesado. Por outro lado, as vantagens da vida no moshav (pelo menos, aqui em Nahalal) são as casas agradáveis, com instalação elétrica e água encanada, a atividade agrícola intensiva e a sensação de que tudo isso pertence a nós que aqui trabalhamos. Aliás, essa sensação de "nossa propriedade" é vivenciada por quase todos no país. No kibutz, esse sentimento se torna mais abrangente quando pisamos em qualquer assentamento judaico no país. Nessas áreas, sentimos em especial que esta é nossa casa, nossa terra – ou que pelo menos será nossa. Obviamente, aqui se fala muito menos sobre isso do que se falava em Budapeste, nas reuniões da Organização Sionista Húngara, pois aqui isso é tão óbvio que não chega a ser assunto de conversa – e muito menos de discussão.

---

1   Moshav: vilarejo comunitário. (N. T.)

Quando penso nas experiências que tive neste último mês, tenho uma grande dificuldade de escolher sobre o que exatamente vou escrever. Teria sido maravilhoso se todas vocês pudessem ter desembarcado comigo no magnífico porto de Haifa e se maravilhado, como eu, com o local, tanto na parte nova da cidade como na antiga. Vocês ficariam maravilhadas, como eu, com as placas em hebraico nas lojas e nos ônibus. Embarcariam, como eu, num ônibus da Egged[1] e viajariam através do vale, entre as primitivas construções de madeira das aldeias árabes, ao lado de rebanhos de ovelhas, assentamentos judaicos modernos, enormes cactos e lindos pomares. E, finalmente, teriam chegado aqui em Nahalal. Agora preciso conduzi-las, através desta carta, pela escola. É claro que isso será difícil de fazer rapidamente, já que existem três prédios com dormitórios para os estudantes, refeitórios, salas de aula, bibliotecas e salas de leitura, e um sem-número de salas comunitárias. Então, mesmo que vocês estivessem aqui, levaria um bom tempo para mostrar-lhes tudo, já que teria que incluir no passeio os bosques, as hortas, o viveiro de plantas, o curral, a colmeia, os galinheiros, a leiteria, os campos e as construções que pertencem à casa principal, como a lavanderia e a maravilhosa cozinha. Como veem, não posso descrever tudo isso de maneira adequada em apenas uma carta.

Gostaria de relatar agora algumas coisas sobre a vida na instituição. Temos uma infinidade de coisas a fazer: seis horas de trabalho prático, três horas de teoria e lições. Não resta muito tempo livre, mas as horas livres após o trabalho são sempre agradáveis. (Não me interpretem mal; isso não quer dizer que o tempo que passamos estudando e trabalhando não seja agradável também.) O melhor período é a sexta-feira à noite. Começamos pelo "Oneg Shabat", com música e cantoria, e seguido por um delicioso jantar. Até as vinte e três horas o portão está aberto e podemos passar a noite como quisermos, mas sempre de maneira muito agradável. Do programa de sábado fazem parte a "Hora",[2] entre outras danças, assim como as músicas. Apesar disso, o humor

---

1 Egged, Sociedade Cooperativa de Transportes em Israel Ltda., é a maior empresa de ônibus de Israel e a segunda maior do mundo (depois da London Buses). (N. T.)
2 Dança folclórica israelita, dançada em roda. (N. T.)

não é dos melhores, já que as moças polacas e alemãs sofrem com a falta de notícias de suas famílias. É compreensível que os ânimos no geral estejam um pouco baixos.

Em uma noite assistimos a um filme aqui e recentemente fomos a um belo espetáculo do grupo Habima, o teatro nacional. Há também palestras que são realizadas no moshav. Então, como podem ver, a vida cultural aqui se manifesta de várias maneiras.

O esporte é representado por uma mesa de pingue-pongue, esporte que geralmente jogamos aos sábados. Então temos bastante "atividade física", se é que podemos classificar assim o nosso trabalho. Preferimos aproveitar nosso sábado para ler, descansar e caminhar.

Não fiquem desapontadas ou desiludidas com esta carta. Talvez vocês esperassem grandes palavras sobre a aventura da *aliá*, e, ao invés disso, lhes relatei as particularidades da vida, simplesmente como me vieram à mente. Essas são as circunstâncias exatas em que vivemos. A língua hebraica, os jornais, o rádio, nosso trabalho, nossos sábados – todas essas coisas nos conduzem aos objetivos para os quais nos propusemos. Por isso creio que tudo isso lhes interessará.

Cumprimento-as com um caloroso Shalom,
Anikó Senesh.

2 de novembro de 1939.

Há muito tempo não escrevo. Tenho muito trabalho. Por um lado é isso, mas há outros motivos. Creio que as novidades que noto ao meu redor me preocupam tanto, que não posso me dedicar às minhas coisas pessoais. Sobre minha vida, poderia escrever muito. Trabalho na lavanderia, um trabalho simples e, falando com franqueza, devo dizer que não tem grande valor do ponto de vista de aprendizado. Aprendi a lavar e passar. Aproveito bem as aulas, tanto em conteúdo como em idioma. Este mês está mais dedicado ao trabalho do que ao estudo profissional ou agrícola, e assim será durante todo o primeiro ano. Não me incomoda, mas às vezes penso que poderia aproveitar melhor o ano estudando coisas mais importantes. Continuei a escrever em húngaro, pois notei que não posso expressar exatamente tudo o que sinto. Mas, ao mesmo tempo, quero vencer essa dificuldade e continuar exclusivamente em hebraico. Preciso me acostumar. Os sábados são lindos. Já conheço algumas pessoas. Às vezes recebo visitas. Leio, jogo pingue-pongue, vou aos kibutzim ou lugares próximos, sempre há alguma novidade. Periodicamente recebo cartas da mamãe, somente na última semana não chegou nenhuma, mas hoje recebi um cartão em que ela escreve que está tudo bem por lá, que Guiora pode continuar seus estudos e outras coisas mais. Desnecessário dizer que me interesso pelos detalhes mais insignificantes.

Às vezes as companheiras me perguntam se sinto saudades de casa. Sempre respondo que não, e é verdade. Não sinto falta nem do ambiente em que vivi, nem das condições de vida que tinha em casa. Mas minha mãe e meu irmão me fazem muita falta. Se pelo menos eu pudesse ver meu irmão Guiora... Há tanto tempo não o vejo! Falei com mamãe há um mês, mas estamos tão afastadas uma da outra... Essa é a única dificuldade. A única? Sim, tenho certeza disso. O resto não significa nada em comparação a isso.

Amo este país, ou melhor, quero amá-lo, pois não o conheço o suficiente para poder dizer que impressão tenho dele. É claro que sinto, dia após dia, aqui na escola e em todos os lugares, a grande diferença que existe entre a diáspora e *Eretz Israel*: a liberdade, a humanidade. Ah, como ainda é difícil escrever sobre tudo!

Nahalal, novembro de 1939.

Mamãe, talvez você considere as cartas que te enviei até esta data um pouco superficiais. Sempre escrevo sobre meu trabalho, sobre o lugar onde morarei e sobre tudo o que meus olhos veem. Tenho certeza de que tua alma deseja e quer escutar de mim uma resposta para a pergunta que paira no ar.

Você se sacrificou ao consentir que eu viajasse. Eu também me sacrifiquei ao te abandonar. E você certamente anseia saber: valeu a pena? Talvez ainda não tenha condição de responder. Só mais tarde poderei dar uma resposta definitiva. Contudo, apesar do pouco tempo transcorrido, tentarei falar abertamente e te mostrar o que sinto neste momento. Minha resposta, mamãe querida, é: sim, definitivamente sim. Não posso negar que há momentos em que eu pagaria um preço elevado para estar contigo por apenas um instante. Se pelo menos eu pudesse sentir que você e Guiora estão perto de mim! Mas nesses momentos difíceis tento me convencer de que esses anos que estou longe de vocês são o preço que paguei pela minha viagem a Eretz Israel. Na minha imaginação, vejo como será bom quando estivermos juntos novamente. É claro que não é fácil viver sem vocês e isto é completamente natural. Eu sabia disso de antemão e levei isso em consideração. Mas creia-me, mamãe, além de nossa vida em casa, sinceramente não sinto saudades de nada. Com uma rapidez incrível me habituei ao ambiente, ao modo de vida e ao meu trabalho. Se não fosse pelo pouco tempo que estou aqui, me atreveria a afirmar que já aprendi a amar tudo isso. É claro que não se pode generalizar, já que só se pode amar a algumas pessoas e alguns trabalhos. E por isso ainda não tenho a resposta para a pergunta se valeu a pena. A resposta afirmativa eu recebo através de minha fé inquebrantável de que o caminho escolhido é o caminho. Creio, com absoluta convicção, que Eretz Israel é a única e verdadeira solução para mim e para todos. Valeu a pena vir, pois aqui adquiri a sensação maravilhosa de que sou um ser humano que possui igualdade de direitos e que vive em sua casa (este último é, nesse momento, só um sentimento). Valeu a pena vir para adquirir a segurança de percorrer as ruas sem pensar se quem vem ao meu encontro é judeu ou não. E que bom é não ter que pensar sobre cada pormenor, se cada coisa é ou não permitida aos judeus.

É claro que o argumento negativo, de que aqui não há antissemitismo, não basta. Dos fatos provém a resposta decisiva: aqui em Eretz Israel se vive uma vida judaica completamente nova e saudável. Poderia expressá-lo da seguinte maneira: os judeus na diáspora estavam tristes, porque não tinham nenhum motivo para estar alegres. Aqui, como em qualquer país saudável, estamos alegres e contentes porque não temos motivos para estar tristes.

7 de novembro de 1939.[1]

Meu querido Gyuri,

Sei que você sabe de mim através de mamãe, e não estou te escrevendo para te contar novidades, mas sim para te dizer que eu tenho pensado muito em você. Imagino o quanto você deve se sentir só. Antes, quando estava em casa, eu sabia o quanto era difícil para você estar sozinho num país estranho, mas agora eu entendo a tua situação. Acho que para mim é mais fácil, pois não estou em terra estranha. Mesmo assim, às vezes é difícil para mim, e então nesses momentos eu me lembro de você, Guiora, que, mesmo nunca tendo escrito e nunca tendo mencionado nada, certamente teve um ano difícil. E sei que esses meses agora também o são. Teus amigos também não estão contigo e, talvez até por outros motivos, tua vida tornou-se mais difícil. Aprendi, através da minha experiência, como é bom receber carta de casa, ou tua, e por isso não economizarei nesse quesito, mesmo porque minha situação financeira no momento é muito boa. Tenho aproximadamente cinco forints[2] (três recebi do Banco Nacional na Hungria e dois através de transferência bancária que mamãe conseguiu quase por milagre) e fora isso recebo mesada da escola, portanto agora minhas finanças estão ótimas. Existe uma boa possibilidade de transferir uma quantia maior no futuro, através da tia Edith. Naturalmente valorizo muito qualquer quantia que recebo e costumo economizar bastante, pois esse é o meio de concretizar nossos planos. Se você transferir dinheiro, por favor me avise para que eu saiba, agora você talvez possa fazê-lo pois recebi a bonificação. De novo, isso é importante não para mim, e sim para a tua chegada e a de mamãe, mas guarde também para você uma quantia que te seja suficiente. Veja, Guiora, mudei do assunto mais sentimental ao assunto mais material e prosaico. Eu preferiria não ter que escrever sobre coisas sentimentais nas cartas, e sim sentar contigo e conversar não um pouco, mas muito! E então, entre as várias coisas das quais falaríamos e discutiríamos estariam aquelas sobre as quais

---

1 Carta com trechos inéditos, nunca antes publicados. (N. T.)
2 Moeda húngara. (N. T.)

é tão difícil escrever – não somente porque não há palavras para descrevê-las, mas também porque somos tão estupidamente constrangidos para escrever sobre nossos sentimentos, mesmo para aqueles que nos são próximos e amados. Por exemplo, tenho vergonha de te escrever que estive chorando aqui, ao lado da máquina de escrever, e não sei dizer o porquê. Gostei do lugar, gosto de estar aqui, e não estou decepcionada com nada. Mas creio que você entenderá que algo me faz muita falta: mamãe e você. Até poderia dizer que agora você me faz mais falta que a mamãe, pois mamãe eu vi há dois meses, e você eu já não vejo há muito tempo. Apesar de terem sido lindos aqueles dias em Lyon,[1] foram muito curtos para satisfazer essa enorme distância.

Não fique zangado por eu ser tão egoísta, Guiora, a ponto de aliviar minha alma sobrecarregando o teu coração. E peço que você não pense que eu estou sempre assim desanimada. Foi só a tua "sorte" que justo nesse momento eu estava te escrevendo. Vou parar agora, pois temos aula. Talvez depois eu continue em outro tom.

A aula terminou e já jantei: a comida é boa, mas nada de novo. Depois, ouvimos um concerto na rádio de Jerusalém, a *Sinfonia inacabada*. Também agora estou ouvindo música agradável vindo da sala de rádio e quase não resisto à vontade de ir até lá escutar. Como você está com a música? Você tem oportunidades de escutar ou de tocar algo? Alugou um piano? Aqui temos um piano na escola, mas mesmo que eu quisesse não poderia tocar, pois não tenho partituras e creio que esqueci tudo. Contento-me em escutar rádio e ouvir os outros tocarem lindamente.

Preciso continuar escrevendo à mão, pois uma de minhas companheiras de quarto já está dormindo e não quero incomodá-la. Se eu decifro com alegria tua letra de mão, não há motivo para você também não se esforçar! Eu te mimei o suficiente com as cartas datilografadas.

Você tem recebido cartas de mamãe regularmente? A última que recebi, do dia 23, foi escrita no dia 19, e desde então apenas um postal do dia 21, assim

---

1 Katarina e Hannah visitaram Guiora em Lyon em abril, segundo a entrada do dia 22 de abril de 1939, no diário. (N. T.)

que não tenho muitas novidades desde então. A tia Eliz escreveu, ela é muito amável, e me contou, entre outras coisas, sobre o crescimento e a propagação do sionismo na família Sas e em Dombóvár em geral. Na opinião dela, isso é por minha causa, e na minha opinião, é por causa da época pela qual estamos passando agora. Nas festas, o tio Pishta arrecadou dinheiro para o Keren Kayemet, e na comunidade de Dombóvár eles o tomaram como exemplo. O que você me diz disso? Você acreditaria nisso há um ano?

Sobre a tua *aliá*, Guiora querido, imagino que ela será relevante apenas depois que você terminar os estudos. Quando isso acontecer, você virá com toda a certeza (se tua visão de mundo não mudar – e eu espero, com todas as minhas forças, que não mude). Talvez em outros lugares a vida seja mais fácil. Talvez aqui seja preciso fazer maiores esforços para a subsistência diária, mas você poderá aproveitar de tudo que conseguir como um homem livre. Às vezes, quando vejo como as pessoas têm dificuldade de se estabelecer aqui, penso que seria melhor se eu te convencesse a não vir. Mas acredito que, tendo um ofício, conhecimento da língua e estando em uma época um pouco mais tranquila, você não terá dificuldade em se ajeitar. Sei que tudo acima e também as considerações econômicas são muito importantes para você.

Escrevi para mamãe e te lembro também: um de meus conhecidos talvez te consiga o certificado, se você tiver um diploma como metalúrgico ou técnico na área médica. Como você certamente não conseguirá um diploma desses, acredito que seja melhor usar outro método ou encontrar outra solução, de preferência na área têxtil.

Imagino que você tenha muito o que fazer (assim como eu), mas me escreva se puder. Fiquei muito contente de receber tuas duas cartas e espero que você tenha recebido minha resposta.

Um milhão de beijos, com amor infinito,
Hannah

P.S.: Não ria de mim por causa desta carta.

22 de novembro de 1939.

Escrevo tão raramente que meu diário está muito longe de ser completo. E, na verdade, muitas coisas aconteceram não só ao meu redor, mas também dentro de mim. A Europa está tão longe agora, e só mamãe e Guiora ainda me ligam àquele continente. E o que me liga a Eretz Israel? Todos os meus planos, meus objetivos, tudo o que cultivei no fundo do meu coração no último ano – tudo isso ainda não tem fundamento sólido. Às vezes sinto que me equivoquei. Se nesses momentos tivesse me sentado para escrever, as letras estariam borradas (pelas lágrimas), por isso não costumo escrever nesses momentos. Eu lavo, varro, meu humor não me deixa escrever. Mas tudo isso dura só alguns minutos, ou no máximo um dia. Mesmo que possa ser apenas autossugestão, as semanas e os meses que passei aqui comprovam, apesar de tudo, que o caminho que escolhi estava certo, e não só porque estou aprendendo muito na escola. Não me passam despercebidos os defeitos da escola, e tenho certeza de que aprenderei com esses defeitos e, algum dia, ainda tirarei proveito deles. Para falar a verdade, não posso me imaginar servindo como "operária", no sentido completo da palavra. Quando reflito sobre o futuro, me vejo no sistema de ensino, ou algo parecido. Apesar de tudo, me sinto bem aqui. Quero persistir no estudo do hebraico. Até agora me adiantei bem...

Hannah (segunda fila, primeira a partir da esquerda) e amigos em Nahalal.

28 de novembro de 1939.

Minha querida e amada mãe,
Sinto muito por ter que te escrever sempre em inglês, não é fácil para mim, nem para você nem para o censor. Mas o que posso fazer? Por favor, imagine como eu escreveria lindamente isso tudo – e de maneira mais interessante – se eu pudesse escrever em húngaro e, portanto, consolar-me que minhas cartas são tão monótonas.

Recebi tua primeira carta. Levou quase duas semanas para chegar. Tua segunda carta chegou antes da primeira! Fico sempre muito feliz de receber notícias tuas e dessa vez estava duplamente contente, pois na carta você diz que teve notícias de Gyuri. Tenho certeza de que você agora está mais calma.

Aqui o trabalho continua. Essa semana há dois feriados – o que afeta muito a comida e os períodos de descanso. É claro que alguém tem que trabalhar, mesmo em Yom Kipur, pois as vacas e as galinhas não jejuam! Os que trabalham durante os feriados recebem folga depois. Até eu tive um dia de descanso essa semana, pois tive um dia de febre. Ninguém pareceu surpreso além de mim mesma, pois me disseram que isso é bastante comum com recém-chegados e é considerado parte da aclimatação. Como várias de nós tivemos essa febre, ficamos na enfermaria e tivemos excelentes cuidados médicos. Eu estou bem agora – a febre passou – e espero que não haja consequências para que eu possa continuar trabalhando. Um consolo: enquanto estava de cama, aprendi bastante hebraico. Sempre que possível eu falo somente em hebraico, e algumas das moças não sabem que falo alemão fluentemente.

Agora talvez eu deva escrever sobre as moças: antes de qualquer coisa, a Miriam. Ela é da Bulgária, tem vinte anos e também é uma sionista fervorosa. Ela chegou à escola alguns dias antes de mim, é muito inteligente e amável. Ela te manda lembranças, pois já te conhece de nossas conversas.

Miriam é muito magra e pequena e aparenta ser um pouco triste e assustada – e talvez ela realmente o seja agora, pelo menos até se adaptar a essa nova vida.

Outra moça é a Judith, dezenove anos, da Polônia, que está sempre rindo; uma moça muito bonita. Ela é como uma mãezinha para mim. Ela veio me visitar quando eu estava doente, ajudou-me quando eu cheguei, mostrou-me o lugar etc. Ela é realmente muito bacana.

Há outra Miriam. Seus pais são da Hungria e ela sabe um pouco de húngaro, apesar de ter nascido aqui. Seus pais moram num moshav e ela me convidou para passar os feriados com eles. Claro que não pude aceitar, pois ainda não tenho feriados.

Aqui há moças da Transilvânia, Alemanha, Tchecoslováquia, Polônia etc. Ah, sim, devo escrever sobre Hannah, a diretora da escola. Ela é uma mulher de meia-idade e, apesar de terem me contado que é severa, achei-a gentil nas várias ocasiões em que falei com ela. Talvez ela seja severa comigo no futuro, mas até agora não vejo nenhuma evidência disso.

Ontem tive visitas. Algumas moças vieram correndo me dizer que eu tinha visitas húngaras de Jerusalém. Fui correndo, pois pensei que talvez fosse o tio Mihály Fekete.[1] Mas não era. Havia vários rapazes e eles me trouxeram lembranças da Ilonka, de Haifa. Eles estão viajando pela Palestina e encontraram com Ilonka em Haifa, então ela deu a eles meu endereço, pois sabia que queriam visitar a escola.

Um grande número de pessoas vem visitar a escola, pois ela é bastante famosa. Então, com a ajuda de uma das moças, mostrei-lhes tudo por aqui, inclusive a fazenda. Eles gostaram de tudo e ficaram impressionados com a limpeza. A cozinha aqui em Nahalal é famosa em todo o país por sua limpeza imaculada e diz-se que não há outra igual no país. Tenho certeza de que as moças que lá trabalham não estão tão encantadas, já que certamente dá muito trabalho manter a cozinha tão limpa. Dizem que o trabalho na cozinha não é tão agradável e as moças geralmente não gostam de trabalhar lá.

Ah, mamãe, é tudo tão maravilhoso! Pedi um dia livre, pois soube que as moças novas recebem uma licença para conhecer um pouco o país. Hannah me deu quase uma semana inteira de licença! Será ótimo ir para Haifa,

---

[1] O professor Mihály Fekete não era realmente tio de Hannah, mas sim um amigo da família que a considerava como filha adotiva. (N. T.)

Natânia e outros lugares mais (isso é um pouco exagerado, já que não se pode fazer muita coisa em menos de uma semana). A escola é linda e tudo é ótimo, mas uma licença é ainda melhor.

Agora devo me preparar para ir, então preciso terminar aqui. Te mando mil beijos e estou esperando ansiosa por notícias tuas.

Nahalal, 29 de novembro de 1939.[1]

Minha querida mamãe,

Hoje, dia 29 de novembro de 1939, às quatro e meia, voltei ao quarto da aula de botânica com a intenção declarada de te escrever imediatamente uma carta. Porém, quando subi, percebi como o céu estava lindo. Nunca vi um pôr do sol tão bonito, as nuvens envoltas por uma cor alaranjada e dourada sobre as montanhas cobertas de azul-escuro, e somados a isso as palmeiras e os pomares de frutas cítricas. Uma paisagem tão israeli que é preciso ver para crer. Isso durou apenas alguns instantes: as cores desbotaram com uma rapidez incompreensível, e agora, meia hora após o pôr do sol, já está completamente escuro. No lugar da mancha alaranjada restou apenas um fio de prata. Após esse deleite, comi um grapefruit e ainda escrevi um pouco no diário, assim que quando comecei a escrever a carta já eram cinco da tarde.

Não tenho escrito sobre meu trabalho recentemente. Não pude fazê-lo, pois ele variava diariamente. Trabalharei durante duas semanas no refeitório. Antes de tudo, preciso dizer que esse trabalho não tem nenhuma relação com a agricultura: são turnos que todos devem cumprir até podermos trabalhar com agricultura. Voltando ao assunto, às sete e meia termino o café da manhã, visto o avental, coloco o lenço na cabeça e me acoplo ao carrinho. Isto é, ao carrinho de servir (que obviamente tem rodinhas). Recolho as xícaras e os talheres das nove mesas do re-

---

1 Carta com trechos inéditos, publicados pela primeira vez. (N. T.)

feitório, depois recolho os pratos e a louça de servir e entrego tudo às moças encarregadas de lavá-los. Às oito, as mesas já estão livres, mas não estão limpas. Então pego um balde com água quente e sabão, um pano e outros utensílios cujo nome em húngaro eu ignoro, e começo a limpar o linóleo que cobre as mesas. Nos primeiros três dias lavei de maneira muito metódica, de três em três mesas, de cima para baixo, junto com as cadeiras acopladas. Então, às nove horas, eu começava, após suspiros, a lavar o chão. No primeiro dia não consegui lavar, o chão todo ficou cheio de manchas, poças de água e sinais de sujeira, mas no segundo dia já me orientaram e no terceiro dia eu já estava treinada e já conhecia todas as emoções norteadoras do trabalho de lavar o chão. Por exemplo, as pessoas que querem passar sobre o chão de pedra logo depois que eu o lavei, quando o pano de chão não está completamente seco e eu o torço ainda mais, mas quando finalmente um lado está seco e o outro lado na água. É igualmente desagradável ver a água limpa sujar-se logo depois de eu afundar o pano de chão, independentemente de quanto eu o tenha limpado e sacudido. Em alguns dias tive oportunidade de conhecer esses prazeres, e também a sensação agradável que se experimenta ao contemplar o refeitório limpo e reluzente e saber que fizemos isso com nossas próprias mãos. Infelizmente essa alegria dura pouco, e quase não compensa o nervosismo de uma hora e meia. Acho que – apesar de toda essa beleza de trabalho – não escolherei lavagem de chão como profissão. Como uso um avental azul e lenço vermelho para fazer esse trabalho, às onze horas visto roupa branca e começo meu trabalho de atendente no refeitório. Arrumo as mesas para noventa pessoas, um ou dois pratos para cada um, garfo, faca, colher e colherinha, guardanapos, sal, colher de sopa, tigela para coletar o lixo – uma para cada mesa – e até o meio-dia devo terminar tudo e colocar pão e sopa nas mesas. E então chega o momento da verdade. Acompanhada pelos sons de júbilo da multidão reunida do lado de fora, toco a sineta. Eles disparam refeitório adentro e basta-lhes meia hora para sujar, bagunçar e destruir tudo o que preparei durante o dia. Durante essa meia hora eu continuo servindo as mesas e finalmente me sento para comer em meio às ruínas. Depois do almoço, noto com dor no coração que não sobrou nada para eu comer nas travessas em que o conteúdo parecia mais apetitoso. Ao meio-dia e meia começo a tirar a louça das mesas e a levo para ser lavada nas pias. Mais uma vez, eu limpo as mesas e começo o "extermínio": com a ajuda do "Flit",[1] liquido as moscas do refeitório. Quando vejo que todas jazem sem movimento no chão (sabe-se que não participaram no curso de defesa antiaérea) guardo a arma exterminadora. Alguns minutos depois, coloco nas mesas as xícaras para o chá, colherinhas para a geleia e, com o resto de minhas forças, corto o pão. Isso é feito com uma máquina especial que parece aquelas de fatiar salame, com a exceção de que eu corto fatias mais grossas, umas duzentas fatias por vez. Isso não é fácil, não importa quão adorável é a máquina nem quão gostoso é o pão. Hoje também aprendi a técnica desse trabalho e ela me facilita bastante a vida. Em geral, não é suficiente que alguém mostre como fazer o trabalho: o importante é que cada um saiba adquirir experiência em todas as funções. Até que eu termine todos esses afazeres, já terminou a minha jornada de seis horas diárias de trabalho, e já são quase duas e meia. Regresso à nossa casa nova e linda, tiro as roupas de trabalho e os sapatos, tomo banho, me visto e adquiro um aspecto completamente diferente dos pés à cabeça. Ou seja, volto a ter a aparência que vocês conhecem. Mas isso também não é exato. Esse novo visual depende do clima. Aqui, as roupas convencionais para moças e rapazes são botas, calça e casaco de couro. Às vezes, confesso, é uma visão bastante divertida: mulheres velhas e gordas vestidas com training e botas. É claro que esse visual se adapta muito bem às jovens esbeltas, e os homens vestidos assim me lembram fotografias de camponeses húngaros.

Você está vendo, mamãe, assim são as cartas detalhadas, ainda não a terminei e já preciso ir para a aula das seis e meia. Mas não faz mal, hoje estou com vontade de escrever e não vou economizar no tempo.

A aula terminou. As palavras em húngaro não me vêm mais de maneira natural. Nosso professor, Bashanov, um homem careca, magro e

---

1 Marca de inseticida. (N. T.)

alto de uns trinta, quarenta anos, ensina botânica de um jeito duvidoso (hoje tivemos três aulas de botânica, pois Bashanov tem que vir de Haifa até aqui, e por isso ele aproveita e condensa toda a matéria em dois dias). Geralmente não há necessidade de se preparar para as aulas dele, mas em breve teremos uma prova muito importante e precisarei estudar um pouco mais seriamente. As aulas mais interessantes são aquelas em que temos que trabalhar com o microscópio. Examinamos diferentes lâminas em trios. Depois da aula teve o jantar, seguido de uma curta reunião sobre um movimento novo da juventude da WIZO. Queremos criar um contato com os grupos de Tel Aviv e de Haifa. Há pouco tempo esteve aqui uma mulher da WIZO para impulsionar o processo e pedir cartas para o jornal da WIZO. Eu também escrevi uma carta, que será enviada a Londres. Não sei se ela será publicada, e, mesmo se for, será apenas daqui a um ou dois meses.

Vejo, mamãe, que a família Fekete cumprirá comigo o papel que a família Gauchat cumpriu com Guiora. Você pergunta sobre eles em todas as cartas. Acho que você já recebeu a resposta que queria, e você sabe que o contato não perdurou. Sinto não poder viajar para a casa deles agora, pois estou planejando uma viagem a Haifa. Ai, meu Deus, como o tempo passa! Já estamos em Chanuká, é dezembro, quase impossível de se compreender.

Ontem terminei de ler meu primeiro livro em hebraico. Quando estava chegando ao fim, já estava lendo com facilidade, graças também às horas de espera na fila do dentista. A fila lá é realmente longa, muitas pessoas o esperam e o atendimento dura a tarde toda.

O fato de que os Fridman não tenham conseguido para Guiora um certificado na profissão dele não quer dizer que é uma profissão sem valor, e sim que os Fridman não têm contatos nesse ramo.

Mamãe, estou muito contente que você se juntou de maneira ativa à WIZO e ao movimento sionista e que o sionismo já não é estranho para você.

Puxa, todas as cartas que não tenho tempo de escrever me pesam tanto, para a escola, para a tia Rózsi, para a tia Judit,[1] para a tia Alice,[2] aos rapazes (Vadász,[3] Csanádi,[4] Munk[5]), para Lucy,[6] tantas cartas que não vale a pena começar a enumerá-las. Talvez para o diretor da escola eu me sente e escreva. A carta para a Makkabea já está pronta. Não quis enviá-la antes pois estava desatualizada, portanto comecei uma nova carta. Por enquanto a primeira carta foi enviada, a segunda não ficou boa, e desde que ouvi sobre as apresentações públicas[7] de minhas cartas, prefiro precaver-me com cada uma das palavras. É claro que não me envergonharei, vocês terão que aceitar as coisas como elas são.

Acho que minha carta chegará na semana de Chanuká, e este é o único presente que posso enviar a vocês nessa festa (aliás, ouvi dizer que isso não é um costume judaico).

Um milhão de beijos a você, mamãe querida, ao Guiora e à Vitz,
Hannah.

16 de dezembro de 1939.

Hoje já trabalho na leiteria. Fiquei muito contente, pois queria mesmo trabalhar nessa área. Nas primeiras três semanas me ocuparei somente dos trabalhos de limpeza, mas isso também é bom.

---

1 Judit Kiss, grande amiga de Katarina, que a salvou em 1944, quando Katarina fugiu da fila durante a marcha da morte para Auschwitz e voltou a Budapeste. (N. T.)
2 Irmã de Katarina. (N. T.)
3 Miklós Vadász, amigo de Katarina. (N. T.)
4 Gyorgy Csanádi; Hannah o conheceu numa festa na casa de Lucy Lindner, conforme entrada no diário do dia 21 de fevereiro de 1937 (entrada esta nunca traduzida, não consta em nenhum dos livros). Ele era frequentemente lembrado nas cartas que Katarina escrevia a Hannah. (N. T.)
5 Péter Munk, amigo de Katarina. (N. T.)
6 Lucy Lindner, colega de classe de Hannah na escola Baár-Madas. (N. T.)
7 Katarina lia as cartas de Hannah nos encontros da WIZO. (N. T.)

O que me aconteceu nesse longo intervalo em que fiquei sem escrever? Houve a festa de Chanuká – minha primeira em Eretz Israel. No feriado estive em Haifa, na casa da família Krausz. Passei dois dias agradáveis lá. Fui também a festas, dancei e cantei bastante. Vivi dias de cidade e cheguei à conclusão de que não será difícil renunciar a essa vida. Sinto-me muito bem na aldeia, em Nahalal e também na escola.

De mamãe e de meu irmão recebi cartas; ambos estão com saúde. Eu também escrevo muito a eles, mas isso me toma muito tempo e estou muito atarefada no trabalho, nas lições, em várias coisas.

Já que escrevo um diário e é apropriado escrever sobre rapazes num diário, me referirei brevemente a esse tema. Mickey e Beni me escreveram da Hungria, ambos pedindo minha mão em casamento. Engraçado, eles escrevem como se fosse algo muito sério. Respondi para eles. Em nenhum segundo tive que pensar na resposta, mas na verdade é compreensível, já que eles não me interessam. Também aqui no país já tenho conhecidos. Em Nahalal, às vezes, os rapazes vêm à noite para passear, conversar um pouco. No princípio eu ia com prazer, mas logo vi que não valia a pena... Veremos. No feriado não apenas cantei e dancei, vi um pouco da vida de Eretz Israel, as dificuldades e os defeitos do país. Mas também me encontrei com gente interessante, os primeiros chalutzim, que já vivem aqui há muito tempo. Mas as palavras ainda me faltam para poder escrever sobre tudo isso. Falta-me a facilidade de expressão, fora a falta de tempo. Dentro de alguns minutos iremos ao "Oneg Shabat" e devo terminar.

1940

2 de janeiro de 1940.

Sentei-me novamente para escrever, só para anotar a data nova em meu diário. É estranho a rapidez com que os dias passam. E apesar de que não se festeja esta data (o Ano-Novo do calendário gregoriano) aqui em Eretz Israel, continuarei com meu velho costume. Não me prejudicará fazer um pequeno exame de consciência. O último ano – 1939 – trouxe muitas mudanças não só no grande mundo, mas também em meu pequeno mundo pessoal. Tensão contínua, emoção e medo são as características do ano que passou. A guerra estourou no outono. Os distúrbios de Eretz Israel e a tensão em torno do Congresso Sionista me cativaram mais que o rebuliço sobre a legislação judaica e as crises na política interna da Hungria. Parece que me tornei sionista não somente por minhas inclinações naturais, mas também por causa do turbilhão que acontece fora do país.

Desnecessário mencionar que minha *aliá* determinou mudanças radicais em minha vida. Foi um ano muito difícil, cheio de tensão nervosa e de extrema batalha interior. Acabou um período de minha vida e começou uma página nova. Em resumo, devo confessar que foi um ano bendito, no qual comecei a sentir e entender muitas coisas que foram incompreensíveis para mim durante anos.

O que espero de 1940? De minha parte, quero trabalhar, estudar, adiantar meus conhecimentos de hebraico e se possível conhecer mais a fundo as pessoas que vivem no país. E se Deus me amar muito, talvez eu consiga arranjar um encontro, aqui em Eretz Israel, com Guiora e talvez também com mamãe.

E à nossa pátria – tomara que este ano traga progresso e redenção. Ela precisa muito de ambos. Sei que no "grande mundo" o próximo ano será mais agitado do que esse que passou.

Nahalal, 10 de janeiro de 1940.[1]

Minha querida mamãe,
Planejei te escrever uma longa carta, mas agora eu mal consigo juntar algumas linhas, não por causa de minhas poucas ocupações, mas porque à

---

1 O final desta carta foi extraviado. (N. T.)

noite tenho com frequência me divertido loucamente. Ontem, por exemplo, fui com uma de minhas amigas a um moshav para ouvir rádio e hoje à noite estou convidada a um baile modesto. Não é um evento com muitas pessoas, apenas algumas. Um pouco de tagarelice, algumas laranjas e um prazo muito limitado, pois preciso voltar para casa antes das dez. As horas livres após o almoço estão tão cheias que eu não consigo achar tempo para escrever cartas.

Meu trabalho é, na verdade, encantador. Para lavar as vacas, visto calça comprida, avental e galochas. Às vezes penso que minhas colegas de classe torceriam o nariz se tivessem que trabalhar no que, para mim, já é tão natural. Se uma vaca empaca e não quer se levantar nem mover as patas, não obedece a meu pedido apesar da sacudida ou do pontapé, aproveito a oportunidade de que os que andam pelas redondezas não entendem húngaro e desejo à vaca tudo quanto não posso expressar em hebraico, pois ainda não aprendi a xingar (Guiora certamente começou a estudar hebraico pelos xingamentos, da mesma maneira que fez nos outros idiomas que aprendeu). Por sorte, nem as vacas entendem húngaro e, portanto, há entre nós uma relação sempre amistosa. Hoje me aconteceu um pequeno incidente durante o trabalho. Quando comecei a limpar o curral dos bezerros e estava prestes a tirá-los de lá, abri a grade na maior inocência e tentei direcioná-los para a saída. Logo entendi que essa tarefa é realizada por duas pessoas para que os bezerros não fujam, pois num piscar de olhos os cinco bezerros começaram a correr como loucos de um lado para o outro. Eu e minha companheira de quarto (que também trabalha aqui) corremos atrás deles durante uns dez minutos, até que por fim conseguimos reuni-los e levá-los ao lugar designado. Suamos em bicas, mas no final das contas foi divertido. Muito pior foi termos que mover o carrinho de esterco. É um método brilhante. Tiramos o esterco dos três currais e o levamos diretamente à pilha dos fertilizantes. Tudo é automático: os trilhos, o interruptor, a descarga dos carrinhos, mas ainda assim há bastante trabalho manual. Enfim, quando nos aproximamos da pilha, atolei de tal maneira no esterco, que só consegui arrancar as galochas de lá com enorme esforço.[1]

---

1 Hannah fez um desenho inspirado no incidente. Está no final da carta. (N. T.)

Temos três currais, construídos com cimento. No pequeno há cinco vacas, nos dois grandes há vacas e bezerros. No total, há mais de setenta cabeças de gado. Parte das paredes é de ardósia e em toda parte há canais de drenagem, tubos para ferver líquidos e bebedouros automáticos. Por isso, é relativamente fácil manter a limpeza e o curral é quase tão limpo quanto o refeitório. Lavamos as vacas diariamente e limpamos os compartimentos antes de trocar a ração, de modo que não fica nenhum rastro sobre o piso. Fora isso, a cada dois dias lavamos os bebedouros com escova. As paredes e os pisos, lavamos todos os dias. Em todos os lugares há torneiras, mangueiras estão instaladas nas paredes, um equipamento muito moderno e higiênico. É claro que somente numa escola pode-se chegar a esse grau de higiene, pois no dia a dia frequentemente temos que renunciar a muitos desses estágios, mas quem se acostuma a esse nível de limpeza mais tarde tratará de alcançá-lo.

O tempo todo sou forçada a parar de escrever. Agora por exemplo tivemos uma aula de hebraico muito agradável, e na saída depois dela recebi tua carta do dia 26. Fiquei muito contente, como sempre fico quando recebo carta tua. Sinto muito que minhas cartas te compliquem, mamãe, mas não temo que você falhe na tarefa de que te incumbi. Já aprendi que você sempre fala que não pode fazer, e, no final, faz tudo da melhor maneira. A respeito do pedido da WIZO, verifiquei o assunto: será muito difícil.[1]

Cenários de Eretz Israel quase não há aqui, é o que me dizem a professora de hebraico e outro professor que mora num moshav e é especialista no assunto. Ontem à noite visitei-o (antes do baile), e ele me deu algumas histórias que, na sua opinião, são fáceis de adaptar para o teatro. Eu preciso lê-las, mas não sei quando terei tempo para isso, quanto mais escrevê-las e enviá-las. Talvez valha

---

1 Pediram a Katarina para editar uma reportagem com as cartas de Hannah e Bandi Kahan, num arquivo publicado pela WIZO chamado "Palesztina asszony szemmel" ("Palestina aos olhos das mulheres", publicado pela WIZO, Budapeste, 1944). Porém a reportagem aparece assinada pela esposa de Laszlo Landsman, com o título "O que nossos filhos escrevem da Palestina?" (pp. 47-53). Na reportagem há diversas citações de cartas de Hannah. A abertura do arquivo é de Gisela Kahan. (N. T.)

mais a pena pesquisar em outras direções. Há principalmente contos históricos, e tenho a impressão de que eles não serão interessantes para vocês.

É tão estranho o que você escreveu sobre a noite de Natal, mamãe... Nós nunca prestamos atenção, nunca pensamos nisso, e, rememorando, parece realmente ridículo que essa festa tenha tido algum significado para nós. Todo o significado dessa festa é estranho, mas cada um tem sua própria dificuldade de se desligar dos costumes à sua volta.

Talvez na semana que vem eu continue o trabalho na leiteria e continue também os estudos mais técnicos. Se isso acontecer, não esperem receber cartas longas: estarei muito ocupada, pois o trabalho lá é mais desafiador e mais traiçoeiro do que em outros lugares.

Hoje realizei um feito impressionante no âmbito da fotografia. Algumas moças que gostaram de minhas fotografias de Nahalal compraram filme e pediram que eu as fotografasse. Todas as fotografias saíram excelentes. Agora todas querem que as fotografe, como se eu tivesse sido eleita a fotógrafa da região. Eu aceito com prazer, contanto que elas comprem o filme. Por outro lado, vai ser difícil enviar fotografias minhas. Posso enviar agora as fotografias antigas de Natânia.[1] Fiquem com elas, não é preciso enviá-las de volta.

Anexei a esta carta uma flor, não somente para que você veja que a primavera já chegou aqui, mas também para estar no lugar daquela flor que eu colocaria no túmulo do papai nesta época do ano se eu estivesse aí. No dia 18 deste mês[2] estarei pensando em você, mamãe, ainda mais que o normal, se é que isso é possível.

A respeito das provas de Guiora, não me admira que nessas condições ele não tenha conseguido se preparar como fazia antigamente, mas ainda espero que a situação não seja tão perigosa quanto sou levada a crer. Mil beijos a ele também. Espero que ele tenha recebido a minha última carta.

Infinitos beijos,
Hannah.

---

1   Cidade de Israel. (N. T.)
2   Dia do aniversário do pai de Hannah. Bela Senesh nasceu em 18 de janeiro de 1894. (N. T.)

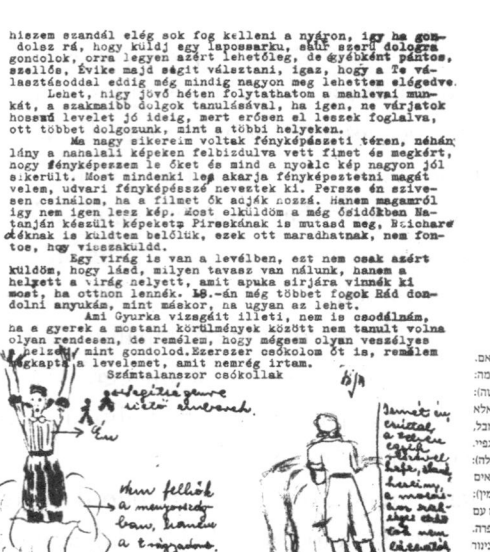

Desenho que foi enviado junto com a carta para a mãe
em que Hannah descreve o incidente.

Hannah em Nahalal, 1940.

16 de janeiro de 1940.

O que escrever? Sinto-me muito bem, gosto do meu trabalho com as vacas, essa vida simples e tranquila, meus amigos, meus estudos e observo tudo o que me rodeia com grande interesse. Mas escrever? Sobre o que escrever? Escrevo para casa sobre meu trabalho e minha vida cotidiana, e os pensamentos são bem poucos. Sinto como se esse período fosse apenas para absorver impressões: ver, sentir, escrever; depois talvez chegue a época em que eu possa deliberar e inclusive escrever sobre todas as coisas.

Por ora, até o idioma me falta. Húngaro? Não mais. Hebraico? Ainda não. Lerei. Não tenho tempo para dedicar ao meu diário.

Nahalal, 20 de janeiro de 1940.[1]

Minha querida e amada mãe,
Por um motivo triste não tivemos aula depois do meio-dia. Faleceu a esposa de um de nossos professores, antigo habitante de Nahalal – era uma mulher muito respeitável e uma pessoa de destaque. Morreu ontem e hoje foi o enterro. Toda a aldeia participou, inclusive a escola. A forma do enterro é diferente da europeia. As pessoas vão ao lugar do sepultamento com suas roupas de trabalho. Os homens, em sua maioria, com a cabeça coberta. O cortejo fúnebre passou por toda a aldeia até o distante cemitério. No discurso fúnebre, pronunciado em hebraico, pareciam haver-se apagado os limites que uma vez dividiram a reza e a oração fúnebre. Parece-me que o rabino também pronunciou algumas palavras de despedida. Não pude vê-lo por causa da multidão. De pé, junto aos túmulos, lembrei do dia 18 de janeiro do ano anterior, aniversário de papai, quando estive, talvez na mesma hora, em seu túmulo. E quem sabe dessa vez, naquele mesmo instante, você estivesse lá, mamãe. Foi muito doloroso pensar que nem eu nem Guiora estivemos ao teu lado.

---

1 Carta com trechos inéditos, publicados pela primeira vez. (N. T.)

Sobre o futuro de Guiora, sabe-se que, hoje em dia, quem tem uma profissão tem muitas oportunidades. Há uma fábrica de seda no país, mas pouco sei sobre o assunto, já escrevi sobre isso a vocês, mas não tenho nenhuma informação mais exata, pois não me encontro com pessoas conhecedoras dessa área. E mesmo assim em qualquer oportunidade eu pergunto, lembro, e não há necessidade de dizer que não me esqueço de cuidar desse assunto. Se Guiora adquirir experiência no exterior alguns meses antes de chegar aqui, também é uma possibilidade. Não faz diferença se ele chegar no verão ou em qualquer outra época, mas, por motivos egoístas, eu não adiaria a viagem dele para além disso. Essa certamente é uma decisão de Guiora e acredito que ele ainda esteja determinado a vir para Eretz Israel e que os planos se concretizarão.

Quero esclarecer de maneira geral a situação de minha correspondência e a minha rotina. Preciso dizer, mamãe, que se eu não escrevo não é porque não tenho nenhum minuto livre. Tua preocupação de que me é impossível aguentar a pressão é infundada. As duas ou três horas livres que tenho diariamente são preenchidas com estudos, leitura, passeios, música, conversas, reuniões de diferentes comissões, lavagem à mão de roupa delicada, limpeza dos sapatos (uma vez por semana), costura e mais mil e uma coisas que seria impossível pôr por escrito. Só você tem o direito de ficar ofendida se não escrevo, e mais ninguém. O que quero dizer é que se por acaso eu deixasse de fazer uma das coisas que mencionei, teria tempo para escrever. Muitas vezes simplesmente não tenho ânimo para escrever cartas. Sou obrigada a protestar sobre tua alegação de que eu não tenho tempo para fazer nada. Faço outras coisas além de escrever cartas.

Está fazendo dez graus aí? Não consigo imaginar. Estou sentada na varanda, de roupas leves, apesar de que, em meia hora, assim que o sol se puser, esfriará outra vez e eu vestirei meu moletom. Para os padrões locais pode-se dizer que estou vestida de forma elegante e arrumada. Meu cabelo já esteve bem melhor, mas isso é culpa do meu pente, que está totalmente banguela. Já minhas mãos realmente não são mais o que eram. A cada tarefa eu ganho uma nova marca, e quando uma desaparece outra já a substitui. As mãos sempre delatam o trabalho pesado, mas isso não é uma vergonha: muito pelo contrário. Minhas unhas são limpas de tempos em tempos, pois o trabalho na leiteria exige isso.

17 de fevereiro de 1940.

Há alguns dias meu olhar se deteve em duas coisas: num postal de Budapeste que Évi me enviou sobre uma festa na casa de uma amiga e, quase sem perceber, em minhas mãos calejadas pelo trabalho. Por um momento me perguntei: não terá sido um romantismo bobo, contrário ao meu instinto, que me levou a abandonar uma vida fácil e escolher uma vida de trabalho árduo, de operária? Mas após um instante meu pensamento se desanuviou. Tenho certeza de que não poderia viver aquela vida que vivia na diáspora, ainda mais agora que descobri que aqui, em Eretz Israel, é definitivamente meu lugar. A pergunta é se escolhi o melhor caminho. Creio que sim. Creio que não serei uma simples trabalhadora. Tenho vontade de procurar as possibilidades de fazer o bem, de crescer, de ajudar, e espero que tenha capacidade para isso. Um pequeno fato me inspira: ontem foi inaugurada nossa sala de leitura. Eu organizei tudo. E que gratificante foi ver como de repente as companheiras se encheram de vontade de trabalhar, de criar, e como a atividade foi um sucesso. Justamente aqui neste país, creio ser importante oferecer o possível às pessoas na esfera espiritual e principalmente levantar seu estado de ânimo, pois quase todos têm problemas e dificuldades. É difícil escrever sobre isso em hebraico. E é difícil em geral escrever sobre coisas que ainda não estão claras para mim.

28 de fevereiro de 1940.[1]

Minha querida e amada mãe,
Até que minha carta chegue a você, já será Purim. Mandei para Guiora um pequeno marcador de livro, e queria te surpreender também com algum presente bonito, preparar algo para te enviar e tentar assim encurtar um pouco a nossa distância.

---

1   Publicada na íntegra pela primeira vez. (N. T.)

Longe. Hoje já é impossível usar palavras que perderam toda a sua força. As palavras adquiriram hoje em dia um sentido completamente diferente e por isso devemos ter muito cuidado ao usar a palavra "longe". Por acaso hoje não estão separadas por mundos as pessoas que vivem umas junto das outras e, ao mesmo tempo, não se unem com sentimentos fraternais homens separados por oceanos? Talvez os quilômetros e as fronteiras que nos separam sejam um sério obstáculo, mas a cada vez que observo no espelho meus cabelos despenteados, sinto teu olhar de reprovação. Quando conheço alguma pessoa nova, penso em seguida: O que mamãe teria dito? Quando faço algo bom, tenho certeza de que você aprova. Sinto que nossos pensamentos se encontram em algum lugar no meio do mar. Sei que esse fio invisível que nos une é forte e flexível, e também sei que é desnecessário escrever sobre tudo isso, pois de todas as maneiras você já sabe. Depois de tudo isso, seria possível pensar que estamos longe uma da outra?

O que envio por ocasião de Purim? Apenas estas linhas. E um pedido ao Criador, do fundo do coração, para que chegue logo o momento em que palavras e cartas sejam desnecessárias, pois nós três estaremos juntos, perto um do outro.

Te envio beijos com amor infinito,
Anni.

P.S.: Hoje Ilonka veio me visitar com a família. Amável da parte deles, não? Contei a eles que te convidei para vir visitar-me. Eles gostaram da ideia.

Sobre mim te contarei em outra ocasião: o importante é que está tudo bem.

Nesse meio-tempo chegaram tuas cartas. Entre outras coisas, você escreveu sobre a distância entre nós, e então eu percebi até que ponto nossos pensamentos se parecem.

6 de março de 1940.

O que escrever? Tantas coisas estão acontecendo no mundo que é difícil explicá-las. Recentemente, as leis rigorosas decretadas pelo Livro Branco[1] britânico foram intensificadas. Há grande amargura e oposição na colônia.[2] Houve manifestações nas cidades, vítimas, toque de recolher. A situação é desesperadora. A multidão decepcionada exige a oposição não apenas ao mandato britânico, como também aos líderes da colônia. Eu não sei se o motivo é o amor pelo país e pelo povo, ou o horror por todas as guerras, mas condeno essa postura. Ela levará ao derramamento desproposital de sangue e não trará o benefício esperado. Na minha opinião, é preciso começar imediatamente a construir os assentamentos em dimensões muito maiores. Quando toda essa área (de regiões permitidas) estiver em nossas mãos, e se a política britânica não mudar nesse meio-tempo, então, se ainda precisarmos lutar, poderemos fazê-lo com armas.

---

1   O Livro Branco é um texto publicado pelo governo britânico de Neville Chamberlain em 17 de maio de 1939, que determinava o futuro imediato do Mandato Britânico da Palestina até que se tornasse efetiva a sua independência. O texto recusava a ideia de dividir o Mandato em dois Estados, favorecendo uma só Palestina independente governada em comum por árabes e judeus, sendo os primeiros a maioria demográfica. O Livro Branco ocupava-se de três questões fundamentais: 1) O futuro político do Mandato: o governo britânico associaria gradualmente árabes e judeus ao governo, com a intenção de que em dez anos se pudesse criar um Estado independente da Palestina, no qual se garantiria que os interesses essenciais de cada uma das duas comunidades estivessem salvaguardados; 2) A imigração: a imigração judaica para a Palestina ficaria limitada a um máximo global de setenta e cinco mil pessoas nos cinco anos seguintes, de modo que a população judaica atingisse um terço da população total. Depois do período de cinco anos, não se permitiria mais imigração judaica a menos que os árabes da Palestina estivessem dispostos a aceitá-la; 3) As terras: seriam proibidas ou restringidas as compras de novas terras por judeus, como consequência do crescimento natural da população árabe e da manutenção do nível de vida dos agricultores árabes, respectivamente. (N. T.)
2   "A colônia": assim eram conhecidos os judeus em Eretz Israel na época do Mandato Britânico. (N. T.)

Mas confrontos sangrentos – ou, mais exatamente, as lutas nas cidades só para mostrar ao "mundo" nosso protesto – são um desperdício de sangue e de vidas e não faz nenhum sentido. Isso é o que me diz meu bom-senso. Mas a maioria julga e vê as coisas de maneira diferente, e é possível que eles estejam certos.

Para mim também está claro que os únicos meios que têm influência no mundo hoje em dia são as manifestações nacionais, a força, as armas. Mas esses meios ainda não estão ao nosso alcance. É apenas no caso de um amargo desespero que devemos usá-los como reforços de nossa fraqueza e de nosso número escasso. Seria tão bom se eu pudesse acreditar e não tatear no escuro sobre tudo o que se refere ao futuro de nosso povo. Eu faria uma prece do fundo do meu coração: "Meu Deus, ajude o Seu povo, o nosso povo!". Talvez minha fé seja profunda. Não a fé em Deus, mas a fé no povo, na missão e no futuro de nossa pátria. Ou talvez essas sejam palavras que se perdem no barulho dos canhões? Quem responderá a essa pergunta? Sinto-me muito sozinha. Às vezes sinto como se conversasse em meus sonhos sobre assuntos muito importantes. É como se eu estivesse tomando decisões sobre minha vida e meu destino e não entendesse de que se trata.

25 de março de 1940. (escrito em húngaro)

Há dois meses trabalho na cozinha e há duas semanas cozinho. Sobre o trabalho não tenho tempo de escrever nem é importante, agora que o relógio marca quatro e meia da madrugada. O que interessa mais é como eu me comporto durante as horas de trabalho. Não sou nada rápida, ou melhor: sou muito lenta. Simplesmente, me surpreende. Sei que em outro tipo de trabalho não me consideraria preguiçosa, e o importante é que nunca considero pensar que me falta inteligência. Talvez seja culpa do trabalho na cozinha. Durante essas semanas frequentemente me surpreendi ao ver como trabalho sem pensar e sem destreza. Surge todo tipo de ideias que ocupam minha mente. Talvez seja um erro não ter considerado minhas qualidades e escolhido um tipo de trabalho que aparentemente não satisfaz ao meu jeito de ser: um trabalho em que não sou bem aproveitada. Mamãe bem que me avisou. No entanto, creio que esse trabalho é muito útil para se habituar à limpeza e à ordem, coisas que no início não levei muito a sério. Evidentemente, o trabalho em si às vezes é pesado, cansa e está muito ligado à "piscina", mas, no entanto... tenho certeza de que todo aquele que passa de um trabalho espiritual a um trabalho físico, seja por vontade própria ou por necessidade, sente o mesmo que eu. Talvez seja mais difícil no primeiro caso, pois a responsabilidade recai sobre ele e não sobre outra pessoa.

Não mencionei algo maravilhoso. Há duas semanas estivemos em Yagur,[1] num concerto regido por Huberman.[2] Em sua honra, viajei de "tremp" (carona): um carro me levou a Yagur. Depois, um passeio entre as montanhas, seguido da invasão do pátio do kibutz e da tensão até conseguir as entradas. O concerto foi magnífico: Mendelsohn, Bach, Chopin. Voltamos no carro do Kibutz Sarid.[3] Tudo foi ótimo. Mandei detalhes à mamãe e também lhe contei sobre nosso passeio a Tiberíades.

---

1 Kibutz no norte de Israel. Situado nas encostas do monte Carmel, a cerca de nove quilômetros a sudeste de Haifa, é um dos dois maiores kibutzim do país. (N. T.)

2 Bronisław Huberman (1882-1947) foi um violinista polonês judeu muito conhecido por suas interpretações individualistas e pessoais e aclamado pelo seu tom, expressão e flexibilidade. Em 1929, Huberman visitou pela primeira vez a Palestina. Em 1933, quando os nazistas subiram ao poder, Wilhelm Furtwängler o convidou para voltar a pregar a "paz musical", mas Huberman recusou e, em vez disso, escreveu uma carta aberta aos intelectuais alemães, convidando-os a recordar seus valores essenciais. Em 1936, ele fundou a Orquestra da Palestina, apresentando-se pela primeira vez em 26 de dezembro, com regência de Arturo Toscanini. Essa orquestra foi a base para a Filarmônica de Israel, que foi fundada em 1948, um ano após a morte de Huberman. (N. T.)

3 Kibutz ao norte de Israel, localizado perto de Migdal Haemek. O kibutz foi fundado em 1926 por imigrantes da Tchecoslováquia, Polônia e Rússia. (N. T.)

Nahalal, 31 de março de 1940.¹

Minha querida e amada mãe,

Gyuri Fuchs faz uma pergunta em uma de suas cartas que não quero deixar sem resposta. E como não tenho tempo para escrever uma carta à parte, incluirei nesta tua carta algo para ele, mamãe. Ele se enfurece porque nossa juventude aqui não é religiosa e pergunta: por que os pais não levam seus filhos à sinagoga?

Bem, a pergunta é verdadeiramente complicada; principalmente porque, antes de qualquer coisa devo ressaltar que, obviamente, também aqui há uma camada da população que é religiosa. Mas agora não se trata dos religiosos. Os pais não podem levar seus filhos à sinagoga, pois esta é uma geração cujo único Deus e religião são o trabalho e sua própria força; é uma geração influenciada por movimentos não religiosos da Europa e que, de maneira instintiva, recusou tudo o que lhe recordava a diáspora, como também as coisas externas da religião. Além disso, na vida cotidiana daqui é mais difícil cumprir com muitos dos preceitos religiosos, enquanto na diáspora é possível cumpri-los. Lá, por exemplo, não havia nenhuma dificuldade especial em observar as festas, porque havia quem realizasse seu trabalho nesse mesmo dia. A culpa da falta de educação religiosa recai, então, sobre os pais. Mas devo afirmar que eles também sentem falta disso hoje. A juventude, por outro lado, parece inclinar-se um pouco à religião e por isso cabe confiar numa conciliação entre os extremos que acabará alcançando um ponto de equilíbrio. Porque a religião, tal como ela é e em todos os seus detalhes, não é, na minha opinião, realizável. Creio que, de todas as maneiras, dificulta a vida.

A seguir, darei um exemplo: ouvi dizer que, num kibutz pertencente à "Mizrahi",² derramaram durante muito tempo centenas de litros de leite ordenhado aos sábados porque, apesar de serem obrigados a ordenhar as vacas, se negavam

---

1 Esta carta possui trechos nunca antes publicados. (N. T.)
2 Organização religiosa sionista, fundada em 1902 numa conferência mundial de sionistas religiosos. O Bnei Akiva, que foi fundado em 1929, é o movimento juvenil associado ao Mizrahi. Ambos tornaram-se movimentos internacionais e são ativos

a aproveitar o leite, já que acreditavam estar transgredindo a santidade do Shabat. Hoje já não o fazem. Nenhum deles viaja aos sábados, apesar de não existir outro dia livre. É certo afirmar que estão acorrentados ao lugar. Para aqueles que têm a oportunidade de passar o fim de semana em Tel Aviv, será inútil tentar ir a algum lugar de diversão, porque tanto os cinemas como os teatros e museus estão fechados na sexta-feira à noite e no sábado. Os ônibus também não circulam, e com grande desgosto vemos como o dia – o dia livre – transcorre em vão. Isso também não te agradaria muito, mesmo a concepção religiosa merecendo teu respeito.

Eu continuo saindo de vez em quando com Vili, mas sem muita vontade. É ele quem promove esses encontros, mas creio que em breve vou parar com isso. A única vantagem nessa amizade é que eu me atualizo sobre os desenvolvimentos políticos: ele me conta todas as notícias e assim não preciso ler sobre elas no jornal, coisa que geralmente não faço. Fora isso, ele realmente não me agrada. Prefiro passar meu tempo com Miriam e com outros amigos em vez de sair com ele para passeios românticos.

Creio que não há mais nada de especial para contar. Hoje vesti pela primeira vez um de meus vestidos de verão, e para minha alegria notei que não engordei nem emagreci, mas acho que já disse isso. Estou animada com o passeio para Jerusalém. Recebi quatro ou cinco dias de férias mas já estou pensando em prolongá-las um pouco mais. De qualquer jeito ainda falta muito tempo para isso.

Incontáveis beijos,
Anni

---

até os dias de hoje. O Mizrahi acredita que a Torá deve ocupar o centro do sionismo, sentimento expresso no slogan do Mizrahi, "Eretz Israel le-Am Israel al pi Torat Israel" ("A Terra de Israel ao Povo de Israel de acordo com a Torá de Israel"). O mesmo movimento vê também o nacionalismo judaico como uma forma de alcançar objetivos religiosos. O Partido Mizrahi foi o primeiro Partido Sionista Religioso oficial, fundou o Ministério de Assuntos Religiosos em Israel e pressionou a aceitação de leis que impingiam a kashrut e a observância do Shabat. Também teve um papel importante antes da criação do Estado de Israel, construindo uma rede de escolas religiosas que existe até hoje. (N. T.)

Em tua carta de 18 de março, li com grande satisfação sobre teus planos de viajar e espero que eles tenham se realizado sem nenhum transtorno até o teu encontro com Guiora em Lyon. Você estará também em Paris? Pode ser uma boa ideia, mas o importante é que você encontrará Guiora. Estes dias tenho redobrado meus pensamentos em vocês. Gerti[1] também acrescentou umas linhas à carta, apesar de que está em alemão, espero que não seja um problema.

Nahalal, 6 de abril de 1940.[2]

Querida mamãe,
Acabo de chegar de um passeio magnífico e sento-me imediatamente para te escrever minhas impressões. Ontem à noite tive uma vontade imensa de viajar um pouco, ficar um dia em Haifa e visitar Ilonka, claro que só durante o sábado, pois assim não é necessária uma permissão especial. Miriam não pôde acompanhar-me dessa vez. Fui sozinha até a estrada e lá encontrei várias companheiras de classe. Rapidamente, apareceu um carro esplêndido, apesar de estar indo no sentido oposto. Sem hesitar, parei-o e subimos. Para nossa alegria e assombro, ficamos sabendo que estávamos indo a toda a velocidade rumo a Tiberíades. Poderia escrever muito sobre essa viagem e melhor ainda teria sido poder contar com um pintor impressionista que eternizasse as paisagens maravilhosas que surgiram diante de nossos olhos. Aqui e ali apareciam manchas coloridas pintadas sem capricho e imagens de casas de um maravilhoso verde, azul, marrom, como pequenas casas de brinquedo feitas com a precisão de uma obra-prima, com árvores frutíferas e jardins. Com olhares radiantes de felicidade nos contemplávamos: será realidade ou sonho? De repente apareceu diante de nós a cidade de Nazaré – monastérios e igrejas brancas, casas antigas de pedra, árabes, monges e freiras. Não conseguimos ver mais porque o carro corria a toda a velocidade deixando a cidade

---

1 Amiga de Hannah de Nahalal, Katarina escreve em nome dela a seus pais. (N. T.)
2 Publicada na íntegra pela primeira vez. (N. T.)

para trás. O caminho para Tiberíades ziguezagueia e sobe a montanha. De repente, surgiu diante de nós algo azul: Yam Kineret,[1] o mar da Galileia! Lá embaixo, à margem do lago, a cidade reluzia.

A descida das montanhas é íngreme: Tiberíades se encontra abaixo do nível do mar. Nosso motorista (um britânico qualquer com quem não tivemos o menor contato) nos deixou e, se dependesse de nós, teríamos corrido para mergulhar diretamente no Kineret e banhar-nos em suas águas. O Kineret me lembrou muito o lago Garda,[2] tanto por sua cor como por sua localização, entre montanhas e vegetação. Aqui arranjamos comida, pois estávamos famintas. Por um "grush" cada uma, compramos alguns mantimentos para o almoço. O prato principal foi o salame que você mandou. Também comemos Chalá[3] em um dos parques. De sobremesa, deliciosas laranjas e sorvete. Tudo isso, como disse antes, por um "grush". Satisfeita a fome, decidimos ver a cidade e suas redondezas. Um policial judeu idoso estava lá parado à toa. Fomos até ele e perguntamos o que valia a pena conhecer e se era seguro caminhar na cidade e no bairro árabe. Ele se ofereceu para nos acompanhar e foi um excelente guia, já que conhecia perfeitamente tudo e todos na cidade. Primeiro, nos levou ao bairro árabe. Um bairro que merece um capítulo à parte: casas de pedra cujos telhados cobrem ruas estreitas e sujas. Nas casas, notamos toda classe de buracos e nichos onde os árabes colocam mercadoria para venda. É claro que vimos também belas lojas árabes. Fiquei surpresa ao escutar uma música nova – que é sucesso em inglês – num café árabe. Essa estranha mescla também se faz notar na maneira de vestir-se: a vestimenta europeia encontra-se junto aos trajes árabes tradicionais, e em vários lugares vemos a integração dos dois estilos. Há um ano, nenhum judeu se atreveria a passear por aqui, mas desde aquela época o lugar tornou-se mais tranquilo. Da margem lateral observamos as montanhas e o lago. Poderíamos ter ficar lá até anoitecer, mas continuamos, pois queríamos visitar mais algumas coisas. Nosso

---

1 Maior reservatório de água fresca de Israel, sendo também a maior e mais importante fonte de água potável do país. (N. T.)
2 Maior lago da Itália. (N. T.)
3 Pão trançado consumido no Shabat e nas festas judaicas, exceto em Pessach. (N. T.)

guia nos levou a um lugar de peregrinação para os árabes cristãos: o albergue dos peregrinos. Mais que o lugar em si, para nós foi interessante ver os rostos orientais. Nunca havia visto em minha vida rostos tão enrugados. Cabelos grisalhos, barbas longas, que junto com o traje adequado formam uma visão um tanto exótica para mim, completamente normal neste lugar.

Depois disso, visitamos o bairro dos judeus orientais (não judeus da Europa Oriental, e sim os judeus que vieram da Palestina Oriental). Pela aparência externa, é um bairro mais arrumado que o bairro árabe, mas aqui também as calçadas estão sujas, com cascas de laranja pelo chão. As ruas são um pouco mais largas, as casas são maiores e a construção é mais recente, em comparação com o bairro árabe. As pessoas se vestem como europeus, mas seu idioma cotidiano é o árabe. O hebraico é usado somente nas preces. A juventude, é claro, fala o hebraico e está completamente influenciada pela nova realidade. Vimos a sinagoga, que foi construída de maneira muito interessante: uma sala quadrada enorme, bancos encostados na parede com várias almofadas coloridas: um verdadeiro conforto oriental. Na frente estava a Arca Sagrada[1] toda enfeitada e no centro, a Bimá,[2] que era diferente da europeia somente em sua decoração. Falta a seção especial para as mulheres, porque somente os homens rezam. Visitamos também uma sinagoga ashkenazi,[3] que se parece muito com a sinagoga de Dombóvár, ou seja, nada de especial (espero que Vitz não se ofenda). Antes havia em Tiberíades uma sinagoga grande e bonita, mas dela só restam ruínas, pois há alguns anos uma inundação arrasou grande parte da cidade baixa. É impossível afirmar que vimos tudo, ainda mais preocupadas como estávamos em arrumar um jeito de voltar para Nahalal. Nós nos sentamos por algum tempo no jardim que mencionei antes, com esperança de que o motorista que

---

1 A Arca Sagrada (Aron Hakodesh ou Heichal) é um armário que contém diversos rolos da lei judaica (Sifrei Torá). Encontra-se no fundo da sinagoga, do lado oposto à entrada, voltada na direção de Jerusalém. (N. T.)
2 Palco rebaixado em que é feita a leitura da Torá nas cerimônias religiosas. (N. T.)
3 Judeus ashkenazim são descendentes de judeus da Polônia, Alemanha, Áustria e Europa Oriental. (N. T.)

nos trouxe aparecesse e nos levasse de volta como havia prometido. Foi em vão. Aproveitei o tempo e conheci metade das crianças de Tiberíades. Um jardim de infância espontâneo formou-se ao meu redor. Consegui conquistá-las, o que me deixou muito feliz. Continuo pensando seriamente na ideia de uma profissão relacionada a crianças. Passamos pelo novo bairro judeu em direção à estrada. No caminho vimos mansões espetaculares e uma paisagem que é difícil relatar em palavras. No início não lamentei em absoluto que nenhum carro passasse, pois estávamos extasiadas com a paisagem: as cores eram diferentes das que vimos de manhã, quando chegamos. Estava um pouco mais interessante: uma paisagem de cores pastel, mas às duas da tarde tudo ainda brilhava. Então o brilho escureceu um pouco, quando deu três horas e ainda não havia aparecido nenhum carro. Nossa situação começou a ficar perigosa, pois não há ônibus aos sábados e, se não conseguíssemos uma carona, teríamos que regressar somente na manhã seguinte. Isso significava faltar às aulas, brigar com professores e, principalmente, muitos gastos. Minhas duas colegas começaram a ficar tensas, mas eu não deixei que as horas me perturbassem: subi na caixa de correio que estava na sombra e cantei com maestria (fico imaginando as lembranças que minha cantoria lhes traz). Talvez meu canto tenha contribuído para o mau humor de minhas amigas, mas tudo melhorou quando apareceu um lindo táxi com um jovem ao volante. Minhas duas amigas levantaram para que parasse. Ele freou, assustado, e abriu a porta. Então eu pulei de meu esconderijo e imediatamente nos sentamos. Foi tão rápido que o pobre rapaz quase não conseguiu salvar seu chapéu novo, que estava sobre o banco. Ele fechou a porta com cuidado, temendo que mais alguém pulasse do nada, mas o acalmamos dizendo que éramos apenas "as três moças"[1] e fomos embora animadas. O motorista era uma pessoa bastante calorosa. Parou por alguns minutos no bosque Balfour, onde passeamos por um instante e observamos Guinegar,[2] que se estendia logo abaixo da floresta. Esta já é uma zona judaica. Ao longe podí-

---

1 Alusão ao famoso musical *As três moças* (Három a kislány), que ainda hoje é apresentado nos teatros na Hungria. (N. T.)
2 Kibutz ao norte de Israel. (N. T.)

amos ver os feixes de trigo, indício de que os grãos já foram colhidos na maior parte do terreno. Depois da beleza romântica da região do Kineret, retornamos à nossa região, em Emek Izreel, com seus amplos campos produtivos: uma visão que sempre nos comove. Mas chega de relatos da natureza! Eu me lembro de que essas eram as partes que eu pulava quando lia livros, portanto "não faça aos outros" – e certamente não à sua querida mãe – "o que você não gostaria que fizessem contigo". Vou resumir (também preciso levar a censura em consideração): continuamos a viagem e no maior descaramento descemos do carro somente no portão da escola. Levamos o motorista em um passeio curto por Nahalal e nos despedimos como amigos. Ele se prontificou a nos levar até Haifa, mas resistimos à sedução, pois não teríamos como voltar para casa.

Depois de toda essa história, nem preciso dizer que foi um passeio lindo e espetacular, se você não entendeu isso nessas quatro páginas, foi uma pena ter gastado o papel.

Após acontecimentos tão emocionantes, é um pouco triste escrever sobre as notícias locais. Por exemplo, que eu trabalho lavando louça: não sei como traduzir isso dando à função um tom mais romântico. Honestamente, é um trabalho excelente – pelo menos de acordo com a Teoria da Relatividade de Einstein, pois ainda não foi inventado um trabalho que não pareça um paraíso depois de alguns turnos na cozinha. Esse plantão é mesmo agradável: nós começamos às sete e meia e terminamos às onze e meia da manhã, voltando depois para lavar a louça do almoço até as duas da tarde. Não trabalhamos mais de cinco horas no total, apesar de que parte do trabalho depende de nós e de nossa agilidade. No refeitório a maior parte da louça é lavada nas máquinas (há uma máquina moderna e esta semana sou eu que a estou operando), assim que também esse lado vale a pena conhecer. Estou falando sério: não é tão ruim. Por outro lado, é impossível aprender muito aqui. Mais uma palavra sobre a noite de sábado: convidaram um pintor de Yagur que deu uma palestra muito interessante, de alto nível, com slides. Isso sempre me lembra da tia Boriska:[1] é graças a ela que eu gosto de artes plásticas. No momento,

---

1   Boriska Ravasz, professora de Hannah. (N. T.)

não há nada mais para contar. E de você, mamãe, espero um relato detalhado com todos os pormenores sobre a viagem a Lyon.

Incontáveis beijos a todos vocês,
Hannah.

10 de abril de 1940.

Às vezes fico pensando. Meus pensamentos se referem especialmente a coisas do meu cotidiano e acabam voltando ao meu "ideal". Da última vez, trabalhei no depósito de frutas, selecionando e arrumando grapefruit: os bons e bonitos coloquei embaixo e os pequenos e os machucados em cima. E de repente pensei: Deus também arruma o nosso povo dessa forma. Embaixo coloca os fortes para que possam suportar o peso da construção do país, e em cima ficam os fracos. Então fiz uma prece: Deus faça com que todo o nosso povo seja uma fruta inteira, sem defeitos, para que não necessitemos procurar e selecionar quem pode e quem não pode suportar a carga. Talvez seja possível arrumar um ao lado do outro numa prateleira larga, e não um sobre o outro? Não tenho certeza se isso seria possível.

Também em botânica achei alguns exemplos similares. Estudamos um tipo de células denominadas "clípteras", que são as primeiras células da raiz que penetram na terra, preparando o caminho para a raiz inteira. No entanto, elas mesmas são destruídas. O próprio professor fez esta comparação: "Elas são os chalutzim das plantas". Creio que essas palavras passaram despercebidas para a classe. Mas se aqui em Nahalal olharmos para a cara dos camponeses, homens jovens em idade, mas idosos em aparência, vemos claramente os efeitos da luta do homem com a terra. E realmente é fácil compreender: eles foram as células que se destruíram para penetrar na terra e ajudar o enraizamento de tudo o que cresce. Será que nós, segunda geração de agricultores, seremos clípteras? Será este o destino dos agricultores e camponeses do povo? Confesso que essas questões me interessam mais que a botânica.

Para quem devo continuar escrevendo em húngaro? Eu diria que já uso o hebraico com fluência. Escrevo com facilidade (e com erros), mas as palavras que afloraram a meus lábios esta manhã quando cruzei os campos eram húngaras, e temo que jamais chegarei a compor uma poesia em hebraico. Aqui estão quatro versos e não tenho mais vontade de continuar.

Nosso povo lavrará o solo escuro,
Juntando toda a cevada dourada que houver por perto.
E quando de espigas o chão estiver coberto
Nossos rostos refletirão o ouro puro.

Nosso povo! Como me é querida essa frase! Mas, por acaso, temos realmente um povo? Onde está ele? O que há ainda não é um povo. Talvez o seja, mas não conscientemente. Vou dormir, estou cansada demais.

Nahalal, 17 de abril de 1940.[1]

Meu querido Guiora,
Pensei muito em vocês nos dias em que você e mamãe estiveram juntos. Com certeza deve ter sido ótimo. Por outro lado, é muito difícil ter que esperar um ano

---

1   Esta carta é totalmente inédita e nunca antes publicada em nenhum idioma. Uma gentileza de Eitan Senesh, sobrinho de Hannah. (N. T.)

para se ver, após passar dez dias juntos. Talvez no ano que vem seja diferente. Se ao menos nós dois estivermos próximos um do outro... Realmente já é hora de isso acontecer. Creio, Guiora, que vou descobrir mais a respeito em Jerusalém, mas prefiro contar quando voltar, assim não terei falado à toa. Quero que você saiba que não se passa um dia sem que eu pense nisso e estou fazendo tudo que está ao meu alcance para que você possa estar aqui o quanto antes.

Com o certificado em questão, há mil e um problemas. Só Deus sabe quando ele estará pronto. Mesmo assim, queria te escrever agora, pois o postal de mamãe me deu a entender que você está muito só. Isso me faz pensar que é muito feio de minha parte não ter te escrito durante tanto tempo. Um dos motivos foi o fato de ter trabalhado na cozinha por mais de seis semanas, e isso torna impossível escrever qualquer coisa. Por um lado, quem trabalha lá não é considerado "gente" e, por outro, realmente não sobra tempo livre. Nas cartas que mandei para casa não detalhei demais a história do horror que foi trabalhar lá e agora já vejo também o lado mais engraçado da coisa, mas ao mesmo tempo não foi agradável. Por quê? Com exceção dos horários das aulas, temos que limpar e varrer das onze da manhã às dez da noite durante um mês, além de ter que ouvir gente gritando conosco. Depois de um mês assim, vem o que se chama cozinhar, que, além de ser um trabalho que começa às quatro da manhã, envolve mais gritos. A origem dos gritos é Orna, a diretora nervosa da cozinha, que transforma o menor erro numa catástrofe. Em resumo, é melhor deixar para lá, que foi exatamente o que fiz: pedi demissão no meio do trabalho, larguei a brincadeira, e agora trabalho em outro lugar. Apesar de o novo trabalho ser lavar louça parece que estou no paraíso: estou de bom humor e me sinto ótima. Não pelo fato de lavar louça, obviamente – é uma boa ocupação, mas não tão boa a ponto de me deixar animada. O clima está ótimo, e isso também ajuda. Pessach se aproxima, e pretendo viajar. Tenho lido bons livros (em hebraico) e aos sábados faço passeios fantásticos. Viajar de carona tornou-se um hábito, e chego a lugares lindos sem gastar um tostão. A viagem é interessante e repleta de suspense. Muito melhor que se sentar num ônibus – o que de todo modo seria impossível num sábado. Em apenas um dia podemos percorrer uma distância de vinte, trinta, sessenta quilômetros.

Talvez mamãe também te mande as cartas em que contei sobre o passeio a Tiberíades, Merhavia e Haifa, sobre o concerto de Huberman no Kibutz Yagur, e mais. Nessas ocasiões, penso que você certamente adoraria a falta de formalidade sabra entre pessoas estranhas, como se disséssemos: estamos apenas entre nossos semelhantes. Claro que não se deve generalizar, mas, de qualquer maneira, tive experiências frequentes como essas.

A única coisa que você certamente não gostará de saber é que não conheço rapazes que vale a pena mencionar. Sei que você preferiria ler notícias sobre meu casamento, mas, em vez disso, eu nem olho para os rapazes. Isso não é totalmente verdade, pois primeiro eu olho, e então eu sorrio muito gentilmente. Isso faz com que o coração dos rapazes derreta, e à noite eles começam a mandar recados através das moças me convidando para passear. No início eu geralmente vou com vontade, mas quando percebo que é uma pena perder tempo com isso, me torno fria como gelo, faço caretas e então me fecho em casa como um caramujo. Se eles querem ir passear, eu invento que preciso escrever uma carta urgente (isso até que é verdade: neste exato momento consigo pensar em dez cartas extremamente importantes que já venho ensaiando há meio ano), ou quero dormir (geralmente isso também é verdade), ou estou com frio (as noites são realmente muito frias em Nahalal), ou preciso estudar (isso nunca é verdade, eu uso essa mentira somente numa emergência). Em resumo, eu me torno tão agradável, que "é impossível descrever com palavras e expressões", fazendo com que o rapaz desapareça como se nunca tivesse aparecido. Mas existem senhores com menos semancol, que não sossegam até que se explique a eles exatamente que não apenas não tenho tempo, mas que também não tenho vontade. Em resumo, como você pode ver, querido, eu continuo sendo uma alienada até segunda ordem. Em minha defesa, posso dizer apenas que dedico meu tempo aos estudos e tenho progredido bastante nesse assunto. Com as moças me relaciono muito melhor. Acho que elas gostam de mim e até tenho algumas boas amigas. Sou ativa como membro da comissão organizadora dos departamentos de cultura, esporte (!) e cerimônias (imagino a tua cara lendo isso!) e como fotógrafa do local (esse não é um título formal, mas é fato que eu fotografo metade da escola e eles obviamente compram o filme). Também participo de atividades públicas e este foi um dos motivos de ter formado muitos laços com as moças. Acho que tantos parênteses vão fazer com que esta carta não te traga boas lembranças, como, por exemplo, as provas de álgebra. Quero te acalmar quanto a isso: eu tanto já não sei álgebra como se eu fosse, digamos, você. Espero que essa ofensa não te cause um dano irreparável.

Escrevo sobre muitas bobagens, mas você conhece a realidade através de mamãe, e queria tagarelar um pouco contigo até que possamos fazer isso pessoalmente.

Ainda queria te escrever sobre o sucesso que Chibi[1] fez na escola. Assim que tirei a versão alemã, as moças tomaram o livro e não conseguiam soltá-lo. Muitas já o conheciam antes e tiveram a chance de desfrutá-lo outra vez, assim como eu.

Mencionei a comissão de esportes. Realmente começou um pouco de atividade esportiva. Temos aulas de educação física, e haverá atividade com bola e pingue-pongue depois do almoço. Vamos ver no que vai dar... Ah, ainda não te parabenizei pelo teu sucesso no pingue-pongue. Você ainda vai acabar ficando famoso. Espero que em breve escrevam sobre você no jornal em Eretz Israel. Eu acredito, Guiora, na medida do possível, que você pode ficar tranquilo com relação à tua *aliá*. Talvez até nem seja tão difícil se matricular na universidade, se houver condição de arcar com as exigências financeiras. Talvez eu possa te escrever mais sobre isso de Jerusalém.

Termino com um milhão de beijos,
Hannah
P.S.: E as aulas de hebraico? Progrediu?

---

1 Chibi Brown, jogador de futebol judeu muito amado na Hungria dos anos 1920. O livro *Chibi*, escrito por Bela Senesh, pai de Hannah, foi inspirado nele. (N. T.)

20 de abril de 1940. (escrito em húngaro)

Folheei e li um pouco do meu diário. É tão interessante acompanhar o longo caminho que percorri durante um ano...

Quero escrever sobre rapazes. Não vale a pena entrar em detalhes, posso falar só de maneira geral. Cinco ou seis rapazes pelo menos tentaram se aproximar de mim desde que cheguei aqui. Concordei em passear com eles à noite, mas abandonei todos sem maiores explicações. Anseio por um amor verdadeiro. Toda vez que conheço um rapaz, pergunto a mim mesma: será que esse é quem procuro? E quando comprovo que me equivoquei, termino imediatamente a relação com ele. Não sei ser diferente. Ou uma séria amizade – digamos abertamente, amor – ou nada. Na verdade, concordo em passear e conversar um pouco – isso são coisas necessárias. Mas o que posso fazer se os rapazes, em sua maioria, não se satisfazem só com isso? Fora isso, também prezo meu tempo.

Depois de amanhã viajo a Jerusalém. Tenho muitos conhecidos lá, e Lajos Friedman em especial está me esperando. Sei através de outros que eu o agrado. Ainda não quero emitir opinião, mas sinto no fundo de meu coração a velha sensação: não. Apesar de que já gostaria de poder falar finalmente: sim.

Ontem visitamos o grupo... Participei de uma festa de Pessach e de um concerto. Enquanto isso, observei também as pessoas: procurei. Talvez ele esteja aqui, entre os presentes, talvez esteja perto de mim e passaremos um ao lado do outro, sem perceber? Ou talvez ele esteja tão longe que nunca nos encontraremos. Mas sou otimista demais para ficar pensando assim.

Hannah (quarta a partir da esquerda) e amigas em Nahalal, 1940.

Nahalal, 22-24 de abril de 1940.[1]

Querida mamãe,

Entre todos os grandes preparativos antes de Pessach, kasherização[2] da louça, limpeza e as emoções da viagem, eu quase me esqueci de escrever cartas. Já nem me lembro de quando escrevi pela última vez, mas com certeza está na hora de escrever de novo.

Esta noite é o Seder de Pessach.[3] Vou pensar muito em vocês e principalmente na vovó,[4] pois lembro que essa noite era sempre comemorada na casa dela. Depois contarei sobre a noite do Seder aqui. Depois de Pessach vou viajar, já que ganhei mais de uma semana de férias. Você pode imaginar o quanto estou contente! Desse jeito, as longas viagens a Jerusalém realmente valem a pena!

Acredite, mamãe, é uma sensação muito boa saber que eu já tenho aqui tantos e bons conhecidos como Ilonka, Chaia[5] e suas famílias. Posso escolher entre passar o feriado com elas ou na casa de uma colega sabra. Pena que o kibutz não é uma das possibilidades. Eu gostaria muito de viajar para lá. Na verdade, isso até que é fácil de conseguir, já que cada uma de minhas amigas pode me levar para lá, mas é mais agradável ficar na casa de amigos e não na de estranhos.

Mãezinha, escreva-me sobre a situação em casa, e também sobre o problema judaico.

Agora já é terça-feira. O Seder já passou e posso agora contar como foi.

---

1 Carta totalmente inédita, escrita a Katarina Senesh e Évi Sas. (N. T.)
2 Kasherizar = tornar kasher; purificar (comida ou louça) conforme as leis dietéticas judaicas. (N. T.)
3 O Seder de Pessach é o jantar cerimonial judaico em que se recorda a história do Êxodo e a libertação do povo de Israel. (N. T.)
4 A família de Hannah sempre passava o Seder na casa da avó Schlesinger, mãe de Bela, pai de Hannah. Originalmente, o sobrenome da família era Schlesinger, e Bela, aos dezoito anos, mudou-o para Senesh. (N. T.)
5 Futura esposa de Tibor Farago, filho da irmã de Bela Senesh. (N. T.)

Depois de muito trabalho, as casas ficaram limpas e sem chametz.¹ Só você pode imaginar o quanto todos esses preparativos me eram estranhos. Na verdade, não passa de uma grande limpeza com um clima místico. O importante é que terminamos ontem na hora do almoço e, para minha grande alegria, depois do almoço fui mandada para arrumar as mesas para o Seder. É um trabalho que se faz com prazer (isso não quer dizer que outros trabalhos não sejam feitos com prazer). Só tinha um problema: eu ainda tinha que fazer algumas coisas relacionadas à programação da noite. Miriam e eu dirigimos toda a programação praticamente sozinhas, mas é muito difícil preparar alguma coisa, pois as moças estão muito ocupadas, e em horários tão diferentes, que é quase impossível ensaiar. Mas vamos na ordem: no refeitório havia por volta de cem pessoas (o resto das moças viajou), entre muitos convidados. Por volta das oito horas, sentamos às mesas compridas e arrumadas. A noite começou com música no piano e uma linda apresentação de um dos convidados, que era cantor. Depois, alguém leu trechos da Hagadá.² O filho pequeno de Orna cantou o "Ma Nishtaná".³ Depois, as jovens leram diferentes trechos da Hagadá e cantaram as músicas pertencentes a ela. Não foi a coisa mais agradável do mundo. Foi muito estranho ouvir no idioma original as mesmas palavras que li durante anos com rapidez e sem entender, e que às vezes até tive que acompanhar pela tradução. De repente, eu estava identificando as palavras do cotidiano no mesmo texto que um dia foi tão mecânico. Não lemos a Hagadá inteira, apenas trechos es-

---

1 Qualquer alimento feito de grãos e água que foi deixado fermentar ou crescer, proibido pelo judaísmo durante o Pessach. (N. T.)

2 Hagadá (do hebraico "narração") é o texto utilizado para os serviços da noite do Pessach, contendo a história da libertação do povo de Israel do Egito, conforme é descrito no Livro do Êxodo, além de orações, canções e provérbios judaicos que acompanham esta festividade. (N. T.)

3 "Ma Nishtaná" são as quatro perguntas cantadas durante o Seder de Pessach pela criança mais nova na mesa. "Ma Nishtaná", em hebraico, significa "O que mudou?". A canção basicamente pergunta – e responde – "O que torna esta noite diferente de todas as outras noites?". (N. T.)

colhidos. Depois disso começou a refeição, que estava tão saborosa que até vou detalhar: peixe, sopa de carne, frango, um guisado feito com cenoura, purê de batata, compota e bolo. Já faz tempo que não menciono que a cozinha é simplesmente perfeita, mas obviamente esse foi um cardápio especial para festa. Depois do jantar nosso convidado cantou novamente músicas em hebraico, e por fim tivemos a "Hagadá da escola", que foi um grande sucesso. Essa Hagadá é tão característica que vale traduzir alguns trechos para o húngaro. Por exemplo: "O que torna esta noite diferente de todas as outras? Que em todas as noites nós comemos arenque com margarina (esse é um cardápio notório) e esta noite somente frango. Que em todas as noite as luzes se apagam às dez e nesta noite somente à meia-noite. Que em todas as noites só temos que esperar nos desejarem 'bom apetite' para comer (essa era uma regra nova, que gerou muita reclamação) e esta noite esperamos uma eternidade para comer. Que em todas as noites não podemos receber a visita de nenhuma moça, e nesta noite podemos receber até rapazes"[1] (a tradução obviamente não é ao pé da letra). Vera Zalan recitou isso de forma extremamente engraçada. Depois eu li outro trecho: "Escravos fomos o ano inteiro nas filas de Nahalal",[2] mas esperamos que "Deus Todo-Poderoso nos liberte com a mão forte e com o braço estendido"[3] etc. Não vale a pena traduzir tudo. Depois disso veio "Daieinu",[4] e eu me lembrei do quanto ríamos por não entender uma só palavra da letra. Agora a paródia foi sobre as filas: se passássemos apenas nessa fila e não na segunda fila, "nos basta!" e assim por diante. Foi ótimo! Depois disso vieram as "Dez pragas",[5] mas

---

1 Paródia feita com base na letra de "Ma Nishtaná", uma das músicas tradicionais cantadas durante o Seder de Pessach. (N. T.)
2 Paródia feita com base na letra de "Avadim Hainu", música tradicional cantada durante o Seder de Pessach. (N. T.)
3 Idem. (N. T.)
4 Música tradicional cantada durante o Seder de Pessach, que lista detalhadamente todas as bondades que Deus concedeu ao povo judeu ao deixar o Egito. (N. T.)
5 As dez pragas que, segundo a tradição judaica, foram enviadas por Deus – através de Moisés – para convencer o faraó a libertar o povo hebreu da escravidão. (N. T.)

só entende a graça quem conhece os professores, seus vícios de linguagem e as curiosidades do dia a dia da escola. No final teve "Echad Mi Iodea",[1] isto é, "quem sabe o que é um, dois" etc. Talvez seja melhor detalhar esta parte. Eu perguntei e as moças responderam de diferentes lugares do salão, como se a resposta lhes tivesse ocorrido naquele momento. Um, é nossa escola no mundo. Dois, são os anos de estudo. Três, as três mães: Hannah, Orna e Rivka.[2] Quatro, as zeladoras. Cinco, os dias de férias no ano. Seis, as horas de trabalho (é o que deveria ser...). Sete, é um jogo de palavras impossível de traduzir: o número sete em hebraico é "Shéva"; o nome de uma das zeladoras é Elishéva; logo, Shéva: Elishéva. Oito, as horas de trabalho na realidade. Nove, é novamente impossível de traduzir. Dez, a hora em que o portão fecha. Onze, é a hora da noite em que as moças em Israel se liberam da cozinha. Doze, a hora crítica na cozinha: o meio-dia. Treze, o nosso horário livre diário. É claro que nós, que vivemos isso diariamente, nos divertimos e rimos muito. E assim, nesse ambiente alegre, terminamos a noite dançando "Hora" numa enorme roda. Depois fomos todos para o Centro Comunitário, onde houve a cerimônia do moshav. Foi muito bom. Tanto que chegamos em casa ao redor da uma hora da manhã.

Agradeço muito à tia Eliz e à Vitz[3] pela longa carta. Minha querida Vitz, teus planos são muito bonitos e muito bons![4] Te desejo sucesso na escola e sorte nas provas. Imagino a alegria que você tem no teu trabalho. Querida Vitz, vejo que em casa certamente pensam que estou meio morta, por isso

---

1 "Echad Mi Iodea?" ("Um, quem sabe?") é uma música tradicional cantada em Pessach, que enumera os temas comuns judaicos e seus ensinamentos. É divertida, bem-humorada e ao mesmo tempo transmite lições importantes para as crianças. (N. T.)
2 Diretoras em Nahalal. (N. T.)
3 Ao que parece, a carta (datada Budapeste, 30 de março de 1940) é parcialmente conhecida. Foi uma carta conjunta escrita por Eliz e Évi quando estavam juntas na casa da família Senesh, enquanto Katarina visitava Guiora em Lyon. A parte da carta escrita por Évi não é conhecida, mas Eliz escreveu sobre o término dos estudos de Évi. (N. T.)
4 Évi planejava abrir um jardim de infância na casa da família Sas em Dombóvár. (N. T.)

eles ousam falar de mim só coisas boas. Por favor, avise às pessoas em casa que eu estou muito viva, e por isso eles também podem falar mal de mim. Ou talvez não dê certo graças à distância que torna qualquer coisa mais bonita?[1] Eu retribuo e agradeço as lembranças de todos. Como está em D.S.C.?[2] Você tem ido lá? Uma vez, há pouco tempo, me lembrei daquele lugar. Geralmente não penso sobre essas coisas. Existem coisas que estão tão esquecidas que até sem querer não nos lembramos delas. Mas existem outras coisas e pessoas nas quais pensamos muito: você é uma delas, querida Vitz. E tenho certeza de que você acredita nisso, mesmo sem eu ter que prová-lo escrevendo cartas separadas.

Assino esta carta com incontáveis beijos,
Hannah.

A tradução em alemão de Chibi está fazendo muito sucesso entre as moças daqui. A cópia passou de mão em mão e já estou ficando preocupada que possa se rasgar. Tem mais alguma peça em alemão? Eu só tenho O *ponto final*.[3]

Hoje foi o segundo dia de Pessach, mas aqui não é feriado. Ontem o dia foi muito bom, estivemos num grupo aqui perto, havia programação e boa música.

Recebi o último cartão-postal da Itália e desde então nada. O que está acontecendo, mamãe?

---

1 Alusão a uma poesia de Endre Ady (1877-1919), poeta húngaro que causou controvérsia na época em que escreveu poesias sobre uma mistura de erotismo, profecia, teologia calvinista, patriotismo desesperado, política radical etc. Foi o grande pioneiro da literatura húngara moderna e, apesar de estar vinculdo ao Simbolismo, é considerado o introdutor das vanguardas na Hungria. (N. T.)
2 D.S.C. é provavelmente a sigla do clube esportivo em Dombóvár. (N. T.)
3 *Végállomás* (*O ponto final*, 1923), peça teatral de autoria de Bela Senesh. (N. T.)

14 de maio de 1940.

Estava sentada estudando o meu caderno de agricultura geral quando de repente um pensamento me perturbou: quão afastada estou do mundo! E como tenho paciência para estudar e me preparar para as provas quando na Europa acontece a maior batalha da história da humanidade? Encontramo-nos vivendo dias que determinarão o futuro do mundo: a guerra na Europa se alastra em enormes extensões e é lógico temer que chegue à nossa pátria. Há tensão no mundo todo. A Alemanha se fortalece dia após dia. E se o mundo se encontra diante de um abismo, é difícil se ocupar de problemas pequenos e mais difícil ainda é acreditar na importância da ação individual. É difícil continuar escrevendo agora. Estão tagarelando no quarto sobre uma porção de coisas e fora isso estou cansada. Não tenho tempo sequer para pensar nem para expressar meus pensamentos, principalmente em hebraico. Apesar de o idioma já não ser um obstáculo, palavras e frases simples expressam somente pensamentos simples.

Senti-me muito bem em Jerusalém. Foram férias agradáveis e descobri vários aspectos novos da vida da cidade que me induziram a pensar. Após um longo intervalo, comecei novamente a discutir um pouco. Eu, que sempre fui a otimista, diante da... (apagam a luz).

18 de maio de 1940. (escrito em húngaro)

São tantas as coisas no mundo que não entendo, mas acima de tudo não entendo a mim mesma. Tenho vontade de saber, de investigar quem sou eu e o que é minha vida. Mas, infelizmente, posso apenas formular perguntas e não respondê-las. É fato que me falta autoconfiança e determinação.

Dentro de mim se encontram o "sim" e o "não", a "atração" e a "repulsa", o "egoísmo" e o "companheirismo". O pior de tudo é que me acho tão superficial que me envergonho de revelar isso a mim mesma. Pode ser que sinta isso só quando estou perto da Miriam, que encontrou seu caminho e é capaz de penetrar no âmago das coisas, ou talvez seja por causa da diferença de idade. Eu peço desculpas, como se temesse ver as coisas como são. Vejo somente o lado bom e chamo isso de otimismo. Essa é certamente uma percepção muito cômoda, mas ela não vai me ajudar a progredir. Até com as pessoas minha atitude é pouco natural, estranha. Sou instável, superficial e provavelmente mal-educada. Será que essas são realmente minhas qualidades? Quero acreditar que não. Mas, se assim for, o que será de mim?

Hoje ouvi música. Os sons se uniram e formaram uma bela harmonia. Cada som por si só carece de sentido, de tonalidade e objetivo, mas juntos constituem a música. Com as vozes é diferente: piano, fortíssimo, staccato etc. E eu? Quais os sons que se agitam dentro de mim? E essas vozes – se juntarão à harmonia?

Estudamos sobre plantas aquáticas cuja finalidade é servir de alimento a animais mais desenvolvidos. Será que essa é nossa função, servir de alimento a uma lei superior na natureza? Será nosso destino? Se assim for, saberemos que nossa vida não tem uma finalidade. E nisso reside a superioridade do homem sobre a besta.

26 de maio de 1940.

Algumas palavras sobre eletrólise[1] (ou: o problema da educação). Num composto, átomos carregados de eletricidade se movem sem direção determinada. Quando se introduz uma corrente elétrica, os átomos se separam rapidamente em direção a dois polos, transmitem sua carga e abandonam o polo como átomos livres, descarregados de eletricidade.

Pensei sobre nosso povo e a educação em nosso país. Certamente tínhamos uma juventude integrada por diversas camadas, composta de muitos elementos. E, no entanto, todos tinham um elemento comum: formavam a juventude judaica. De repente, foram introduzidas correntes mais fortes que

---

1 Processo que separa os elementos químicos de um composto através do uso da eletricidade. (N. T.)

a eletricidade, capazes de atrair os átomos aos distintos polos. Polos que estão separados por mundos inteiros. Já não há mais uma juventude judaica, hebraica (pois os átomos transmitiram sua força, a tensão que levavam em si aos polos, os partidos políticos). Restam apenas os polos e os grupos de átomos que se aglomeram ao redor, e quem sabe se os átomos transmitirão sua tensão interna a esses polos, e se, quando chegar o momento em que deverão atuar e carregar-se de eletricidade, poderão emitir força ou a tensão cessará.

Por acaso somos um povo forte e grande que pode se dar ao luxo de separar irmãos (um judeu e outro) e fixar por antecipação caminhos que conduzem a polos opostos? Não será grande demais a responsabilidade de arrastar pessoas à corrente antes que vejam por si mesmas onde estão os polos, para onde conduz o caminho?

Eletrólise?... Fechei o caderno de química.

Mas, além disso, devo anotar que leio livros maravilhosos: *Poesias de Rachel*[1] e também *Discursos sobre judaísmo*, de Buber[2] (em alemão). Ambos me dizem tanto e de pontos de vista diferentes. Rachel me faz sentir muito e Buber me faz compreender muitas coisas que eu até agora desconhecia sobre o judaísmo e sobre mim mesma. Tal como Buber entende o judaísmo, eu sou verdadeiramente judia. Fico feliz lendo-o. Não deveríamos, por acaso, criar um composto especial e concentrado – a juventude judaica – que, chegado o momento, pudesse obrar? Antes eu também sentia o judaísmo que havia dentro de mim, mas não possuía uma explicação como esta sobre as manifestações interiores. Isso é mais do que um livro pode dar, e eu continuo lendo-o agora.

Passei na prova de agricultura geral e na de produção leiteira, e acredito que com louvor. Ontem visitei uma escola-fazenda para crianças com problemas de aprendizagem. Tinha muito interesse em conhecer seu funcionamento.

---

1 Rachel Bluwstein (1890-1931), conhecida simplesmente como "Rachel", poetisa que se tornou a imagem da segunda *aliá* – juventude, beleza, aspiração, amor pela terra de Israel e pelo Kineret. É uma das introdutoras do estilo coloquial direto na poesia hebraica moderna, sendo a mais popular e influente poetisa de sua época. (N. T.)
2 Martin Buber (1878-1965), filósofo, escritor e pedagogo judeu de origem austríaca e de inspiração sionista. (N. T.)

Mas a parte mais interessante é difícil de estudar em uma visita superficial como aquela. Espero que tenha outra oportunidade para conhecer de perto a instituição e as crianças.

4 de junho de 1940. (escrito em húngaro)

Budapeste Nahalal Lyon.
Estes são os três pontos para os quais meu pensamento voa com a rapidez de um raio. Os lugares parecem esfumar-se e só ficamos mamãe, Guiora e eu. Sobre esse fundo, experimento todas as emoções de nossas vidas tão cheias de tensão. Todas as emoções? Eu sei que não é correto, não sinto nem a milésima parte do que sente mamãe. Ela sofre por causa de nossos projetos e sonhos, que, espero, não se converterão em cinzas em meio a esta fogueira mundial. Se ao menos Guiora estivesse aqui! Quem sabe se já não é tarde demais para vir? Nesse caso, eu seria a culpada por minha leviandade e falta de atitude.

Tenho absoluta fé no futuro de Eretz Israel, apesar do fogo e da tormenta. Não temo pelo meu destino. Não por falta de amor-próprio, ao contrário, por um egoísmo de outro tipo. O ser humano teme que algo ruim aconteça às pessoas ou às coisas que lhe são caras, pois isso pode causar uma dor indescritível.

Lá fora um céu azul resplandece, a paz e a tranquilidade reinam de todas as direções. Queria gritar para o aparelho de rádio: "Silêncio! Não é verdade! Seus gritos guerreiros sobre mortos e feridos em massa são mentira e falsidade! São mentiras suas notícias sobre bombardeios e destruições. Quem se atreveria a querer isso? Quem pode compreender o papel histórico desse holocausto? Vocês aspiram, por acaso, transformar o planeta em uma 'tábula rasa'[1] e construir sobre ela um novo mundo? Mas quem construirá, para quem e por quê? Talvez para que haja novamente algo para arrasar?". Não quero nem pronunciar a segunda pergunta, pois ainda quero acreditar.

---

1   Tábula rasa (do latim "folha em branco") é uma expressão cujo significado é esquecer completamente um assunto para recomeçar em novas bases. (N. T.)

17 de junho de 1940. (escrito em húngaro)

Os alemães estão nos portões de Paris. A cidade provavelmente cairá hoje. Paris, França e depois o mundo inteiro. Qual será nosso destino? Pergunto só uma coisa: até quando? Tenho absoluta certeza de que Hitler cairá. Mas daqui a quanto tempo? Talvez ele tenha mais quinze anos de domínio, como Napoleão. Como pode a história se repetir dessa maneira? A mesma trajetória, a mesma vida, as conquistas, mas em uma versão alemã e no século XX. Como é horrível essa versão hitlerista! A Itália também entrou na guerra e o perigo direto aumentou muito. Se conseguirmos viver mais dez, quinze anos, veremos para que foi preciso tudo isso. Ou por acaso são precisos cem anos para que a vida se transforme em história?

29 de junho de 1940.

França, Guiora, mamãe? É difícil dizer o que mais me dói nos acontecimentos desses dias. A França assinou o armistício mais degradante. Quase deixou de existir. Toda a comunicação com Guiora cessou. O certificado chegou tarde demais. Não sei onde se encontra. Ainda acredito. Talvez, apesar de tudo, ele consiga deixar o país. Talvez venha para cá. Olho cada rapaz com uma esperança oculta. Talvez! Ah, que sentimento terrível! Eu sou culpada, eu, a responsável pelo que aconteceu no que diz respeito a Guiora. E, por outro lado, sei que nesses tempos de guerra não há culpa. É impossível pensar e concluir o que é melhor, se viver aqui ou em outro lugar. E mamãe? Eu a vejo em minhas noites de insônia, como se levanta com suas preocupações, como lê as notícias, como espera o correio e como esconde em seu peito angústias e pesares, pois é nobre a ponto de não afligir os demais com suas queixas. E eu, a milhares e milhares de quilômetros dela, sem poder sentar-me ao seu lado, acariciar sua fronte dolorida e tranquilizá-la ou compartilhar seus sofrimentos.

Trabalho no campo enfardando palha e cumpro – ou penso cumprir – meus objetivos. Estes são realmente bons e belos também, mas será permitido desejar o que está longe e perder de vista o que está próximo de nós? Minha única resposta é que eu já não poderia viver como vivia antes na Hungria. Creio que fui infeliz naquele lugar. Cada qual deve buscar seu caminho, seu lugar, sua função. Mesmo quando o mundo está em chamas, e mesmo quando tudo se transtorna. Não! Não posso buscar explicações, motivos. O "sim" e o "não" lutam dentro de mim, um contradizendo o outro.

Aqui ainda está tudo tranquilo, mas onde estão a tranquilidade e a paz interior? O vagão da história sacoleja e comove as almas sem deixar uma gota sequer sem agitar.

5-26 de julho de 1940.

Por onde começar? Tenho visto e sentido tanto nos últimos dias! Neste momento, estamos sentadas em uma colina de eucaliptos, perto de Kfar Guiladí.[1] Miriam está gravando seu nome no tronco de uma árvore e eu quero me lembrar de tudo e escrever até que algum veículo chegue e nos leve daqui. No sábado madruguei e escalei as montanhas que estão em frente a Kfar Guiladí. As redondezas são magníficas. E, com a maravilhosa brisa da manhã, entendi por que Moisés recebeu a Torá[2] em cima da montanha. Não há melhor lugar para receber uma ordem das alturas, quando se vê quão insignificante é o homem e, apesar disso, sente-se segurança na proximidade de Deus. Sobre a montanha o horizonte amplia-se em todos os sentidos e pode--se compreender a ordem do mundo. Sobre as montanhas é possível crer, e deve-se crer. Sobre as montanhas surge espontaneamente a pergunta: quem enviarei? Envie a mim! Para servir ao bem e à beleza! Poderei fazê-lo?

---

1   Kibutz situado no "Dedo da Galileia", ao norte de Israel, ao longo da fronteira com o Líbano. O Dedo da Galileia (em hebraico: Etzba HaGalil) se chama assim desde o Mandato Britânico, por ter a forma de um dedo. (N. T.)
2   Torá é o nome dado aos cinco primeiros livros da Bíblia hebraica, que são os cinco livros de Moisés, ou Pentateuco. Os cristãos se referem a esses livros como "Velho Testamento". (N. T.)

De manhã fomos passear com alguns membros do kibutz. Fomos de caminhão até Metula e de lá, por caminhos fantásticos, até a cachoeira Tanur. Regressamos ao meio-dia e em seguida apareceu um veículo a caminho do kibutz Dan.[1] O que mais posso contar sobre Kfar Guiladí? É um kibutz grande, bem desenvolvido, lindo e organizado. Quero mencionar Guershon, uma pessoa muito agradável a quem conhecemos no caminho e que se ocupou de nós. Um verdadeiro chalutz, simpático, e me alegrei muitíssimo em conhecê-lo.

Segundo assunto: Dan. Trata-se de um lugar pequeno, perdido no coração da natureza pródiga. Integram o kibutz imigrantes da Transilvânia que nos acolheram cordialmente. Um deles se esforçou em atender-nos. Levou-nos até o começo de Dan em Tel-El-Kadi, com sua fonte estupenda, e ao seu lado um primitivo moinho árabe. Deve-se ressaltar as boas relações existentes entre os habitantes de Dan e seus vizinhos árabes, como também com os árabes da Síria. Certamente não se pode confiar demais neles, mas as relações amistosas acrescentam uma sensação maior de segurança. Dormimos em Dan e no dia seguinte saímos para conhecer as redondezas: Sasa, Dafna e Shaar Ishuv, novos assentamentos cuja situação é difícil. A terra é boa, a água, abundante, mas é preciso tirar as pedras do solo e o lugar requer cuidado do ponto de vista político. Caso seu desenvolvimento não seja impedido pelos acontecimentos, um lindo futuro os aguarda. Possuem todas as condições para desenvolver uma boa fazenda agrícola. Visitamos também várias companheiras que se formaram na escola de Nahalal. Elas estão bem instaladas, e concluímos que a escola as preparou bem e deu-lhes uma base sólida.

No dia seguinte, esperamos na estrada até o entardecer por algum transporte que nos levasse de volta. Estávamos quase desesperadas e antes do anoitecer decidimos aguardar por quinze minutos mais. Não tínhamos muita vontade de voltar a Kfar Guiladí. Tel Hai,[2] que está à nossa frente, é uma cidade bonita, porém mais como símbolo do que como lugar para pernoitar. Mas

---

1 Kibutz fundado em 1939 ao norte do vale de Hula, no norte de Israel. (N. T.)
2 Tel Hai (que significa "Colina da Vida") é o nome moderno de um assentamento no norte de Israel, palco de uma famosa batalha do início do conflito árabe-israelense. (N. T.)

logo chegou um carro. Se minha mãe tivesse me visto no meio da estrada com a mão levantada! Se tivesse me visto, em geral, durante todo o passeio, o que diria? Mas aqui tudo aconteceu num ambiente tão diferente do da vida no exterior, e justamente isso é o mais agradável!

À noite estivemos em Hulata,[1] uma coletividade jovem. As pessoas são agradáveis, um lugar maravilhoso. Tivemos uma esplêndida oportunidade de nadar e de remar. Não preciso dizer que me senti magnificamente bem. Chegamos de bote até o local onde o rio Jordão deságua no lago Hula. A paisagem é tropical. Hastes de papiro, flores aquáticas, flamingos e águas verdes e calmas refletiam toda a beleza ao redor. Saímos para remar com dois jovens pescadores (vinte homens da comunidade trabalham na pesca). Um deles, Moshe, era "meu", o outro – da Miriam. De fato, percebi que ele gostou de mim, e eu até gostei dele. Era um rapaz atraente, forte, bonito, agradável e simples. À noite saímos de novo de bote com mais pescadores para ver o trabalho. Eles conhecem no escuro os caminhos entre os pântanos, conhecem os lugares onde os peixes estão em abundância e atiram suas redes com precisão. Às dez e meia da noite voltamos, e as redes ficaram nos pântanos até de manhã.

Fomos dormir. Logo que entrei no quarto, Moshe veio, sentou-se ao meu lado, começou a falar que gosta de mim como irmã e perguntou se podia me beijar. Não deixei. Quando ele então perguntou se valia a pena continuar com nosso relacionamento, disse-lhe o que realmente sentia: o dia que passamos juntos foi muito agradável, mas na verdade somos tão diferentes um do outro que não há motivo para que nos correspondamos, para que continuemos. Quis despedir-me dele com um aperto de mão, mas ele a beijou. Quando ele saiu, pensei que fui um pouco tola: por que devo ter tanto medo da vida? O que de tão mal poderia haver em

---

1 Kibutz ao norte de Israel, estabelecido em 1936 como uma vila de pescadores, que deve seu nome ao vale de Hula. Quando os pântanos de Hula foram drenados, a população de Hulata passou a trabalhar na agricultura. (N. T.)

dar-lhe – e a mim – um beijo? Mesmo assim não pude fazê-lo. Até mesmo o primeiro beijo estou guardando para a "pessoa certa". Será que ele virá? Pensei em mamãe e tenho certeza de que ela ficaria contente se soubesse que em qualquer lugar e em qualquer circunstância eu me comporto como se ela estivesse ao meu lado.

Na madrugada seguinte saímos. Chegamos a Tzfat,[1] uma cidade antiga localizada numa montanha. A vizinhança é linda, as pessoas são interessantes. Vagamos por lá durante horas e observamos. Voltamos a Rosh-Pina[2] e de lá continuamos para Guinosar.[3]

Passamos a noite lá. Os jovens continuam lutando para vencer as grandes dificuldades que se apresentam, especialmente com a terra, que não chegamos a ver bem pois de manhã partimos e antes do meio-dia chegamos a Afikim.[4]

Se eu pudesse escrever sobre tudo, sobre o Kineret, o Yarmuk,[5] o Jordão, os kibutzim velhos e novos, as pessoas agradáveis, os passeios que fizemos desde Afikim; sobre Yaacov, que parece ter-se "apaixonado" por mim, sobre os lindos vinhedos, as conversas à tarde no gramado, a cavalgada ao Yarmuk, sobre a organização do kibutz, eu teria enchido um caderno inteiro. Tudo foi tão lindo! Estivemos lá quatro ou cinco dias. Por fim, deixamos o Emek Hayarden[6] de trem e fomos até Emek Izreel. Apreciamos de longe a beleza

---

1 Situada a oitocentos metros acima do nível do mar, Tzfat (Safed) é a cidade mais alta da Galileia. Praticamente toda a população da cidade é judia e uma grande porcentagem dela é religiosa. Tzfat é bem conhecida pela sua importância na Cabala (mística judaica). (N. T.)

2 Vila localizada na Galileia Superior, na encosta leste do monte Kna'anin, no norte de Israel. A cidade foi fundada em 1882, por trinta famílias de imigrantes da Romênia, tornando-a um dos mais antigos assentamentos sionistas em Israel. (N. T.)

3 Kibutz localizado ao norte de Tiberíades, na região norte de Israel, à margem do mar da Galileia. (N. T.)

4 Kibutz localizado no vale do rio Jordão, a três quilômetros do mar da Galileia. (N. T.)

5 Afluente do rio Jordão. (N. T.)

6 Vale do Jordão. (N. T.)

de Beit Alfa,[1] Tel Amal,[2] Ein Harod.[3] Fim do passeio. Passamos o último dia em Merhavia.[4] A família Farkas me recebeu muito bem e depois do passeio pelos kibutzim tive oportunidade de respirar o ambiente familiar de um lugar privado. Pude comparar os dois sistemas sociais. O kibutz, sem sombra de dúvida, é muito mais racional do ponto de vista econômico num nível superior, e a vida é mais fácil no que diz respeito ao trabalho. Mas do ponto de vista sentimental, também no moshav há valores positivos. É claro que nem todos estão aptos para viver num kibutz. Imagino que daqui a vários anos será criado um método intermediário, que talvez possa conciliar as vantagens que oferecem os dois sistemas sociais. De minha parte, tenho inclinação à vida de kibutz. Ainda não estou totalmente entregue à vida agrícola a ponto de me sentir capaz de trabalhar sem parar, sem a menor interrupção. Nas minhas férias, quando tive oportunidade de ver instituições educativas nos kibutzim, despertou em mim a antiga exigência: estudar. O que e como, ainda não sei. De qualquer maneira, este ano quero dedicar-me a uma profissão (galinheiro ou aprendizado do idioma). O que vier depois disso, veremos.

As férias foram espetaculares. Senti intimamente o encanto da juventude na música, no riso, na energia, no desejo de ver e de absorver tudo e alegrar-me com tudo o que é belo. E houve tantas oportunidades para estar alegre: essa natureza maravilhosa que atravessamos e a gente simpática que encontramos. O passeio fortaleceu minha fé no país, em mim mesma e em nosso futuro comum. Durante duas semanas esqueci que o mundo está em guerra e que ela nos toca tão de perto. Já bombardearam Haifa pela segunda vez, e no segundo bombardeio houve muitas vítimas. Aqui em Nahalal a vida segue seu curso. À noite, há escuridão completa. Se bombardeiam Haifa, nós também corremos aos nossos abrigos.

---

1 Kibutz fundado em 1922, no norte de Israel. (N. T.)
2 Nir David é um kibutz situado no vale de Beit Shean, no norte de Israel. Foi fundado em 1936 com o nome de Tel Amal, e foi o primeiro assentamento de torre e paliçada. (N. T.)
3 Ein Harod é um kibutz situado no vale de Jezreel, perto do monte Gilboa, no norte de Israel. (N. T.)
4 Moshav situado no norte de Israel. (N. T.)

Trabalhamos na casa e no campo. Quatro horas em cada um. Leio *Poesias de Rachel*, que são magníficas, e Kautsky,[1] sobre socialismo. Este último é uma explicação fundamental sobre *O capital*, de Marx. Não conhecia livros como esses e devo começar a conhecê-los.

Nahalal, 22 de julho de 1940.[2]

Querida mamãe,
Recebi tua carta do dia 5 de julho. Você pergunta sobre o meu aniversário, se estou mais contente este ano do que no ano passado. Bem, se ignoro o fato mais difícil – que vocês estão longe de mim –, posso responder com o coração tranquilo: sim! Sinto que no último ano aprendi muito – não só na escola – e, se tivesse que decidir de novo sobre a *aliá* para Eretz Israel e os estudos, teria tomado a mesma decisão sem hesitar. Estou feliz de poder estar aqui e agora sei que, quando chamei Eretz Israel de "casa", não estava exagerando.

Ouvi dizer que existe a possibilidade de fazer *aliá* por terra. Não sei quais são os planos de Guiora, mas acredito que o melhor é ele sair direto da França. Será que é melhor se ele for para casa antes? Assim pelo menos vocês se encontrarão. Se passar em casa, poderá equipar-se de acordo para a viagem. Numa próxima carta escreverei o que ele poderá precisar.

Eu estou ótima. Não tenho aula. Trabalho, leituras, passeios (às vezes), música e muita conversa com as amigas preenchem os dias. Não é difícil aguentar o calor.

Mil beijos,
Hannah.

---

1 Karl Kautsky (1854 -1938). Teórico político alemão e um dos fundadores da ideologia social-democrata. Foi uma das mais importantes figuras da história do marxismo, tendo editado o quarto volume do *O capital*, de Karl Marx. (N. T.)
2 Publicada na íntegra pela primeira vez. (N. T.)

Nahalal, 13 de agosto de 1940.[1]

Minha querida e amada mãe, e querido Guiora,

Quando li na tua carta, mamãe, o suplício pelo qual nosso Guiora passou,[2] entendi que era justificada a minha preocupação. Não sei, mas tive uma sensação de que algo ruim aconteceria a ele. Graças a Deus essa preocupação já passou, e agora só quero que não apareçam outras em seu lugar. Guiora, querido, eu estou realmente orgulhosa de você, de sua inteligência, sua resistência em situações difíceis e também por ter terminado teus estudos com louvor. Precisamos de pessoas como você aqui. Resumindo, venha logo. Fiquei contente de receber a fotografia de Judith Szunyogh.[3] É estranho ver e sentir através das fotografias a distância incompreensível entre minha vida e a vida de minhas antigas colegas de classe. São tão diferentes os conceitos, os valores, os objetivos e as oportunidades que se eu as encontrasse hoje não teríamos muito sobre o que conversar. Algumas coisas daquele mundo me interessam muito às vezes.

Hoje, na aula de hebraico, a professora falou que meu hebraico está impecável e que meu estilo de escrita é bonito. Não é que não tenho erros, mas que meu hebraico é diversificado e correto em comparação ao das outras jovens. Na verdade, o que me dá mais alegria agora é estudar hebraico. Fora isso, agora também tenho um trabalho agradável. Anteontem comecei a trabalhar na padaria. É muito interessante. Trata-se de um lindo trabalho, apesar de bastante difícil. É possível aprender muito e é um prazer trabalhar. Deve-se amassar, com as mãos, de trinta a sessenta quilos de farinha por dia e assar num forno elétrico. Duas moças trabalham diariamente, totalmente independentes, apesar de que Lea, a orientadora, costuma estar presente nas horas importantes do trabalho. Temos um bom relacionamento com ela e gostamos dela, o que torna o trabalho muito

---

1 Publicada na íntegra pela primeira vez. (N. T.)
2 Em carta enviada a Hannah em julho de 1940, Katarina copiou trechos de uma carta que Guiora lhe enviou, relatando sua fuga de Lyon. (N. T.)
3 Colega de classe de Hannah do colégio Baár-Madas. Katarina enviou a Hannah uma fotografia de Judith vestida de noiva. (N. T.)

agradável. Espero não mudar de opinião durante essas duas semanas e também espero que, sob a orientação de Lea, eu possa me aperfeiçoar na tarefa de fazer pão para inclusive competir com o padeiro-chefe. Além de assar pão e estudar hebraico, estou ocupada também com os preparativos de um espetáculo (para ser exata, para o baile de fim de curso). Isso me deixa sobrecarregada de trabalho, e acho que Guiora tem razão quando afirma que quem se ocupa dessas coisas é bobo. Eu perco muito tempo com isso e acho que o resultado será lamentável. Aos sábados, depois do almoço, jogamos handebol e à noite vamos passear e às vezes conversamos com rapazes húngaros (Juda Bettelheim e outros) que se encontram em Nahalal, mas eu me afasto deles logo pois só falam em húngaro. Alguns se esforçam por minha causa e falam hebraico, mas a maioria continua sem saber nosso idioma. Às vezes discutimos seriamente: eles são os que criticam muitas coisas e eu acabo defendendo-as. Eles têm queixas contra o país: esperavam algo muito diferente. Ao que parece, foram vítimas do sionismo romântico da diáspora, que só promete e não exige nada. A realidade aqui é muito diferente. Às vezes a vida exige de nós muito mais do que somos capazes de dar, contrariando a ideia convencional aceita na diáspora. Fica difícil para alguém dar se sempre esteve acostumado a receber. Eu entendo perfeitamente esses jovens. Na verdade, eles sabem e querem trabalhar, mas lhes falta a paciência necessária e é difícil para eles entender nossa tendência em nos estabelecermos em kibutzim e moshavim.[1] Eles acham que é tudo planejado de propósito contra eles. Não compreendem que é difícil estabelecer-se no país por causa da também difícil situação econômica que ele atravessa. O mal reside no fato de verem os defeitos com olhos de visitantes que enxergam tudo de fora. E é uma lástima que não cheguem à única conclusão lógica que existe: não repetir os erros dos outros. Em vez disso, muitos se satisfazem em apontar fatos; se fecham em si mesmos, se enfurecem e criticam duramente. Se eu lhes dissesse tudo isso, eles contestariam claramente: aqui ninguém consegue uma oportunidade para alcançar uma posição de destaque. Cada um busca somente a chance de subir na escala social, sem considerar as poucas oportunidades que existem de fato. Será, realmente, que todos são assim?

---

1   Colônias agrícolas. (N. T.)

Absolutamente não. Somente aqueles que pertencem a determinada classe, e por sorte podemos agrupá-los numa mesma camada social. É uma pena que os imigrantes da Hungria pertençam a ela. Estes jovens trabalham para os agricultores. Não recebem salário, mas sim o necessário para sua subsistência. Isso continuará assim até que aprendam todos os trabalhos agrícolas. Pode-se afirmar que se trata de uma preparação. Depois disso, e caso ainda sejam necessários, receberão salário. O objetivo é que sejam operários agrícolas e que se estabeleçam em algum moshav. Mas alguns certamente vão se radicar na cidade. Não tenho outros amigos ou conhecidos, e eu sou a única culpada disso, já que não aproveito as oportunidades que aparecem. Há duas semanas venho querendo fazer umas visitas, mas na última hora sempre surge alguma outra coisa mais importante para fazer.

Há um ano eu estava recebendo o certificado de imigração. Daqui a pouco fará um ano que estou aqui. Foi sorte ter vindo imediatamente após o segundo colegial, sem ter que esperar um ou dois anos, como acontece com várias moças.

Termino por aqui. Infinitos beijos aos dois,
Hannah

Hannah com duas colegas de classe em Nahalal,
segurando os pães que fizeram na padaria.

Nahalal, 27 de agosto de 1940.[1]

Meu querido Guiora,

Há tanto tempo não sento para conversar contigo, mesmo que por carta, que nem me lembro mais. Acredite: você está em meus pensamentos mais do que de costume. Sei que você fica sabendo de mim através de mamãe. Quando a correspondência entre vocês recomeçou, você pode ter recebido meu cartão-postal, mas a carta que te enviei há um mês pelo teu aniversário voltou. Fiquei muito chateada por você não a ter recebeido. Não sei o que te desejar: que esta carta não te encontre mais em Lyon e que você saiba das minhas novidades já em casa, ou se é melhor, na verdade, você ficar agora onde está? Guiora, você sabe quais são as chances. Deus queira que a terceira solução dê certo: que você possa logo estar aqui, em Eretz Israel. Mamãe escreve que as transferências foram interrompidas, que o custo de vida aumentou e que já não há oportunidades de emprego. Escreva-me se precisar de dinheiro: a transferência chegou e posso enviar alguns forints. Acabo de me lembrar que talvez não seja possível fazê-lo na situação atual, mas de todo modo me escreva se estiver precisando de dinheiro. Já que não pode trabalhar na tua profissão, você poderia pelo menos passar um tempo no treinamento agrícola daquele lugar onde você esteve no ano passado. Acho que não faria mal. É claro que seria ótimo se você pudesse trabalhar na tua profissão até que... até que... na verdade, Guiora, eu não ouso dizer quão inesperado é o caminho para a *aliá* hoje em dia. Você não pode imaginar o quanto me dói o fato de que o atraso causado por mim tenha contribuído para o rumo dos acontecimentos. Acho que até a data marcada (1º de dezembro) será impossível transpor todos os obstáculos, e talvez seja preciso desistir desse certificado e requerer outro com maior prazo de validade. Temo que se você for para casa não te deixem mais sair de Budapeste. De certo modo, agora já não tenho mais paciência para relatar minhas trivialidades. A vida transcorre numa calma absoluta, e estamos tão alheios à tensão geral como se estivéssemos a milhares de quilômetros de Haifa, e não dezenas. As dúvidas

---

[1] Mais uma carta totalmente inédita. (N. T.)

internas, o trabalho, a escolha de uma profissão e o início do segundo ano me ocupam. Fora isso, fiz um passeio maravilhoso de duas semanas, enquanto você, Guiora querido, ganhou um passeio diferente este ano.

Realmente, se vocês estivessem aqui, eu estaria satisfeita. Depois de um ano, posso afirmar que não me arrependo de minha escolha, em se tratando tanto do país como da escola. Creio que mudei muito, mas acho que para melhor. Vamos dizer assim: quando vim para cá, eu tinha apenas cabeça. Agora, tenho também mãos.

Gostaria de saber mais detalhes sobre você, mas de certo modo não posso entrar em minúcias agora sobre mim. Vamos trocar a ordem das coisas, para variar, e caberá a você ser o mais aplicado. Você sabe o quanto espero por notícias tuas. O hebraico está progredindo muito bem: eu leio apenas em hebraico. Fora isso, há muito que aprender. Afinal, a diferença entre o idioma coloquial e o literário é enorme. Em conversas do dia a dia é possível se fazer entender com um vocabulário escasso, mas, quando abrimos um livro, vemos a verdadeira riqueza da língua. É natural que por ora você tenha negligenciado isso, mas, se tiver tempo, Guiora querido, empenhe-se nisso para estar pronto sob todos os aspectos e para poder vir para cá assim que for possível. Talvez hoje isso seja apenas uma frase à toa, mas pode ser que amanhã a situação política mude.

Mil beijos, e espero ansiosa tua carta,
Hannah

6 de setembro de 1940.

Sobre rapazes, A. veio me visitar e depois também B. Gostaria tanto de poder trocar todos eles por um que fosse de meu gosto, e até trocaria esse um por meu irmão. Continuo minha vida diária e só às vezes, ao anoitecer, explode o grito dentro me mim: é impossível isso continuar! Já se passaram dois anos desde que vi Guiora, tirando os dias que estive em Lyon. Temo que quando voltarmos a nos encontrar estejamos tão distantes, tão frios... Em meus ouvidos soa o título de um livro que não li, mas que mamãe contou: *A alma apagada*, em que se descreve o distanciamento de pessoas que ficaram afastadas por muito tempo e que, quando finalmente se encontram, não têm nada para falar: o olhar frio, o vínculo rompido... Dois anos... Quantos mais? Ainda acredito... Quero acreditar...

Algumas impressões sobre o trabalho da colheita: o verde cobre todo o campo. A colheitadeira corta e as plantas caídas já não podem mais se levantar. Quer protegê-las do sol ardente, do vento que sopra, para que não se espalhem mais por todo o campo? Junte-as num enorme monte e o que não couber no monte o vento levará.

Assim é Israel, nosso povo, depois da colheita...

Nahalal, 11 de setembro de 1940.[1]

Minha querida mamãe,

Com o início do ano letivo estou cada vez mais ocupada. O tempo livre é menor, então você pode se preparar para uma redução no tamanho das cartas – o que não quer dizer que aumentará o intervalo entre elas. As aulas são muito interessantes. Além das matérias gerais (química, botânica, hebraico), há alguns assuntos técnicos: avicultura, cultivo de verduras, plantação, jardinagem, apicultura, criação e nutrição bovina. Cada uma de nós participa de todas as aulas sem exceção, mas obviamente dando mais atenção às matérias da especialização que escolheu seguir. Eu escolhi seguir com avicultura como especialização, e cultivo de verduras como matéria adicional. Não foi fácil escolher pois ainda não trabalhei em nenhuma dessas áreas, mas se eu achar que errei na escolha poderei trocar. O corpo docente é bastante bom, e ainda houve algumas mudanças para melhor neste ano. Nosso ciclo está dividido por nível e em três classes. Eu estou na primeira classe graças às minhas notas do ano passado. Além das aulas nas classes há o que chamamos de

---

1 Publicada na íntegra pela primeira vez. (N. T.)

"aulas práticas externas". Agora começa a parte agrícola da escola, e descobri, para minha alegria, que isso me interessa muito.

Como mencionei anteriormente, no que diz respeito a rapazes o movimento aqui é grande. Não sei de onde eles brotam. É como se de repente tivesse começado a temporada. Não há um entre eles que seja sério (ou seja, que me interesse), por isso não há o que escrever sobre eles. Não gosto de amizades do tipo Feuer und Flamme[1] após um ou dois encontros. Na verdade eu não os rejeito completamente, já que uma mudancinha na nossa vida monótona não faz mal a ninguém. Não se assuste, mamãe: eu não me coloco como uma fortaleza, elegante e cruel, que arrasa jovens corações. Não é tão perigoso assim. Talvez, se uma dessas amizades resultar num passeio de carro no sábado, não terá sido nada mau. Não preciso te escrever que eu dispensaria quantidade em favor da qualidade, mas infelizmente não depende de mim. Já se passou um ano desde o dia em que cheguei ao país. Lembra-se, mamãe, da nossa despedida na estação de trem? Foram momentos muito penosos; não conseguia pensar nem em projetos nem no futuro. Eu só via você e me sentia muito egoísta e até mesmo impulsiva. Estes sentimentos pareciam contraditórios, mas a contradição estava em mim; um fio me ligava ao país ainda antes de chegar aqui, e um segundo fio muito forte me unia a você. E se não fosse pela fé absoluta de que – apesar de todos os obstáculos e de todas as dificuldades – nós três ainda nos encontraremos aqui, duvido que eu pudesse suportar! É tão difícil falar disso, quanto mais escrever! Parece que quero me desculpar com você e não há necessidade para tal. Sei que se há alguém no mundo que me entende, que concorda com o passo que dei e que me perdoa, esse alguém é você, mamãe querida. E mesmo assim, hoje sinto necessidade de te agradecer, um ano após nossa despedida, pelo teu ato de heroísmo que me possibilitou a concretização de meu objetivo. O que mais posso escrever? Como gostaria de beijar tuas mãos!

Agora são cinco para as duas e às duas eu começo o trabalho no curral, então é melhor terminar a carta, não há muito tempo para sentimentos e lembranças.

---

[1] Fogo e chama. (N. T.)

Passaram-se dois dias e eu não tive tempo para escrever cartas. Anteontem à noite houve uma reunião do Círculo de Bíblia (do qual contei que participo) e ontem muitas amigas da Jovem WIZO vieram de Haifa e tive que dar-lhes atenção (apesar de que eram muito mais "WIZO" do que "Jovem"). Além disso, Saul apareceu de novo. Como rejeitá-lo tornou-se uma séria preocupação. Não faz sentido ele vir uma vez a cada duas semanas de uma distância tão grande, sempre caloroso, quando eu sei que de minha parte essa amizade não terá significado algum. É claro que disse isso a ele, mas pelo jeito isso não o incomoda: ele acha que, se nos conhecermos melhor, eu acabarei mudando de ideia.

Até você receber esta carta já terá passado Rosh Hashaná. Não escreverei detalhadamente tudo o que te desejo – e a todos nós – para o novo ano. Creio que a oração de Rosh Hashaná de nós três será semelhante. Tomara que se realize! Pelo jeito, terei quatro dias de férias e gostaria de desfrutá-los parte em Petach Tikva, parte em Kfar Saba, no kibutz húngaro da Juventude Sionista. Tenho conhecidos por lá que ainda não encontrei, e além do mais estou curiosa para ver como eles se ajeitaram, pois, por seus fundamentos, esse também pode vir a ser meu kibutz. Não sei como resolver o problema da falta de transporte para viajar durante o feriado, e deverei ficar todos os dias em um lugar só. Vou dar um jeito.

Gosto muito de nosso quarto. Temos colchas claras e bonitas e cortinas parecidas debaixo das prateleiras. Minha toalha de mesa também combina. O quarto é confortável, simpático e, mais importante, minhas duas companheiras de quarto e eu nos damos muito bem. Às vezes, à noite, a amizade toma o lugar do sono e nos afundamos em conversas, mas se adormecemos um pouco mais tarde, é porque vale a pena.

Da próxima vez escreverei um pouco sobre meus novos professores. Por ora termino mandando incontáveis beijos,

Hannah

Escreverei algumas linhas para a vovó, peço que você entregue a ela, mas não passe essa carta pelas mãos de toda a família. Vitz e tia Eliz podem ler tudo.

Como agora é sábado à noite, posso acrescentar também o de hoje. Em vez do passeio programado, estive outra vez na casa da Ilonka e família. Apesar de ser muito agradável estar com eles, há muito tempo não consigo chegar lá. Tento aproveitar o sábado. Viajo pela manhã, fico com eles algumas horas e volto após o almoço. Nessa estrada há muito movimento, portanto não preciso me preocupar com a viagem. Eles se arrumaram muito bem na casa nova, Imre está entusiasmado com o trabalho na horta, com as pombas, os peixes e a coleção de cactos, Ilonka faz os serviços domésticos pois a casa aumentou, eles aceitam tudo com boa vontade, apesar de a vizinhança deles estar numa área um pouco perigosa. De qualquer maneira, eles gostam muito da vida nova, eles nunca foram verdadeiramente urbanos. Nessa oportunidade, celebramos um ano de minha chegada ao país, apesar de que um ano de nosso encontro será somente daqui a uma semana. Estou muito feliz por ter encontrado pessoas tão agradáveis.

Hannah com amigas em Nahalal, 1940.

Nahalal, setembro de 1940.[1]

Recentemente celebrei meu primeiro ano no país. Lentamente, sem perceber, o amor incipiente tornou-se um amor definitivo, verdadeiro, e sinto que este país é minha casa. Amo a paisagem, o povo, a forma de vida, o

---

1   Carta escrita à sua prima Évi Sas. (N. T.)

idioma e o campo. Agora vejo que, na verdade, mesmo em casa a vida na cidade não me atraía. Em Budapeste eu me sentia como se vivesse no campo e, portanto, aqui a vida urbana também não me atrai.

É difícil dizer pelo que me apaixonei aqui. Pelo panorama e sua variedade infinita, pela falta de vegetação, pela estrutura montanhosa, formas e cores que você não encontra em nenhum país. E isso não diz respeito só ao panorama. O ar é puro e é possível ver à distância. De Jerusalém é possível contemplar o mar Morto e, a partir de cada colina, um panorama maravilhoso. E o povo? Não te escreverei sobre o povo da cidade, pois não o conheço e tenho a impressão de que não difere do povo de outras cidades. Em vez disso, me concentrarei nos habitantes dos moshavim e kibutzim. Tanto em suas relações como em seu aspecto interior, são de uma simplicidade absoluta. Não utilizam muito expressões como "por favor" e "muito obrigado", e podemos dizer que não são muito cordiais. Por outro lado, são extremamente gentis. Na verdade, não sentem que não são cordiais, pois para eles isso é o natural. Se você chegar num kibutz, comerá em sua mesa mesmo que não te conheçam; se você se dirigir a alguém ele te mostrará e te explicará tudo. Entende-se que esta cordialidade não é patrimônio de todos nem está em todas as partes. Não imagine uma sociedade ideal, cujos homens são todos maravilhosos. Mesmo eu, por experiência própria, poderia dizer que encontrei tanta cordialidade da parte de gente quase desconhecida que até poderia generalizar. Não é esta a única virtude. Pode-se afirmar dos jovens que são saudáveis de corpo e pensamento. É difícil apontar traços gerais, pois temo que minhas palavras sejam entendidas como um elemento de propaganda para a diáspora em favor da nova geração. Ao descrevê-los, vejo diante de mim minhas companheiras de classe, jovens alegres, elegantes e inteligentes, ou escuto os membros dos kibutzim e moshavim que cantam durante seus passeios em ônibus lotados, ou quando dançam, ou durante uma conferência, ou uma peça de teatro. E desta observação deduzo: parecem-me saudáveis física e espiritualmente. Sem vê-los pessoalmente, ao ficarem as palavras registradas no papel, tudo pode parecer mera fraseologia. O círculo de seus interesses difere muito do nosso. O melhor exemplo disso é a véspera do sábado. Geralmente à noite há um concerto no rádio, mas eles, gente de moshav, dançam e cantam com acompanhamento de gaita no jardim. As jovens vindas de fora do país ficam, quase sem exceção, na sala de música. No jardim, os sabras. Nós também nos juntamos depois à dança e à cantoria. Somente às vezes elas escutam o concerto. Elas realmente possuem ouvido musical, e muitas gostam e cantam muito bem. Nas noites de verão, sentam-se em grupo e cantam. Há canções muito bonitas em hebraico e quem conhece uma nova canção se transforma no "herói do dia". Gostam menos da música denominada "séria". Isso se refere principalmente aos nascidos em moshavim. No kibutz, é comum haver educação musical mais substancial do que na cidade. Obviamente, há grande interesse pelo teatro e pelo cinema. Em apresentações do "Habima", o salão fica lotado. Os jovens se interessam mais pelo cinema do que os idosos. O meio cultural mais difundido é, sem sombra de dúvida, o livro; lê-se muito, logicamente em hebraico, e, portanto, somente conhecem da literatura universal os livros que foram traduzidos. Não são muito inclinados a filosofar e deixam as discussões ideológicas para nós. Não obstante, é interessante quando se começa a discutir com eles, pois possuem opinião própria. A diferença entre "nós" e "eles" é somente técnica: na realidade nos relacionamos sem dificuldades; na maioria dos quartos há moças de diversos países e nos entendemos perfeitamente. Em muitos kibutzim, a mistura de um grupo Eretz--israeli e um estrangeiro deu ótimo resultado, o que demonstra que existem diferenças, mas não oposição.

Amo a democracia que vai se revelando fora da escola em cada coisa. Não é verdade que o conceito democrático esteja limitado ao kibutz ou ao moshav, já que é plausível falar de democracia onde convivem diversas classes sociais. No moshav não há categoria mais elevada que a do "chaver"[1]... Assim é a vida aqui, e professores, médicos etc. também são chaverim ou considerados de uma mesma categoria. É natural que no kibutz não haja diferenças porque não existem causas que as motivem. Todos vivem em iguais condições e só diferem no lugar de trabalho, que mesmo assim não determina a posição de cada indivíduo na sociedade. Dentro do marco kibutziano existe o setor administrativo,

---

1 Membro de kibutz ou moshav. (N. T.)

que envolve maior responsabilidade, maior influência, mas dele não deriva nenhuma vantagem pessoal. Os contrastes na cidade são mais evidentes e as relações entre as diversas classes, menores. A divisão de classes está baseada principalmente na situação econômica, pois de fato não existem outras diferenças entre o trabalhador e o proprietário. O nível cultural é basicamente parecido. Aumentar a instrução aqui significa todo um problema. A ideia tão comum na diáspora de que aqui se tenha que procurar com lanterna um homem que não saiba ler e escrever é, infelizmente, falsa. O governo não arca com o peso da educação. Nossas possibilidades financeiras são reduzidas e por isso a escola é um dos problemas mais difíceis da sociedade. As escolas existentes não chegam ao nível que nós supomos. Existem também, é claro, escolas de alto nível, escolas secundárias nas cidades e escolas regionais, onde se alcançam bons resultados, e, entre elas, paralelas às secundárias, um tipo importante de escolas para alunos de dez a dezoito anos: estudos teóricos relacionados ao trabalho agrícola. Nas classes superiores o tempo se divide em partes iguais entre teoria e prática. O trabalho do professor é difícil. Em muitos institutos, as notas foram eliminadas. E se elas existem, não lhes dão importância. Quanto ao respeito, nada ou quase nada; os jovens não temem nada nem ninguém e o único meio do qual o professor pode valer-se para influenciar o aluno é sua personalidade. Há quem considere que a liberdade dos jovens se converteu em permissividade, a segurança em si mesmo, em vaidade e a sinceridade, em insolência. Eu não vejo tudo tão negro e considero que essa interpretação é exagerada e até superficial. Avancei bastante no aprendizado do idioma, coisa que me proporciona muito prazer. Comecei a entender a poesia hebraica: leio as poesias de Rachel, Tchernichovsky, Shimonovich, Bialik, Shenur. Não imaginei que a literatura hebraica fosse tão rica. A obra por excelência é o Tanach, que eu não conhecia e que hoje leio com muito interesse. Parece que há um sabor diferente em lê-lo no original, especialmente quando tudo está vinculado a algo vivo como nomes de lugares e de pessoas que usamos diariamente, e por isso não se sente a enorme distância no tempo.

Esse é o lado bonito e brilhante da moeda. É fácil supor que há vezes em que indubitavelmente nem tudo resulta tão lindo e simples. Mas tudo isso é só questão de "cinco minutos" e o trabalho eleva facilmente o homem além das dificuldades. Mamãe já deve ter te contado o prazer que tenho em trabalhar no campo. Apesar disso, continuo desejando trabalhar com crianças. Em ordem de prioridade, me interessam as plantas, os animais e especialmente os homens. Parece-me que meus projetos não se afastam muito da realidade, pois, afora as escolas que descrevi antes, existem muitos institutos que ensinam preparação agrícola a crianças e jovens de ambos os sexos.

Agora comprovo que, começando a escrever, o tema é vasto. Mas por hoje é suficiente.

Hannah em Nahalal, 1940.

30 de setembro de 1940

Meu querido Guiora,
Há uma espécie de falta de reciprocidade em nossa correspondência, pois eu te escrevo e não recebo resposta. Se pelo menos eu soubesse que você recebe minhas cartas, não me importaria o esforço. Como eu gostaria de saber tudo sobre você, como você vive e o que faz! Mas, em vez de expressar tantas dúvidas, tentarei te fazer um resumo de minhas ativi-

dades, e você, Guiora querido, escreva-me sobre tudo, já que tudo sobre você me interessa, especialmente se você tem possibilidades de vir para cá. Por favor, não perca tua perseverança nem tua vontade de vir, apesar de todas as dificuldades. É verdade que é mais fácil escrever do que fazer, mas sei que você é bastante forte.

Eu, pelo menos agora, ao finalizar o ano, estou contente com o caminho que escolhi. E, se os visse aqui, não desejaria nada mais. Da maneira como escrevo, o assunto parece muito simples. No entanto, trata-se do resumo de muitos detalhes em cujo centro vejo o objetivo e o motivo de eu estar aqui. Esse sentimento de segurança desaparece somente quando penso no ano difícil que a mamãe deve ter passado.

Estou muito feliz por saber o idioma. Também nessa área aprendi muito nesse ano. Em segundo lugar, aprendi a trabalhar. Na verdade, não diria de nenhum trabalho: "Isso não posso fazer de jeito nenhum". Desde lavar o chão até tirar o lixo – tentei todos e não me aconteceu nada de ruim. Mas agora chegou a hora de trabalhar na minha área, e é lamentável que ainda não tenham me designado permanentemente para ela. De maneira geral, tenho minhas queixas quanto à escola, mesmo quando sem sombra de dúvida ela oferece muito do ponto de vista do ensino. Mas, em sua condição de internato, parece mais parte de um capítulo de algum romance de moças do século passado (você não entenderá a alusão porque não os leu).

No que diz respeito a esportes me consideram uma boa nadadora, mesmo sendo as sabras melhores, sobretudo as que cresceram perto do mar.

As pessoas costumam escrever sobre trivialidades, pois é difícil escrever sobre coisas importantes. Aqui em Nahalal, até o momento, reinam a tranquilidade e a segurança: a guerra é sentida mais na cidade. Penso muito nisso e talvez seja melhor mamãe vir para cá. Creio que agora é mais fácil conseguir certificado de imigração. O que você acha?

11 de outubro de 1940, véspera de Yom Kipur.

Quero confessar, prestar contas a mim mesma, prestar contas a Deus, repensar minha vida e minhas atitudes frente ao elevado e puríssimo ideal que tenho diante de mim. Comparar o que foi com o que deveria ter sido.

Começarei a confissão em nome da humanidade. Neste ano, mais que em qualquer outro, não há um pecado no mundo que não apareça com muito mais intensidade na lista dos pecados. E não é necessário castigar-nos, pois cada passo e cada atitude trazem consigo um castigo imediato. Todos somos castigados pelos pecados que parece não havermos cometido ou que fomos obrigados a cometer. Não estou culpando apenas os ditadores por ocasionar esta terrível guerra para quebrar o espírito e afundar-nos na escuridão. Se eles não são os responsáveis por tudo, quem então é o culpado? Cada um separadamente? Talvez não. Mas todos juntos: a estrutura, a ordem, a moral reinante, toda a humanidade de uma vez. Mas justamente os mais culpados não sentem essa culpa, e o judaísmo fica sozinho com sua confissão: "pecamos".

E eu... pequei contra minha mãe, pois não a levei em consideração em minha decisão; pequei contra meu irmão ao descuidar de sua *aliá*. Pequei contra o país quando o julguei superficialmente sem penetrar o suficiente em suas experiências. Pequei contra as pessoas, por indiferença e simpatia superficial. Pequei contra mim mesma ao desperdiçar força e capacidade, por negligência e falta de desenvolvimento espiritual. E, apesar de tudo, não temo comparecer em juízo. Pequei em nome de um propósito, pois minha intenção era boa. Se fracassei, se não fui forte o suficiente, se não encontrei o caminho e a maneira, não me envergonho: apenas lamento.

Meus projetos para o próximo ano: estudar e dedicar-me intensamente a uma profissão, idioma e à busca do caminho: ser uma pessoa digna. Temo que para alcançar esse último deverei vencer várias dificuldades. Mas tentarei, pois este é o único caminho que vale a pena seguir. Mas como? Dentro de um ano verei se consegui.

Quero anotar este esboço de poesia:[1]

---

1 Sua primeira poesia escrita em hebraico. (N. T.)

Nas fogueiras da guerra

Nas fogueiras da guerra, no incêndio, na queimada,
Dias tensos que o sangue sente bem,
Aqui estou com a minha pequena lanterna,
Procurando, procurando alguém.

As chamas do incêndio abafam minha luz,
O fogo me ofusca e não consigo ver;
Como olhar, observar, saber, intuir,
Quando na minha frente ele estiver?

Dê um sinal, Senhor, uma marca em sua fronte,
Para que no fogo, queimada e no sangue também,
Eu reconheça o brilho puro e eterno,
Como o tenho buscado: alguém.

11 de outubro de 1940.

2 de novembro de 1940.

Eu sonho e faço planos como se nada estivesse acontecendo no mundo, como se não houvesse guerra, destruição e milhares de mortos diariamente e como se Alemanha, Inglaterra, Itália e Grécia não estivessem tentando se aniquilar. Só em nossa pequena Eretz Israel – que talvez no futuro se encontre na própria frente de batalha –, só aqui reina a tranquilidade. E eu estou aqui, pensando no futuro. E o que penso sobre meu futuro em particular?

Um de meus belos projetos é ser instrutora de galinheiros nos moshavim: ir de um lugar a outro percorrendo as granjas, aconselhando, ajudando, organizando, acostumando os trabalhadores a anotar as coisas e desenvolver essa área. À noite, daria seminários curtos aos moradores do moshav sobre os temas mais importantes do ramo. E, a propósito, conhecer as pessoas, a vida delas e viajar um pouco pelo país.

Segundo projeto: ser instrutora (ao que parece só estou disposta a instruir) num instituto educativo para crianças. Talvez em Shfeia ou em alguma escola regional agrícola. O velho sonho: unir o trabalho agrícola com o cuidado de crianças.

Terceiro projeto, sobre o qual só pensarei muito de vez em quando: nem agricultura, nem crianças, mas escrever (lá embaixo o rádio transmite a *Sinfonia inacabada* e devo escutá-la). Escrever livros ou obras teatrais e não sei o que mais. Às vezes penso que tenho talento e que seria um pecado não aproveitá-lo. Outras vezes digo a mim mesma que, se assim for, ele não deixará de expressar-se mesmo que eu não me preocupe demasiado em fazê-lo aparecer. Se tiver necessidade de escrever, escreverei, contanto que domine o idioma. Na verdade já progredi bastante durante meu primeiro ano em Eretz Israel, mas devo conseguir muito mais.

E isso não é tudo. Tenho outro projeto: viver em um kibutz. Este pode, na verdade, unir-se aos dois últimos projetos. Às vezes sinto um enorme desejo de viver no kibutz. Tenho certeza de que poderia habituar-me facilmente, desde que tivesse a oportunidade de fazer um trabalho que me satisfaça.

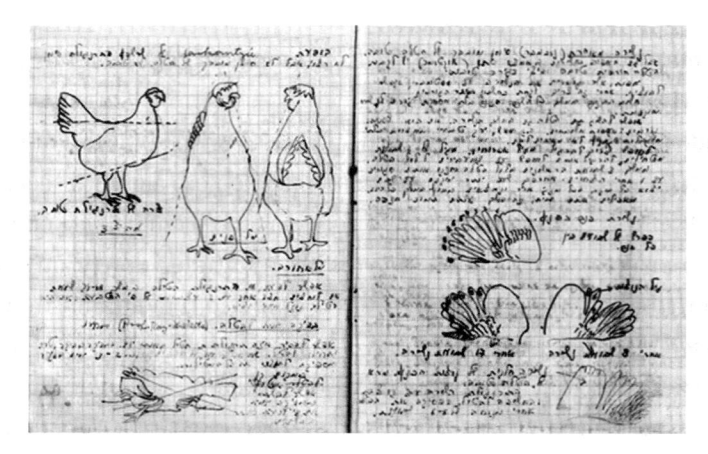

Caderno de Avicultura de Hannah, Nahalal, 1940.

27 de novembro de 1940.

Um barco de imigrantes ilegais chegou à costa do país. Os ingleses não permitiram que desembarcassem por motivos estratégicos, temendo que houvesse espiões entre eles. O barco naufragou, parte de seus homens morreu, parte foi salva e enviada de volta ao Campo de Prisioneiros e Imigrantes Ilegais em Atlit, ao sul de Haifa. Tenho minhas dúvidas e pergunto: qual a maneira certa de agir? Do ponto de vista humanitário não há discussão, não há o que hesitar; o grito deveria irromper das bocas: "Deixem-nos descer! Não basta o sofrimento pelo que passaram? Querem enviá-los a um lugar longínquo 'até que a guerra termine'? Eles voltaram para casa, querem descansar! Quem tem o direito de impedi-los?". Do ponto de vista do país, quem sabe? Talvez tenham razão os que dizem que, por terem vindo de países conquistados pela Alemanha, pode haver entre eles pessoas que possam pôr em perigo a paz do país, num momento em que o front se aproxima cada vez mais de nós. Hoje discutimos o assunto entre nós. Acabei tentando justificar a posição dos ingleses, mas nem eu mesma acreditei nos meus próprios argumentos.

6 de dezembro de 1940.[1]

Você me pede um relatório detalhado sobre minhas experiências durante o último ano. Isso é difícil, pois pode-se vê-las sob vários ângulos diferentes e tenho medo de pintar um quadro superficial. Pela escola somente não é possível conhecer o país.

Se eu tivesse vindo como uma turista, para desfrutar da beleza da paisagem do país, eu poderia contar sobre as montanhas da Galileia, sobre o Kineret e sobre as margens do rio Jordão, cobertas de plantas espetaculares. Eu descreveria o nascer do sol no vale de Izreel ou na praia, a paisagem espetacular vista do anfiteatro de Jerusalém. Se me interessasse o passado grandioso do país, poderia contar muito sobre os bairros antigos de Jerusalém, e a verdade é que o país inteiro é como um pedaço de história. Quase não se pode encontrar um lugar que não tenha relação com algum fato histórico.

Se me interessasse por ciências ou por geografia, certamente ficaria maravilhada com a forma em que a natureza reúne, num lugar tão pequeno, tanta e tão diversificada vegetação, e como é possível haver contrastes tão grandes no clima de um país tão pequeno. Se analisasse com o olhar de um empresário, diria que neste país existem imensas possibilidades, tanto na área agrícola como na industrial.

Mas como não foram essas as razões que me trouxeram até aqui, não pretendo escrever sobre isso. Vim para o país como sionista, à procura de um lar e, portanto, devo responder à pergunta: o que me proporcionará o sentimento de lar?

Os "sabras" não têm esse problema. Para eles, como para filhos de qualquer outro povo, é natural considerar a terra na qual vivem como sua pátria, considerar a língua por eles falada como seu idioma. Eles também não costumam discutir muito esses assuntos, pois isso é parte natural de suas vidas. Obviamente, é mais difícil para os recém-chegados lidar com essas questões.

---

[1] Para um amigo do movimento juvenil na Hungria. (N. T.)

Temos duas suposições básicas: primeiro, que queremos receber do país – o que é natural, e segundo, que queremos contribuir com o país – e esta é nossa obrigação. Se pudermos receber do país o que ele puder nos dar e se soubermos dar ao país o que ele exige de nós, só então Eretz Israel se tornará nossa pátria.

O que podemos receber de Eretz Israel? Primeiramente, a possibilidade de uma vida independente e saudável; logo, uma possibilidade de discernimento mais equilibrado e mais tranquilo para solucionar problemas da sociedade; sensação de liberdade e conquista de uma nova cultura; além disso, sensação de responsabilidade pelo fato de que tudo o que está sendo criado e construído aqui está sendo feito pelas nossas próprias mãos. Tudo isso foi determinado por nós ainda na diáspora como nosso principal objetivo. Após um ano vivendo aqui, posso afirmar que Eretz Israel com certeza nos oferece tudo isso. Mas ela oferecerá isso somente àqueles que, em troca, nela acreditarem e oferecerem seu trabalho e seu amor. A todos aqueles que entendem que este não é um país de milagres, que aqui temos uma semana de trabalho e só um dia por semana de descanso – que é o sábado –, àqueles que estão dispostos a afastar de seu coração as lembranças recentes e por sua vez reviver memórias antigas, somente esses serão privilegiados e se sentirão em casa. Cada um recebe aqui de acordo com aquilo que dá. Não pense que isso é pouco. Durante mais de mil anos pudemos aprender o que significa colocar em um dos pratos da balança e perceber, sempre tarde demais, que mesmo assim o outro prato não se move. Não pense que estou escrevendo palavras vazias. Vários exemplos atestam como muitos que aqui chegaram se adaptaram rápido e com facilidade à vida no país, cumprindo com suas obrigações e aprendendo rapidamente a língua. Isso é conseguido graças à sua força de vontade e ao seu amor ao país.

Em compensação, há os imigrantes que infelizmente ignoram o nosso empreendimento, que permanecem com sua língua e mentalidade estrangeira. Eles não tiveram o frescor nem a coragem necessária para uma renovação espiritual. Uma coisa é certa: o país é difícil no seu clima, na economia e na política. Temos que aceitar essas dificuldades e nos acostumar a elas, já que não há como modificá-las. Também temos que conhecer bem as outras dificuldades para que possamos superá-las.

Não me estenderei mais. Frisarei somente mais alguns assuntos: é muito recomendável que vocês aprendam o hebraico antes da *aliá*. Não estou exagerando na importância disso: vale a pena todo o esforço para aprender a língua, pois isso ajudará na adaptação ao país. Não se esqueça de que, ao viver o cotidiano do país, é difícil dedicar-se a isso. O segundo assunto é conhecer o movimento e ter plena consciência do que esperar do país. É muito importante adquirir as bases para poder continuar a construir sobre elas aqui. Eu também sinto a falta que me faz o conhecimento necessário do sionismo. Hoje estou tentando adquiri-lo, mas nem todos têm a possibilidade de ficar dois anos na escola, onde a vida é mais fácil do que num ambiente de trabalho normal.

Se te perguntarem, diga que um profissional competente, seja na indústria ou na agricultura, pode facilmente adaptar-se aqui. É obvio que é necessário dominar a profissão. Não há necessidade de comerciantes, médicos e funcionários, esses há aqui em abundância.

14 de dezembro de 1940.

... O barco com os refugiados zarpou para a Nova Zelândia. As manifestações e a resistência não ajudaram. Toda a população exigiu em uníssono que os deixassem entrar no país, mas o barco partiu do litoral de Haifa secretamente à noite. O que se pode agregar a isso? Quais são os nossos sentimentos como seres humanos e como povo? E surge a pergunta: até quando?

Hoje é sábado. Sábado vazio. É dia de descanso, mas não é um dia festivo.

Li A *mãe*, de Sholem Asch, e também um artigo de caráter profissional, e agora já não tenho vontade de ler. Há um vazio ao meu redor. Queria cavalgar, ou encontrar pessoas. Talvez esse paralelismo seja estranho, mas ambos têm a mesma raiz: gostaria de romper as barreiras que aprisionam meu corpo, voar entre os campos, sentir o vento em minha face, e com o vento soltar as amarras da rotina, pronunciar palavras que não se pronunciam diariamente e encontrar pessoas que não se encontram todos os dias. Mas, como não há outro remédio, me conformo com meu grupo de companheiras, que não me decepcionam e ainda não me entediam. Tenho coisas para contar a mim mesma, e é bom fazê-lo por escrito. Sinto que não poderei viver sem escrever, mesmo que seja somente para mim, para meu diário. Ou talvez algo mais. Um pensamento que não se materializa em papel é como se não tivesse tomado forma em primeiro lugar. Só no momento em que o expresso por escrito capto-o em toda a sua extensão.

O que escreverei? Tenho tanto a dizer. Gostaria de fazer uma homenagem à mamãe, que desde minha infância até hoje permitiu que eu e meu irmão saíssemos ao mundo e seguíssemos nosso caminho, renunciando ao seu direito materno de deter nossos passos. Essa imagem não é somente a de minha mãe. Todas as mães judias de nossa geração, ou muitas delas, compartilham esse destino. Mas me parece que não há muitas capazes de um heroísmo tão profundo, tão modesto, tão sereno e, portanto, tão grandioso. Se eu fosse realmente tão talentosa, poderia expressá-lo numa poesia de quatro versos. E se não fosse, nem mil páginas bastariam...

1941

Para minha mãe

Onde aprendeste a enxugar tuas lágrimas?
Em silêncio suportar o tormento?
Esconder cada queixa no teu coração,
O choro, a dor, o sofrimento...
Escute o vento!
Seu forte alento
Ruge entre montes infinitos.
Veja o mar –
Espumante a bramar
Açoita os gigantes de granito.

A natureza toda brada e se agita,
Arrebenta cada forma com fervura...
De onde vem a calma do teu coração?
De quem aprendeste bravura?

Nahalal, 15 de janeiro de 1941.

25 de fevereiro de 1941.

Está na hora de escrever sobre Lajos Friedman, mesmo esse sendo um assunto muito mais dele do que nosso. Eu o conheço há um ano, mas só ultimamente nossos encontros se tornaram mais frequentes. Está claro que ele gosta de mim e que suas intenções são sérias. O que não está claro, ou talvez esteja, mas ainda requer explicações, é meu sentimento por ele. Lajos é uma pessoa correta, de valor, um homem bom que me ama, mas tenho certeza absoluta de que não combina comigo do ponto de vista intelectual, de perspectiva de futuro, de interesses em comum. Eu poderia ter uma vida linda com ele, uma vida fácil, mas não uma vida feliz. Agora ele falou comigo seriamente, dizendo que me ama e que quer se casar comigo. Eu lhe falei que, fora respeito e admiração, não nutro nenhum outro tipo de sentimento por ele. Entretanto, não pude dizê-lo com absoluta certeza e o assunto não ficou resolvido. Ele continua vindo me visitar, apesar dos meus pedidos para que esperasse até que eu tenha uma resposta definitiva. Por que essa hesitação? Se estou tão certa de que essa relação deve terminar, então por que não terminá-la? É mais difícil do que eu imaginava.

O que há comigo? Essa pergunta implica muitas questões sobre o futuro que ainda não estão claras para mim e que me resultam difíceis de solucionar. A vida que escolhi é uma vida de trabalho rural, uma rotina que determina minhas relações com fatos e pessoas, mas ainda assim não me sinto realizada. Continuo confusa em minhas inclinações. Às vezes sinto de uma forma, às vezes de outra. Devo tentar a vida de kibutz para ver se me adapto. Acho que pode ser uma experiência interessante por um ou dois anos, mas não creio que possa viver num kibutz a vida toda. Por um lado, me sinto ligada à vida comunitária, mas creio que todos têm necessidade de liberdade pessoal, tranquilidade, oportunidade de crescimento e iniciativa pessoal. Meu problema é uma tendência à confusão. Estou ciente das vantagens que oferece uma vida de trabalho. Às vezes penso que a economia agrária do país está relativamente bem e continuará desse jeito mesmo sem minha ajuda. Aqui, o maior problema é de cunho organizacional. As condições políticas, educacionais e sociais são muito desorganizadas, e essas são exatamente as áreas que determinam nosso futuro e nosso destino. Será que tenho condições de ajudar nessa área? Percebi que tenho influência sobre as pessoas: consigo tranquilizá-las, entusiasmá-las ou inspirá-las. Será que devo esconder e desperdiçar essas qualidades sem me aproveitar delas?

Não sei se isso é uma bênção ou uma maldição. Interesso-me e me envolvo com qualquer coisa, procurando margem para inovação, aprimoramento e desenvolvimento em tudo que faço. Seja para encher sacas ou solucionar problemas da humanidade. Mas me perco em meio a essa complexidade e perco a essência de minha vida. Fico pensando o que acontecerá quando já não tiver mais a flexibilidade para me adaptar ou o entusiasmo para criar.

Não tenho medo de me superestimar e não me vanglorio de minhas qualidades. Não as obtive por merecimento, mas sim de nascença, e estou feliz por ter tido essa sorte. Creio que é minha obrigação usufruí-las. Poderei aproveitar essas qualidades? Terei tomado a decisão correta? Seja qual for o meu futuro, nunca lamentarei estes dois anos. Eles me darão, onde quer que esteja, a possibilidade de compreender o homem que trabalha e toda classe de trabalhos. Serão a minha ligação à aldeia hebreia tanto física como emocionalmente.

Comecei escrevendo sobre Lajos e me afastei tanto do assunto... Mas talvez aí esteja a resposta. O problema que encaro é se devo me casar com um homem só por casar, desistindo dos meus planos e de minha independência. Claro que não é difícil se impressionar e se envaidecer pela declaração de um homem de caráter e valor, mas isso ainda não é amor, e por isso não há motivo para continuar.

Escrevi muito e sem ordem. Mas assim estão meus pensamentos e meus sentimentos. Um contradiz o outro e o outro luta contra o um. Não tenho nenhuma pessoa próxima de mim que perceba isso e com quem me interesse conversar a respeito. Miriam é uma boa amiga, mas não posso discutir esses assuntos com ela. Ela é como eu e certamente está em luta consigo mesma. Eu e a vida real, só nós mesmas poderemos resolver esse dilema. Espero que eu tenha coragem suficiente para me orientar e tomar a decisão correta sempre que necessário.

Nahalal, abril de 1941.[1]

Querida mamãe,

Hoje é sábado. Está um dia lindo e eu certamente sairia para passear, mas hoje Ben-Gurion,[2] um dos líderes políticos do país, virá a Nahalal e obviamente quero ouvi-lo falar. Ele falará ao redor das dez da manhã, então até lá poderei escrever para você.

Antes de tudo, quero te contar algo sobre o trabalho. Esses dias trabalhei numa função qualquer com o professor Levin. De repente, ele me perguntou quais são meus planos para o futuro. Antes que eu pudesse responder, ele acrescentou que acha que eu deveria continuar obtendo conhecimentos técnicos em agricultura, ele notou que tenho boas ideias, e que posso tornar-me uma boa profissional nos principais ramos agrícolas. Na opinião dele, o melhor a fazer é continuar mais um ano na escola, e ele prometeu assegurar todas as condições para que eu possa continuar a me desenvolver. Respondi que eu realmente gostaria de me desenvolver na profissão, mas

---

1 Carta totalmente inédita. (N. T.)
2 David Ben-Gurion (1886-1973), primeiro chefe de governo de Israel, sendo o responsável por ler a declaração de independência, pela primeira vez, em 1948. Foi um dos fundadores da Haganá, movimento armado que serviu de base para a criação do exército de Israel, e também foi um dos fundadores do Partido Trabalhista. (N. T.)

que já descartei a possibilidade de ficar mais um ano na escola em favor de ir para um dos kibutzim ou para um centro de experimentos. Ele então disse que em nenhum lugar poderei aprender tanto como aqui (e isso é verdade) e que o mais importante é saber muito bem a profissão, pois isso me abriria portas em qualquer lugar. Logo depois disso ele disse que a Yafa, nossa funcionária, vai embora, e que ele precisa achar uma substituta. E ele pensou em empregar alguém da minha turma. Obviamente isso não é uma proposta concreta, mas pode-se entender que, entre outras, ele também pensou em mim. Pensei um pouco mais sobre isso. Não tenho vontade de ficar aqui como aluna pelo terceiro ano, mas com um salário de funcionária é outra coisa. O salário não é o principal. Isso não me influencia tanto assim e eu não tomaria nenhuma decisão baseada apenas em dinheiro. Em compensação, eu realmente acredito que se aprende mais dessa maneira, pois ficamos em contato direto com Levin. Além disso, o trabalho em si é interessante e oportuno para mim, pois na verdade a orientação e o aprendizado das moças é a parte fundamental do trabalho. Não sei se você entende o que significa aqui quando se menciona a palavra "funcionária". Levin é nosso professor e chefe do trabalho, mas ele fica muito tempo no galinheiro e sempre conversa sobre o trabalho com a funcionária. Em resumo: o trabalho em si me atrai, mas fico preocupada só de pensar que é mais um ano – e talvez até mais (pois se começamos um trabalho desse tipo não é certo que acabamos em um ano)... Creio que ainda não consegui descrever o ambiente de maneira correta. Não imagine algo horrível, mas o vazio e a falta de coleguismo preenchem o ambiente da escola, fazendo com que as pessoas se esqueçam de como é que se deve comportar entre seres humanos. Estes dois anos não me prejudicaram tanto, mas não sei se conseguiria aguentar mais alguns. Por sorte ainda não tenho que decidir nada, e de qualquer jeito não há nada certo. Em todo caso, sem querer o assunto vazou para todas as moças e agora toda a escola acha que ficarei aqui como funcionária. De certo modo, isso até eleva a minha reputação. Mas, para falar honestamente sobre meu trabalho, devo dizer que cometi uma falha nos últimos dias. Yafa não estava aqui, e ela me deixou encarregada da temperatura da incubadora. Quando desci depois do almoço para verificar, notei que a temperatura tinha subido quatro graus (Fahrenheit). É uma diferença significativa e pode causar um grande prejuízo. Passado o choque inicial, abri a incubadora para esfriá-la, e então Levin apareceu. Ele viu a situação. Ai, ai... Não preciso detalhar qual foi sua reação, mas no final ele declarou que cuidaria sozinho da temperatura e pediu que eu lhe desse as chaves. Fiquei me remoendo bastante por causa desse incidente, mas me consolei, especialmente quando vi que ele não estava tão zangado comigo e que os pintinhos não sofreram nenhum dano. Mesmo assim, senti muito pelo que aconteceu. Mas isso faz parte do trabalho. Às vezes acertamos, e às vezes erramos, então devemos levar isso em consideração.

Ontem estive no moshav de Nathanzon. É um amigo que tenho aqui e que às vezes visito nas noites de sábado. Na maioria das vezes Ruth também está lá, e ficamos conversando e ouvindo rádio. É bom estar com outras pessoas. Depois do almoço fomos visitar um pouco a Lea, a chefe da padaria, com quem sempre tive um bom relacionamento. Talvez ela seja a única que visitamos para realmente conversar. Ela é uma pessoa compreensível e educada. Conversamos sobre meu futuro e ela compartilha meus pensamentos. Ela também acha que no primeiro ano após a escola é preciso procurar e rodar por aí, ver e conhecer os kibutzim para só depois decidir. Acho que precisarei esperar para procurar um kibutz, já que preciso me especializar no ano que vem, mas ficaria contente se tivesse a possibilidade de fazer isso em outro lugar que não Nahalal.

Por enquanto, lá embaixo na estrada, onde Ben-Gurion está prestes a falar, já há uma grande comoção. As pessoas da redondeza estão chegando de ônibus, de carro, de caminhão, de carroça, de cavalo, de bicicleta ou a pé. Vou parar agora de escrever para pegar um bom lugar.

Agora são seis e meia da tarde. O encontro durou das nove e meia da manhã até as cinco da tarde, com intervalo de uma hora. Ben-Gurion falou primeiro, depois os representantes dos kibutzim e moshavim, e no final Ben-Gurion respondeu às suas perguntas. Não vou entrar em detalhes, mas trata-se de muitos assuntos interessantes e importantes. Agora a maior dúvida é se essas não serão nada além de palavras vazias. É claro que um encontro aberto como esse só pode tocar em certos pontos e levantar questões, mas sem se decidir nada. Muitas pessoas vieram, e entre elas vários conhecidos. Conversei com eles durante algum tempo depois do encontro, e só agora pude voltar para o quarto para continuar a carta.

Você está vendo? Esta é a influência de Nahalal. Não tenho paciência de ficar com as pessoas (por exemplo, acabo de largar aqueles com quem estava passeando e subi para escrever). Não que a carta não possa esperar, mas é uma pena desperdiçar meu tempo. Só que, quando não há ninguém, eu sinto falta. Creio que nunca fui Menschfremd,[1] mas é isso que acabarei me tornando caso fique mais tempo em Nahalal. Não pense que é pelo fato de aqui ser um lugar pequeno: Nahalal é um lugar grande, há muitas pessoas educadas e com valores, mas toda a estrutura institucional da escola, sua disciplina e todos os seus "tipos especiais" acabam causando essa impressão. Devemos notar que é uma característica especial deste lugar, um fenômeno que não acontece em nenhuma outra instituição no país. E isso é mérito de Hannah e dos diretores que ela juntou ao seu redor. Não estou escrevendo isso como reclamação e sim como retificação da fama de Nahalal e aos elogios de Hannah, pois apesar de todas as vantagens da escola, os fatores subjetivos são tão importantes, sérios e decisivos no que diz respeito ao futuro das jovens, que não é preciso e é até proibido não falar sobre eles.

Agora chega de escrever. Espero que por enquanto você tenha recebido a fotografia que mandei para Guiora com a carta, se não, por favor envie a ele a fotografia tirada no galinheiro e eu te enviarei outra. Escreva-me contando sobre todos aí.

Incontáveis beijos, e não se assuste com o que contei a respeito de Nahalal. É tudo verdade, mas a partir de agora tudo só tende a melhorar.

Hannah

Estou enviando a fotografia anexa para Guiora.

---

1 Alienada. (N. T.)

Nahalal, 5-6 de abril de 1941.¹

Minha querida mamãe,

Estou de novo escrevendo no sábado à noite. Pelo jeito este será o momento de escrever cartas, ainda mais porque nessa hora há sobre o que escrever. Agora, por exemplo, voltamos de Yagur, um kibutz grande. Fomos até lá assistir a um espetáculo teatral, uma comédia de Molière.² Como Pnina vive nesse kibutz, nos receberam lindamente e nos sentimos muito à vontade. É claro que desfrutamos também do espetáculo. No dia seguinte (isto é, hoje), fui a Kiriat Haim,³ que não fica longe de Yagur. Voltamos agora à noite, mas ainda estou cansada da celebração de ontem.

Hoje (domingo) não teve aula, mas em compensação trabalhamos oito horas. É a distribuição do trabalho como preparação para Pessach (preciso ressaltar que prefiro muito mais trabalhar do que ter aulas, porque elas são muito chatas).

Como prometi que te contaria sobre a assembleia que houve, tentarei me lembrar. Os fatos aconteceram da seguinte maneira: uma das moças da escola, que chegou através da Aliat Hanoar,⁴ abandonou a escola e se casou com um árabe, que ela conheceu só Deus sabe onde. Você pode imaginar como isso nos afetou. Você precisa saber que não se trata apenas de diferenças entre dois povos, mas de diferenças tão profundas sobre pontos de vista, ética e tradições entre a Europa e o Oriente, que uma moça tão inexperiente não pode servir de ponte entre eles. Isso sem

---

1   Carta totalmente inédita. (N. T.)
2   Jean-Baptiste Poquelin, mais conhecido como Molière (1622-1673), foi um dramaturgo francês, além de ator e encenador, considerado um dos mestres da comédia satírica. (N. T.)
3   Visitar a família Krausz. (N. T.)
4   Aliat Hanoar (*Aliá* da Juventude). Organização para a emigração de crianças e jovens europeus para a Palestina, primeiramente da Alemanha, e posteriormente de outros países também. Entre 1933 e 1948, cerca de trinta mil crianças receberam a ajuda da Aliat Hanoar para ir à Palestina. (N. T.)

contar que não se sabe exatamente quem é o marido. Não se pode esperar que dessa história saiam muitas coisas boas. Na verdade, não há muito o que falar sobre o caso em si, e a escola de qualquer maneira faz o que pode para ajudá-la na medida do possível. Nós não tivemos muito o que dizer, já que a opinião geral é que esse incidente, em grande parte, é resultado da educação da escola. Ou mais precisamente: é resultado da falta de educação, da disciplina severa, da introversão e da insensibilidade. É o resultado natural, e a reação a tudo isso. Toda situação educacional, mais cedo ou mais tarde e de maneira mais aguda ou mais branda, acaba causando uma reação.

Todos têm motivos mais ou menos fortes de estar insatisfeitos, mas não falamos muito sobre isso com Hannah e os professores (em especial não ultimamente), mas esse incidente acabou trazendo tudo à tona. Em primeiro lugar, organizamos uma assembleia na classe para falar sobre o assunto. Decidimos que reuniremos Hannah e os professores o quanto antes para transmitir-lhes nossa opinião sobre o assunto. A classe elegeu uma comissão organizadora para a reunião e eu também fui eleita, como de costume. Além disso fui incumbida de presidir e abrir a reunião. Nosso objetivo não era tanto fazer uma lista de acontecimentos, mas sim apresentar teses gerais. Determinamos de antemão quem falaria e sobre o quê. No meu discurso de abertura, revelei a ligação entre a reunião e o evento que nos levou a solicitá-la, e depois falei sobre nosso direito e dever de criticar a escola e seus métodos de ensino. E, em terceiro lugar, falei sobre a responsabilidade que tantas vezes exigem de nós, mas dessa vez éramos nós que a estávamos exigindo da escola. Apesar de o tema ser muito grave, tentei falar de maneira não ofensiva. Mesmo assim, Hannah com certeza ficará algumas noites sem dormir depois de tudo que foi falado. Quando terminei, uma das moças da classe falou sobre nossas intenções ao abordar o tema da educação agrícola (não apenas o estudo da profissão, mas também a abordagem do modo de vida ligado à agricultura, assim como o preparo físico, profissional e emocional necessário). Depois, Miriam falou de maneira geral a respeito dos métodos educacionais, provando que tanto esses métodos como a disciplina da escola são antiquados e ineficazes. Após isso, uma das amigas da

Aliat Hanoar enumerou todas as falhas cometidas em relação ao seu grupo comparado a outros grupos semelhantes. Então, uma de nossas colegas de classe falou em nome dos sabras, criticando as mesmas coisas. Elas culparam de maneira muito dura o método da escola e seus professores. Hannah e os professores escutaram tudo em silêncio, pois não lhes concedi o direito à palavra até termos terminado de falar. Depois disso, Hannah e dois de nossos professores responderam, mas pudemos concluir de suas respostas que eles não tinham muito o que falar, e que nossas acusações tinham fundamento. Eles pediram que revelássemos fatos concretos, e, como de qualquer jeito essa era nossa intenção, prometemos preparar um projeto e entregar uma proposta para um novo estatuto depois de Pessach. É fato que nossas palavras surtiram efeito entre nossas professoras, pois elas ficam tentando nos agradar. Vamos ver quanto tempo isso durará. É evidente que não estamos buscando regalias por termos falado tudo o que falamos: o que queremos são mudanças concretas no que diz respeito a liberdade, hospedagem, passeios etc.

Estarei na escola na noite do Seder de Pessach, mas com vocês em pensamento, perguntando: "Ma Nishtaná Halaila Hazé Mikol Haleilot?". Por que esta noite é diferente das outras noites? Por que esta noite é diferente de todas as outras noites de Seder? Diga à vovó que estou mandando muitos beijos. Quando você receber esta carta, o aniversário de vovó Fini estará próximo. Quantas datas tristes assim temos! Deve ser duas vezes mais difícil para você nesses dias, mãezinha. Comigo você realmente não precisa se preocupar. No momento não me falta nada, e o que eu vier a precisar, com a ajuda de Deus poderei adquirir. Creio que não aceitarei a proposta da escola (que ainda não é uma proposta concreta) que mencionei na vez anterior. Talvez, se eu ficar um ano fora da escola, será mais fácil decidir se voltarei para cá ou se irei para uma instituição similar (se isso ainda me parecer importante, claro).

Minha roupa principal hoje em dia é uma saia azul (que costurei sozinha), com uma blusa branca que você me enviou no ano passado. Assim viajei anteontem. É uma roupa muito prática. A calça também fui eu que fiz e ficou boa, mas a blusa branca não quis fazer sozinha, pois por um lado me leva muito tempo, e por outro, é um trabalho mais delicado. Uma colega de classe me fará por dez piastras,¹ que valem mais ou menos três pengoes. O modelo será bem simples, britânico. Parece que no final das contas eu concluirei meu guarda-roupa. Estou completamente organizada para o verão: tenho dois vestidos que ainda nem usei. Talvez eles precisem de uns pequenos ajustes, mas espero que não haja necessidade, apesar de achar que engordei um pouco... Isso tem precedente, já que como demais. Mas minhas roupas ainda me servem, então acho que não haverá problema. No que se refere à minha beleza, oh, Deus... Na minha opinião ela não sofreu nenhum grande dano, e de qualquer maneira aqui não há ninguém que valha a pena agradar. Não se assuste: ainda não saí rolando por aí nem tenho essa intenção.

Termino aqui esta carta e te mando infinitos beijos,
Hannah

Você já está estudando hebraico? Continue empenhada!

12 de abril de 1941.

Não, não posso mais. Sinto-me como um vaso vazio, ou melhor, furado, no qual tudo o que é derramado dentro dele, vaza. Nada do que faço tem graça. Preciso de pessoas, não só de "pedaços de carne", pessoas próximas de mim em pensamento e em sentimento. Nem mesmo "pessoas". Um homem. Tenho medo de que dentro de mim haja um termostato escondido que não me deixe esquentar nem esfriar demais. E essa temperatura uniforme pode fazer nascer os pintinhos e faz crescer os fetos no ovo, mas também mata o homem jovem.

Por que estou tão só? Há pouco tempo andei passeando pelo moshav à noite. Era uma noite maravilhosa, estrelada. Pequenas luzes brilhavam às margens da ampla estrada, de onde chegavam sons de música, cantos, conversas e risos. Ouvi latidos de cães, como se estivessem bem longe. Também as casas estavam

---

1 Moeda de prata corrente em vários países e com valores diversos. (N. T.)

longe, e apenas as estrelas estavam próximas. De repente, o medo tomou conta de mim. Para onde está indo minha vida? Será que vou seguir andando sozinha pelas noites, olhando o brilho das estrelas e pensando que elas estão perto de mim? Ou será que, ao ouvir o canto, as conversas e o riso ao meu redor, optarei por desviar meu caminho para entrar nas pequenas casas? O que devo escolher? As luzes fracas e próximas que se filtram pelas casas ou o brilho distante das estrelas? O pior de tudo é que quando estive com as estrelas senti saudades das pequenas luzes, e quando entrei em uma das casas minha alma desejou o firmamento. Há em mim certo descontentamento, uma espécie de indecisão, falta de segurança e também de fé. Às vezes sinto como se eu fosse um mensageiro a quem impuseram uma missão. Qual é essa missão eu não sei (pois cada um tem uma função na vida). Eu sinto como se tivesse uma obrigação para com os demais, como se devesse algo. Às vezes me parece que tudo não passa de uma besteira. Por que deve se esforçar um indivíduo, e por que eu?

A correspondência com mamãe parou. A guerra continua alastrando-se e também a isso estou quase indiferente. Tenho medo de mim mesma. Queria chorar ou rir, e sentir com toda minha alma.

23 de abril de 1941.

A Iugoslávia caiu. Ingleses e gregos batem em retirada na Grécia. Na Líbia acontecem combates difíceis cujos resultados ainda são incertos. Em Eretz Israel há inércia devido à impotência do país, além da falta de compreensão e de vontade. Todos falam de política. Todos sabem que a frente de batalha se aproxima, mas ninguém ousa perguntar: que será de nós se os alemães chegarem até aqui? As palavras escritas no papel são simples, mas quando fechamos os olhos e escutamos somente o coração, percebem-se as batidas do medo. Não temo por minha vida. Ela é importante, mas existem coisas mais importantes do que ela. Por vontade ou por obrigação, devo pensar e imaginar qual será o destino do país no caso de termos que enfrentar a Alemanha. Temo olhar o fundo do abismo. Creio que, apesar da falta de armamento e de preparo, não nos renderemos sem lutar. Quinhentos mil podem fazer frente a uma força militar enorme. A Inglaterra ajudará, ou melhor, fará tudo para sair por cima. E eu ainda acredito na vitória inglesa. Mas então, ainda existiria Eretz Israel? O mais terrível é saber que esse desfecho está tão próximo. Apesar de todos esperarmos, de tentarmos nos acalmar, não dá para evitar pensar nisso. Ainda não surgiu um homem que dissesse "Basta!" e sua voz fosse ouvida. Eu sinto certa responsabilidade: talvez deva ser eu a dizer essa palavra? Mas não é meu papel. Não tenho os recursos nem os conhecimentos concretos, e mesmo que tivesse coragem ninguém me daria atenção. Quem sou eu para que me outorguem essa tarefa? Não tenho como fazer nada, mas também não consigo ficar observando de longe sem agir. É como um pesadelo: eu quero gritar e as palavras não saem, quero correr, mas as pernas não me obedecem. Não posso aceitar que tudo se perca e se destrua sem que tenhamos a menor influência na marcha dos acontecimentos.

Quero acreditar que a tragédia não chegará. Que, se chegar, saberemos enfrentá-la com dignidade e, se não fôssemos capazes, que pelo menos cairíamos com honra.

"É belo morrer com santidade e abandonar o mundo aos impuros" – disse Schneur, e suas palavras ecoam em meus ouvidos. O que é uma morte heroica, "Kidush Hashem"? É possível santificar a Deus como algo separado da vida? Existe algo mais santo que a vida?

São três horas, preciso ir trabalhar.

29 de abril de 1941.[1]

Meu querido Guiora,
É provável que daqui em diante eu não possa continuar escrevendo e me incomoda a ideia de que vocês não estejam tranquilos por minha causa. Estamos preparados para o fato de que a guerra se aproxima de nós. Se nosso destino foi nascer nesta época de guerra, me alegra que eu esteja nesta terra,

---

1 Esta carta está sendo publicada pela primeira vez na íntegra, como foi escrita. (N. T.)

que sinto e chamo de minha pátria. "De todos os lugares do mundo, este é o teu..."¹ E o final você conhece. Na verdade não se fala muito sobre isso, cada um de nós sabe e sente.

A vida aqui segue seu curso normal, sem mudanças. Surpreende ver como o trabalho no campo acalma e faz esquecer tudo. Se durante esses dois anos eu tivesse somente aprendido a gozar dessa calma, já teria sido suficiente. Olhando de fora, parece que o tempo passado aqui foi monótono, mas na verdade houve muitas e variadas atividades, novas ideias e novos pontos de vista. Que bom seria falar sobre tudo isso contigo, meu querido Guiora!

Se vierem tempos ruins e mamãe se arrepender por permitir que eu tenha vindo a este país, você, Guiora, terá que explicar-lhe que para mim esta foi a única solução, a única alternativa. Nem por um momento me arrependo do passo que dei no que se refere a mim. Dói-me muito que nestes momentos vocês estejam longe de mim. Tomara que vocês continuem sãos e salvos!

Não pense que estou sempre assim tão séria. Ontem tivemos uma noitada muito alegre e em muitas outras oportunidades estamos muito contentes. Em geral, a gente tenta afastar o pensamento daquelas coisas que nos levam a escrever cartas como estas.

Quando você receber esta carta, já teremos mais informações sobre a situação.

Um milhão de beijos a vocês dois,
Hannah

P.S.: Lembranças de Miriam, minha colega de quarto. Ela ficou loucamente apaixonada por você quando viu tua fotografia.

---

1 Citação de "Szózat", uma famosa poesia escrita em 1836 pelo poeta e dramaturgo húngaro Mihály Vörösmarty (1800-1855). (N. T.)

Aos irmãos[1]

Se tivermos que nos separar
O fardo a carregar
Cairá imenso e sem demorar
Sobre vocês
Assumam um novo projeto
Construam sobre a areia, e como teto
O azul do céu – perfeito
Para recomeçar.
E saibam que, apesar do preço,
O caminho da honra e do apreço
É correto.

Nahalal, 4 de maio de 1941.

Hannah em Nahalal, 1941.

---

1 Escrito alguns dias após a Rússia entrar na Segunda Guerra Mundial. (N. T.)

Morrer?...

Morrer... Jovem... Morrer... Não, eu não queria...
Apaixonei-me pelo sol e seu calor,
Pela luz, a canção, o brilho de um olhar,
E nunca quis a guerra, a dor,
Não, eu não queria.
Mas se me é imposto viver nesta condição
Entre o sangue derramado e a horrenda destruição,
Darei graças a Deus pelo privilégio de viver,
E quando chegasse a minha hora de morrer
Sobre a terra da minha pátria seria.

Nahalal, 5 de maio de 1941.

Nahalal, 14 de maio de 1941.[1]

Meu querido Guiora,
Recebi hoje uma carta de mamãe, do início de abril. Fiquei infinitamente feliz, em parte por não acreditar que ainda poderia receber cartas, e em parte porque é a prova de que mamãe me entende mesmo de longe. A respeito de Lajos (você certamente sabe sobre ele) ela escreve com uma compreensão que nem todas as mães têm. Ela também escreve sobre os excelentes resultados das tuas provas, especialmente as teóricas. Estou muito, muito feliz, Guiora querido, e não me surpreendo nada que você tenha se saído tão bem em tudo.
Acabo de voltar de um passeio de cinco dias. Estivemos no vale do Jordão e na Galileia. Já conhecia os lugares por conta do passeio do ano passado. Dessa vez a ênfase foi para as explicações profissionais e agrícolas. O caminho e os lugares estão cada vez mais lindos. É especialmente significativo nosso

---

1 Mais uma carta totalmente inédita. (N. T.)

relacionamento com cada ponto e cada assentamento. Por exemplo, você se lembra de que fomos a Dombóvár? No caminho passamos por centenas de pequenas aldeias cujos nomes até hoje não sei. O que significava para nós um grupo de pequenas casas? Se você visse com que emoção procuramos da janela do trem ou do ônibus cada kibutz, cada moshav, a ligação essencial de cada assentamento que nasceu diante de nossos olhos com esforço deliberado e com trabalho consciente, você entenderia o significado de participar, com fé e de livre e espontânea vontade, na construção de um país jovem, em desenvolvimento. Temo que o sentimento pareça vazio quando posto por escrito. Mas talvez você entenda o que sinto.

Espero ansiosamente terminar a escola e olhar a vida mais de perto. Queira Deus que os acontecimentos não virem todos os planos e fantasias de cabeça para baixo. Temo, Guiora querido, que tua situação seja pior do que você tem descrito à mamãe. Não sei o que pode acontecer no próximo ano. Em casa há muitas limitações para todas as mercadorias, mas aqui quase não se sente nada disso.

No meu tempo livre eu leio. Agora estou lendo Maurois,[1] Brod[2] (numa tradução para o hebraico) e um livro técnico em inglês. Todos estão contentes com meu nível de hebraico e dizem que não só falo bem, como também falo bonito. Só que até hoje minha ortografia está errada, um hábito antigo meu. Em compensação, já tentei escrever uma poesia em hebraico e ela não é nada má. Não escrevo nada em húngaro além de cartas. Tenho muitos conhecidos, mas ninguém em especial, portanto não vale a pena perder tempo escrevendo sobre isso. Sobre tua crítica de que sou muito fechada e muito dura com rapazes: talvez externamente eu tenha mudado, mas em princípio é difícil para mim fazer amizades. Eu acabo esperando muito mais de uma pessoa com quem eu poderia ter uma relação mais significativa. Mas acredite: essa questão não me ocupa demais. Estou tão ocupada com outros planos que fico realmente feliz que posso decidir sobre eles livre e, independentemente, escolher sozinha meu

---

1 André Maurois (1885-1967), escritor francês judeu. (N. T.)
2 Max Brod (1884-1968), escritor, compositor e jornalista tcheco judeu. (N. T.)

futuro (se é que isso existe). Eu imagino você balançando negativamente a cabeça, mas não se assuste, querido: ainda há esperanças. Ao menos é o que eu acredito. Tenho tempo e não preciso me apressar nem me obrigar a nada.

No que diz respeito a você, desejo que tenha um amigo e mais ainda, uma amiga, que sejam bons e verdadeiros. Nos dias de hoje, esse é o único alívio. Mas espere até chegar a Eretz Israel para se casar e buscaremos aqui uma moça que te sirva.

Queria estar contigo mais uma vez e rir com vontade, rir de verdade, como só é possível contigo. Você ainda se lembra como? Eu estaria disposta até a brigar...

Um milhão de beijos,
Hannah.

17 de maio de 1941.

Prevalece na vida uma sensação de algo temporário. Quando se elabora um projeto, acrescenta-se: "se, por enquanto..." e não se termina a frase. Cada um entende. Eu não penso em minha morte, apesar de que, do ponto de vista objetivo, esta possibilidade está muito próxima. Mas sinto que ainda há muito a fazer na vida, e sem realizar isso é impossível morrer. Certamente todos sentem assim, especialmente todo jovem que saiu ou ainda sairá ao encontro da morte no curso desta guerra terrível. Assim sente todo este país jovem, cheio de vontade e de amor ao futuro.

Por enquanto, nossa classe realizou um passeio aos vales da Galileia – quase o mesmo passeio do ano passado. Dessa vez não fiquei tão impressionada. Talvez porque já conhecesse os lugares. A viagem me incomodou e não me senti bem. Estava resfriada, e o "chamsin"[1] intenso também atrapalhou. Em resumo: do ponto de vista educativo aprendi muitas coisas, mas além dele, nada.

---

1   Vento quente do deserto. (N. T.)

Miriam está no hospital após uma operação. Sofre muito, mas espero que depois acabe por valer a pena. "Depois" é uma palavra que carece de sentido ultimamente. Não gosto do pessimismo, nem mesmo em mim. Talvez seja melhor parar de escrever dessa vez.

A um bom amigo

Causei uma ferida, sem perceber.
Nenhum combate tem resultado feliz.
A flecha era afiada nas duas extremidades:
Me deixou uma bela cicatriz.

Nahalal, 27 de maio de 1941.

14 de junho de 1941.

A Grécia caiu. A ilha de Creta caiu. A guerra agora é no Egito e na Síria. Há três dias, o Exército Britânico invadiu a Síria, e assim o front se aproxima de nossa vizinhança. Durante duas noites bombardearam Haifa e nós descemos aos abrigos subterrâneos de onde escutamos as bombas e os canhões. Hoje soubemos que na noite passada bombardearam Tel Aviv. Há mortos e feridos, e a cidade carece de defesa.

Às vezes dá vontade de observar as coisas de longe, como espectador, sob a perspectiva histórica e não a da fatalidade. Buscar explicação para as coisas que são inexplicáveis. Imagino um pomar cheio de árvores frutíferas, onde cada árvore é um povo: árvores jovens e velhas, nobres e menos nobres; depois da floração e da frutificação, chega o inverno e elas estão sem folhas. O jardineiro vê as ramas secas, pensa na primavera e poda, corta, sem compaixão.

No meio do jardim há uma árvore velha, de tronco grosso. Suas raízes e ramas se expandem por todo o pomar. Mas as ramas estão secas, e a seiva não pode subir até as folhas. O jardineiro observa e vê que as raízes continuam vigorosas e que o tronco são e majestoso ainda dará frutos. Mas é essencial podar suas ramas mais que as de todas as outras árvores. E o jardineiro as corta sem vacilar, ramas grossas e pesadas. Feridas amarelas ficam onde passou a tesoura de podar. Poderá a árvore suportar isso? E, de repente, da rama surge um broto, uma nova rama. E, junto às raízes, um botão fechado contendo em si a esperança de uma vida nova. Esta também podará o jardineiro? Será possível que ele não esteja vendo a vida nova que está debaixo da casca cinza? E se ele a podar, brotará de novo o tronco de Israel?

9 de julho de 1941.

Ainda não podaram em Eretz Israel. Por enquanto. A tesoura de podar se virou para a Rússia, pois lá acontecem os combates mais violentos desde o início da guerra. Há duas semanas a Alemanha atacou a Rússia, e em pouco tempo conquistou boa parte da Polônia russa, Finlândia, e começou a avançar dentro da própria Rússia. Segundo informações dos jornais e rádio, os nazistas agora enfrentam sérios obstáculos e grande resistência russa. Todos sabem que as consequências dessas lutas serão decisivas para o futuro do mundo, e por isso a grande tensão. Até aqui são frequentes os bombardeios e é um verdadeiro milagre o número de vítimas ser tão reduzido.

Ontem recebi um telegrama de mamãe via Turquia, e pude perceber o quanto ela está temerosa e preocupada comigo. É terrível pensar que enquanto eu continuo minha vida normalmente, com comodidade e sossego, mamãe em casa não encontra tranquilidade e se consome, imaginando que estou passando por situações difíceis e assustadoras. Minha consciência pesa e sinto necessidade de fazer algo difícil e que verdadeiramente exija esforço para justificar meu bem-estar.

Estou farta dos estudos na escola e espero ansiosamente o fim das provas. Sei que as condições de vida depois serão mais difíceis em muitos sentidos, mas "difícil" é algo muito relativo. Levantar uma pedra é difícil por causa de seu peso, mas não respirar é mais difícil, apesar de que isso não requer nenhum esforço...

3 de agosto de 1941.

Termino o diário[1] um dia antes de minha saída ao passeio de fim de curso e acho que com ele termina também minha temporada em Nahalal. Parece que termina uma etapa de vinte anos de preparação para a vida e agora devolverei à sociedade o que foi investido em mim. Parece que, com minha saída para Guesher[2] por uma semana, darei meu primeiro passo para a vida. Apesar de ser difícil definir o que é a "vida". Até agora respirei, comi, pensei, conheci pessoas e ideias, me alegrei e chorei. Não é vida tudo isso? Mas todas essas ações eram desprovidas de responsabilidade, que é consequência do provisório e do sentimento de segurança ligado à existência. É provável que por causa disso eu não sinta logo a mudança no kibutz, pois lá a guerra pela sobrevivência não é nem intensa nem difícil. Mas quero escrever sobre o que me espera.

Uma palavra de conclusão sobre os três anos deste diário: foram anos maravilhosos de minha vida. Um caminho direcionado a um objetivo preciso, mudanças importantes em meu modo de vida, novos valores e uma sensação de força interior misturada com conflitos internos – tudo isso foi o conteúdo destes anos. O que me faz muita falta: minha mãe e meu irmão. E às vezes alguém que ainda não cheguei a conhecer.

Isso é o que ocorre em meu interior. E, do lado de fora, destruição, morte, tumulto de guerra. Só escutei os tumultos de longe e parece que ainda não captei seu alcance e horror. O assunto é terrível demais para se entender, para se descrever e para se sentir à distância...

---

1   Terminou o terceiro caderno. (N. T.)
2   Kibutz Guesher. (N. T.)

Um instante...

Na divisa entre os anos que passaram
E os que ainda me seguirão
Deixei-te, Kineret, na face eterna um beijo ardente
Como os beijos da juventude são.

Ardi. Mas tu ficaste inalterada,
Teu rosto tranquilo e gelado.
Descanse teu corpo macio entre os montes
Em seu abraço apertado.
Seguirei meu caminho. Se um dia retornar –
Quando, não tenho como saber...
Mas a lembrança do beijo eterno
Estará sempre em meus lábios a arder.

Chatzer Kineret (Maagan), agosto de 1941.

Nahalal, 1º de setembro de 1941.[1]

Parece que faz pouco tempo que paramos pela primeira vez na estrada de Nahalal, entre os três prédios da escola agrícola, e é difícil acreditar que já é hora de dizer palavras de conclusão e despedida em nome da classe, após dois anos de estudos e trabalho.

Eu disse "dois anos de estudos e trabalho". E de fato, para algumas das companheiras que aqui chegaram do país, de fazendas, essa época serviu como mais um estudo avançado do trabalho prático para estabelecer as bases do conhecimento agrícola. Esses foram nossos primeiros anos no país, anos

---

1 Discurso de despedida escrito e proferido por Hannah Senesh em nome da turma de 1941. (N. T.)

de transições e mudanças fundamentais que provavelmente determinarão o modo de vida de cada um no futuro. Nosso caminho durante esses dois anos nos trouxe da diáspora a Eretz Israel, de uma língua e uma cultura estrangeiras ao hebraico, da vida na cidade ao campo, do ambiente familiar a uma estrutura nova e desconhecida, da falta de trabalho ao trabalho agrícola.

Este caminho nem sempre foi fácil. Houve obstáculos e desvios. Houve também discórdia. E ainda hoje não sabemos se alcançamos nossos objetivos. Ainda não tivemos experiência. O trabalho exigirá o melhor de nós, assim como muito conhecimento de cada uma. Enfrentar e cumprir todas as funções que o Movimento dos Assentamentos Agrícolas nos impõe – este é o nosso diploma e o diploma desta instituição.

Mas uma coisa sabemos desde já: estamos saindo para lutar pela paz, pelo trabalho, munidas de uma arma muito importante: nosso conhecimento do trabalho e uma profissão agrícola. Agradecemos à Hannah,[1] a todos os professores e professoras, orientadores e orientadoras que nos muniram com esse conhecimento. Agradecemos também ao Moshav e a toda a vizinhança, que nos deram um grande exemplo de um cotidiano e de um ambiente judaico. Queremos agradecer aos pais que vivem conosco no país, que perceberam o valor do aprendizado agrícola e souberam renunciar ao trabalho de suas filhas durante dois anos para que pudessem estudar aqui. Enviamos nosso agradecimento aos nossos pais na diáspora, que renunciaram ao que têm de mais precioso para que pudéssemos enfrentar a vida de cabeça erguida. Agradecemos a todos, mas não apenas com palavras. Se nosso trabalho e nossa vida trarão bênçãos ao nosso ambiente e realização pessoal a cada uma de nós, esse será nosso maior agradecimento.

E agora, gostaria de cumprimentar esta instituição, desejando que perdure por muitos anos e que tenha seu espírito sempre jovem para que possa cumprir com todas as suas difíceis e importantes funções, principalmente nesta época turbulenta, e para todo o sempre.

---

1   Hannah Mayzels, diretora da Escola Agrícola de Nahalal. (N. T.)

Nahalal, 6 de setembro de 1941.

Última semana, último Shabat, última tarde em Nahalal. O aspecto do quarto é terrível. Miriam e eu empacotamos. Eu já terminei e sairei amanhã de manhã. Tive oportunidade de ver quantas coisas desnecessárias eu tenho, ou melhor, quantas das coisas que trouxe serão desnecessárias para a vida que escolhi. De qualquer maneira, o importante é que tenho comigo o necessário e o excesso nunca é demais. Aproveito a última oportunidade para conversar com Miriam, esclarecer certas coisas, pois certamente não teremos ocasião semelhante para que possamos nos encontrar de novo (exceto durante o passeio curto que está em nosso programa). Creio que Miriam foi minha melhor amiga de verdade. Será que a conheci completamente? É difícil afirmar. Houve vezes em que a senti distante de mim. E debaixo da camada exterior de autocontrole, que ela adquiriu através da autodisciplina, ela era completamente diferente. Parece que havia outra Miriam, sempre em contradição com sua real natureza. Às vezes pensava que nossa amizade não era totalmente verdadeira e sincera, pois nossa natureza e nossos objetivos são parecidos demais, e é como se competíssemos entre nós. Tínhamos discussões violentas, longos debates ideológicos, e a conversa sempre terminava em raiva e impaciência: "Ah, não quero mais falar sobre isso contigo", ou eu encerrava a discussão no meio da frase: "Chega, quero dormir"; pois essas discussões eram geralmente à noite, depois das dez horas. Mais de uma vez nossas vozes se alteraram até o ponto em que as vizinhas começavam a gritar: "Parem!".

Houve vezes em que a senti pesada, sóbria, e ansiava por uma amiga com mais vida. Mas, apesar de tudo, me parece que ela é a melhor amiga que tive até hoje, e será minha melhor amiga não sei até quando.

Como começou nossa amizade? No início, nossa condição em comum nos aproximou. Viemos para Nahalal na mesma época. Ambas éramos novas, ambas sabíamos pouco hebraico, mas éramos compulsivamente determinadas a aprender mais; ambas viemos de um ambiente similar, de uma cultura parecida, de aspirações semelhantes, em busca de ideais praticamente iguais, mas também havia entre nós uma diferença grande de percepção, na expressão e na educação ideológica. Ambas queríamos dar ao ambiente tudo o que podíamos oferecer e queríamos receber dele o que quer que ele tivesse para dar. Estávamos ansiosas e sedentas por conhecer tudo o que havia em Eretz Israel. Ambas tínhamos a mesma atitude em relação ao trabalho: uma atitude confusa, idealista. Ambas queríamos uma vida nova. Essas eram as linhas comuns que nos aproximaram. As linhas opostas fortaleceram a amizade, como a protuberância e o orifício de um botão de pressão que seguram os pequenos discos que se ajustam entre si. E no que nos diferenciamos?

Ela pesa mais as coisas, se aprofunda nos problemas beirando o exagero, e se tortura por coisas sem importância; eu sou mais superficial, mais tranquila, sempre disposta a encontrar o bom e o belo da vida. Ela me repreendia sempre que achava que eu era muito superficial na discussão e na decisão. Eu lhe mostrava a parte mais agradável da vida. Ela é muito impulsiva e se irrita com facilidade; eu sou mais calma, mais considerada. Ela tem uma visão mais teórica das coisas, eu sou mais realista. E assim eu poderia continuar e enumerar mais, mas o mais importante é que eu podia recorrer a ela com todo tipo de problemas, contar tudo, pois sabia que ela me compreenderia e me aconselharia, e sempre gostei de receber suas críticas. Ela também tinha uma atitude semelhante em relação a mim e isso nos ajudou muito a superar nossas dificuldades. Mas não é só isso. Juntas, espiávamos este mundo, gostávamos de nos divertir, ríamos de nós mesmas e das pessoas à nossa volta, criticávamos todo mundo e bastava uma só palavra ou insinuação para nos entendermos. Ríamos dos rapazes e ambas concordávamos que com todo o prazer teríamos aceitado um, mas não qualquer um que aparecesse e batesse à nossa porta. E como não o encontramos, continuamos rindo daqueles que queriam se aproximar de nós.

Petach Tikva, 8 de setembro de 1941.

Tudo aconteceu como eu previa. Despedir-me não foi difícil, a não ser de Miriam e Pnina. Quando o círculo que forma a aldeia desapareceu do horizonte, senti o quanto estava ligada a ela e a todo o Emek Izreel. Então soube que havia terminado uma etapa de minha vida, a etapa dos estudos, a preparação. Tudo isso perturbou, em parte, a alegria de estar saindo ao encontro daquilo a que tanto aspirei: sair ao encontro da vida! Talvez essa frase sirva para expressar o que me incitava, por ora, a visitar amigos e conhecidos, mas essa livre escolha do presente e do futuro, a responsabilidade por todas as minhas ações a partir deste momento, elas definiam e expressavam, para mim, o conteúdo dessa expressão tão comum: sair para a vida.

Hoje, na estrada de Haifa a Petach Tikva, viajei com um revisionista[1] que tentou me explicar as ideias políticas de seus colegas. Me dói o coração ver e ouvir como tem aumentado a separação em nome da "união", do "patriotismo", da "Grande Eretz Israel" (não culpo apenas os revisionistas). Ele obviamente ressaltou mais o lado político em relação à Inglaterra – e há uma verdade nisso – e não falou do aspecto social-socialista. Mas a conversa estava interessante, pois confesso que meus conhecimentos sobre os partidos e a visão de mundo que tenho é muito falha, e meu pensamento é mais instintivo, baseado mais no sentimento do que no conhecimento...

Petach Tikva, 14 de setembro de 1941.

Estou escrevendo uma peça teatral apesar de não ter condições adequadas, pois só consigo escrever quando há silêncio. Sempre me perguntam o que estou escrevendo. Geralmente as pessoas pensam que, se estou sozinha, estou entediada...

Nes Tziona, 21 de setembro de 1941.

Véspera de Rosh Hashaná. Há dois anos fui embora de casa. Dois anos longe de casa, de mamãe; três anos longe de meu irmão e dois anos em Eretz Israel. Se pudesse, escreveria algumas palavras à mamãe. Tenho tanto para contar!

---

[1] De "sionismo revisionista": nome dado à facção direitista tradicional do sionismo, fundada por Vladimir Jabotinsky, visando ao maior grau do nacionalismo judeu. (N. T.)

É difícil dizer o que lhe diria se nos encontrássemos. Contaria sobre esses dois anos, sobre meus sonhos, meus planos e minhas dúvidas? Poderia contar o que senti ontem: uma pressão forte e grande. Poderia chorar. Porque senti que estou diante de dois caminhos: buscar minha felicidade particular sem prestar atenção nos erros à minha volta nem investir energias numa guerra destruidora e difícil em prol de coisas que são, a meu ver, boas e certas. Creio que a escolha não está em minhas mãos. Escondidas em algum lugar dentro de mim há qualidades que determinam meu caminho, mesmo quando sei das dificuldades e sofrimentos envolvidos. Mas será que tenho a força e a capacidade para realizar tudo o que quero? Será que o que quero é a coisa certa? Deus, se o Senhor deu fogo ao meu coração, deixe que eu possa queimar tudo o que merece ser queimado em minha casa, na Casa de Israel. E se me deu olhos para ver, e se me deu ouvidos para ouvir, dá-me forças para açoitar, acariciar, levantar.

Faça com que estas palavras não sejam meramente figurativas, mas o propósito de minha vida. A quem isso está direcionado? A tudo que há de bom no mundo, e do qual há em mim uma chispa. Sobre tudo isso não falaria com mamãe. Talvez não falasse nada e mesmo assim ela me entenderia. Estou entre estranhos. Eles não me conhecem, não me entendem. Nem eu os conheço. E às vezes sinto que não há em mim uma alma viva, que sinta. Não gosto de ninguém. Gosto de todos, procuro neles o que há de melhor, e se encontrar – gostarei, vou apreciá-los de alguma maneira. Mas isso não é nada; amei de verdade minha mãe, meu irmão, minha avó e a memória de meu pai. E aqui em Eretz Israel eu amei somente a pátria. Mas ela é ampla e grande para corresponder ao amor e mesmo assim esse amor não cria vida. Eu certamente amo a mim mesma sem saber e sem pensar muito nisso, só de uma maneira diferente dos demais. A maioria diz que do meu ponto de vista eu valorizo outras coisas, e por isso me chamam de idealista. Isso me diverte. Se eu quisesse ser diferente, não conseguiria. Não conseguiria deixar de procurar o que é certo para mim. E não poderia deixar de tentar realizá-lo. Isso não é um crédito meu. É minha natureza.

Isso é o que tenho a dizer sobre mim. E sobre o mundo que está sendo destruído ao meu redor, o que vou dizer? Lamentarei na véspera de Rosh Hashaná as dezenas de milhares de pessoas que estão morrendo diariamente?

Falarei sobre o sofrimento, a injustiça e a dor? A quem? É Ele quem sabe. E eu não tenho nada a dizer esta noite.

Por acaso acredito em Deus? Não sei. O meu Deus é muito complexo. Ele é mais um símbolo e uma representação das forças morais que creio que existam. Apesar de tudo, acredito que o mundo foi criado para o bem e que não há nada tão mal que não possa ser penetrado por uma centelha de luz, de bondade. Palavras, nada mais que palavras. A vida dirá, a vida será testemunha. Sei que as minhas são palavras de alguém que conhece pouco o sofrimento e a maldade que há no mundo. O caminho a ser percorrido ainda está à minha frente.

Estou completamente só, independente, responsável por mim mesma. Isso é o que há de bom em minha vida neste momento.

Nes Tziona, 22 de setembro de 1941.

Ontem escrevi poucas palavras: anotações, sentimentos íntimos. Agora quero verificar o que escrevi sobre minhas impressões a respeito do país. É difícil para mim fazê-lo, pois essas impressões são um pouco confusas e incompletas. Uma coisa terrível destaca-se no país: partidarismo destrutivo e, ao mesmo tempo, falta de organização. Grande amargura e falta de esperança. Cada um culpa seu companheiro, se considera inocente e odeia o próximo. Pensam que fatores externos influenciam nossa situação decadente. Isso é falso. A podridão interna é a principal causa, pois se nosso estado interior fosse mais sólido e saudável, também nossa atitude para com o exterior seria diferente.

Somos um povo muito doente. Precisamos de um grande médico que possa nos curar. Talvez o sol e o ar Eretz-israeli possam nos ajudar, mas é um erro acreditar que eles por si sós constituem o remédio para curar todas as doenças. Pelo menos a nova geração é mais honesta e melhor que as anteriores. Os jovens são mais adequados e estão capacitados para continuar, mas carecem daquele primeiro impulso, indispensável para fixar os fundamentos. E como poderiam tê-los? Cabe às pessoas da diáspora começar e aos nascidos aqui completar a construção do país.

Ah, muita filosofia vazia! Não vale a pena continuar escrevendo com esse estado de ânimo. Uma pergunta me interessa: qual será meu futuro? Escrever ou fazer acontecer? Ambos? Ou nenhum dos dois?

Kiriat Haim, 28 de setembro de 1941.

Quando voltei de Nes Tziona fui visitar o escritor Avigdor HaMeiri[1] em Ramat Gan. A primeira frase que pronunciou ao me ver foi: "Idêntica ao pai!". E não parava de admirar-se diante da grande semelhança. Ao que parece, conhecia meu pai muito bem quando era um jovem escritor e evocou muitas lembranças comuns. Depois falou em geral sobre o teatro Eretz-israeli, sobre suas tendências, e concluiu que as obras de papai, tão cheias de humor, sem inclinações políticas nem sociais, não seriam aceitas em nenhum teatro do país. Disse-lhe que trazia poesias de uma amiga para que ele desse sua opinião. A amiga tinha vinte anos, estava há dois anos no país e havia aprendido o hebraico aqui. Li para ele "Momento" e "Canção ao Galil". Ele escutou e disse que tinha um aspecto interessante, que a autora tinha técnica, expressão e simplicidade. Em resumo, ele a considerava uma pessoa com aptidões e gostaria de receber a poesia "Canção ao Galil" para publicar no jornal. Disse-lhe que eu não tinha autorização de entregar-lhe a poesia e que esse não era o objetivo da visita, mas que me alegrou ouvir a opinião objetiva de uma pessoa capacitada. Pediu que lhe enviasse a poesia. Não sei se o farei, creio que ainda não chegou o momento.

Agora estou em Kiriat Haim. Ajudo um pouco Ilonka[2] no jardim, na horta, no galinheiro, na casa. Estou chegando à conclusão de que uma pequena granja não é para mim. Na verdade, lembro ter sempre imaginado

---

1 Avigdor HaMeiri lutou na Primeira Guerra Mundial no exército austro-húngaro e registrou os eventos em suas memórias, *A grande loucura* (1929) e *Inferno na terra* (1932). Ganhou o Prêmio Israel de Literatura em 1968. (N. T.)
2 Ilonka Krausz, amiga de Arthur Thieben. (N. T.)

na infância que tudo o que fizesse seria em grandes proporções. E acho que é isso que me impulsiona à vida de kibutz.

Ontem ouvi uma conferência interessante sobre o partido proletário na Inglaterra. De manhã visitei Sdot Yam, e anteontem à noite o Hanoar Haoved.[1]

Comecei a ler A *história do sionismo* de Boehm.[2]

De casa e de meu irmão, não há notícias.

30 de setembro de 1941, véspera de Yom Kipur.

Também hoje, véspera de Yom Kipur, meus pensamentos clamam por eles. Como estarão? Se há dois anos eu soubesse que tudo se desenvolveria desta maneira, será que os teria deixado? Acho que sim. Eu sabia que essa possibilidade existia, e talvez quisesse calar esse medo com falsas esperanças: daqui a um ano meu irmão virá, no ano seguinte – minha mãe. Era uma desculpa necessária para mim mesma, para facilitar o passo que eu não podia anular de jeito nenhum: minha *aliá* para Eretz Israel. E, realmente, me pergunto: com que direito considerei minha *aliá* tão necessária? Na verdade, muitos jovens judeus continuam vivendo na diáspora. A única resposta – resposta egoísta com certeza – é que só aqui minha vida tem conteúdo. Por mais difícil que isso seja, devo confessar que a meu favor está o fato de que estou sozinha, sem família, e que só assim tenho oportunidade de decidir livre e independentemente meu caminho futuro. E é assim em tudo. Pagamos um preço para tudo. Mas me parece que é mamãe quem paga em meu lugar. Nunca poderei saldar essa dívida.

Yom Kipur. Não jejuarei, não sinto necessidade disso. O único valor no jejum, em minha opinião, é os judeus dispersos na diáspora manifestarem sua solidariedade. Sinto que disponho de outros meios para enfatizar minha

---

1   Juventude Trabalhista. (N. T.)
2   Adolf Boehm (1873-1940), famoso escritor e autor de *Der Geschichte zionistischen Bewegung* (A *história do sionismo*), Berlim, 1935-1937. Pouco antes da Primeira Guerra Mundial, era o chefe do Comitê Central da Organização Sionista na Áustria. Foi morto pelos nazistas. (N. T.)

ligação ao judaísmo e abrirei mão de jejuar, pois isso é algo incomum para mim. Mas respeitarei a essência desse dia, farei meu exame de consciência, confessarei: pequei por indiferença, por falta de atitude, por palavras vazias sem ação, por desperdício de tempo e energia, por falta de consideração com o próximo. Por ser insensata e irresponsável. Mas uma coisa deve ser dita em meu favor: sempre busquei o caminho correto. Tentei andar por ele e compreendi que é o único por onde vale a pena caminhar. Que o sucesso pode não estar nele, mas a autoconfiança estará. Muitos riem de mim, me chamam de idealista e dizem que mudarei quando enfrentar a vida. Veremos. Acho que não mudarei nem a maneira como encaro as coisas nem minha fé em buscar seu sentido.

Lembrei-me de outra coisa: no museu em Tel Aviv vi um quadro fantástico chamado *Oração de Yom Kipur*. Fiquei muito impressionada com o poder dessa pintura, com a força da expressão nos rostos, nas mãos e nos corpos dos homens rezando. E vi mais uma coisa muito bonita: uma exposição de Abel Pann[1] em Tel Aviv. Olhos de judeus tão ardentes, profundidade e simplicidade na expressão como nunca antes havia visto em outros quadros. Estou convencida de que, tanto como pintor quanto como judeu, ele está entre os grandes. Por isso fiquei tão zangada com as palavras de abertura de Rokach,[2] que acentuavam muito mais sua própria importância do que a do pintor. Nota-se que ele não tem a menor ideia da grandeza da obra. Quase não consegui olhá-lo na cara. Eu poderia tê-lo esbofeteado!

A rádio húngara grita agora em meus ouvidos. Ultimamente falo muito em húngaro pois encontro-me nesse ambiente. Já é hora de "voltar para casa", ao kibutz, ao meu ambiente. Meu primeiro passo será começar por Sdot Yam ou por Guinossar.

---

1 Abel Pann (1883-1963), artista judeu nascido na Europa que passou a maior parte de sua vida adulta em Jerusalém. (N. T.)
2 Israel Rokach (1886-1959), político israelense, membro do Knesset e prefeito de Tel Aviv (1936-1953). (N. T.)

Kiriat Haim, 7 de outubro de 1941.

Amanhã partirei de Nahalal rumo ao Kibutz Sdot Yam. Não sei dizer por que escolhi Sdot Yam. Obviamente, no momento saio para o período de experiência, mas quais são os motivos que me levaram precisamente a este lugar? Procurei um kibutz jovem de Hanoar Haoved, com integrantes mais ou menos da minha idade, que estejam no início de sua vida e ativos do ponto de vista do movimento e do ponto de vista social. Fora isso, me atrai a ideia da colonização em Cesareia... Quero dizer a mim mesma alguma coisa sobre meu caminho. Antes de começar, é importante esclarecer que a base ideológica do kibutz – uma sociedade socialista construtora no país – é correta, e que na realidade devem-se buscar os meios de colocá-la em prática apesar de todas as dificuldades. Os pensamentos são belos no papel e nos livros, mas muito difíceis de realizar. Mas não há motivos para correr atrás de uma ideia escrita às cegas e esquecer que toda ideia está a serviço do homem, de cada indivíduo. A tarefa principal do kibutz é dar satisfação a seus integrantes, pois ninguém consegue viver muito tempo servindo de intermediário a um propósito maior. O ser humano sente satisfação quando ele mesmo sai ao encontro de seu objetivo. Não devemos esquecer que, se colocássemos o lema socialista no topo da colina mais alta e o companheiro, à medida que escalasse, em vez de sentir uma atmosfera mais pura, um horizonte mais amplo, uma respiração mais livre, experimentasse somente moléstias, trabalho, e cansaço, o nosso caminho teria sido em vão. De que vale os homens subirem a montanha se não podem desfrutar de toda a beleza que os rodeia por estarem derrotados física e espiritualmente? Outra coisa: jamais direi que me desiludi com o kibutz: não há com o que se desiludir exceto comigo mesma. Se não conseguir me adaptar a esta vida, a culpa será minha, de minha natureza. Só temo uma coisa: que a solidão me faça falta. Se eu soubesse que alguma vez chegaria a encontrar um local tranquilo, nada temeria. Mas veremos. Para que estar adivinhando e profetizando?

Estou lendo A *história do sionismo* de Adolf Boehm.

Sdot Yam, 12 de outubro de 1941.

Já estou aqui há vários dias. É difícil opinar depois de três ou quatro dias, mas sinto que a vida de kibutz é adequada para mim e gosto dela. O importante é saber se esse é o kibutz que me convém. O grupo não é particularmente bem desenvolvido, ou talvez eu simplesmente ainda não os conheça bem. Estou mais preocupada com as moças, por causa da impressão que tive após trabalhar com elas dois dias na cozinha. Negligência, desperdício e uma atitude feia foi o que vi da parte delas, e isso é um pouco preocupante, pois um pouco do aspecto da comunidade depende delas. Quanto ao trabalho propriamente dito, agora estou na cozinha. Aqui não há que esperar por outra tarefa, a não ser em serviços gerais, porque ainda não começaram as atividades agrícolas. Aqui talvez eu tenha que trabalhar durante anos em serviços, o que é uma pena, pois isso é realmente um desperdício da minha habilidade e tempo. Falta-me a paciência que eu tinha em Nahalal para aguentar os turnos, lá era importante se familiarizar com todos os tipos de trabalho, mas agora sinto a necessidade de trabalhar em algo em que eu possa render o máximo dentro de minhas possibilidades. Gostaria também de trabalhar no movimento kibutziano. Sem dúvida terei oportunidade de fazê-lo aqui, mas é difícil começar. Este lugar me atrai, pois possui um lindo projeto de colonização. As condições são difíceis, mas não faltam oportunidades e esperanças. A questão principal é o material humano. Preciso aprender a conhecer as pessoas mais de perto.

Guinossar, 13 de novembro de 1941.

Deixei Sdot Yam levando comigo boas impressões e muitos convites para voltar. Na verdade, não sei se é certo abandonar um kibutz onde você se sente bem para ir conhecer outros. É difícil explicar o motivo, mas senti um afastamento e um esfriamento em relação a eles – ou melhor, por parte deles. Talvez tenha me sentido muito "em casa" em Sdot Yam. De qualquer maneira, senti que era hora de cortar os laços estreitos por um tempo maior, apenas para renová-los mais tarde como eram antes. Todos os lugares têm fatores positivos e negativos, e no final é difícil resolver. Agora estou em Guinossar.

Estive dois dias em Tel Aviv. Encontrei-me com a Miriam e fiquei feliz de poder trocar com ela impressões sobre o mês que passou desde que nos separamos. Assisti a duas peças teatrais: *Nos becos de Jerusalém* e *O eterno judeu*. O tipo da peça, o exagero patético e o estilo teatral, não me impressionaram. Não gostei muito.

Depois de Tel Aviv passeei um pouco: Petach-Tikva, Nahalal, Merhavia (que é muito agradável. Eu sempre desfruto da simplicidade e do carinho de todos por lá), Balfouria, Yagur. Em Yagur tive oportunidade de ouvir um debate interessante na assembleia geral do kibutz sobre o trabalho na pedreira. No final, voltei à casa de Ilonka em Kiriat Haim...

Cheguei a Guinossar com sentimentos muito estranhos. Por um lado, curiosidade e vontade de conhecer, e por outro, sabia de antemão que este não era meu lugar. Sdot Yam me atrai. Resisto à ideia de ir a um lugar onde as primeiras dificuldades já ficaram para trás e onde já se começa a gozar dos primeiros frutos desse trabalho. Não há mérito em se chegar a algo que já está "pronto". Há poucos dias aqui, entendi que não cheguei a nada "pronto": tudo ainda está em um estado bastante incipiente e, no entanto, essa sensação continua. A idade dos membros está de acordo com a minha e a estrutura parece boa. Não os conheço o suficiente para julgar. No momento, estou gostando. Trabalho e não tenho muita vontade de pensar em soluções definitivas. Há outro fator: talvez formemos um grupo de moças de Nahalal. Reconheço o valor de sair em grupo, mas não é por isso que estou disposta a renunciar a ir a um lugar que poderia agradar-me. Veremos o que acontecerá no momento de decidir. Tive a oportunidade de conversar com várias moças casualmente, especialmente com as que estão menos de acordo com a ideia de ir para um kibutz, e é interessante notar os fatores aparentemente insignificantes que determinam os sentimentos de um membro e suas reclamações contra o kibutz. A conclusão que eu tiro de suas palavras é: falta atenção pessoal ao "chaver", falta companheirismo. Talvez falte também, em alguns casos, igualdade. E em especial, falta dinheiro para os membros individualmente. Isso é o que mais pesa na maioria dos casos. E as queixas giram especialmente em torno do depósito de roupas e de sapatos, de viagens, moradia, as necessidades básicas de todo chaver. Ao que parece, o espírito chalutziano deles já desapareceu e ninguém quer ceder. As pessoas exigem uma vida completa, e se o kibutz quer superar essa fase, deverá encontrar a maneira de satisfazer essas necessidades. Os kibutzim mais antigos já alcançaram isso, de certo modo, mas é impossível que um kibutz novo possa progredir sem renúncias pessoais.

Sdot Yam, 25 de dezembro de 1941.

Estou de volta a Sdot Yam, e dessa vez não como hóspede, mas como candidata a membro. Cinco moças de nosso curso resolveram vir para cá. Eu também era a favor, mas, no que me diz respeito, imperou a decisão do grupo, ou melhor, foi a recomendação de Ruth Hakati, membro da secretaria do Kibutz HaMeuchad. O que me atraiu foi o futuro de Cesareia, o desafio que oferece, o fato de estar no começo e o grupo em geral. Ainda não conheço bem os membros, mas acho que é um bom grupo. Minha única preocupação está no fato de serem muito jovens, especialmente os rapazes. Nesse sentido, Guinossar era mais adequado, mas esse ponto de vista, apesar de ter fundamento, pode ser apenas um resquício do que herdei de minha casa. Entrei aqui resolvida a ficar definitivamente. Estou firmemente convencida de que minha decisão é correta e que este será meu lar permanente. Não obstante, me interessa pessoalmente ouvir a voz vacilante do subconsciente: talvez, apesar de tudo, não? Isto se expressa num pequeno grande detalhe: não trouxe comigo todos os meus pertences, e me justifico dizendo a mim mesma: esperarei até ser membro do kibutz. Mas isso me pesa e já estou arrependida de tê-lo feito dessa forma. Por outro lado, é uma pena pensar que muitas das coisas de que gosto, não usarei. Percebo que acontece dentro de mim a luta que liberta aquele instinto egoísta que ataca o homem – apesar de toda a sua ideologia – no instante em que deve separar-se de algo que lhe é querido, ou a que está habituado. Ou menos ainda, que sabe que lhe pertence.

1942

Sdot Yam, 2 de janeiro de 1942.

Tentarei escrever um pouco, apesar de minhas mãos estarem quase congeladas por causa do frio. Lá fora há uma terrível tempestade. Cinco barracas jazem estendidas no solo após essa noite. A "nossa" não caiu, mas o vento uivou por todos os lados, a areia cobriu tudo e minha cama moveu-se num ritmo monótono incessante. E justo hoje estou de folga. Vesti uma camada de roupa em cima de outra, entrei em um dos quartos – pois na barraca é impossível ser encontrada – e pensei em escrever sobre o fato de que entramos, sem sentir, no ano de 1942. É como se estivesse sentada no quarto em outubro-novembro, num dia cinzento de chuva que oprime a alma e, mesmo sem ela me tocar, tira toda a vontade de fazer alguma coisa.

É difícil acreditar que essa chuva cinzenta passará algum dia. Assim é com a guerra. Ela não penetra aqui, não nos toca, apenas nos fecha no quarto e diminui nosso conforto, mas não sofremos como sofre o povo europeu. É difícil imaginar que a primavera chegará e com ela os dias de sol. É difícil também fazer alguma coisa nesta casa pequena. Limpar, enfeitar... não há vontade para nada. Teme-se que a chuva penetre dentro de casa. E quem sairá nesta chuva torrencial para construir alguma coisa?

De qualquer maneira, no ano passado pude me concentrar nas questões que me tocam de perto. Fixei meu caminho no futuro, escolhi o kibutz Sdot Yam, do Hanoar Haoved. Nesse momento quero ver as "pequenas" coisas que moldam o caráter do kibutz. Para alcançar a totalidade de meu caminho, quero realismo nas pequenas coisas, em prol do ideal maior.

Uma grande dúvida me acompanha o tempo todo durante o trabalho. Nove horas por dia eu fico em pé lavando e me pergunto: será essa realmente minha função? Estou disposta a realizá-la, mas sinto que há em mim uma energia não aproveitada e ela é tão prejudicial! Talvez essa seja somente uma fase provisória. Mesmo assim, já estou em Eretz Israel há quase três anos, os anos mais férteis para estudar, se aperfeiçoar... E, apesar de tudo, esses também foram anos de aprendizado de vida, anos importantes e decisivos. Mas sinto que, ao desenvolver-me, não cheguei ao que poderia e deveria ter chegado.

Esse não é um problema só meu, é um problema da maioria dos jovens judeus. Mas cada um tem que lutar sua própria batalha.

É evidente que ao escolher Sdot Yam escolhi um dos kibutzim mais difíceis do ponto de vista social e econômico. Mas tenho a sensação de que vale a pena e tenho uma vontade intensa de dedicar o melhor de mim para isso. Tomara que consiga.

Sobre minha mãe e meu irmão – eu calo. É tão difícil pronunciar qualquer palavra. A enorme distância que nos separa me assusta e às vezes não consigo acreditar que um dia voltaremos a nos ver. A lógica diz que sim, mas isso não basta.

Hannah e um amigo, 1940-1941.

Sdot Yam, 7 de janeiro de 1942.

Miriam veio me visitar. Ficamos muito felizes em nos ver. Foi bom falar com alguém aberta e detalhadamente. Ela é a única pessoa no país que me entende e com quem posso falar sobre a maioria das coisas que me preocupam. Às vezes olho em volta por um instante e penso no quanto estou sozinha, mesmo estando entre todos os conhecidos e companheiros – se todos são assim ou se sou a única. Li para Miriam minha poesia "Guinossar". Ela ficou impressionada e disse que é muito boa.

A peça[1] está progredindo. Escrevo quando tenho um dia livre e a mente limpa.

15 de janeiro de 1942.

Não tenho vontade de escrever. Observei muitos aspectos da vida aqui, mas ainda não quero escrever e expressar uma opinião definitiva sobre este assunto. A questão mais difícil de todas: o grupo. Temo dizer isso, mas parece que aqui não há uma sociedade, especialmente não para mim. Espero com o tempo encontrar aqui um grupo que seja compatível comigo, mas neste momento os membros não são unidos. Eles são estranhos uns para os outros e as áreas de contato entre eles não são positivas. Há muita indiferença, falta de responsabilidade, dinheiro particular e desigualdade. Falta vida cultural. Falta organização econômica em várias áreas.

Obviamente não se pode atribuir toda a culpa ao grupo e não há nenhuma certeza de que outros poderiam ter feito melhor nessas circunstâncias. Esses fatos não me desanimam em absoluto. O que quero é enxergá-los com um olhar bem atento e ajudar a melhorar.

É possível que minhas exigências sejam exageradas. Mas é impossível conceber a vida de kibutz sem compará-la diariamente com o quadro ideal, com os princípios. Das duas uma: ou os princípios são válidos e devemos realizá-los, ou melhor, eles devem realizar-se na vida cotidiana e, se nós não estamos dispostos a realizá-los, é sinal de que não são reais e então se deve examiná-los à luz da realidade. Odeio a falsa santidade que envolve certos princípios e se manifesta no fato de ninguém discuti-los, e ninguém também pensar em colocá-los em prática. Não há leis definitivas para a vida no kibutz. Por meio de incertezas traça-se o caminho. Mas acatar normas existentes sem realizá-las – isso não tem nenhum valor para mim. É preciso

---

1 Sua peça O *violino*. (N. T.)

tentar viver a vida como ela é. Tenho a impressão que minhas palavras não mostram uma imagem real: não tenho nenhuma gota de decepção ou desilusão, nem mau humor, nem medo. Essa é simplesmente uma expressão objetiva das coisas que pude observar.

30 de janeiro de 1942.

Penso muito em meu irmão e também em minha mãe, com uma espécie de medo e incerteza horrível: quem sabe se voltarei a vê-los e quando? Em momentos como esse sinto mil vezes mais o dever de fazer algo grandioso e importante pela pátria, pelo kibutz, algo que pelo menos justifique o sacrifício que fiz ao deixá-los.

4 de fevereiro de 1942.

Voltei de uma curta visita a Cesareia. Essa é a segunda vez que estive lá e me impressionei, mas desta vez mais que da outra. O horizonte, em todos os sentidos, voltado para o mar e para os campos, o passado e o futuro, infla o peito e aumenta a vontade de fazer algo grandioso e bonito. A atmosfera que reina no grupo aqui é muito mais íntima e unida devido às condições distintas em que se encontram.

De manhã passeei pelas ruínas e à tarde em "nossos campos", ou melhor, pelos que serão nossos campos.

Quando contemplei as ondas do mar irrompendo em direção à costa em espuma e fúria, como emudecem quando quebram na praia e se tornam rasas e calmas, pensei por um momento: talvez o ruído, o entusiasmo, a nossa espuma, não sejam diferentes disso. Quando as ondas vêm, elas estão cheias de juventude, de imaginação. Elas quebram na praia e brincam com a areia dourada como se fossem boas meninas...

9 de fevereiro de 1942.

Cometi um grave erro: falei em várias reuniões do grupo e da secretaria. Isso agora me pesa muitíssimo. Tenho certeza de que a maioria dos companheiros vê em minha intervenção uma vontade de sobressair e isto não facilitará minha absorção no grupo. Consertar as coisas é sempre mais difícil que estragar.

Parece-me que as pessoas passam por três etapas antes de me valorizar: a primeira impressão é muito boa, mas absolutamente falsa. Nela incluo todas as pessoas que conheci superficialmente e as visitas indesejáveis. Na segunda etapa, a impressão muda para pior e na terceira me conhecem tal como sou realmente. Mas não são muitos os que chegam a essa última etapa. Aqui em Eretz Israel quem me conhece é a Miriam, e ela me valoriza pelo que sou. No grupo, parece que cheguei à segunda etapa. Custa-me explicar a base para essa sensação, mas sinto frieza e falta de confiança para comigo. O motivo agora é claro para mim: me julgam ou inocente ou tagarela, amiga de falar coisas que não poderei realizar, e pensam que a energia e o entusiasmo iniciais passarão no instante em que eu tiver contato direto com a realidade. Obviamente, ninguém me disse nada disso, mas o ser humano é sensível o suficiente para perceber. E como devo reagir a tudo isso? Decidi pensar mais antes de falar e não intervir em nada. O tempo passará e as pessoas me conhecerão como sou e me valorizarão pelo meu mérito – nem mais, nem menos.

Às vezes me pergunto se a apreciação dos companheiros é importante para mim. Antes de tudo, o importante é que minha autoapreciação seja clara. E no que me diz respeito, vejo bem em que medida aumentaram minhas falhas e defeitos. Certamente também conheço minhas virtudes, e se disser que "não conheço" – estarei mentindo. Em meus ouvidos ressoam as palavras de Ady:[1] "Amei, pois quis ser amado"...

---

1 Endre Ady (1877-1919), escritor húngaro, conhecido por suas poesias de amor. Escreveu cerca de mil poesias e publicou dez volumes de poesia em doze anos. (N. T.)

Quanto à segunda parte da poesia, "Ser de alguém", ainda não há o que pensar. Não vislumbro ninguém no horizonte. Da última vez eu disse David? Em primeiro lugar ele está "tomado". Fora isso, não sei por que motivo pensei nele.

Hoje lavei cento e cinquenta pares de meia. Pensei que fosse enlouquecer. Mas isso também não está certo. Não pensei em nada. Trabalhei sem calcular o tempo, com movimentos automáticos e sem nenhuma necessidade de pensar. Mil vezes repeti a mim mesma: Hannah, você precisa pensar, precisa ter um plano. O que estudar, o que ler, o que fazer. E então comecei a pensar até que fiquei sem pensamento algum...

Se tivesses vindo...[1]

    Se tivesses vindo ao meu encontro na rua...
    Mãos nos bolsos e alegria no olhar
    E o som dos teus passos num ritmo familiar –
    Eu ficaria parada, assustada e perplexa
    Diante desta visão espetacular.
    Ao irromper no meu peito tua imagem
    Derrubará cada dúvida do meu coração,
    Elevará e levará meus braços a abraçar-te
    Entre lágrima e riso: meu irmão!

Sdot Yam, 5 de março de 1942.

---

[1] Escrita para seu irmão Guiora. (N. T.)

22 de abril de 1942.

Ontem recebi carta de casa. É tão difícil... Trabalho em Yagur.[1] Quero contar rapidamente sobre minhas atividades: das seis às seis estou ocupada no trabalho. Às seis da tarde eu volto, tomo banho, me visto, e às sete lemos num grupo reduzido um capítulo da Bíblia: Isaías. Jantar. E à noite, mesmo estando livre, o cansaço impede que se considere qualquer atividade séria. O que mais me ocupa em meu tempo livre é a Tnuá.[2] Esse trabalho me é muito difícil por causa de minha falta de experiência nessa área, mas mesmo assim me satisfaz bastante. Pela primeira vez faço um trabalho que me põe diante de problemas, lido com a matéria viva com a qual estou lutando e sinto a cada instante a dimensão do êxito ou do fracasso. Não tive uma experiência como essa nem com o trabalho no galinheiro que tanto me interessou naquela época, e por isso estou muito contente.

Penso muito em me alistar. No país inteiro se exige o alistamento geral para o contingente de guerra, que parece estar cada vez mais próxima de nós. Achei que no kibutz estaria sendo recrutada para uma frente de trabalho tão difícil quanto o das moças que estão sendo recrutadas pelo exército, e mesmo assim tenho a sensação de não estar cumprindo meu dever. Talvez seja porque no kibutz ainda não se sente uma tensão extrema em relação à guerra. De qualquer jeito, muitas moças não podem se alistar no exército, e as que podem – que não possuem laços familiares que as impeçam – devem ir. Eu, de minha parte, não penso em me alistar no Exército Britânico, mas na guarda judaica. Apesar de os cargos militares trazerem melhores recompensas, o importante neste momento é a segurança que os batalhões oferecem ao defender o país de forma discreta e imediata, enquanto o exército pode abandonar o país a qualquer momento.

É muito difícil escrever sobre isso, pois tudo ainda está dentro dos limites do meu pensamento, que ainda pode mudar, e não tenho uma opinião

---

1 Kibutz Yagur. (N. T.)
2 Movimento kibutziano. (N. T.)

clara. Obviamente, não tenho uma inclinação especial pelo exército, mas essa não é a questão. Tenho certeza de que devo me alistar. Se tivesse trabalhado em algo mais diretamente ligado à guerra – em agricultura ou na indústria bélica – talvez sentisse diferente. Mas meu trabalho neste momento não tem muito a me oferecer nesse sentido.

Às mães da diáspora

> Um dia e mais outro, uma semana ou duas,
> Um ano ou década – esperar
> Uma carta, uma linha ou até uma letra chegar.
>
> Incontáveis as noites
> Passadas sob os açoites
> De imagens sonhadas com pavor.
> Esconder num vasto mar
> De sangue, de pesar,
> Uma lágrima.
> Que podemos responder deveras?
> Um olhar, uma palavra apenas:
> Mãe!

18 de maio de 1942.

2 de junho de 1942.

Apenas uma frase do livro *Moinhos quebrados*, de J. Hazaz: "A escuridão inteira não pode apagar uma só vela, mas uma só vela é capaz de iluminar toda a escuridão".

Hannah e duas colegas de classe em Nahalal.

6 de julho de 1942.

Há dias em que parece que o fim se aproxima – o fim do nosso projeto –, mas a pergunta é "onde vamos parar?". Os alemães estão na porta de Alexandria. De onde vem essa falsa esperança de que escaparemos? E, mesmo assim, não posso acreditar que tudo ao redor está destinado a virar ruína. Não pelo laço íntimo que me liga ao país, mas porque vejo uma semente sã e forte dentro dessa confusão. Destruição completa é impossível. Mas talvez haja um fogo purificador de brigas e divisões. É o que sinto.

Um olhar

> Quão distantes ficaram as pessoas e seus lares,
> Quão largos e extensos se fizeram os mares,
> Quão remota a época de dança e alegrias,
> Quão saudosas as antes orgulhosas cantorias,
> Quão remotas - - - quão saudosas.

12 de agosto de 1942.

Solidão

> Se encontrasse alguém que pudesse explicar —
> Sem palavras nem indagações,
> Sem mentiras nem confissões,
> Sem precisar perguntar
> Diante dele, como um lençol branco, eu iria estender
> A alma e o coração,
> O ouro e a podridão
> Para que ele pudesse entender.
> E após me apropriar de todo o seu amor,
> Após tudo esvaziar e distribuir,
> Não sentirei angústia nem dor,
> Pois reconhecerei a fortuna que acabo de adquirir.

Guivot Zaid, 14 de agosto de 1942.

22 de agosto de 1942.

"Estou bem, apenas meus cabelos ficaram um pouco grisalhos" – escreve mamãe. E o que tornou seus cabelos grisalhos – isso salta por entre as linhas. Até quando isso continuará? Uma máscara sorridente no rosto, e seus entes queridos tão longe! Às vezes tenho vontade de dizer a oração de arrependimento que se pronuncia em Yom Kipur: fui culpado, menti, blasfemei – todos os pecados de uma vez e todos contra apenas um ser humano!

Parece-me que nunca senti tantas saudades. Mas acontece que às vezes a angústia me toma e eu tremo só de pensar que não a verei nunca mais.

É noite e está escuro: não vejo para escrever.

Na verdade queria escrever também sobre outras coisas: sobre o acampamento de dezessete dias com as crianças da sede do movimento de Gvat[1] e Sheikh-Abreik.[2] Me interessou muitíssimo, mas agora não me sinto com ânimo de escrever sobre tudo isso.

Quero me pôr à prova. Já faz quase um ano que estou aqui. Ainda antes de entrar, rezava para manter-me flexível e examinar minha situação de mente aberta, repetida e objetivamente, para decidir de novo sempre que fosse necessário. Mas na realidade isso não acontece, porque há um fator básico que não pode ser levado em consideração: minha própria presença no kibutz. Isso está tão claro para mim, sob a influência das condições e do ambiente, que nem penso em outra coisa. Eu culpo o kibutz em muitos aspectos, mas também estou certa de que se trata de uma forma transitória até que se restabeleça o regime socialista geral. E, por enquanto, essa é a única vertente que permite a realização dos objetivos sionistas e socialistas em sua máxima expressão. Mas creio que ler "espertezas" seria mais interessante para mim do que escrevê-las. Eu me

---

1 Kibutz no norte de Israel, localizado perto da cidade de Migdal HaEmek. (N. T.)
2 Sheikh-Abreik era uma aldeia árabe-palestina situada a dezesseis quilômetros de Haifa, perto do que é hoje Kiriat Tivon. (N. T.)

esvazio como um barril furado e não consigo ler. Chamaram para jantar e também voltaram do jardim. Em breve me chamarão para o depósito de roupas. Terei que ouvir com muito interesse sobre as toalhas e as camisas e sobre o resto das verduras. Creio que esta noite irei dormir cedo e tentarei ler um pouco. Talvez um dia eu consiga.

1º de outubro de 1942.

Pulei datas. Três anos em Eretz Israel. Rosh Hashaná. Detive-me um instante pensando no caminho percorrido durante estes três anos. Sobre o ano que passou e sobre o que está por vir. Mas resumi-lo no papel é difícil. No que se refere ao que acontece aqui, creio que me comporto com a mesmice própria do desconhecimento da realidade que sei esconder com uma máscara de tranquilidade. No que diz respeito a mim mesma, mais de uma vez me iludo e isso impressiona externamente, parecendo ser autoconfiança. Além do mais, conto com uma boa dose de teimosia e força de vontade. Ao escrever isto sinto, no entanto, uma espécie de obrigação. Sinto que não há outro caminho e que eu não poderia tomar outro, mesmo que quisesse. De maneira geral, no que se refere ao jeito kibutziano, posso dizer que minha convicção fortaleceu-se no transcurso deste ano. Mas fica a pergunta: o que Sdot Yam e o grupo têm a me oferecer? Durante a semana de Rosh Hashaná fui admitida como membro do grupo. De fato, há muito tempo estou metida em todos os assuntos. Mas as pessoas ainda são estranhas para mim, e quem sabe quando isso mudará? No geral, me sinto bem aqui. Mas ainda não posso dizer que encontrei realmente meu grupo certo. Talvez isso dependa de mim. Até onde me lembro, nunca o encontrei, e quem sabe se o encontrarei um dia? Sempre tive poucos amigos: Tomi na Hungria e Miriam aqui. Portanto, não me resta muito pelo que esperar. O problema está em saber se encontrarei meu grupo.

Se neste momento alguém entrasse e se sentasse ao meu lado no sofá, quase não conseguiria vê-lo através da luz fraca que se filtra pela abertura da lata que cobre a lâmpada a querosene. Tampouco poderíamos conversar, pois duas de minhas vizinhas já estão dormindo. Já é quase meia-noite, e no entanto seria muito gratificante conversar um pouco, saber que existe alguém. Não entendo a mim mesma. Busco alguém, mas recuso o que há. Terminarei. Começo a ter medo de mim mesma.

Às vezes me sinto cansada, pois o trabalho no depósito e no movimento kibutziano exige esforços múltiplos. Penso encerrar meu trabalho no movimento e, de modo geral, tenho interesse em mudar-me logo para Cesareia. Apesar de já estar bem adaptada aqui, Cesareia me atrai em especial, e lamento o tempo que fico aqui esperando. Mas tudo acontece muito devagar por aqui e não adianta ainda esperar pela transferência.

Basta.

Vou dormir. Amanhã de manhã sairemos para passear com as crianças. Preciso ter forças e energia.

14 de novembro de 1942.

Hoje na reunião de secretaria foi decidida minha transferência para Cesareia. Recebo esta notícia com um misto de emoções. Na verdade, lutei energicamente para consegui-lo. Conheço de antemão todas as dificuldades: um grupo reduzido e completamente inadequado, mas talvez, mesmo assim, eu me adapte a ele. É meu dever fazer algo para realmente contribuir para o progresso do lugar. Ainda não sei ao certo o que farei, mas tentarei fazer alguma coisa.

Halichá Lekeisária (Eli, Eli)

> Eli, she ló igamer leolam
> Ha chol ve haiam,
> Rishrush shel hamaim,
> Berak hashamaim,
> Tfilat haadam.

Caminhada a Cesareia

> Senhor, que nunca venha a acabar
> A areia e o mar;
> A água cintilante,
> O raio deslumbrante,
> E a nossa oração.

Cesareia, 24 de novembro de 1942.

Hannah na praia perto de Sdot Yam, 1942.

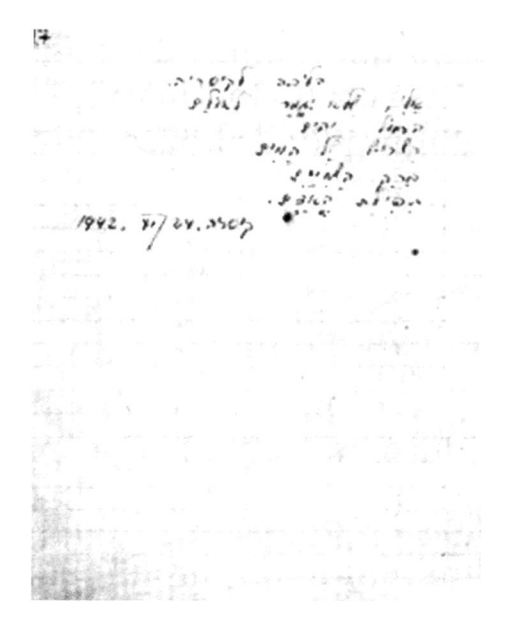

"Caminhada a Cesareia", escrito na letra de Hannah Senesh.

Semente

Uma semente caiu, plantou-se, um amarelado grão,
Não entre as rochas, nem sobre a calçada, no chão.
Acolha-o – com sua camada de pó escuro,
Proteja-o do sol quente, do inverno duro,
Semente de vida encerrada em casca.
Segredo eterno, grânulo, gota, lasca,
Esperando sua deixa, na terra apertada ele vigia,
Por um sinal de primavera, raio de luz, sol, dia.

24 de dezembro de 1942.

No caminho...

Uma voz chamou, e segui.
Segui, pois chamou-me a voz.
Segui, fugindo de um destino atroz.

Mas na encruzilhada
Com fria alvura tapei meus ouvidos
E chorei
Pelo que havia perdido.

Cesareia, dezembro de 1942.

1943

Cesareia, 8 de janeiro de 1943.

 Esses intervalos longos entre uma entrada e outra no diário querem dizer algo. Uma vez acabou a tinta da caneta, em outra eu não tenho abajur. Outra há barulho – há mais gente no quarto além de mim – e outra não há tempo livre. Outra não tenho vontade e outra não há por que escrever. Não porque faltem acontecimentos – esses sempre existem seja aqui ou no exterior –, mas por indiferença em relação a tudo que acontece.
 Essa foi uma semana que me agitou. De repente fui tomada pela ideia de que devo partir para a Hungria, estar lá nestes dias, ajudar a organizar a Aliat Hanoar e também trazer mamãe. Apesar de saber o quanto esta ideia é absurda, ela me parece possível e indispensável, e penso em pô-la em prática. Por enquanto, é uma disposição e um esforço para trazer mamãe. Durante três dias estive em Tel Aviv e Jerusalém tentando arranjar as coisas. As chances são poucas neste momento, mas quem sabe? E por enquanto me elegeram responsável pela despensa (de alimentos), apesar de todos os meus protestos. Não tenho nenhum interesse por esse cargo (que detesto desde Nahalal), mas

também não tenho escolha. É uma pena desperdiçar mais anos de energia e força em algo que tanto me desagrada e que me ocupará de maneira a evitar a possibilidade de eu me desenvolver em outra direção.

Envergonho-me de mim mesma por reclamar, mas não posso me livrar da sensação de que os anos estão passando e eu os desperdiço, ou me desperdiço, quando deveria dedicá-los ao estudo, ao aperfeiçoamento. Tenho certeza de que, se pudesse estudar algo completa e meticulosamente, poderia trazer muito mais benefícios ao grupo e obter mais satisfação pessoal. Por outro lado, me encarregam de diferentes trabalhos que exigem de mim somente o que tenho "em estoque", sem que precise acrescentar nada. Até quando posso continuar assim?

"Mentira!", responde outra voz – eu aprendo – aprendo sobre a vida. Mas isso também não é verdade. Vivo num mundo construído por mim, sem nenhuma ligação com o mundo exterior. Vivo aqui como uma gota de óleo na água. Estou dentro da água: às vezes flutuo e subo e outras afundo, mas sempre fico num mundo isolado que não se mistura com nenhuma outra gota.

Visitei Miriam há alguns dias. Ficamos muito contentes por nos encontrarmos. Ela é realmente minha amiga. Ela tem um namorado. Foi estranho ouvir isso dela. Seu primeiro companheiro. Tenho a impressão de que ela se entregou por várias razões legítimas. Quando lhe perguntei sobre isso, ela respondeu simplesmente: "Sim, mas claro que isso não compromete nem a ele nem a mim". Eu a entendo e dou razão – mas não sou capaz de fazer o mesmo.

Não posso me dar por partes. Ou tudo – corpo e alma juntos – ou nada. E por isso, nada. Nada o tempo todo. Gaby esteve aqui há pouco tempo. Entre meus conhecidos, ele é o mais simpático. Mas pelo lado dele, me parece que não há um vínculo mais forte, e pelo meu também não muito.

Mas não posso pensar nisso agora, quando me lembro de minha mãe e de meu irmão. Às vezes, um medo terrível toma conta de mim: será que nos encontraremos de novo? E uma pergunta me tortura e me atormenta: seria melhor se fosse por outra coisa e não por causa de um egoísmo ilimitado? Uma vez, enquanto trabalhava no estaleiro, Eliakim, do nada, me perguntou se eu sou "boa". Fiquei pensando na pergunta. Acho que não, não sou boa. Sou cruel aos que são próximos a mim, que me amam e que são bons para mim. Sou boa só nas aparências. Na verdade, tenho um coração duro como uma pedra para com os que me são queridos, e talvez para comigo mesma também. Não consigo continuar. Meus olhos estão fechando. Todos já estão dormindo no quarto. Também chegou minha vez.

1º de fevereiro de 1943.

Por quanto tempo é possível sobreviver sem ar? Quanto tempo sem comida? E quanto tempo sem amigos e sem livros? Estou fazendo essa interessante experiência comigo mesma. De maneira geral, eu não sinto falta dessas coisas, pois não tenho tempo para elas. Mas quando tenho um momento para mim mesma, sozinha, sinto falta disso. E por que mesmo assim eu continuo aqui? Tento provar a mim mesma que não é uma questão de inércia, e que realmente quero ficar.

Chega dessa ladainha. É só uma reclamação que não pude fazer a ninguém (se tivesse alguém para contar, ela talvez não existisse), então não tenho escolha a não ser expressá-la por escrito.

13 de fevereiro de 1943.

Do refeitório ouvem-se vozes cantando, de uma festa com os membros da "colônia de imigrantes" que chegou ao kibutz. Não tenho vontade de ir ao refeitório. Não tenho o que fazer lá. Não sei o que fazer na companhia de pessoas. Besteira! De novo o mesmo assunto. Não sei o que houve comigo. A solidão é difícil e também o contato com as pessoas. Meu trabalho não é prazeroso e me irrita que ele me tome todo o meu tempo. Não vale a pena escrever sobre isso. Se eu pudesse moldar meus pensamentos... Mas parei de pensar. Muitas vezes me lembro de Scarlet O'Hara, do livro ... *E o vento levou*. Nos momentos difíceis ela sempre adia tudo "para outro momento, agora não há tempo". Eu também sou assim. Em outro momento pensarei sobre qual é o conteúdo de minha vida, qual o valor da sociedade, qual a função do homem, o que é o futuro. Em outro momento. Agora, horas de trabalho obrigatório e pouca satisfação. Pouca leitura. E conversas fúteis com pessoas que não me interessam. O lugar é lindo e atraente. Liguei-me a ele na medida do possível em pouco tempo. Mas será que isso é suficiente? Tenho medo do momento em que terminar a reserva – reserva de energia, de força, de vontade de dar sem receber. Ou talvez essa lâmpada a querosene que está na minha frente seja suficiente para me prover de luz? Há corpos que iluminam sem que recebam um só raio de luz de qualquer outro corpo estranho. Serei eu igual?

Ah, se pudesse ver mamãe e Guiora... Se... Quem sabe o que me falta? Talvez seja só cansaço ou mau humor. E é uma pena desperdiçar papel com isso.

22 de fevereiro de 1943.

Estranho como as coisas acontecem às vezes. No dia 8 de janeiro escrevi algumas palavras sobre uma ideia repentina que me deixou agitada. Há alguns dias, nos visitou um companheiro do grupo Kineret, um membro do Palmach,[1] e à noite combinamos de conversar sobre as novidades dele e minhas, mas após umas poucas palavras entendi que o assunto da conversa era outro: estão organizando uma unidade do Palmach cuja função é... levar a cabo precisamente aquilo que me atormentou naquela época... Isso realmente me surpreendeu. Que coincidência! Obviamente concordei sem ao menos vacilar. O assunto ainda está em fase de planejamento, mas ele prometeu levar meu nome à comissão de alistamento, pois me acha, em vários aspectos, adequada para essa função. Sinto a mão do destino nisso tudo, como senti então, quando fiz minha *aliá*. Também naquela época eu não era dona do meu destino. Fui possuída por uma ideia

---

[1] Palmach: unidade de elite integrada à Haganá (exército não oficial de autodefesa da comunidade judaica durante a época do Mandato Britânico na Palestina). (N. T.)

que não me deu descanso e sabia que partiria apesar de todos os obstáculos que apareciam em meu caminho. Agora novamente sinto essa tensão diante de algo importante e essencial, e sinto a fatalidade que há nisso. Talvez tudo se resolva com o breve anúncio de que o plano foi adiado, ou de que não estou apta. Mas acho que tenho atributos que me qualificam de várias maneiras justamente para essa função e lutarei por ela com todas as minhas forças.

Não consigo dormir por conta de todas as cenas que imagino. Penso de que forma agiria em cada situação. Como avisaria à mamãe sobre minha chegada e como organizaria a juventude. Tudo ainda é vago. Veremos o que o futuro trará.

Hoje trabalho à tarde. Gosto dessas manhãs tranquilas, num quarto bom e limpo, onde posso sentar-me sozinha, ler e escrever. Esperei por alguém que prometeu me visitar (estou muito resfriada. Portanto, é algo como uma "visita médica"), mas ele não veio e isso me irrita. Na maioria das vezes não espero por visitas. Pelo contrário: eu as dispenso com prazer. Mas existem exceções à regra.

O trabalho me interessa mais agora do que antes. Tenho certeza de que o farei bem.

Estão chamando para o almoço. O tempo passou tão rápido que nem senti. Vou trabalhar – pela primeira vez como "cozinheira". Veremos o que acontecerá.

"Hora" de uma jovem da diáspora

"Hora" fervorosa, animada, ruidosa,
Irrompe agitada ao meu redor.
O ritmo é um encantamento
Que de idade e tormento
Livra meu corpo e meu coração.

O pé dá um passo, o ombro estremece,
Os versos se inflamam, o canto incandesce.
Dança e canção,
Muda oração,
Ao Deus do futuro, ao Deus da criação.

E então...
Uma imagem flutua na minha frente.
Do abraço amigo me solto de repente,
Alheio ao canto, meu coração acelera.
Próxima e distante ela me toma por inteira.

Olhos azuis, expressão inquisitiva,
Tristeza calada e boca altiva –
Parada quedei-me – o silêncio cresceu.
Sozinha entre centenas: ela – e eu.

Cesareia, 27 de fevereiro de 1943.

5 de maio de 1943.

 Um silêncio tão prolongado – que significa? Nada acontece? Ou se acontece – não chega à minha alma? E se chega, não pede para se expressar? Tenho mais quinze minutos antes de ir trabalhar, escreverei algumas palavras. Meu trabalho atual é como o anterior. Não gosto dele, mas sei o quanto é importante. Depois do trabalho, um pouco de leitura e um grande espaço vazio: falta de companhia e, para ser mais exata, falta de um namorado. Eu sei: só um passo mais audacioso e poderia encontrar um namorado. Mas não "o" namorado. Ou talvez sim? Como é estranho isso. Os rapazes – David, Malkiel, Ioske antes de Hans, o outro Ioske – são bons rapazes, mas sempre escuto a mesma voz interior: não é esse. Mas será que existe aquele a quem eu busco? Não seria uma ilusão da mente ou do coração? Em breve farei 22 anos... Quem acreditaria que nunca beijei um rapaz? Isso é uma besteira, especialmente o fato de eu me ocupar tanto com essa questão. Apesar de tudo, alguma coisa está faltando em mim. Ou então está escondida bem lá no fundo.

Estive uns dias em Tel Aviv e em Jerusalém cuidando dos arranjos para a *aliá* de mamãe. Talvez haja uma pequena chance. Quem sabe? Eu estou fazendo minha parte, e agora resta aguardar os acontecimentos se desenrolarem. Tomara que possamos nos encontrar pelo menos nós duas e talvez algum dia com Guiora também. Como tudo parece estar longe!

Escrevo pouco. Mas sinto cada vez mais o abismo entre o conteúdo e o modo de expressão, o limite que não conseguirei ultrapassar: a língua hebraica. No início menosprezei essa dificuldade. Pensei que a venceria. Hoje minha tendência é acreditar que nunca dominarei o hebraico da mesma maneira que domino o húngaro.

Será desânimo? Quando eu caminho sozinha à beira do mar posso cantar; meu coração está repleto e meu ânimo excelente. Tudo está ótimo e não há lugar para desânimo. Mas há momentos em que me pergunto: o que a vida te dá? Apenas o que você dá a ela. E não é pouco, mas também não é suficiente. Você deseja outras coisas. Não apenas dívidas, não apenas tensão e ideologia – é preciso alegria. E ela é tão pouca, tão nula. Alegria verdadeira, de todo o coração – acho que já esqueci o que é isso.

E mesmo assim... Não, não consigo explicar.

9 de maio de 1943.

Hoje e ontem – um pouco diferente. O nome dele é Yair, eu o conheço há apenas dois dias e só um pouco. Mas, mesmo assim, parece que é "sim". Acho que para ele isso não tem muito valor. Ele quer um pouco de romantismo, e nesses momentos eu não fico fazendo perguntas. De qualquer modo, passear com ele pela praia foi muito bom. Eu também gosto de olhá-lo nos olhos, e ainda não sei nada mais sobre ele.

Maio de 1943.

... Às vezes quero ouvir a mim mesma. O que é isso? É assim que minha vida vai passar? E de novo: não é algo externo, é algo que acontece dentro de mim. Não tenho nenhuma queixa da vida. Estou contente. Não posso imaginar outra situação que me deixaria mais satisfeita. Ao contrário: a incumbência que tenho pela frente me atrai muito. Mas eu me esqueço de rir: rir de verdade, do fundo do meu coração. Da maneira como eu sabia rir com Gyuri quando lutávamos, ou no sofá, até que caíamos no chão de tanto rir e de tanta alegria sem motivo, apenas pela vida em si.

Será que a dificuldade e a solidão causaram isso, ou é um fardo daqueles tempos idos quando, parada diante do túmulo de papai aos sete ou oito anos, comecei a escrever poesias sobre as dificuldades da vida? Fico falando à toa, mas isso também é necessário. Entre artigos, falatório e silêncio, às vezes é bom conversar, ainda que comigo mesma. Se eu tivesse oportunidade, também conversaria com ele. Queria muito falar com ele. A semana toda esperei por isso. Falamos por alguns instantes e dependia de mim continuar depois. Não tive motivos sérios para ir embora, mas mesmo assim fui. Não pude fazer de outra maneira. Não dá para explicar tudo, mas mesmo assim eu entendo.

27 de maio de 1943.

Basta, terminou. Ontem à noite disse a ele que era a última vez que nós passeávamos juntos. É pena, mas fiquei contente porque tive coragem de fazê-lo. É mais fácil parar agora, no começo. Fora uns beijos e os passeios à noite não havia nada que nos unisse. Ele também não queria outra coisa. E eu não quero "só" isso. Que bom que terminou.

Estou completamente ocupada neste momento com uma questão: minha partida. O assunto está próximo e é atual. É possível que nos próximos dias me chamem. Imagino distintas situações e às vezes fico pensando: deixar Eretz Israel, a liberdade... Gostaria de absorver ar puro para dentro de mim, para respirá-lo no ambiente asfixiante da diáspora e poder espalhá-lo ao meu redor entre aqueles que não conhecem o cheiro da liberdade. Mas estes são apenas pensamentos sobre o assunto e não dúvidas. A necessidade de minha partida é clara para mim. Também o são as dificuldades e o perigo envolvido. Sinto que posso desempenhar esta função. Tudo o que aconteceu até hoje eu vejo como uma introdução e uma preparação para essa missão...

Hannah em Sdot Yam, 1943.

29 de maio de 1943.

Estou esperando o dia da minha convocação. Não consigo pensar em outra coisa. Parece que não se nota nenhuma mudança em meu exterior. Faço meu trabalho diário como de costume, mas sinto que observo tudo à distância. Vejo tudo desde um só ponto de vista: se é necessário ou não para minha nova função. Não quero me relacionar com as pessoas. É mais fácil partir. Não, é mentira. Justamente agora gostaria de ter alguém ao meu lado. Ainda penso um pouco em Yair (ele está de férias agora), mas neste momento está claro para mim que o que houve entre nós está muito longe de ser amor e eu estou muito feliz porque soube colocar limites.

No momento em que peguei o diário pensei que tinha muito a escrever sobre os pensamentos que me preocupam, mas as palavras se recusam a sair – até para mim mesma.

Existem coisas inexpressíveis. O ser humano tende a encobri-las e se engana imaginando que se a palavra não foi pronunciada, a coisa não existe. Eu peço e rezo para apenas uma coisa: para que essa espera não seja longa, para que em breve eu possa agir. Quanto ao resto – não tenho medo de nada. Estou segura de mim mesma e pronta para tudo.

Alguns fatos sobre a vida aqui: doze pessoas começaram a trabalhar hoje na pesca com projetores luminosos, trazendo como prêmio trinta caixotes de peixe. O novo refeitório está sendo construído (é uma cabana). É a terceira casa a ser construída. O assunto das terras avança com lentidão. Queremos trazer a casa das crianças para Cesareia, mas isso certamente será adiado por muito tempo.

Cesareia, 12 de junho de 1943.

O grupo decidiu sobre meu alistamento. Nos próximos dias sairei para um curso.

Não estás sozinha...

Não estás sozinha. A ti se entrega o mar
Ele te perguntará num suave sussurrar
Sobre teus sonhos, sobre tuas esperanças.

Todos te esperam – não cansam de esperar:
A praia, a areia, as rochas; as ondas e o mar.
Pois sabem bem: virás na noite escura.

E lá no alto, os milhares de olhos dos céus,
Entendem os motivos de dois companheiros seus,
Que roubam do mar infinito – uma lágrima.

Cesareia, julho de 1943.

24 de agosto de 1943.

Estou o tempo todo nas estradas e em cursos. Agora irei ao seminário da juventude trabalhista. Às vezes tenho dúvidas: conseguirei cumprir o que me foi imposto? Tento acreditar que sim.
No capítulo sobre rapazes: acho que estou amando alguém, mas há muitas dificuldades... Ele é casado.

Haifa, 19 de setembro de 1943 – Seminário da Juventude Trabalhista.

Há quatro anos cheguei a Eretz Israel. Casa de Imigrantes. Haifa. Tudo novo. Tudo lindo. Tudo futuro. Só uma imagem me atrai ao passado: a imagem de mamãe na estação de trem. Quatro anos. Nunca acreditei que o abismo que nos separa fosse tão amplo. Se eu soubesse... E talvez soubesse e não me atrevia a admitir.
De nada adiantam tantas conclusões. Estou agora em Beit Rutenberg, numa mansão luxuosa, para fazer um curso de um mês no seminário da juventude trabalhista. Antes deste fiz outro curso, e depois deste – não sei ao certo. Estou contente? É difícil responder. Dois anos vivi em Nahalal sem presente, para a realização, a agricultura, e a única vantagem pessoal foi a amizade com a Miriam. E depois disso, quase dois anos em Sdot Yam, Cesareia. Muitas dúvidas e muita satisfação, mas uma terrível solidão o tempo todo. Sem companheiro e sem companhia. E agora, com o cargo novo: outra vez a preparação para algo difícil e de responsabilidade, e outra vez a sensação de algo temporário junto a uma grande vontade e tensão. E a

sempre constante solidão. Agora está claro para mim que isso não depende de fatores externos. Grande parte vem de mim mesma e da falta de sociabilidade que me afasta das pessoas. Isso é especialmente difícil com rapazes. Se tentar resumir meus relacionamentos com meus companheiros até hoje, não houve nada além de uma amizade superficial. Acho que poderia amar alguém. Porém... Há muitos "poréns" objetivos e não tenho coragem para derrotá-los. Por enquanto, há companheiros que gostam de mim e penso especialmente em Moshe, que estava comigo no curso. Um bom rapaz, culto, consciente, só posso falar coisas boas dele, e mesmo assim não posso amá-lo.

Não importa, meu coração está longe de partir-se. Mas há coisas que me incomodam. Tenho 22 anos e não conheço a alegria. Não me lembro de quando me alegrei de verdade, quando esperei ansiosamente por alguma coisa, quando me senti feliz por alguns momentos. Há em mim certa indiferença em relação a tudo, apesar de que visto uma máscara de tranquilidade interior. Às vezes quero me escutar: o que é isso? É deste modo que a vida passará? – E de novo, isso não é algo externo. Está dentro de mim. Não tenho queixas da vida. Estou contente. Não posso imaginar outra situação que me satisfizesse tanto. Muito pelo contrário. E a missão que me espera me atrai muito. Mas eu me esqueço de rir, rir de verdade, com toda a alma, como sabia rir com o Guiora enquanto lutávamos no sofá até rolarmos ao chão em meio ao riso e à alegria, rindo de nada, rindo da vida. Será que tudo isso foi causado pelas dificuldades e pela solidão, ou será que é o peso daquela época, quando tinha sete ou oito anos e estava frente ao túmulo de papai e comecei a escrever versos sobre as dificuldades da vida? – Sinto que estou falando demais. Mas isso também é necessário. Entre artigos, conversas e "silêncios", é bom conversar às vezes, mesmo que seja apenas comigo mesma.[1]

Ontem tive oportunidade de falar com ele, mas fui embora. Queria muito conversar com ele. A semana inteira estive esperando por isso. Falamos por

---

1 Exatamente as mesmas coisas e com palavras muito parecidas, ela escreveu no mês de maio do mesmo ano. (N. T.)

alguns instantes, e a mim cabia decidir se a conversa continuaria depois. Não havia motivo para eu ir embora. Mas, mesmo assim, fui. Não pude fazer de outra forma. É impossível explicar tudo. É uma pena.

Sinto falta de um trabalho que me dê prazer. Há quatro anos trabalho em coisas diferentes, tendo consciência e convencendo a mim mesma de que é tudo necessário, apesar de não ter nenhuma satisfação. E eu queria ser professora.

Se tivesse hoje que decidir entre vir ou não a Eretz Israel, viria. Iria a Nahalal? Não, mas iria a outra fazenda. Iria a um kibutz? Sim. Para Sdot Yam? Provavelmente, não. A comunidade é muito jovem para mim. No início, não quis reconhecer isso, mas agora muitas outras coisas me ligam a ela. Ou talvez essa ligação seja imaginária? É difícil avaliar. Voltaria a me alistar? Com certeza. Faria quase tudo da mesma forma. O acaso não teve parte no desenrolar dos fatos da minha vida. Sempre segui uma convicção interna, acatando tudo na hora certa, sem discussão e sem considerar outra possibilidade. De qualquer outra maneira teria sido infeliz. E não é exagero, mas não estaria satisfeita comigo mesma. O sionismo e o socialismo eram instintivos para mim antes mesmo de eu ter consciência disso. A consciência só os fortaleceu, mas o fundamento já estava em meu próprio modo de sentir. Ainda não conhecia seu nome e expressão, mas já me agarrei a eles. E hoje, quanto mais leio sobre esses assuntos, mais clara e mais lógica me parece a natureza de minha atitude: um pouco de ideologia, mas que comprometa de forma pessoal. Quatro anos que foram ricos em experiência de vida. Aprendi muito. E no que diz respeito ao meu estado de ânimo – me parece que é a tristeza pela qual não passei aos dezesseis anos e que agora aflora. De qualquer maneira, espero que não seja mais que isso.

2 de outubro de 1943.

Já faz um mês que o seminário terminou e estou em casa, em Cesareia. Trabalhei na cozinha, no jardim, e na lavanderia limpando o chão, e agora estou de guarda. Não faz diferença para mim onde eu trabalhe. Estou contente de estar em casa, de ver as pessoas, apesar de eu ter muito pouco em comum com a maioria. Quer dizer: o que temos em comum são todas as coisas objetivas da vida em grupo, que justamente agora é palco de muitas coisas: construções, transferência do acampamento – um momento importante na vida do grupo.

Estou lendo alguns textos de Lenin, que abrem novos horizontes diante de mim. De maneira geral, cada vez mais me convenço de quão escassos são meus conhecimentos.

Banho-me no mar, nado para longe, subo numa rocha e aprecio o mar, o vento, a areia, a nova e a antiga Cesareia na colina, e depois me jogo outra vez na água e como me sinto bem!

Novamente, não tenho notícias de meu irmão, mas aguardo sua chegada. Ele está na Espanha. Queria tanto vê-lo logo!

Não tenho notícias de mamãe, mas imigrantes novos dizem que a situação na Hungria continua satisfatória – por enquanto.

Parei completamente de escrever. Há um ditado em húngaro muito verdadeiro que diz "Quem não sabe árabe que não fale árabe". Para poder escrever, você tem que saber a língua. Hoje eu vejo que não sei. Essa é uma das coisas que me deprimem: a falta de profundidade em tudo o que faço, a falta de conhecimento e a falta de atividade. O que mais preciso é de um trabalho de que eu goste e que consiga realizar bem.

Uma pequena experiência que eu tive com alguns dos novos membros me provou que a missão que tenho à minha frente é adequada para mim. Mas quando? Pode passar mais um ano ou dois até a ação.

Entre os novos membros há um chamado Eli. Conversei com ele quando chegou da mesma forma que conversei com a maioria dos membros. Alguns dias mais tarde, senti que ele estava procurando um motivo para me encontrar. Hoje ele falou abertamente que me ama. Ele me conhece há apenas duas semanas. Tenho certeza de que, se ele ficasse como membro por seis meses, sem falar de amor, e se eventualmente descobríssemos que temos coisas em comum, eu poderia aprender a amá-lo. Mas quando amor é o assunto principal desde o primeiro momento, não tenho condições de estabelecer nenhum tipo de vínculo com ele. Ele é, sem dúvida, um tipo interessante, e eu poderia desenvolver uma afeição por ele, mas dessa maneira é difícil conhecê-lo de perto. Serão todos os rapazes assim? Será esse o costume deles para com as moças? Ou talvez essa "Blitzkrieg"[1] seja um problema especial comigo? Ou talvez seja eu, mais que outras moças, que não sei como reagir nessas situações? Vejo que o diário está cheio de citações em todos os idiomas – como uma segunda Torre de Babel.

Dezembro de 1943.

Sem maiores preâmbulos, quero escrever sobre o essencial. Existe uma excelente oportunidade para que você venha. Cumpri com todos os trâmites necessários para que a viagem possa acontecer dentro de algumas semanas, ou talvez alguns dias. Sei, minha querida, que isso te chega de repente, mas é impossível postergá-lo. Cada dia que passa é precioso, e quem pode nos garantir que o caminho não se fechará ou que não nos exporemos a novas dificuldades? Guiora estará aqui em breve. Nenhum outro argumento é necessário.

Mamãe, querida, seja forte e rápida, não se atrase por problemas materiais. Essa é a última das preocupações nestes dias. Pode confiar em nós: problemas materiais você não terá aqui. Eu acredito, minha querida, que não preciso oferecer-te mais argumentos. Se não por nós, faça por você mesma. O essencial é que você venha. Traga tudo que puder, mas que esse motivo não te detenha nem por um instante.

Quero escrever sobre outra coisa, mas agora não tenho condições.

---

1 A Blitzkrieg (termo alemão para "guerra-relâmpago") foi uma doutrina militar que consistia em utilizar forças móveis em ataques rápidos e de surpresa, com o intuito de evitar que as forças inimigas tivessem tempo de organizar sua defesa. (N. T.)

Haifa, 26 de dezembro de 1943.

Querido Guiora,
Há cartas que escrevemos para não enviar. Cartas que devem ser escritas sem perguntar se chegarão ou não ao seu destino. Depois de amanhã começarei algo novo. Talvez insensato, talvez fantástico, talvez perigoso. Um entre cem ou entre mil pagará com a vida. Talvez com menos do que a vida, talvez com mais. Não pergunte o que é. Um dia você saberá do que se trata.

Guiora, querido, devo te explicar algo, devo justificar-me. Devo te preparar para o momento em que você estiver aqui, dentro das fronteiras do país, aguardando o momento de nos encontrarmos depois de seis anos, e quando você perguntar "onde ela está?", te responderão rapidamente: "não está!". Será que você compreenderá? Acreditará que, mais do que o desejo de me jogar numa aventura, mais do que apenas por romantismo infantil, me vi conduzida a isso? Entenderá, chegará a sentir que não aguentava mais, que devia fazê-lo?

A vida perde seu valor diante de certos acontecimentos, o homem torna-se um brinquedo sem importância e uma exigência se apresenta: é preciso fazer alguma coisa, mesmo à custa da própria vida.

Temo que os sentimentos que ardem em mim, expressos em palavras, tenham se convertido em frases ocas. Não sei se você captará através delas o tormento, a dúvida e, ao final de cada crise, a nova decisão.

É difícil para mim, pois estou só. Se tivesse com quem falar franca e simplesmente, se todo o peso não recaísse sobre mim, se eu pudesse falar contigo... Se há alguém capaz de me compreender, esse alguém é você. Mas quem sabe... Seis anos é um longo espaço de tempo.

Chega de falar de mim; talvez tenha me estendido demais. Quero te dizer algumas palavras sobre nossa nova pátria, sobre nossa nova vida, como eu as vejo.

Em primeiro lugar, amo nosso país. Amo suas paisagens e seus climas variados, sua vida multicolorida, amo o que tem de novo e de velho. Amo-o porque é nosso. Não, ainda não é. Mas sentimos, lá no íntimo, como se fosse nosso.

Em segundo lugar, o admiro. Não tudo, mas respeito e admiro as pessoas que acreditam em algo e que estão dispostas, em prol do que lhes é precioso, a lutar contra esta realidade cotidiana. Respeito aqueles que não vivem somente em função de um momento ou de uma lira,[1] e aqui existe mais gente desse tipo que em qualquer outra parte. E por último, eu acredito que esta é a única solução para nós e por isso não duvido nem por um instante a respeito do futuro do país, apesar das dificuldades que nos esperam no caminho.

Quanto ao kibutz, não creio que seja perfeito. Certamente passará por várias etapas de evolução, mas não há dúvida de que, de acordo com as condições atuais, é a forma mais adequada para a realização de nossas aspirações e a que melhor se ajusta às nossas concepções.

Precisamos de pessoas corajosas, sem preconceitos. Pessoas que queiram e que pensem com cérebro e que não sejam escravos autômatos de pensamentos paralisados. É fácil impor leis ao homem e dizer: "Viva de acordo com elas". Mas é difícil viver de acordo com moldes determinados, e o mais fácil é traçarmos normas de vida mediante uma autocrítica constante. Parece-me que este é o único caminho moral para estipular leis ao homem. Somente por esse caminho é possível construir uma vida nova, uma vida completa.

Às vezes me pergunto: qual será o futuro do kibutz quando acabar o encanto da construção, depois das incertezas e lutas pela vida nova, quando esta for tranquila, ordenada e planejada? O que moverá o homem e o que trará conteúdo à sua vida? Não sei o que responder. Mas esta visão ainda está tão distante que vale mais a pena pensar em algo mais atual. Não creia que eu vejo tudo pintado de cor-de-rosa. Minha fé emana de condições interiores e não é consequência da realidade atual. Eu diferencio bem as dificuldades interiores e exteriores, mas também sei ver o lado positivo, e como te disse: este é o caminho e não existe outro.

Não te escrevi sobre um assunto que me preocupa muito: Mamãe! Não consigo escrever sobre ela.

Basta com essa carta. Espero que não chegue às tuas mãos, e se isso acontecer, que seja só depois de nos encontrarmos.

E se, apesar de tudo, os eventos se desenrolarem de maneira diferente – com amor infinito,

Tua irmã.

---

1   Moeda da Palestina na época. (N. T.)

Adendo

Esta carta eu escrevi antes de ingressar no curso para paraquedistas. Quando chegou às tuas mãos, você não tinha como entender do que se tratava.

Perdoe-me, Guiora, por ter sido forçada a mentir para você até nos momentos felizes de nosso encontro. Você era recém-chegado ao nosso ambiente e não pude te contar a verdade. Tenho certeza de que agora você me entenderá.[1]

1944

11 de janeiro de 1944.

Esta semana viajarei ao Egito. Estou convocada como soldada. Sobre as circunstâncias do alistamento e meus sentimentos a respeito dele, sobre as novidades e o que está por vir – não tenho vontade de escrever.

Quero acreditar que fiz a coisa certa e que o que estou prestes a fazer também o é. O resto, só o tempo dirá.[2]

---

1 Hannah escreveu a carta para entregar ao irmão Guiora quando ele chegasse ao país, caso ela não voltasse com vida da missão. Como o irmão chegou na véspera da partida de Hannah, ela deu a ele a carta quando se encontraram, para que ele a lesse rapidamente, ocultando dele o perigo envolvido em sua missão. Uma vez lida, Hannah pediu-lhe a carta de volta. Da primeira vez que a leu, Guiora não entendeu muito bem nem atribuiu especial importância a essa carta. O mesmo não ocorreu quando a recebeu pela segunda vez e entendeu que era uma carta de despedida, em que Hannah se desculpava por partir e não mais voltar. (N. T.)
2 Aqui termina o diário de Hannah. (N. T.)

Cairo, janeiro de 1944.

Querido Guiora,
Após viajar cerca de dez horas, chegamos a nosso destino. O tempo passou rapidamente, pois viajei com pessoas alegres. Cantamos, conversamos e alguns até dormiram. Um trecho do caminho eu dirigi sozinha. É claro que não até o final, pois havia mais três motoristas. Tive tempo para pensar e obviamente pensei em você. Agradeço novamente a sorte de termos nos encontrado, mesmo que tão brevemente. Você pode imaginar o quanto me interessam tuas primeiras impressões sobre o país e o kibutz. Não se apresse em julgar: trate primeiro de conhecer o país, o que não é fácil (não me refiro somente à geografia). Neste momento me é difícil escrever, pois tudo é considerado segredo militar e temo que não passe pela censura. Em resumo: estou bem. Muitos soldados provenientes de Eretz Israel estão aqui e entre eles há amigos e amigas minhas. À noite às vezes vamos ao cinema, ou fico no quarto lendo. Por sorte vivo na cidade e não no acampamento, assim posso aproveitar melhor meu tempo livre.

Guiora, por favor, escreva-me muito. Você não imagina o quanto me interessa saber de tudo. Mandou um telegrama à mamãe?

Na próxima carta escreverei mais e talvez agregue uma fotografia.

Mil abraços,
Tua irmã.

P.S.: Quanto ao nome, me parece melhor Guiora do que Guershon.

15 de janeiro de 1944.

Meu querido tio,

Sei que não concorda com este passo que estou dando e sinto muito não poder lhe dar maiores detalhes sobre os motivos. Espero que você conserve a antiga amizade por mim, sua "filha soldado" e, sobre mamãe, meus planos não mudaram. Ao contrário: minha nova situação me cria possibilidades mais vantajosas e tratarei de aproveitá-las imediatamente. Espero que meu irmão também venha, e é possível que nesse meio-tempo eu parta para o exterior. Não pense, tio, que abordo essa situação de forma leviana, pois você sabe o quanto esperei a chegada de meu irmão e de minha mãe. E, apesar de tudo, quero acreditar que agi bem. Em outra oportunidade poderei te explicar todos os motivos.

Gostaria que você conhecesse nossa situação financeira para que mamãe e meu irmão possam receber dinheiro ao chegar no país, sem necessidade de me esperar caso eu esteja no exterior. A quantia de dinheiro que havia em meu nome depositei no fundo comunitário do Kibutz HaMeuchad, conforme recibo anexo. Tanto Guiora quanto mamãe poderão retirar o dinheiro de lá a qualquer momento: devem apresentar somente um documento de identidade. Quero te comunicar outra coisa importante: no caso de eu estar fora do país, ou de não poder obter uma licença imediata, a secretaria do kibutz me prometeu formalmente que ajudaria mamãe, seja com trabalho ou com qualquer outra coisa de que ela venha a precisar. Eles saberão dar explicações detalhadas sobre mim, caso eu não possa escrever – o que não creio que aconteça.

Gostaria que você soubesse também que há uma mala em poder da família K. que poderá ajudar a mamãe, e há também outra mala no Kibutz Cesareia, com livros de papai e outros objetos particulares.

Não se assuste com este estilo de "testamento", tio, mas, como provavelmente partirei para o Egito em breve, eu queria que você estivesse a par desses assuntos tão importantes para quando meu irmão e minha mãe chegassem.

Desculpe-me te incomodar com tantas coisas, mas desde que cheguei a Eretz Israel me acostumei a dirigir-me a você, meu tio, cada vez que encontrava alguma dificuldade, e você sempre soube me mimar com seu carinho e disponibilidade.

Com profundo e cálido afeto, e muita gratidão,
Hannah Senesh

27 de janeiro de 1944.

Querido Guiora,
É uma sorte que muitos soldados passem por aqui e que todos acabem viajando para casa, pois assim posso te mandar outra carta junto com um pequeno presente, algumas coisas típicas. Tudo de bonito que vejo quero te enviar. Acontece que não sei do que você precisa e além do mais não sou "capitalista". Mandei-te minha caneta-tinteiro porque ganhei uma nova.

Há pouco tempo conversei com uma pessoa que voltou da Turquia e se interessou pela *aliá* de mamãe. Espero que minha carta a tenha convencido sobre as vantagens de imigrar o mais rápido possível. O inconveniente atual é que não é possível viajar pela Bulgária, mas devemos confiar que haverá uma maneira.

No que diz respeito a mim, é possível que em breve eu saia daqui. Nesse caso, certamente minhas cartas serão mais curtas, mas de qualquer maneira cuidarei para que você receba notícias minhas. Preparei para mamãe algumas cartas que você terá que enviar de quando em quando. De nenhuma maneira ela deve saber que me alistei no exército.

Espero que você guarde todos os endereços que te dei para a mamãe e para você. Use-os discretamente, quando precise.

Com muito amor,
Tua irmã.

Cairo, fevereiro de 1944.

Hoje novamente fiz um passeio lindíssimo. Visitei as tumbas reais de Luxor. Obras interessantíssimas e monumentais. Para dizer a verdade, já não tenho paciência para essas coisas. Parece que na semana que vem sairei daqui, e aguardo ansiosa o começo do meu novo trabalho.

Caso mamãe chegue a Eretz Israel durante minha ausência, você deverá explicar-lhe a situação. Eu sei, querido, que é uma obrigação muito penosa e não sei se mamãe compreenderá o passo que estou dando. Faltam-me palavras para expressar quão doloroso é pensar que novamente causarei preocupação à mamãe e que não poderemos estar juntos. Minha maior esperança é que, em breve, pelo menos vocês dois estejam juntos.

Colhemos flores

Colhemos flores nos campos, nas montanhas,
Inspiramos o renovado ar da primavera.
O sol nos banhou com o calor de seus raios
Em nossa pátria, um lar que prospera.

Vamos ao encontro de nossos irmãos no exílio
Através do frio que o rigoroso inverno produz.
O coração trazendo a promessa da primavera.
Os lábios entoando uma canção de luz.

Início de março, 1944.

13 de março de 1944.

Shalom Braginsky![1]
Gostaria de te escrever algumas palavras antes de minha partida. Não é uma despedida – nos despedimos ainda em Eretz Israel.

Mas sinto necessidade de te dizer algumas palavras como a um amigo bom e íntimo.

Sei que podem surgir situações em que vocês se sintam inseguros sobre nosso destino, ou sobre situações difíceis pelas quais talvez tenhamos que passar; e sei que nestes momentos você se questionará – e eu quero te responder antecipadamente, não em nome de outros, somente em meu nome. Apesar de saber que todos pensam como eu.

Parto com alegria, de livre e espontânea vontade e plenamente consciente das dificuldades à frente. Vejo em minha partida um privilégio e também um dever. Ajudará muito saber que em qualquer lugar e em qualquer situação, vocês nos apoiam.

Tenho um pedido para te fazer, que talvez seja desnecessário, mas preciso fazê-lo mesmo assim. Estamos acostumados com o fato de que as atitudes dos companheiros sejam conhecidas por todos; todos vivemos juntos e compartilhamos os êxitos e as dificuldades. Mas vocês precisam saber que, para satisfazer os companheiros que querem saber sobre nosso destino, nós poderemos pagar um preço muito alto. Qualquer palavra de suposição ou publicação – você sabe o que significa.

Não quero me estender mais. Mas antes de partir devo te agradecer mais uma vez por toda a ajuda e por todo o tratamento cordial que você sempre me dispensou.

Sobre as outras coisas, falaremos quando eu voltar. Até então, receba cordiais saudações da Hagar.[2]

---

1 Yehuda Braginsky, membro da secretaria do Kibutz HaMeuchad, que cuidou de sua missão. (N. T.)
2 Hagar: pseudônimo adotado por Hannah Senesh durante sua missão. (N. T.)

Uma hora antes da partida, 13 de março de 1944.¹

Membros do Kibutz Cesareia,
Queridos amigos!
No mar, na terra, no ar, na guerra e na paz.
Estamos indo todos rumo a um objetivo.
Cada um de nós manterá sua posição –
Não há diferença entre um cargo e outro.
Me lembrarei muito de vocês,
Pois é isso que me dará forças.

Saudações afetuosas e fraternais,
Hannah

13 de março de 1944.²

Querida mãe:
Dentro de alguns dias estarei muito perto de você – e tão longe. Perdoe-me; mas, por favor, me entenda.
Um milhão de abraços, de
Hannah.

(Iugoslávia) 2 de abril de 1944.³

Deixei o lugar onde estava. Continuo bem e meu trabalho me satisfaz. Desta vez terei que me conformar em contar-te apenas isso. Sei que essas poucas

---

1   No avião, antes de partir da Itália para a Iugoslávia. (N. T.)
2   Dia em que Hannah saltou de paraquedas em território iugoslavo. Esta carta chegou às mãos de sua mãe muitos dias depois, não se sabe como. (N. T.)
3   Carta enviada ao irmão. (N. T.)

palavras não dizem muito, mas você, querido, escreva-me sobre tudo. Está se acostumando com a nova vida? Agora será mais fácil para você opinar, pois já teve tempo suficiente para conhecer o belo e também o difícil. Parece-me que as pessoas aí são muito simpáticas e isso ajuda muito a dar uma sensação de lar.

Como está o teu hebraico? Certamente você está progredindo.

Não te invejo pelo verão que se aproxima. No Emek Hayarden não se congela de frio, mas o Kineret está perto e isso é bom. Sabe alguma coisa da mamãe?

Mil abraços,
Hannah.

Abençoado...

Abençoado o fósforo que queima em chama ardente.
Abençoada a chama que arde em cada coração.
Abençoado o coração que soube deter-se por honra...
Abençoado o fósforo que queima em chama ardente.

Sereditza, 2 de maio de 1944.
(Sardice, Iugoslávia, hoje pertence à República Tcheca)

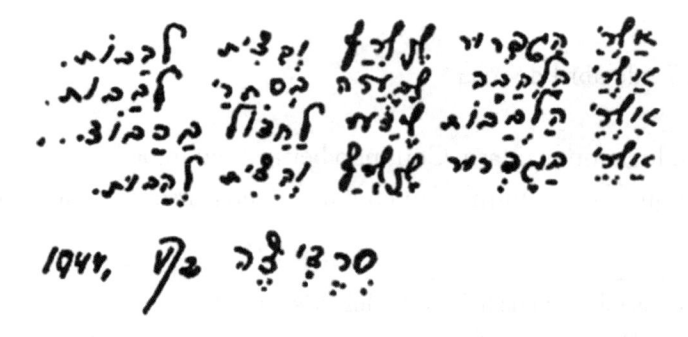

A poesia "Abençoado...", na caligrafia de Hannah.

(Iugoslávia) 10 de maio de 1944.[1]

Apesar de as comunicações por correio não serem regulares, recebi três cartas tuas. Como me alegraram! Alegra-me saber que você está feliz e contente. Eu também estou satisfeita, mas me entristece estar longe de você. Aconteceram coisas muito interessantes comigo, mas você terá que esperar algum tempo até que eu possa contá-las. Querido, assim como você, eu estou muito preocupada com mamãe. É terrível pensar que não poderei ajudá-la. Apesar de não saber nada especial, imagino que a situação seja muito grave. Você pode imaginar o quanto penso em vocês dois, e nela mais que nunca. Perdoe-me por esta carta tão breve. Creio que você já se acostumou a estas notícias tão curtas. Ainda há de chegar o dia em que pagarei minha dívida e completarei tudo o que omiti até hoje.

Beijos da tua
Hannah.

Iugoslávia, 20 de maio de 1944.

Outra carta breve para que você saiba que estou bem. Isso é tudo. Parece-me que todos os meus parentes e conhecidos estão zangados comigo porque não lhes escrevo. Peço que você tente explicar-lhes a situação na medida do possível, pois se não... não me perdoarão. Agora não posso escrever à mamãe, mas tuas cartas deverão encher o vazio deixado pelas minhas. Por isso, te autorizo a falsificar minha assinatura, confiando que você não se aproveitará dela para realizar "grandes transações financeiras".

---

1   Carta enviada ao irmão. (N. T.)

Você entenderá sozinho, sem que eu precise escrever, o quanto eu gostaria de te ver, conversar contigo ou pelo menos te escrever uma carta detalhada. Espero que você entenda. Recebi tuas cartas com muito atraso, mas elas chegam mais cedo ou mais tarde e eu me sinto muito feliz por saber de tudo sobre você.

Beijos para você e muitas lembranças aos companheiros.
Hannah.

6 de junho de 1944.[1]

Querido Guiora,
Mais uma vez estou aproveitando uma oportunidade para escrever, mesmo não tendo nada para contar.

O mais importante de tudo: minhas cordiais felicitações pelo teu aniversário. Sabe, eu tive tanta certeza que dessa vez poderíamos comemorar juntos, mas estava enganada. De qualquer forma, vamos ter esperança de que possamos estar juntos no ano que vem.

Eu gostaria muito, Guiora querido, que você escrevesse para Miriam em nosso kibutz. Já faz muito tempo que eu não escrevo, mas penso muito em todos eles. Eu estou bem. Tenho meus motivos para não escrever para eles daqui.

Alguma novidade sobre a mamãe? Por favor, escreva contando tudo. Tuas cartas chegam mais cedo ou mais tarde e eu fico sempre muito feliz em lê-las.

Meu querido, te desejo tudo de melhor e um milhão de beijos.
Hannah

---

1 Um dia antes de cruzar a fronteira para a Hungria. (N. T.)

Um—Dois—Três[1]

Um—Dois—Três... oito de extensão,
Dois passos é a largura da minha cela na prisão...
A vida paira sobre mim como uma interrogação.

Um—Dois—Três... mais uma semana, talvez,
Ou quem sabe eu ainda esteja aqui no fim do mês,
Mas sinto que a morte se aproxima com rapidez.

Eu podia ter feito vinte e três anos em julho.

O que é mais precioso, apostar decidi.
Dados foram lançados.

Perdi.

Budapeste, 20 de junho de 1944.

---

1 Sua última poesia, achada em suas roupas depois de sua morte. Foi escrita em húngaro. (N. T.)

Budapeste, 7 de novembro de 1944.[1]

Para Katarina Senesh
Minha querida e amada mãe,
Não tenho palavras, só posso dizer-lhe isto: um milhão de vezes obrigada.
Perdoe-me, se puder.
Você mesma entenderá por que as palavras são desnecessárias.

Com amor infinito,
Tua filha.

---

1   Última carta que Hannah Senesh escreveu à mãe antes de ser executada. (N. T.)

A missão: a última fronteira,
por Reuven Dafni

> Há estrelas cujo brilho é visível na terra embora elas
> tenham sido há muito tempo extintas.
> Há pessoas cujo brilho continua a iluminar o mundo, apesar
> de elas já não estarem entre os vivos.
> Estas luzes brilham particularmente quando a noite é escura.
> Elas iluminam o caminho para a humanidade.
>
> Hannah Senesh

Tive o privilégio de fazer parte da delegação de Hannah, que partiu para a terra dos Partisans durante a Segunda Guerra Mundial. Estivemos juntos por dois meses, até ela cruzar a fronteira para a Hungria, ocasião na qual caiu nas mãos dos nazistas.

Vi Hannah pela primeira vez na reunião convocada para decidir a saída e os detalhes da missão dos paraquedistas. Eu ainda não tinha me incorporado ao grupo, mas, como conhecia a Iugoslávia a fundo, me chamaram para trocar ideias, aconselhar e opinar sobre qual seria o local mais indicado para os companheiros saltarem sem correr o risco de serem pegos. Como soldado, estava encarregado de manter contato com a frente de guerrilheiros da Iugoslávia, o que facilitava o meu acesso a todos os caminhos desse país.

Em minha reunião com os integrantes da missão, chamou-me a atenção especialmente uma jovem, a única do grupo, por sua vivacidade e compreensão dos problemas relacionados com a realização de um plano tão ousado. No início não imaginei que ela também faria parte do grupo de enviados. Pensei que, assim como eu, ela havia sido chamada para informar e fornecer detalhes sobre algum dos países aos quais a missão estava destinada. Quando soube que integrava o grupo, conversei com ela para conhecê-la e fiquei impressionado com o fervor que tinha por essa missão.

Depois de algumas semanas, voltamos a nos encontrar no Cairo e ela insistiu para que eu me incorporasse ao grupo, enfatizando que isso facilitaria a ação pelo fato de poder contar com alguém que dominava o idioma e conhecia detalhadamente todos os lugares. Naquele sábado fui com todo o grupo visitar uma das unidades do A.T.S.[1] Recordarei sempre a impressão estranha que Hannah me causou nessa noite. Eu ainda não a conhecia bem nem entendia o que a motivava. Ela estava alegre e satisfeita e gostava de brincar com todos nós – inclusive com o motorista árabe que nos conduzia –, mas mesmo assim não se descuidava da missão e continuava sugerindo projetos e planos de ação. Assombravam-me suas mudanças bruscas de humor. Num momento ela rolava de rir, e de repente parecia que ela fervia no fogo da missão. Senti como se uma "chama sagrada" ardesse em seu interior.

No fim, meu destino foi decidido e incorporei-me ao grupo. Hannah manifestou sua alegria, e nunca esquecerei suas palavras tranquilizadoras que ajudaram a quebrar a tensão psicológica que tanto me assolava diante dos treinos de paraquedismo. Mais que todos, eu menosprezava a aura heroica inspirada pelo salto de paraquedas. Confesso que, nos momentos difíceis, aturdido ante a experiência do primeiro salto, lembrei mais de uma vez de Hannah e de suas palavras de conforto. Não há dúvida de que suas palavras nos tranquilizavam.

Tudo se desenvolveu de tal maneira que acabamos saindo juntos numa noite em que foi posto à nossa disposição um avião especial, que deveria transportar os cinco companheiros a Bari, na Itália. Em nome das institui-

---

1 A.T.S. = Auxiliary Territorial Service, Serviço Territorial de Auxílio formado por mulheres do Exército Britânico. (N. T.)

ções governamentais, nos acompanhou Enzo (Haim) Sereni.[1] Depois de treze horas de voo, chegamos à costa italiana e nos alojamos numa pequena aldeia nas imediações da cidade.

Enzo respirou aliviado ao chegar à sua "pátria". Sentia-se em casa: confortável e cheio de energia. Tentou puxar conversa com estranhos, brincava com as crianças, fazia carinho e distribuía guloseimas. A cada instante vinha nos contar o que ouvia. Nessa mesma noite teve uma discussão feia com Hannah sobre nossas relações com o povo italiano. Hannah não aceitava sua atitude tolerante e fez questão de lembrá-lo do cruel bombardeio de Tel Aviv, que não lhe saía da cabeça.

No dia seguinte nos dirigimos à cidade próxima para tratar dos detalhes de nossa partida. Nunca esquecerei a discussão que irrompeu entre Hannah e Enzo Sereni sobre a existência de Deus. De um lado estava um homem maduro, experiente, conhecedor de filosofia, que sustentava com entusiasmo a existência de Deus, e do outro estava Hannah, a jovem de 22 anos que a negava completamente com sua lógica aguda e clara. Foi então que surgiu em mim a dúvida: seria eu capaz de trabalhar com uma pessoa que tinha, além da firmeza de uma rocha, tamanha obstinação e fanatismo? Eu ficava perplexo: de onde essa jovem sem experiência tirava tanta autoconfiança? De onde emanava essa força – e, talvez, essa ingenuidade – que permitia que se mantivesse firme em suas opiniões? Um receio de que não seria fácil trabalharmos juntos tomou conta de mim. Seria impossível discutir com uma pessoa tão resoluta. Ela não cederia nem um milímetro. Posteriormente pude comprová-lo e, mais de uma vez, em meio a uma discussão, houve trocas de insultos. Quando naquele dia manifestei minhas dúvidas a Enzo Sereni, ele me disse: "É verdade que não será fácil trabalhar com ela, mas nunca se esqueça: trata-se de uma jovem extraordinária".

---

1 Algumas semanas depois de acompanhar o grupo, ao saltar no norte da Itália em território nazista, Enzo foi capturado e levado ao campo de concentração de Dachau, onde morreu em 18 de novembro de 1944, onze dias após a morte de Hannah. (N. T.)

Sim: na verdade ela não conhecia o medo, e nenhum outro integrante da missão estava tão convencido de seu êxito como Hannah. Ela nunca considerou a possibilidade de uma derrota e não permitia que nos entregássemos ao abatimento ou ao desânimo. Com lógica clara nos explicava como nos salvaríamos de qualquer complicação, e sua própria autoconfiança sempre conseguia nos convencer. Obviamente, ela também passou por momentos difíceis, mas suas forças sempre pareciam renovar-se.

Quando nos disseram que deveríamos nos preparar para partir naquela mesma noite de 13 de março de 1944, Hannah sentiu-se possuída por uma alegria sem limites. Cantou sem parar durante todo o caminho. Voltamos à aldeia cantando uma canção que chegou a ser uma espécie de hino para o nosso grupo, e era especialmente adorada por Hannah:

Cresça, cresça, chama minha
No sangue dos caídos acenda um clarão
Cresça, cresça, chama minha
Nas bocas dos caídos, canção.

Naquele momento pesou sobre mim a mão do destino e não consegui participar da cantoria. No dia anterior fiquei sabendo que meu pai e meu irmão mais velho (que eu não via há nove anos) se encontravam em um dos acampamentos nos arredores de Trento. Tive esperança de que me concederiam alguns minutos para chegar até eles, mas a ordem de partida impediu o nosso reencontro. Mais uma vez, foi Hannah quem tentou me consolar e me animar – e como!

No aeroporto nos encontramos com o oficial encarregado de nossa "operação". Apesar de seu sangue-frio britânico, não conseguiu esconder sua surpresa ao ver entre nós uma mulher. Os jovens ingleses que trabalhavam no grande depósito para o qual fomos levados a fim de experimentar nossos paraquedas não tiravam os olhos de Hannah, sem ocultar seu assombro. O sargento escocês que me auxiliou com os ajustes do meu paraquedas me disse com simplicidade e emoção ao mesmo tempo: "É inacreditável. Há muito tempo trabalho aqui. Ajustei o paraquedas de centenas de soldados, mas nunca encontrei uma mulher entre eles". E logo acrescentou: "Se contar a meus amigos judeus na Inglaterra, eles não acreditarão".

Assombro similar experimentou um grupo de paraquedistas norte-americanos que, ao vê-la entre nós, pensou ser a esposa de algum soldado que vinha se despedir do marido. Mas, quando voltamos a nos encontrar pouco antes da partida, surpreenderam-se ao encontrá-la. Um deles acercou-se de Hannah, e sem pronunciar nenhuma palavra apertou-lhe a mão comovido. Hannah não entendeu o significado do gesto e sua reação simples e simpática causou embaraço ao norte-americano, que ficou confuso, até que ela e eu caímos na gargalhada.

No último momento escrevemos cartas a nossos entes queridos. Ela escreveu algumas, uma delas aos seus companheiros em Cesareia.

***

Havia chegado a hora da partida. Despedimo-nos efusiva e fraternalmente do querido Enzo Sereni, nos beijamos (e ainda ressoam em meus ouvidos as últimas palavras que pronunciou emocionado, no momento da despedida: "Lembre-se: apenas quem quer morrer morre!") e entramos no avião na ordem estabelecida, de acordo com a fila do salto. Eu e Hannah éramos os primeiros a saltar – eu era o primeiro, seguido por Hannah, e Y., A., e o "goy"[1] que nos acompanhava saltariam na segunda volta sobre o alvo.

Estávamos sentados no avião, tensos e apertados, rodeados por pacotes – parte deles destinada aos Partisans e parte às nossas necessidades. Estávamos envoltos e atados ao paraquedas, vestindo roupas de inverno pesadas, arma em punho, quase sem possibilidade de fazer qualquer movimento. O barulho dos motores impedia qualquer conversação. Meu olhar percorria o rosto do companheiros. Via cada um em seu lugar, mergulhados em seus pensamentos, o coração palpitando ante o momento fatídico. E então pousei meu olhar sobre Hannah: seu rosto estava radiante, transbordando exaltação e alegria. Ela piscou o olho e acenou a mão em sinal de incentivo, seu semblante portando um sorriso afetuoso, infantil. Debaixo do chapéu especial dos

---

1 Goy é todo aquele que não é judeu; gentio. (N. T.)

paraquedistas seu rosto parecia ter diminuído, adquirindo uma fisionomia de criança. Seu sorriso luminoso me lembrava o de uma menina que se sentava num carrossel pela primeira vez.

A alegria de Hannah contagiou todos. A tensão foi diminuindo lentamente, o ambiente se iluminou e, sem notarmos, um alívio nos envolveu. Os pensamentos tenebrosos foram desviados e empurrados a um canto isolado da alma, e uma quietude confiante nos invadiu. Assim passou-se uma hora. Mas o cansaço e a tensão cumpriram seu papel, e o sono acabou nos conquistando, um a um.

Quando acordei, vi que os jovens da tripulação já estavam jogando os pacotes pela porta inferior do avião. O avião sobrevoava o alvo.

Nunca esquecerei o momento em que tive que liderar o salto; como a jovem Hannah estava parada em frente a mim, seu rosto iluminado de felicidade, o olhar sereno e sua mão se agitando com o polegar para cima – seu gesto favorito: um sinal de vitória. Ela estava sorrindo. E assim saltei. E Hannah em seguida.

Após alguns minutos, pousávamos em solo iugoslavo, na terra dos Partisans.

**

Por vários meses andamos juntos na Iugoslávia, testemunhas da luta terrível e dedicada dos Partisans por sua liberdade. Vimos atos de heroísmo, vitória e derrota: vimos com nossos próprios olhos a ruína de aldeias inteiras, presas em labaredas de fogo que se elevavam devorando e aniquilando o trabalho de gerações; topamos com tropas em ataque e em retirada, perambulamos com massas de pessoas ansiosas por refúgio, caravanas e mais caravanas de pessoas que voltavam e se embrenhavam em suas aldeias e em suas montanhas. Tudo isso comovia por sua expressão humana, cruel e alarmante. Mas nosso objetivo nos levava ainda mais longe: nosso objetivo era lutar para salvar nossos irmãos.

Milhares de Partisans e civis viram Hannah andando com seu uniforme militar, revólver na cintura, marchando segura, atraindo atenção. Era famosa. Muito foi contado e muito foi falado sobre ela. Nas reuniões do Alto-Comando, Hannah despertava respeito e admiração. Este era um povo no qual a mulher participava na guerra colaborando efetivamente, no qual as Partisans marchavam junto com os Partisans na batalha. Havia, porém, algo admirável em Hannah que inspirava um respeito espantoso.

Hannah foi designada para passar ao país vizinho, a Hungria, e ela ardia com ansiedade pela missão. Porém, já nos primeiros dias desde a nossa chegada, nos chocamos contra a muralha da realidade. Deveríamos ir a pé até a fronteira húngara, mas os Partisans nos avisaram que não seria possível chegar lá, pois os alemães dominavam novamente toda essa região. "Vocês deverão esperar", nos diziam.

Alguns dias depois, quando estávamos no comando dos Partisans, recebemos a notícia de que os alemães haviam entrado na Hungria. Essa foi a primeira vez que vi Hannah irromper em lágrimas. Foi uma notícia trágica para ela e para todos nós. No primeiro instante pensei que ela chorava pela mãe, pois não sabia o que lhe aconteceria agora. E certamente em seu pranto havia algo desse temor. Mas, entre soluços, ela disse: "O que será agora dos mais de um milhão de judeus da Hungria? Eles em poder dos nazistas, e nós aqui sentados...".

Sua consciência não lhe dava descanso, como se a terra queimasse debaixo de seus pés. Ela lutava por alcançar a fronteira, mas nós dependíamos dos Partisans e eles estavam alheios aos nossos desejos. Também não podíamos falar com eles abertamente sobre nossas intenções. Nossa missão, do jeito que aparentemente nós expúnhamos, também não podia abrir caminho para a zona aonde ambicionávamos chegar.

Enquanto isso, continuávamos perambulando em meio a um país de montanhas e bosques, admirando o panorama maravilhoso transtornado pela rebelião e pelos combates; vivendo terríveis experiências, desconcertantes, deprimentes e cansativas.

Guerrilheiros e guerrilheiras com seus uniformes e armas foram chegando e de repente nos encontramos numa festa de Partisans. Entramos no salão – os quatro companheiros da missão – e o público nos clamou: a delegação do "Grande Império". Nosso coração estava ferido pela dor de nossa missão judia, secreta, muda.

Já éramos conhecidos no ambiente dos altos oficiais e Hannah foi convidada pelo coronel para subir ao palco e falar com o povo. Como eu dominava o idioma, acompanhei-a para servir de tradutor. O público acolheu cada uma de suas frases com entusiasmo e aplausos. Ao final, depois do programa artístico, formaram-se rodas e todos começaram a dançar. O vigor, a alegria e o ritmo da dança enchiam a sala. Dava gosto ver os Partisans em suas danças folclóricas – parecidas com a nossa "Hora". Levavam as armas ao ombro e, sobre o cinto de cada um, oscilando com a dança, quatro ou cinco granadas. Hannah lançou-se à roda, foi absorvida por ela e, enquanto dançava sem parar, deixou arder o fogo guardado em seu interior.

Em contraste com essas poucas horas de entusiasmo havia outras terríveis, cruéis, diante do fogo e da morte: em nosso vaguear chegamos, com o exército de Partisans, a uma aldeia que se encontrava próxima à fronteira, em território inimigo. De repente, um ataque imprevisto. Uma chuva de balas atravessou a aldeia em todas as direções. O exército dos Partisans retrocedeu em busca de abrigo numa súbita retirada. As pessoas fugiam apavoradas, largando suas armas e deslizando morro abaixo. Estávamos sozinhos, os últimos, isolados, rodeados pelo inimigo. Deslizamos pelos declives e continuamos correndo pelo vale exposto ao fogo que chegava das montanhas para alcançar os que retrocederam – e não havia abrigo. Em volta, ouviam-se os gritos de medo de caravanas de civis aturdidos que corriam carregando bens, crianças e rebanhos. O clamor dos feridos e o lamento dos agonizantes que desfaleciam e caíam impotentes elevou-se aos céus com medo de Deus. Nessa corrida infernal para salvar a vida acabamos nos esquecendo de tudo. E, de fato, de repente me assustou a ideia de Hannah ter ficado sozinha. Parei por um momento, virei a cabeça e a vi correndo atrás de mim, desesperada, ofegante, o instinto de sobrevivência superando a chuva de balas e o tumulto da batalha, encorajando-a a seguir adiante. E assim chegamos com nossas últimas forças ao bosque, aparentemente protegidos do fogo inimigo. Nós nos jogamos ao chão – estávamos salvos!

Uma hora depois, deitados no meio dos arbustos, quietos, mudos e desconcertados, escutamos o tiroteio incessante e as queixas dos feridos com a arma sempre pronta na mão. De repente, apareceu uma patrulha de nazistas. Meu dedo moveu-se instintivamente para apertar o gatilho e crivar-lhes o peito de balas. Mas Hannah, sempre prudente, dominou seus nervos e deteve em silencio minha mão, dizendo: "Pare, não atire!". Seus olhos me lembraram o que qualquer um podia esquecer num momento tão terrível como aquele: "Nosso objetivo é salvar irmãos e não arriscar por um ato de bravura o que nos é mais precioso!". Houve outras situações semelhantes a essa enquanto nos arrastávamos sozinhos e isolados, somente quatro pessoas numa densa floresta, a arma pronta para disparar por trás de troncos de árvores. O coração sempre apavorado por encontrar o inimigo que perseguia os Partisans. São momentos em que o ser humano se sente à margem do desespero, quando o coração reza por um milagre – e realmente apenas um milagre pode salvá-lo. Os soldados nazistas caminhavam pelas redondezas do bosque disparando em todas as direções; podíamos vê-los de perto sem sermos vistos. Não se apagará de minha mente a serenidade assombrosa que refletia incessante do rosto de Hannah. De vez em quando dava uma olhada em direção a ela e a via deitada, seu revólver na mão, com um fulgor divino nos olhos. Nesses momentos sentia que me dominava um sentimento de veneração por essa filha de Israel, provavelmente a única capaz de se portar com semelhante elevação espiritual enquanto carregava nos ombros tão jovens um destino estranho e cruel.

Outra lembrança que tenho diz respeito a uma experiência judaica: uma noite fomos a uma aldeia, convidados por uma guerrilheira. Quando esta apareceu na entrada de nosso quarto, fiquei estupefato: eu a conhecia. Na nossa distante infância tínhamos sido amigos e brincávamos juntos. Éramos vizinhos de rua e morávamos na mesma capital. Os anos de terror deixaram marcas sobre seu rosto e, apesar de ser jovem, viam-se fios grisalhos em seus cabelos. Durante a nossa conversa descobrimos um segredo: todos nós éramos judeus! Os corações bateram em uníssono com a experiência desta revelação e algo sagrado envolveu aquela noite. Ela nos revelou a história dos martírios, impregnada com o sangue dos judeus da diáspora. Já nós, que fomos vistos como oficiais de um povo alheio, lhe trouxemos a boa notícia de nosso país em construção. Hannah estava impressionada com aquele encontro. Dois dias depois, fez-me guardião de uma poesia de quatro versos que traduzia toda a agitação e fervor de sua alma. O primeiro verso da poesia diz:

"Abençoado o fósforo que queima em chama ardente."

E finalmente chegou o dia que Hannah tanto aguardava: o dia de cruzar a fronteira. Depois de uma caminhada de quatro horas seguidas, chegamos a uma aldeia nas proximidades da fronteira. Sentamos num quarto, alguns dos integrantes da missão e dois judeus da resistência húngara que há pouco haviam se unido a nós. Enquanto cuidávamos dos últimos preparativos até eu mesmo fiquei muito impaciente. Não estava seguro dos preparativos que fizéramos para a partida de Hannah, mas era impossível continuar adiando-a. Ela havia se negado definitivamente a esperar. Todos os meus esforços para convencê-la foram inúteis. Ela estava decidida a sair mesmo sem acompanhamento e sem papéis. Não havia nenhuma esperança de dissuadi-la. O assunto estava encerrado.

Seu estado de ânimo era excelente. Ria com todos e gostava de se divertir especialmente com o soldado não judeu da missão, pois achava que agora era oportuno "saldar dívidas" e devolver gracejos.

Jantamos mais cedo e Hannah me pediu para sair com ela ao pátio para que pudéssemos conversar sobre os detalhes da missão e a comunicação futura sem que ninguém nos incomodasse. Caminhamos no pomar perto da casa, considerando todas as possibilidades de como passar informação, encontros, escrita em código etc. Determinamos uma senha para a escrita em código: "HAKIBUTZ HAMEUCHAD SDOT YAM CESAREIA". Hannah voltou a insistir para que eu conseguisse para ela cianureto para o caminho. Mas fui firme e neguei, pois sabia que, se pudéramos superar todas as hesitações e concordáramos com a partida de Hannah, era minha obrigação elevar seu sentimento de confiança, animá-la e descartar totalmente tudo que pudesse despertar sua inquietude.

Hannah me pediu que não a acompanhasse até a fronteira e eu concordei. Ela acreditava que não deveríamos estar todos juntos numa zona perigosa. Um de nós deveria estar relativamente seguro para continuar a ação caso ela fosse presa.

Às sete da noite visitou-nos o chefe do grupo de Partisans que estava encarregado de acompanhar Hannah e seus companheiros até a fronteira para nos comunicar que a partida seria dali a quinze minutos. Uma alegria sem igual se apoderou de Hannah nesses últimos quinze minutos. Ela estava cheia de vigor, com uma sensação de liberdade e confiança. Ela brincou muito, contou várias histórias ridículas que aconteceram conosco na Iugoslávia e principalmente se mostrava segura e serena. Parecia que estava saindo para um passeio prazeroso, como se a felicidade tão esperada tivesse chegado repentinamente. Faltam-me palavras para relatar esses últimos momentos de Hannah na Iugoslávia. Sua alegria, seu contentamento, sua franqueza e sua travessura fluíam como de uma fonte viva. Teceu sonhos futuros para o dia em que voltássemos todos a nos encontrar em Eretz Israel. "Quando todos voltarmos a Eretz Israel, subiremos num ônibus muito grande da empresa 'Egged' e faremos um grande passeio por todo o país. Primeiro visitaremos todas as comunidades que enviaram seus membros a esta missão. Faremos festas nessas comunidades, relataremos tudo pelo que estamos passando e agregaremos alguns blefes. Depois viajaremos por todo o país, de Dan a Beer-Sheva. Passaremos um mês inteiro viajando, certo?"

Saímos da casa e a acompanhamos por um trecho do caminho. Para despistar curiosos da aldeia, caminhamos primeiro na direção contrária, corrigindo o trajeto depois de um tempo. Só no final da aldeia nos despedimos definitivamente, com muita emoção. Hannah apertou minha mão, me agradeceu pelos dias que passamos juntos e pelas experiências adquiridas em comum. Depois, disse: "Até breve na terra do inimigo" e afastou-se até que a perdemos de vista. Fiquei parado em meu lugar e meus olhos acompanharam a jovem israelense que marchava com segurança para um destino desconhecido. Antes que sumisse completamente do nosso campo de visão, Hannah parou, voltou-se e acenou para nós.

Quando me lembro de Hannah me vem a imagem do nosso voo pelo céu da Iugoslávia, durante o momento tenso em que eu deveria saltar. Olhei para trás e lá estava Hannah, agitando a mão com o polegar no gesto de que tanto gostava, o rosto iluminado por um sorriso animador.

Não sabia que nunca mais voltaria a vê-la...

Reuven Dafni
Ein-Guev

Mapa operacional da Inteligência Britânica mostrando Budapeste
como o destino de Micky (codinome de Joel Nussbacher)
e Minnie (codinome de Hannah Senesh).

A captura,
por Yoel Palgi

Nuvens cinzentas cobriam o céu. Nosso carro deslizava pelo caminho que cruzava o deserto e só não caímos dentro de um canal graças à perícia do motorista. Meus ossos doíam de tanto ficar sentado e a paisagem desolada fatigava os olhos. O frio era cada vez mais penetrante e um arrepio desagradável me atacou, anunciando maus presságios. Era uma situação deplorável. Mais de uma vez me vi obrigado a afugentar a ideia obsessiva de que tudo começava mal. A superstição que diz que os sinais do início pressagiam o fim – crença que adquiri durante o meu tempo no front – se apoderava de mim. Em vão, eu lutava contra ela. Tinha vergonha de mim mesmo.

Sob uma chuva torrencial que cobria tudo de tristeza, nos aproximávamos de Tel Aviv. E quanto mais me aproximava de meu destino, mais me pesava essa sensação desagradável, e à minha mente cansada afluíam pensamentos fragmentados: aqui estou a caminho da escola de paraquedismo... Amanhã ou depois saltarei pela primeira vez do avião e o paraquedas não abrirá; ele não abrirá, não abrirá... E eu saltarei sem salvação, sem freios. Desta vez não acordarei como nos sonhos de infância, quando saltava e, antes de meus pés tocarem o solo, acordava com o coração batendo forte, mas vivo. Vivo! Sabia que não podia revelar meus medos terríveis a ninguém, muito menos recuar. Já não era dono de mim mesmo. Era responsável por um assunto de interesse geral. Se fracassasse, a vergonha cairia sobre todos, não apenas sobre mim. E quem sabe quais seriam as consequências? Febrilmente voltei a repetir para mim mesmo: "Não abrirá, não abrirá; mas eu devo saltar! Saltarei e me despedaçarei. E aí então eles pegarão outro para o cargo, pois a culpa não será minha...".

O carro deslizou cuidadosamente pelas ruas da cidade e suas rodas salpicaram de lama as sombras humanas que avançavam depressa pelas calçadas. A cidade dessa vez não me recebeu com cordialidade: a escuridão dominava o espaço. Eu também ia ao seu encontro com indiferença, como se não a conhecesse, sem a alegria do encontro renovado cujo sabor eu experimentava a cada retorno. Deram-me meia hora, após a qual prosseguiríamos nossa viagem para o norte, para a escola... Decidi visitar Zvi e avisá-lo que voltara. Cansado e abatido, subi as escadas escuras.

O escritório estava deserto. Não encontrei quem procurava. Uma moça estranha estava sentada ali, coberta pela penumbra do crepúsculo. Perguntei por Zvi e ela disse: já virá.

Sentei, tirei um cigarro enquanto a observava furtivamente. Ela era alta, estava sentada com suas longas e belas pernas cruzadas e havia algo terno e atraente na maneira como suas mãos se apoiavam sobre a mesinha. Era soldada da força aérea. O azul-cinzento de seu uniforme combinava maravilhosamente com seus olhos celestes. Seus cabelos eram castanho-escuros e caíam em cachos abundantes e suaves ao redor de seu rosto delicado e comprido. Havia algo muito harmonioso nela. Gostei dela. Não pude precisar no primeiro instante o que me atraía. Todo o seu aspecto era agradável de ver.

A porta se abriu e Zvi entrou. Recebeu-me assustado e me inundou de perguntas: quando chegara, até quando pensava ficar etc. A jovem me observava com curiosidade e espanto. De repente se levantou, um sorriso iluminou seu rosto, e perguntou com ênfase especial: "Você é o Yoel?". Observei-a outra vez e de novo tive uma sensação agradável ao vê-la. E nesse momento surgiu em minha mente a revelação: é ela, sem dúvida! Só pode ser ela. E com o mesmo tom de espanto na voz perguntei: "E você é Hannah?". Nenhum dos dois esperou a resposta. Só Zvi perguntou surpreso: "O que, vocês não se conhecem?". Todo o meu abatimento desapareceu como por encanto e com um largo sorriso respondi: "Não!", e esse "não" se misturou ao dela. Apertamos as mãos num aperto prolongado e nos olhamos longamente. Essa moça maravilhosa que soube conquistar-me à primeira vista foi sempre um mistério para mim. Uma quantidade enorme de perguntas surgiu em minha mente e com certeza também a dela inundou-se com as mesmas perguntas e com as mesmas sensações. Nossos olhares se uniram profundamente e sem palavras soubemos que nos vinculávamos com um laço mais profundo que o do amor: o pacto que une os lutadores no front, os companheiros de armas.

"Tenho muitas coisas para te perguntar. Você fica esta noite em Tel Aviv?"

Nesse momento me lembrei de que deveria me apressar e que o carro me aguardava para prosseguir viagem à escola de paraquedistas.

"Não", respondi gaguejando. "Sigo viagem para saltar."

Parece que ela percebeu o tremor em minha voz e entendeu o medo que se apossou de mim de repente.

"Eu já terminei. Não é nada. Você sobe no avião e salta e em seguida já está sobre o solo. Nunca esquecerei a vista de Nahalal lá de cima. Uma emoção inesquecível. Você verá: é um deleite."

Ela falava de forma tão simples e natural, como se tratasse do café da manhã que havia tomado naquele dia.

Envergonhei-me. Soube que, se essa moça pudera saltar, eu também poderia. Desconfiei que ela estivesse fingindo para me animar. É evidente que ela também teve medo, mas se ela pôde superar eu também posso!

Prossegui em meu caminho com excelente bom humor. Enrolei-me em meu cobertor e me senti confortavelmente bem. A chuva pingava pelo teto do veículo e lavava as janelas.

Era reconfortante saber que ela seria minha companheira nessa viagem tão longa e difícil.

Chegou a véspera de nossa partida. Estávamos todos tensos para a viagem, para a despedida do país. Ninguém ousava confessar a seus companheiros o quanto eram difíceis seus sentimentos e a dúvida sobre se veríamos de novo a pátria. Cada qual se despediu do que lhe era mais querido: um de sua esposa, outro quis dar uma última olhada em seu kibutz. Foi uma despedida muda, sem grandes manifestações, quase sem expressão. Sem apertar demais a mão dos amigos para não despertar suspeitas e não dar lugar a perguntas. A própria missão era muda e ninguém deveria saber que íamos para a batalha armados com um estilingue contra um inimigo poderoso.

Atrás de nós estavam dias e noites de trabalho tenso, de conversas intermináveis com jovens lutadores dos guetos. Aprendemos a conhecer diferentes condições de vida, países, caminhos – nos preparamos para a missão. Hannah estava sempre de bom humor. Eu gostava de sair com ela às vezes para jantar, ir ao teatro, à ópera. Dedicávamos poucas horas ao descanso. Quando dispúnhamos de um momento livre, ao invés de descansar depois de um trabalho duro íamos ao teatro, à casa de amigos, ver e ouvir, absorver e acumular coisas do país e de seu espírito para suprir-nos de material suficiente para o longo caminho que nos aguardava. Hannah era uma companhia alegre, simpática, agradável. Nessas horas tentávamos não pensar no que vinha pela frente, mas nem sempre conseguíamos. De vez em quando o rosto de Hannah se entristecia. Certa vez me contou que havia deixado sua mãe no exterior e que ela estava por chegar a Eretz Israel. Certamente chegaria quando ela estivesse saberia Deus onde, e não haveria ninguém para recebê-la. Também tinha um irmão, mas, por ironia do destino, ele deveria chegar um ou dois dias após nossa partida. Contou-me que havia escrito uma carta a ele na qual tentava encaminhar seus primeiros passos no país.

E realmente, no dia em que chegou o carro para levar-nos, ela recebeu a notícia da chegada do navio Niasa. Hannah chorou como uma criança. Não reconheci nela aquela mulher valente e segura de si. As lágrimas rolavam de seus olhos. Com dificuldade, consegui passagens para Haifa e a acompanhei para verificar se seu irmão se encontrava entre os recém-chegados. Conseguimos arranjar para que seu irmão saísse de Atlit no momento em que o navio ancorasse no porto. Adiamos nossa partida por 24 horas para que Hannah tivesse oportunidade de ver o irmão. Quem lê seu diário e sente a relação especial e profunda que unia esses irmãos poderá compreender a força extraordinária que essa jovem continha dentro de si para negar-se a aceitar o adiamento da partida. Até se desculpou mil vezes para pedir um só dia. Fazia vários anos que não via o irmão e quem sabe quantos mais se passariam até que voltasse a vê-lo. Ela devia encontrar-se com ele, falar-lhe, dar-lhe os conselhos necessários para encaminhá-lo e guiá-lo em sua vida no novo país. Não tenho a menor dúvida de que, se houvessem dito que era impossível adiar a viagem por motivos particulares, ela teria partido sem falar uma só palavra. Sem encontrar-se com ele.

Hannah com o irmão Guiora em Tel Aviv, um dia antes de sua partida para o Cairo
e para sua missão e dois dias após a chegada de Guiora na Palestina.

O carro passou rapidamente pelas colônias do sul. Aos poucos a brancura das casas judias foi rareando e o cinza das aldeias árabes foi aumentando. Todos sentiram a seriedade do momento, ainda mais Hannah, que deixava para trás uma situação pessoal complicada. Porém, ninguém falou sobre isso. Cantamos, brincamos, planejamos uma série de coisas para o dia do nosso retorno. Resolvemos que, quando a guerra terminasse, voltaríamos de nossa missão num grande bombardeiro e cada um de nós saltaria com seu paraquedas em seu povoado. Éramos cinco no carro e conosco havia dois motoristas ingleses. Pouco nos importava o que faziam ou sentiam. Éramos jovens soldados e os olhávamos com indiferença. Mas Hannah não se conformava com a solidão dos dois. E quando alguém do grupo dizia algo engraçado que provocava o riso dos demais, ela se apressava em traduzir para que eles também compreendessem e se sentissem parte do grupo.

Ao cruzarmos a fronteira sul ela cismou que queria aprender a dirigir. Protestamos energicamente, negando-nos a satisfazer seu desejo que colocaria nossas vidas em perigo, mas nossos protestos foram em vão. Hannah era obstinada. Sentou-se ao volante e os motoristas explicaram-lhe a função de cada um dos diferentes aparelhos. Ela imediatamente pegou no volante e começou a dirigir. Fiquei admirado com sua habilidade de aprender tudo num instante. Após alguns minutos dirigindo devagar, de maneira cuidadosa e insegura, os segredos do volante já estavam claros para ela. No momento em que se sentiu segura, acelerou. Inutilmente pedimos para que dirigisse devagar, para que devolvesse o volante ao motorista. Ela dirigia a toda velocidade através do deserto. Quando aparecia um carro vindo de encontro a nós, temíamos mais ainda. Mais de uma vez fechei os olhos, o coração batendo forte. Mas logo Hannah estava sentada, segura e sorridente, feliz como uma criança que acaba de ganhar um brinquedo novo.

Hannah Senesh e Yoel Palgi.

Era aplicada e obstinada. Mesmo motoristas experientes se cansavam em viagens longas, mas ela não: dirigiu horas e horas e lamentou quando finalmente chegamos ao canal de Suez por ter que passar a direção a um motorista mais experiente.

***

Nosso pequeno grupo passou por momentos muito difíceis. A partida era adiada diariamente. Evidentemente havia uma negociação por trás dos panos para a rendição da Romênia e da Hungria. Para nós era importante chegar ao objetivo, mesmo que fosse um dia antes ou até um dia depois da rendição. Para os nossos "sócios", porém, não importava muito quem de nós chegaria ao destino. Para nós era um dilema emocional e nosso coração não tinha bons presságios. Para eles, era mera rotina. Sabíamos que nossa vida e nosso futuro estavam em perigo e eles deveras se empenhavam para cuidar de nós como indivíduos. Não era fácil para os que ficavam decidir, pois também pensavam que devíamos evitar ações arriscadas. Muitas discussões se desencadearam entre os membros do grupo que partia e os do grupo que apenas nos acompanhava. Hannah encabeçava os amargurados, mas nem sempre tinha razão. De fato, na maioria das vezes não tinha. Naqueles dias eu ainda não sabia diferenciar seu nervosismo e impaciência do grande fanatismo posto a serviço da nossa causa em detrimento de seu próprio bem-estar. Muitas vezes cheguei a me desesperar. Perguntava-me: "Como poderei trabalhar com ela?". Parecia-me que lhe faltava serenidade, equilíbrio; que só olhava para si mesma. Hannah não estava de acordo com a disciplina. Exigia que fixássemos com antecedência os campos de ação para que, uma vez lá, não acabássemos discutindo. Ela queria garantir sua parte na ação, apesar de seus temores. Todos menos Hannah tínhamos pertencido a movimentos juvenis e conhecíamos o sistema e a rotina do trabalho. E Hannah temia que a deixássemos de lado.

Quis o destino que ela saísse antes de mim. Na noite da partida, com a emoção da despedida, a tensão entre nós cedeu e por fim dissolveu-se. Despedimo-nos com afeto fraternal. No dia seguinte acordei numa casa órfã da presença de Hannah e concluí – para espanto daqueles que testemunharam nosso tumultuado relacionamento – que ela era realmente uma excelente moça.

"Até o nosso encontro em Budapeste!", dissemos no momento da despedida.

***

Ao cabo de alguns meses nos reencontramos nos bosques da Iugoslávia, em terra de guerrilheiros. Havíamos mudado muito, assim como nossos planos.

A Hungria havia sido conquistada pelos nazistas, condenando ao extermínio a última grande comunidade judaica da Europa (mais de um milhão de pessoas). Sabíamos que, por trás das fronteiras, os judeus aguardavam a chegada do Messias e nós devíamos salvá-los, e não estava em nossas mãos fazê-lo. Desde nossa separação havíamos adquirido bastante experiência. Descobrimos forças que antes desconhecíamos: tolerando quarenta e oito horas seguidas de caminhada, sem descanso, sem alimento, através de pântanos e debaixo de chuva. Já conhecíamos o inimigo de perto e presenciamos e fomos inspirados por cenas de heroísmo individual e pela bravura de um povo inteiro. Para os guerrilheiros, éramos representantes do Grande Império Britânico e, como tal, aprendemos a defender sua honra melhor até que seus representantes legítimos. Não fosse o nosso reduzido número, poderíamos retificar os erros dos soldados de Churchill.

Hannah sempre encabeçava a ação. Ela era a única mulher que viera à Iugoslávia com paraquedas e armas. Uma mensageira de um país amigo, que sabia conversar com generais e soldados por igual. Ela era famosa e todos conheciam suas ideias ousadas. Hannah fez mais propaganda britânica do que as declarações de Churchill e as míseras armas que enviavam como ajuda aos guerrilheiros. Em nossos encontros com o inimigo aprendemos a dominar o espírito de vingança. Hannah era nosso pilar nesse aspecto: não era nada fácil ter o inimigo perto e resistir ao impulso de meter-lhe uma bala no peito. Mas ela nos recordava incessantemente: "Não viemos para isso!". E nós baixávamos a cabeça, concordando silenciosamente.

Quando cheguei à terra dos guerrilheiros não encontrei a mesma Hannah. Seus olhos já não cintilavam. Era fria e de uma lógica precisa. Não confiava mais em estranhos. Foi ela a primeira a desconfiar dos guerrilheiros, apontando os obstáculos que colocavam em nosso caminho como falta de disposição para nos ajudar. Brigamos bastante com ela por esse motivo, mas ela conseguira plantar essa desconfiança em nosso coração. Algumas semanas depois percebemos claramente que ela tinha razão e que os guerrilheiros nos enganavam. Apesar de nos verem como aliados, desconfiavam de nós. E se antes nos era difícil lidar com o mau humor de Hannah, agora era muito pior. Ela adquirira uma segurança extraordinária. No início havia apenas flertado com a sua força interior, mas agora já a empregava com habilidade. Não sei qual foi o motivo de sua descoberta: a invasão da Hungria pelos alemães ou o contato direto com o calor da batalha. Mas agora Hannah já trilhava seu caminho entusiasmada, alimentando a chama de seu coração, a mente sempre fria e calculista. Na realidade, Hannah não tinha mudado.

Hannah Senesh em seu uniforme de oficial do Exército Britânico.

Ainda mostrava a mesma impaciência, a mesma intolerância e a mesma revolta ante os conselhos de adiamento da partida para a fronteira, mesmo quando os argumentos eram lógicos e fundamentados. Ela tinha sua própria teoria: "Somos os únicos que podem prestar ajuda. Não temos o direito de não nos expormos ao perigo; não temos o direito de não partir, mesmo que as possibilidades de êxito sejam mínimas. Se temermos por nossas vidas, estaremos condenando um milhão de judeus ao extermínio. Mas, se formos bem-sucedidos, nossas ações e comunicações poderão dar origem a uma ação mais ampla, resultando no resgate de muitas pessoas". Eu sabia que ela não tinha razão. Sabia que se fracassássemos a ação se paralisaria como já havia acontecido em outro país. Mas era impossível contradizê-la. Houve quem tentasse dissuadi-la e ganhasse sua inimizade. Então eu disse a Hannah que discordava dela, mas que não iria contradizê-la e, portanto, era obrigado a segui-la.

Esperamos pelos aviões que nos trariam os suprimentos de reposição necessários para a continuidade da missão. Fomos até o local onde devíamos receber o material e, enquanto caminhávamos, observei a maravilhosa jovem, tão maternal e feminina, que andava conosco em seu uniforme cinza, a pistola automática ao alcance da mão para o caso de toparmos com o inimigo. Hannah caminhava com passos descuidados enquanto lutava contra a lama falando de assuntos aleatórios: desde os segredos profissionais do galinheiro até assuntos políticos relacionados à nossa vida em Eretz Israel. Cada vez que passávamos por uma sentinela dos guerrilheiros, respondia à sua continência com movimentos curtos, cheios de graça, voltando a cabeça e cravando o olhar diretamente nos olhos do guerrilheiro.

Já estava tudo pronto para receber os aviões. Era uma noite de tempestade. Os guerrilheiros acenderam uma fogueira e sentaram-se ao seu redor. Eles começaram a cantar uma canção selvagem que encheu o espaço, as vozes do coro chorando a desgraça de um povo perseguido. Naquele momento sentimos uma grande empatia por eles. Era gente simples. Poucos sabiam ler e escrever, mas mesmo assim souberam adquirir a sabedoria mais autêntica e profunda: cultivar a vontade de viver como homens livres, mesmo que precisem arriscar a vida pela liberdade. À nossa frente sentou-se uma bela moça loira. Talvez tivesse dezessete anos. Seu rosto era a expressão da delicadeza e da juventude. Nós a conhecíamos bem: pertencia a uma família distinta da cidade. Seu inglês era fluente, e conversamos muito com ela. De repente adormeceu, sua cabeça recostada no ombro de um dos homens do bosque, que durante muito tempo não se moveu para não perturbar o sono da moça. Ficamos entre eles, nos aquecemos no calor de suas fogueiras, tentamos cantar suas canções. De repente, Hannah levantou-se e me pediu que fosse passear com ela. Caminhamos lado a lado e ela abriu seu coração. Na verdade, não fez mais do que repetir as palavras tão conhecidas que já havíamos escutado de seus lábios. Mas essa noite disse de outra forma. A Hannah que falava não era aquela jovem fria e pouco disposta a escutar a opinião alheia, mas sim uma mulher finalmente, mais sensível que nós. Contou suas lutas internas e concluiu que não podia continuar esperando. Reconheceu que nem sempre a lógica estava do seu lado, mas aquela época em geral não era lógica. "É melhor morrer e libertar nossa consciência do que retornar sabendo que nem ao menos tentamos. Cada um de nós é livre para agir como lhe pareça melhor e mais correto. Mas isso é uma questão de consciência, e consciência não se submete a nenhuma autoridade."

Apertei sua mão e disse-lhe: "Vamos!". Ela tinha razão. Tinha razão mesmo se sua opinião contradizia a lógica. Ficou feliz quando notou que eu a havia compreendido. Começou a descrever o que e como faríamos com brio e riqueza de detalhes. Imaginou os tipos de guerrilheiros judeus que estariam em algum lugar da diáspora em volta de uma fogueira entoando canções de Eretz Israel, fazendo ressoar no bosque europeu o canto de dor dos judeus que lutavam pela liberdade.

Na manhã seguinte parti. Combinamos seguir por direções diferentes para explorar diversas rotas de fuga. Tive a sensação de que dessa vez a despedida era fatal. Havíamos resolvido seguir adiante a qualquer preço, sendo o caminho bom ou ruim. Não sabíamos, mas sentíamos que, além das fronteiras, em território ocupado, a situação dos judeus piorava. Era o dia 13 de maio de 1944, o mesmo dia – isso soube mais tarde – que marcou o início da expulsão de todos os judeus da maioria das cidades húngaras.

Desconhecíamos a situação real. Resolvemos encontrar-nos na grande sinagoga de Budapeste depois do serviço religioso de sábado. Se por acaso já não houvesse orações judaicas em Budapeste, nos encontraríamos no domingo junto à Igreja Maior depois do sermão. Desta vez nos despedimos como amigos íntimos. Não por impulso instintivo, mas pelos laços de uma missão comum, como verdadeiros amigos, amigos de alma.

***

Em vão esperei-a na sinagoga, e em vão esperei-a na Igreja Maior. Quando fui preso e torturado, golpeado no corpo e na alma, um único pensamento me consolava: "Por sorte, Hannah não estava comigo. Por sorte, se salvou desse martírio. Quem sabe se suportaria tudo isso? Que bom que ela não está aqui. Certamente voltou por algum motivo, atrasou-se e, quando vier, terá mais sorte do que eu. E não dirão que é impossível ajudar, que não há possibilidade de salvar judeus. Ela cumprirá a missão e mobilizará o mundo para a ajuda e a salvação".

Um dos guardas espiou minha cela e me viu chorando em silêncio. Ele deve ter ficado com pena, porque entrou para me consolar. Disse-me que tudo passaria em breve, que não me torturariam eternamente. Disse que em alguns dias eu seria transferido para outra prisão e ninguém voltaria a me tocar. "Não!", eu disse. "Só me enforcarão!" O guarda tentou soar afirmativo: "O que você está dizendo? Não precisa ter medo: não costumamos enforcar tão depressa". E prosseguiu: "Veja, há alguns dias esteve aqui uma jovem de Eretz Israel que foi condenada a apenas cinco anos de prisão".

Fiquei perplexo! O guarda queria me consolar! Entendi que o assunto dos cincos anos era inventado, mas a jovem de Eretz Israel não poderia ser invenção. Tive certeza de que só poderia ser Hannah! E isso significava que tudo estava arruinado! Hannah e eu estávamos presos! Logo chegaria a vez de Peretz[1] e, mesmo se ele conseguisse escapar, seria obrigado a fugir com a polícia sempre em seu encalço e não poderia trabalhar de forma efetiva.

Tudo estava arruinado. Não havia esperança. No momento em que fui preso soube que minha vida não valia um centavo, mas não se tratava apenas de nossas vidas. O que estava em jogo era a ação de salvar judeus em grande escala. E nós havíamos fracassado. Fracassei eu, o cuidadoso, que queria preservar minha vida não só porque não queria morrer, mas também porque dessa vez ela não era minha propriedade e eu não tinha o direito de desperdiçá-la. E fracassou ela, que estava sempre disposta a sacrificar-se, que desde sua infância estava espiritualmente preparada – conscientemente ou não – para enfrentar o momento final de cabeça erguida, frente a seus assassinos e sob o olhar de toda uma nação.

---

1 Peretz Goldstein, membro do Kibutz Maagan se voluntariou para a missão na Hungria e foi um dos trinta e dois paraquedistas. Ele foi capturado pela Gestapo e enviado à Alemanha, onde foi morto. (N. T.)

Estava em minha cela da prisão da Gestapo quando de repente ouvi uma voz que chamava: "Hannah Senesh?". E, em seguida, a voz de Hannah respondeu: "Presente". Hannah e eu na mesma prisão! Ela aqui comigo! Enlouquecido me joguei contra a porta e bati nela com os pés e as mãos. Quando a porta se abriu e o guarda mal-humorado perguntou o que se passava, empurrei-o para um lado e saí ao corredor. Já não havia mais ninguém ali. Será que Hannah esteve aqui há um minuto ou será que eu estava sonhando? Esta pergunta me incomodou durante toda aquela tarde e toda aquela noite.

No dia seguinte me levaram para interrogatório. No caminho encontrei outros presos. Quis averiguar se sabiam algo sobre Hannah. "Que pergunta! Ontem esteve conosco. Levaram-na para interrogatório. É uma mulher estupenda. No carro e na cela falou sobre a questão judaica e sobre Eretz Israel. Realmente nos animou." De todos os lados chegavam respostas à minha pergunta. Pelos presos soube que estava numa cela incomunicável, três andares acima da minha. No dia seguinte tentei inutilmente chamar sua atenção. Não descansei e não parei até que descobri que pela manhã os raios de sol penetravam em minha cela e, com a ajuda de um espelho, era possível fazer sinais no teto da cela de Hannah. Naquela manhã fiz os sinais e à tarde, quando o sol inundava a janela de Hannah, esperei pela resposta. Será que ela percebera? O sinal não tardou a chegar. E o vínculo entre nós ficou estabelecido.

Durante um mês e meio mantivemos conversas curtas usando esse sistema. Chegamos a estar a par dos acontecimentos, e até mesmo pude transmitir-lhe notícias sobre Peretz. Contudo, o contato era muito difícil para usá-lo em conversa de amigos. Eu ficava sabendo o que acontecia a Hannah através dos outros presos que estavam conosco na mesma prisão. Contaram-me que ela estava animada, que aceitava seu destino com serenidade e que aproveitava cada momento para encorajar os demais. Ela inventou uma maneira de se comunicar com os presos que estavam nas celas em frente à dela: recortava grandes letras de papel que colocava uma atrás da outra em sua janela e dessa forma construía frases. Assim, tornou-se conhecida pelos presos, ficava sabendo do sofrimento deles e quando recebia alguma notícia do exterior a fazia chegar até eles. Também contou sobre Eretz Israel e sobre a vida no kibutz. Sua janela se transformou em fonte de informação e de ensino. Desde a manhã até a noite os presos observavam sua janela para ler e aprender o que ela ensinava. Em frente a ela estavam detidos companheiros do Movimento Sionista que foram presos por seus trabalhos clandestinos e aguardavam sentença. Hannah os encorajava e tentava dar-lhes novas esperanças.

Seu comportamento na presença de tropas da ss e da Gestapo foi exemplar. Nunca abaixou a cabeça. Disse-lhes tudo o que queria abertamente, na cara, profetizando-lhes o amargo destino que os esperava depois da vitória das Forças Aliadas. Era interessante notar que essas bestas selvagens, de quem qualquer faísca de humanidade havia se apagado, sentiam respeito por essa jovem delicada que desconhecia o medo. Sabiam que era judia, mas também ouviram rumores de que era paraquedista e que tinha vindo até ali para combatê-los. E eles, que durante anos aprenderam que o judeu não sabe bater, mas só receber pancadas, retrocediam ante aquele fenômeno de inigualável força espiritual. O comandante da prisão, sádico conhecido por torturar até a morte usando as próprias mãos, considerava um privilégio entrar diariamente na cela de Hannah e discutir com ela. Adorava ouvir de seus lábios a crítica ferrenha ao regime nazista e a previsão que fazia de sua derrota iminente.

Eram dias de mudanças na política interna da Hungria. O governo instituído pelos alemães após a invasão havia sido deposto e substituído por outro, cuja função principal era preparar a rendição da Hungria. Os alemães tentaram em vão continuar com a expulsão dos judeus. O novo governo húngaro deteve a expulsão – não por amor a Israel, mas para manter os judeus como prova viva, um testemunho fiel das boas intenções do novo governo ante os países aliados. Ainda assim, a Gestapo tentou continuar enviando parte dos prisioneiros a Auschwitz, mas o exército e a polícia húngaros rodearam os muros da prisão, e com armas na mão, impediram o transporte dos detentos.

Sentimos que havia chegado a hora de tomar medidas decisivas. Secretamente e com o apoio dos outros presos políticos, dirigi-me ao ditador húngaro de então, o almirante Horthy,[1] e expus-lhe nossa situação. Disse-lhe que, caso nos acontecesse algo por intermédio ou não dos alemães, ele seria tido como responsável e julgado como tal. A resposta não tardou a chegar, e de maneira quase inesperada: no dia 11 de setembro apresentou-se diante de mim o diretor da prisão, ordenando que eu empacotasse minhas coisas. Sussurrou-me ao ouvido que eu era candidato a ser entregue às mãos das autoridades húngaras. O coração batia com força: o tão esperado dia da liberdade estava próximo. Eu sabia o que isso significava: a Hungria se renderia, nós estaríamos em lugar seguro e não nos executariam.

Permaneci parado no corredor em posição de sentido, o rosto contra a parede, como era de praxe com os prisioneiros e judeus em poder dos nazistas. De repente avistei Hannah: estava descendo as escadas. Seu rosto estava muito pálido, mas ela sorria cordialmente e me cumprimentou com um aceno da cabeça. Descia com passos leves, vestia uma capa de chuva fina e clara, e segurava uma mala preta na mão, como quem chega de uma longa viagem e desce as escadas na estação de trem. Parou ao meu lado e eu lhe estendi a mão. Ela mal conseguiu apertá-la quando o grito do oficial da Gestapo ressoou em nossos ouvidos. Sacou seu revólver e o estendeu em forma de advertência, mostrando-nos que estava carregado.

Fomos postos num veículo especial para transportar prisioneiros perigosos. O carro estava dividido em compartimentos e eu fui introduzido num compartimento próximo ao de Hannah. Com golpes leves na parede divisória, nos comunicamos. Senti-me feliz ao ver que estávamos todos juntos. Em meu coração acreditava que em mais alguns dias celebraríamos nossa

---

[1] Miklós Horthy de Nagybánya (1868-1957), ver nota 2 da página 44, frequentemente chamado de "Sua Serena Majestade". Fez uma aliança com a Alemanha nazista em troca da restauração de territórios húngaros perdidos na Primeira Guerra. Em junho de 1941, a Hungria entrou na Segunda Guerra Mundial como aliada da Alemanha. Em outubro de 1944, Horthy anunciou que a Hungria se renderia e se retiraria do Eixo. Ele foi forçado a renunciar, preso e levado para a Baviera. Depois de testemunhar no Julgamento de Nuremberg de Crimes de Guerra em 1948, Horthy se estabeleceu em Portugal, onde viveu até o fim de seus dias. (N. T.)

liberação. Era agradável escutar as batidas na parede e saber que ela estava conosco, viva. E era gratificante ver o rosto de Peretz observando e insinuando: "E agora para onde? Para qual destino?". Apenas eu sabia para onde nos transportavam e para quê.

Entramos de dois em dois através do portão engradado da prisão militar húngara. Era o edifício onde fui torturado durante longas horas de interrogatório. Desta vez entrava como prisioneiro, mas com uma sensação de superioridade, como se logo passasse a ser um hóspede de honra que em breve se vingaria de todos os seus algozes. Todos os oficiais estavam nas escadarias, nos saudaram com apertos de mão e nos receberam como se fôssemos amigos. Cada um tentava ressaltar sua cordialidade. Parecia que tinham tido o mesmo pensamento que eu.

Na verdade, tiramos proveito desse ambiente cordial. Dissemos que queríamos conversar um pouco entre nós, pois há muito não nos encontrávamos, e nosso pedido foi atendido. Sentamo-nos no corredor Hannah e eu, e nos pusemos a retomar a última conversa que tivemos no campo na Iugoslávia, perto da fogueira.

Cada um contou o que lhe havia acontecido, um relato que misturava alegria e tristeza. Agora podíamos analisar nossos erros em vista de nossa experiência. Escutei o relato chocante de sua captura, e foi apenas naquela hora que entendi por que Hannah não tinha comparecido a nenhum de nossos pontos de encontro.

Após nos separarmos, o grupo de Hannah compreendeu que os guerrilheiros não pensavam seriamente em ajudá-los a cruzar a fronteira húngara. Sabíamos que apenas os guerrilheiros eram confiáveis: os demais informavam cada movimento aos nazistas. Um dia, Hannah se encontrou com um grupo de refugiados judeus e não judeus que vinham da Hungria. Entre eles havia três rapazes que estavam dispostos a ajudar no trabalho de salvamento: um francês e dois judeus que estavam a caminho de Eretz Israel. Hannah convenceu-os a voltar com ela à Hungria e compartilhar de seu trabalho.

Os quatro puseram-se a caminho. Nenhum deles conhecia o terreno hostil que deveriam atravessar. Seus únicos guias eram um mapa e uma bússola, pois os guerrilheiros haviam-se negado a designar alguém que os acompanhasse e orientasse. Até hoje não consigo compreender como conseguiram chegar à aldeia húngara que buscavam com meios tão rudimentares e sem cair nas mãos dos nazistas. Um pouco além da fronteira, já em território húngaro, Hannah e o francês se esconderam entre os arbustos e os dois rapazes judeus entraram na aldeia para procurar os contatos que haviam lhes prometido conseguir autorização de viagem para a capital. Mas no caminho aconteceu uma desgraça. Os dois rapazes judeus toparam com gendarmes húngaros que os capturaram e enviaram à delegacia. O que se passou pela cabeça de um dos jovens, não saberemos jamais. O certo é que, em vez de valer-se da arma que segurava na mão contra os poucos gendarmes, apontou-a para si e se matou. Os camponeses revelaram à policia que outros dois guerrilheiros estavam com eles e que os haviam visto esconderem-se na floresta entre os arbustos. Hannah e seu companheiro se viram rodeados por soldados e inutilmente tentaram escapar. Desta maneira foram capturados a uma curta distância de seu objetivo.

 Hannah foi submetida a torturas horríveis. Ela não queria nos contar nada disso, mas os dentes que faltavam em sua boca eram testemunho parcial do que havia acontecido. Através de relatos de terceiros, soube como a haviam amarrado e chicoteado repetidamente na palma das mãos e na sola dos pés, e como a obrigaram a permanecer sentada e imóvel durante horas inteiras enquanto golpeavam-lhe o corpo todo até deixá-la roxa. Queriam saber apenas uma coisa: a senha de seu radiotransmissor. O rádio era de suma importância para os nazistas. Através dele poderiam transmitir notícias falsas, enganar, alimentar coordenadas falsas a bombardeiros e enfrentá-los com aviões de combate e fogo de canhões. Hannah também sabia da importância da senha e não lhes revelou seu segredo. Mas ela não sabia até quando suas forças iriam resistir. Uma vez, quando a transportaram de trem, tentou pular pela janela e pôr fim à sua vida. Mas não teve sorte. Foi presa a tempo e espancada severamente. Afinal, sua própria vida não mais lhe pertencia. Ela era propriedade do país. Dariam cabo dela quando deixasse de ser útil, mas não antes disso.

 Mas a mais terrível de todas as provas ainda estava por vir. Levaram-na a seu "destino final": Budapeste. Hannah nunca imaginou voltar dessa maneira à cidade que um dia foi sua pátria. No dia de sua chegada a Budapeste, jogaram-na numa sala e ali encontrou sua querida mãe. Hannah lançou-se aos seus braços e só conseguiu pronunciar uma frase: "Perdoe-me, mãe, eu precisava fazê-lo!".

Os fascistas diabólicos sabiam muito bem como e com o que atingi-la. Ameaçaram torturar sua mãe em sua presença e fuzilá-la caso não revelasse seu segredo. Mas Hannah não cedeu. Somente quem conhecia o amor que nutria por sua mãe poderá compreender o tamanho do conflito que se passava em seu coração. Ela não comentou muito sobre isso, e eu não tinha forças para interrogá-la. Tremi ao escutar seu relato e olhei-a estupefato, sem entender como podia manter a compostura sem enlouquecer. Devia, sem sombra de dúvida, estar completamente segura de si e de seu mundo interior. E com essa integridade seguiu até o dia de sua morte, após saldar sua última dívida. Hannah alcançou o auge da dor, e teria todo o direito de repetir as palavras de Sócrates: "O homem digno não necessita prestar contas de sua vida e morte: ele só deve pesar se seus feitos são bons ou maus".

Hannah possuía um segredo do qual muitas vidas dependiam. E tamanho foi seu senso de dever e patriotismo que foi capaz de arriscar a vida da própria mãe, a quem amava tão profundamente, para que esse segredo não caísse nas mãos dos nazistas. Talvez o fato que lhe tenha ajudado a manter-se incólume foi a convicção de que sua mãe aprovava sua decisão. Que, se lhe perguntasse, teria respondido: "Filha, sacrifique-me, mas não cometa um ato de traição".

Ela não se rendeu e sua atitude salvou sua mãe. Se houvesse concordado e revelado o segredo, sem dúvida alguma a teriam executado no dia seguinte e sua mãe teria sido enviada às câmaras de gás em Auschwitz. Os assassinos, porém, não desistiram. Trancaram mãe e filha na mesma prisão porque acreditaram que o confinamento, a fome e o pavor da morte fariam com que finalmente cedessem. Também estavam presos jovens que haviam sido amigos de sua família. Estes fizeram o impossível para atenuar a situação, e conseguiram convencer os guardas a colocarem Hannah e a mãe em celas próximas. A partir de então, as duas tiveram mais oportunidades de se encontrar. Uma ou duas vezes por semana os prisioneiros eram levados para passear no pátio interno da prisão. Andavam em pares, sempre vigiados pelos guardas da ss. Qualquer conversa entre os detentos era punida com severidade. Depois do almoço, quando ouvia os passos das prisioneiras, escalava a janela para observar Hannah secretamente. Vi que andava em companhia de uma mulher, e seus dedos estavam entrelaçados. Logo entendi que era sua mãe. Elas se agarravam a estes curtos momentos de felicidade durante o período amargo em que ficaram presas.

Longas horas de espera sem fim, muitos dias e noites antecipavam seus encontros. E nesses encontros a mãe fazia a pergunta que mais a afligia: "Por quê?". Ao que Hannah, apertando sua mão, respondia: "Vou lhe explicar e você vai me entender. Não cometi nenhum ato reprovável. Você ainda ficará orgulhosa de mim!".

No dia em que seus pais fariam vinte e cinco anos de casados ela enviou à mãe um presente: um lindo vaso feito de uma caixa vazia coberta por papel alumínio e flores coloridas feitas de papel, acompanhadas de uma poesia escrita para esse dia. Ela fabricava bonecas e outros brinquedos de papel e pano, e quando os prisioneiros souberam disso cuidavam de fazer chegar às suas mãos material improvisado.

Sempre que possível Hannah enviava bilhetes à sua mãe, mas estes, assim como a poesia mencionada, eram lidos e depois destruídos a contragosto para evitar que fossem descobertos durante as buscas que vez ou outra eram realizadas nas celas.

No dia seguinte nos levaram aos nossos lugares definitivos – as prisões militares conhecidas na Hungria. Acompanhamos Hannah, que ficou parada em frente ao portão, sorrindo para nós seu sorriso radiante. Quando o carro pôs-se em movimento ela continuou parada, deixou sua pequena mala no chão e, com o polegar para cima, nos enviou sua última mensagem de incentivo.

Foi a última vez que a vi.

Como ela passou o período entre 13 de setembro e 28 de outubro, eu não sei. Inutilmente publiquei nos jornais uma série de anúncios pedindo que se apresentassem todos aqueles que estiveram com ela na prisão. Só um homem se apresentou: um funcionário dos tribunais que a viu somente uma vez, mas que ficou impressionado de tal maneira que veio me perguntar se sabíamos algum detalhe de seus últimos dias. Uma coisa eu sei: quando a mãe foi posta em liberdade, visitou sua filha na prisão. Hannah lhe pediu somente uma coisa: um Tanach em hebraico. A pobre mãe percorreu toda a cidade, mas nenhum Tanach em hebraico podia ser encontrado na Budapeste fascista.

Em 28 de outubro, perdidas todas as esperanças (ao estourar a revolução fascista), Hannah foi levada diante daqueles que a prenderam. Muito pouco se sabe sobre o julgamento. Certamente havia testemunhas que presenciaram a sessão, mas nos momentos mais dramáticos todos foram tirados da sala e Hannah ficou sozinha diante de seus juízes assassinos.

Sabe-se que ela confessou sua culpa, mas defendeu seus motivos energicamente. Analisou profundamente e explicou o desenvolvimento ético-político da Hungria nos últimos anos, rebatendo – em pleno domínio fascista – o terrível pecado que os colaboradores húngaros haviam cometido. Ela concluiu que por esse pecado pagariam não só os responsáveis, mas também aqueles que podiam tê-los detido e não o faziam. Confessou que veio para salvar judeus e não para salvar os húngaros deste suicídio. Mas, caso sua missão tivesse obtido sucesso, teria ajudado não apenas judeus, mas também cidadãos húngaros. Assim, de certa maneira, teria salvado todo o povo húngaro da grave responsabilidade que hoje pesava sobre suas cabeças.

Não há dúvida de que, naquela sessão fechada, Hannah tenha proferido palavras ainda mais graves e pungentes diante de seus acusadores.

E os juízes ficaram desconcertados. Sabiam que tinham diante de si uma grande personalidade. As palavras de Hannah os convenceram de que era iminente o dia em que deveriam prestar contas pelo sangue que derramaram. Ficaram atônitos. A confusão reinava na corte e dela decorreu um evento sem precedentes: após longas deliberações, o tribunal decretou que adiaria a sentença por alguns dias.

No corredor do tribunal estava a mãe de Hannah, vestida de preto e esperando a sentença da filha. Naqueles tempos era proibido aos judeus sair na rua. Quem desrespeitasse esse decreto poderia ser condenado à morte. Mas isso não impediu a mãe de Hannah de comparecer ao julgamento.

Enquanto o tribunal deliberava, os acusados foram levados ao corredor. O sargento húngaro designado para cuidar de Hannah desviou o olhar enquanto mãe e filha se abraçaram e conversaram. Esta foi a última vez que se falaram. Hannah percebeu o pânico que despertou nos juízes e estava confiante em sua vitória. "Qual o valor da sentença se em breve estaremos todos livres?" – tentava animar a mãe.

A notícia ganhou asas. Antes mesmo que os acusados chegassem ao corredor da prisão, já sabíamos da estranha resolução. Todos nós entendemos de imediato o que isso significava: "Eles não se atrevem! Não se atrevem a declarar a pena de morte e não têm coragem de decretar outra sentença". Tinham medo! E isso não era um mau sinal! Nesse dia nos sentimos muito mais animados. Foi nosso primeiro raio de luz desde que havia estourado a revolução fascista.

E novamente nasceram esperanças de que talvez voltássemos a nos encontrar.

* * *

Eram dias decisivos. Chegavam notícias sobre ataques violentos e o avance do exército vermelho, mas ninguém sabia ao certo qual era a situação real. A confusão era enorme e era confirmada pelos acontecimentos que se desenvolviam diante de nossos olhos: após o julgamento de Hannah, os juízes haviam fugido em plena luz do dia. Já não havia quem se ocupasse do meu julgamento e do de Peretz. Nas fornalhas das casas de banho foram queimadas quantidades enormes de documentos legais da época da guerra. O rugir de canhões continuava de forma incessante. Soubemos que se preparavam para transferir os presos para o oeste do país. Desejávamos duas coisas: a primeira, que não conseguissem nos transferir até a chegada dos russos, e a segunda, alimentos. A fome apertava. Por causa dos bombardeios, às vezes recebíamos somente uma sopa por dia, e com o frio do outono tremíamos dia e noite de fome e fraqueza. Às vezes pensávamos que, se tivéssemos sorte e não nos transferissem, podíamos morrer de fome antes que o exército russo chegasse.

O dia 7 de novembro era um dia escuro e nublado. Em nossa pequena cela tentamos tapar o último buraco que deixava entrar o frio: a abertura da chaminé do sistema de aquecimento que já há tempos não era ligado. Encostados na parede, encolhidos ao máximo para conservar o escasso calor do corpo, de repente nos pareceu escutar um ou dois disparos.

O grupo se olhou com espanto e angústia. O que havia acontecido? Uma execução? Não era possível. Sabíamos que concediam últimas honras aos condenados. Além do mais, não havíamos escutado nem os passos do pelotão de fuzilamento, nem a leitura da sentença, nem as orações, nem o toque da corneta, que eram os elementos que acompanhavam o momento tenebroso que antecedia uma execução. Alguém subiu até uma janelinha para olhar o que se passava abaixo e disse: "Vejo uma mesa e sobre ela uma cruz, mas não há sinal nenhum de execução". No mesmo instante ouvimos vozes que vinham do pátio e uma que ordenava juntar a palha dispersa. Certamente um tiro havia escapado a algum guarda e seu eco, ao multiplicar-se, nos havia enganado.

Ao meio-dia, um de nossos companheiros saiu da cela para ir à enfermaria. Tínhamos o costume de nos submeter a exames todos os dias, em turnos, pois a enfermaria nos servia de fonte de informação e meio de comunicação. Esperar o "doente" era o acontecimento mais importante do dia. Naquele dia aguardamos seu retorno com mais expectativa que nunca. Meia hora depois de sair o homem voltou, pálido e com passos vacilantes, como se estivesse realmente doente. Com uma mão tirou o gorro, apoiou a outra contra a parede e com a voz trêmula disse:

"Há uma hora fuzilaram Hannah. O disparo que ouvimos pôs fim à sua vida."

Ficamos petrificados. Hannah? Executada? Impossível! Claro que não. Por que logo ela e não nós? "Engano, engano, engano!", clamava todo o nosso sangue, todos os nossos nervos. "É um engano! Um engano!", repetia para mim mesmo. O francês pegou minha mão e a apertou entre seus dedos de ferro e murmurou: "Fique calmo, controle-se!".

Começamos a bater na porta. O chefe dos guardas acercou-se:

"O que aconteceu?"

"Queremos saber quem foi fuzilado."

"Que lhes importa?! Calem-se!"

Suplicamos-lhe. Era a primeira vez desde que estávamos sob seu comando que ele ouvia uma súplica deixar nossos lábios. O homem sentiu que devia tratar-se de algo muito grave. Tranquilizou-nos, dizendo: "Não temam, não é uma de vocês! É uma jovem de vinte e três anos. Dizem que era guerrilheira. Outros dizem que é uma oficial das forças britânicas e paraquedista! Mas com certeza é tudo mentira!".

Então era Hannah. Hannah a maravilhosa, a radiante, a que nos cumprimentava e animava, fazendo aquele sinal com o polegar levantado em nosso último encontro. Ela, que pensávamos que falaria por nós quando chegasse nosso fim, relatando nossa atuação, nossa resistência e queda.

Senti que devia dizer algo, mas as palavras ficaram presas em minha garganta. Gaguejei. Vi que todos tinham os olhos em mim e com dificuldade pude dizer: "Foi a pessoa mais maravilhosa que encontrei em minha vida!". E os outros repetiram como uma prece: "Foi a pessoa mais maravilhosa!".

Ficamos de pé e assim permanecemos durante uma hora, em sua memória. Depois sentamos em silêncio, mudos. As lágrimas se negavam a rolar. Eu só conseguia repetir as palavras pronunciadas por nosso companheiro: "Fuzilaram Hannah, Hannah foi fuzilada!".

Por mais dezessete dias permaneci na mesma cela. Os prisioneiros eram lentamente levados embora e no final ficamos só dois: o francês e eu, passando dias e noites de reclusão em meio ao mais terrível silêncio. Não se ouvia uma palavra na cela. Despedíamo-nos de companheiros sem falar. Peretz também foi levado, e desde então não voltei a vê-lo. Durante as despedidas, apertávamos as mãos sem proferir ruído algum. Ninguém ousava perturbar o silêncio deixado pela morte de Hannah.

Dois meses antes, enquanto esperava consulta na fila de doentes, conversei com um jovem que vestia uniforme da escola de oficiais. Também ele estava preso por "traição à pátria": tentou convencer seus companheiros de que eles deveriam rebelar-se contra os invasores nazistas. Durante a conversa, disse que seus pais moravam perto da prisão, na rua Bimbo nº 30. Ao ouvir o endereço fiquei pasmo. Antes de nos despedirmos junto ao portão da prisão, Hannah havia dito: "Se sairmos com vida, busque-me na casa de minha mãe, rua Bimbo, 28". Com a respiração contida perguntei-lhe se ele conhecia a senhora Senesh. "É claro!", respondeu. "Há muitos anos." "E seus filhos?", perguntei. "Eles também." E falou com entusiasmo dos dois, do filho que se encontrava na França ocupada pelos nazistas e da filha que, com o tempo, havia partido para Eretz Israel, salvando-se das calamidades que caíram sobre a casa de seus pais. Falou muito disso, pois haviam sido amigos de infância. Disse-lhe que estava enganado, que Hannah não se encontrava em Eretz Israel, que tinha voltado para cumprir uma missão e que também ela se encontrava naquele momento na prisão.

Este jovem trabalhava no escritório da prisão (a maioria dos trabalhos era realizada pelos prisioneiros) e foi o único que se encontrou com Hannah às vésperas de sua morte. Estava perto de sua cela e pôde escutar tudo o que ocorria no seu interior. Ele relatou a atitude digna de Hannah em seus últimos momentos:

"Na manhã do dia 7 de novembro, Hannah foi tirada de sua cela e trazida à prisão onde estávamos. Foi trancada na cela número 13, conhecida por ser o estágio anterior à execução. Só uns poucos prisioneiros conseguiram sair de lá com vida. Uma hora após sua chegada, entrou na cela um oficial, que lhe disse:

'Hannah Senesh, você foi condenada à morte. Quer pedir clemência?'

'Condenada à morte? Não, eu quero apelar. Chamem o meu advogado.'

'Você não pode apelar, só pode pedir clemência.'

'Compareci ante um tribunal de segunda categoria. Sei que tenho direito de apelar contra essa sentença.'

'Não há apelação! Volto a perguntar se você quer pedir clemência ou não.'

'Clemência a vocês? Não! Não implorarei a carrascos nem a assassinos!'

'Nesse caso, prepare-se para morrer! Você pode escrever cartas de despedida. Apresse-se, pois dentro de uma hora a sentença será levada a cabo.'"

Hannah ficou só. Por um longo momento permaneceu sentada sem se mexer, o olhar fixo num ponto da parede. Finalmente, pediu papel e caneta e escreveu duas cartas. A primeira era destinada à sua mãe, mas extraviou-se sem chegar-lhe às mãos. Nunca saberemos o que dizia.

A segunda era endereçada a Peretz e a mim. Uma carta que certamente teria dirigido a todos nós: ao movimento chalutziano, movimento de realização e de lutadores. Tampouco esta carta chegou ao seu destino. Mas o oficial revelou parte de seu conteúdo, ao dizer, após a execução: "Hannah Senesh foi rebelde até seu último momento. Próximo à morte, revelou as 'intenções infames' que a haviam guiado".

Escreveu a seus companheiros: "Continuem vosso caminho, não temam, continuem a luta até o fim, até que chegue o dia da liberdade, o dia da vitória de nosso povo".

Às dez da manhã do dia 7 de novembro de 1944, o oficial entrou pela segunda vez na cela onde Hannah era mantida e com um movimento de mão indicou-lhe que o seguisse. Dois soldados a escoltaram até o pátio. Junto a uma parede de ladrilhos cinzentos, onde fica a pequena entrada da prisão, há um molde de madeira cheio de areia empapada com o sangue das vítimas do infame regime criminoso. Fixaram um poste na areia e nele amarraram as delicadas mãos de Hannah. Ela fixou seu olhar nos olhos do oficial e dos soldados. Talvez buscasse um resquício de humanidade na fisionomia de seus assassinos. Mudo, o oficial acercou-se de Hannah para lhe vendar os olhos com um lenço. Com um olhar que soltava faíscas, Hannah afastou a mão do oficial, recusando a venda.

O oficial deu um comando rouco e os três soldados atiraram. Hannah tombou sobre a areia, coberta de sangue. Morreu instantaneamente: uma bala atravessou-lhe o coração. Meia hora transcorreu antes que um carro chegasse para recolher seu corpo do pátio.

Às nove e meia desse mesmo dia nublado e chuvoso, a mãe de Hannah batia na porta do escritório do oficial. Queria vê-lo, mas encontrou somente um subalterno a quem pediu que lhe deixasse ver a filha. O rapaz fixou os olhos nela. A visão daquela pobre mãe despertou nele um sentimento de compaixão, e ele disse: "O oficial está na prisão. Mas corra! Corra para não chegar tarde demais".

A mãe não entendeu o significado das palavras, mas correu: correu muito.

Ao chegar à prisão disseram-lhe que o oficial havia saído da sala apenas um minuto antes e que ela poderia aguardá-lo em sua sala, já que ele não tardaria a voltar. A mãe sentou-se e esperou meia hora até o oficial retornar. Quando ele chegou, dirigiu-se a ele e lhe formulou seu desejo.

O oficial não ousou encará-la diretamente ao dizer:

"Impossível, senhora. Há meia hora sua filha foi executada!"

E era ele quem a havia executado.

Hannah foi enterrada na seção dos mártires do cemitério judaico de Budapeste, entre tantas vitimas anônimas dos nazistas.

Não sabemos quem transportou seu corpo até lá. Naquela época, os serviços fúnebres judaicos já tinham sido interrompidos. Os judeus estavam absolutamente proibidos de sair de casa. Mas alguma alma caridosa preocupou-se em conceder a Hannah essa última generosidade.

À medida que fui conhecendo sua família, seu lar e me familiarizando com o segredo de sua personalidade, Hannah me encantava mais e mais. Quanto mais detalhes sobre sua vida se revelavam, menos eu entendia o milagre que a transformou. Conheci seu passado: a casa no bairro aristocrático, a mansão rodeada por um amplo parque na província onde passou metade de sua infância, como parte de uma família respeitada dentro e fora da comunidade judaica.

Desconheço os motivos que a conduziram a emigrar para Eretz Israel. Mas li as cartas que enviou à mãe desde o dia de sua chegada ao país, nas quais sua predestinação ao sionismo está claramente traçada, passando pelo pioneirismo até sua saída para a missão. Só então consegui enxergar o quadro completo em toda a sua integridade e clareza.

É aqui, em Eretz Israel, que está a chave para o enigma de como foi moldado e formado o caráter de Hannah. Ela se criou aqui, entre nós. Nosso país e nosso projeto lhe deram forma e imagem. Ela se transformou em nossa glória. Hannah veio de um judaísmo assimilado e distante de suas origens históricas. Esse judaísmo, em cujo seio Hannah cresceu, começou a encontrar seu rumo somente um tempo após sua morte. As oitocentas mil vítimas judias mostraram o caminho aos sobreviventes. Alguém me disse em Budapeste que Hannah foi o canto do cisne do judaísmo húngaro. Mas não é verdade: ela simboliza uma nova era, o retorno do judaísmo ao nosso povo e à nossa pátria. Se a imagem de Hannah nos serve de símbolo, exemplo e farol, que tenha igual significado para o judaísmo pelo qual verteu seu sangue. E se, em vida, não conseguiu abrir caminho para a salvação, agora certamente ilumina nossa estrada.

Yoel Palgi
Maagan, 1945

Encontro com a mãe na prisão em Budapeste,
por Katarina Senesh

I

À medida que o céu ficava encoberto para os judeus da Hungria, eu não parava de agradecer ao destino por ter colocado Anikó fora de perigo, já que agora vivia feliz à sua maneira. Somente Guiora me inquietava, mas ao cabo de muitas peripécias ele também chegara a Eretz Israel. Anikó me avisou por telegrama. Fiquei infinitamente feliz, já que finalmente ambos estavam juntos.

Agora eu mesma estava me preparando para concretizar minha *aliá*. Por meios a mim desconhecidos, recebi de Anikó ordens para ficar pronta: em poucos dias teria a oportunidade de partir. Aqueles eram os últimos dias para a imigração de judeus da Hungria.

No entanto, o certificado esperado não chegava.

E assim, chegou o dia 19 de março de 1944: o dia da invasão alemã. Um pânico atroz se apossou da comunidade judaica da Hungria. Todas as leis e decretos que tinham como objetivo o extermínio dos judeus – cuja efetivação em outros países exigiu vários anos – se aplicaram aqui numa velocidade surpreendente. A obrigação de ostentar o distintivo com a estrela amarela tinha um efeito paralisante; havia judeus que evitavam sair às ruas para não ter que exibir esse emblema humilhante.

Prisões, despejos e suicídios em massa marcavam diariamente o regime utilizado pelas autoridades alemãs. Eu já não podia ver meus parentes que moravam no interior. Em maio eles foram confinados num gueto.

Os rumores se difundiam, em voz baixa, que eles não tardariam a ser transportados a um destino desconhecido.

Faltavam apenas quatro ou cinco dias para o confinamento asfixiante dos judeus de Budapeste nos edifícios da "Maguen David".[1] Eu também comecei a empacotar meus objetos indispensáveis, mesmo sem saber ainda o que faria.

Um casal amigo se empenhava em dissuadir-me de ir aos edifícios da "Maguen David". Aconselham-me conseguir documentos de católica como eles próprios fizeram, e escapar com eles para a Romênia para de lá partir a Eretz Israel. Em princípio, o plano me pareceu fantasioso e irrealizável; no entanto, consegui os documentos, ainda que não estivesse completamente decidida.

Em minha casa vivia hospedada em qualidade de inquilina a famosa atriz húngara Margit Dayka, que nesses dias trágicos manifestou cada vez mais sua simpatia para com os perseguidos.

Em 16 de junho à tarde, ela também estava em casa. Talvez tenha adivinhado o quanto me deprimia o destino de meus parentes do interior; talvez não quisesse deixar-me sozinha depois que, alguns dias antes, a Gestapo quis despojar-me de minha moradia (incidente que a própria Margit impediu). Preveniu-me para que não deixasse ninguém entrar durante sua ausência e, para evitar-lhe aborrecimentos, resolvemos que no dia seguinte ela pediria ao Ministério da Habitação que declarasse a minha casa como sendo dela.

"É evidente, minha boa Kathy", dizia ela, "que cuidarei de todos os teus pertences e você encontrará tudo em seu devido lugar quando voltar para casa."

Naqueles dias difíceis, Margit compreendeu perfeitamente meu estado de ânimo.

Deitamos para dormir. Isto é, ela deitou; eu, de minha parte, estive de guarda algumas horas no Serviço de Defesa Aérea. A noite passou tranquila e escrevi um par de cartas às minhas irmãs no gueto. Dormi muito pouco, e às oito horas me vesti.

---

1 Um dos edifícios que serviram de albergue e refúgio aos judeus de Budapeste. (N. T.)

II

No dia 17 de junho, a campainha soou.

Da janela dava pra ver o portão de grades do jardim. Junto ao portão, um desconhecido exclamou em voz alta, quando me viu:

"Procuro a senhora Bela Szego."

"Já não mora aqui", respondi (em nossa vizinhança havia vivido uma mulher com esse nome).

"Não pode ser", o homem ficou surpreso, tirou um papel e leu. "Rua Bimbo 28... Não, não é Szego, é a senhora Senesh que procuro. Sou detetive da polícia militar, deixe-me entrar."

Abri a porta e deixei-o entrar no corredor.

"Do que se trata?", observei-o com surpresa.

Não conheço nenhum soldado. Há anos os judeus eram recrutados somente para serviços civis. Não seria por Guiora, que tem idade de alistar-se e está no exterior há seis anos? Mas ele saiu do país legalmente, com autorização. Ou talvez tenha usado documentos falsos em sua fuga para a Espanha?

"Por favor, espere que eu me vista", pedi.

Acordei a atriz de seu sono. Ela passou um batom e foi apressadamente de encontro ao detetive. Convidou-o a sentar-se em seu quarto. Enquanto eu me vestia, ela tentou em vão sondar o motivo da intimação. O detetive assegurou-a de que eu voltaria logo para casa e desculpou-se por não poder levar-me de carro. Antes de sair, entreguei a Margit o documento que me identificava como católica.

Durante quase meia hora viajamos de bonde elétrico até o quartel militar Hadik, na rua Miljozs Horthy.

O que senti durante o trajeto? Talvez mais curiosidade que medo. Não conseguia compreender o que eles queriam de mim. As prisões aconteciam sem pausa; qualquer judeu estava sujeito a ser preso sem razão alguma e a desaparecer em seguida... O número de amigos e conhecidos diminuía dia após dia. Mas o que eu poderia imaginar? Meus dois filhos estavam em lugar seguro. Isso era o mais importante.

Os pensamentos se amontoavam em minha cabeça durante a troca de palavras rotineira com o detetive. Falávamos da atriz, de seus sucessos no teatro e de seus novos papéis. O detetive se comportava com delicadeza e cortesia. Permitiu que eu telefonasse a Margit de um telefone público. Eu queria lembrar-lhe sobre o procedimento que deveria realizar no Ministério da Habitação: agora me parecia extremamente oportuno. Entramos numa loja de tabaco e quis discar o número. Subitamente, escutei a dona me censurar escandalosamente:

"O que é isso? Não sabe que aos 'estrelados' [os que portavam o símbolo da estrela de Davi] não é permitido telefonar?"

Não sabia. Nem mesmo o detetive sabia. Prometeu deixar-me falar de seu escritório.

Chegamos ao quartel e entramos num escritório no segundo andar. Dois policiais comiam lombo de porco e pimentão verde. O detetive foi informar sobre sua chegada e logo mandou desocuparem a sala. Esperamos. Ele me lembrou de telefonar a Margit, e eu o fiz. Perguntou-me se tinha filhos e onde estavam. Na parede havia um mapa pendurado. Apontei: "Palestina".

Entrou um homem de porte militar, apesar de estar vestido à paisana (daqui em diante o chamarei de Rodszé). Pediu que eu me sentasse e colocou-se junto a uma máquina de escrever, começando o interrogatório. Pediu dados familiares, perguntou sobre o primogênito Guiora e em seguida quis saber de Anikó. Diante de meu espanto, seguiu perguntando somente por ela. Parou de datilografar e insistiu: Por que e com que intenção ela havia abandonado sua casa?

"Posso compreender", dizia, "que um rapaz jovem queira conhecer o mundo para formar seu futuro. Mas para que o faria uma mulher jovem como ela?"

"Com o mesmo objetivo", respondi. "A juventude judaica não vislumbra aqui nenhuma perspectiva de progresso. Fiquei muito aflita, é claro, de me separar primeiro de meu filho e depois de minha filha, mas agora me sinto feliz de que estejam longe do sofrimento da comunidade judaica local."

Um sorriso desdenhoso e nada agradável desenhou-se em seu rosto. A maior parte do interrogatório girou em torno de Anikó, seu lugar de residência e atividade nos últimos anos, qual era seu paradeiro atual e quando e como tive notícias dela. Pensei que talvez tivessem descoberto alguma carta inconveniente. Mas mesmo que assim fosse – eu me consolava – meus filhos vivem felizes num lugar neutro, longe das garras destas aves de rapina. Não me restou muito tempo, no entanto, para as incertezas nem para adivinhar algo. As perguntas seguiam: do que ela se ocupava na Hungria? A que sociedade pertenceu? Quais eram os assuntos de seu interesse? A que profissão pensou se dedicar? Respondi que durante anos pensou em se dedicar ao ensino. Ele então, zombando, observou:

"Bem, bem, era só o que nos faltava!"

Fui dominada por uma sensação de angústia. No final das contas, o que esse homem queria? Ao perguntar-me se Anikó havia passado os últimos anos somente na Palestina, foi minha vez de sorrir. Em que outro lugar poderia haver estado? Interrompi-o e disse:

"Talvez o senhor pense que minhas palavras são exageros de uma mãe se eu lhe disser que minha filha possui aptidões pouco comuns e é uma criatura excelente sob todos os pontos de vista. Pode perguntar a seus professores – Eliuzs Aprili, doutora Boriska Ravas e doutora Ellis[1] – que confirmarão o que digo."

Rodszé cansou-se de perguntar e pediu ao detetive que continuasse datilografando o que eu disse. Preveniu-me que eu deveria jurar a veracidade de minhas palavras e foi embora. Repeti a minha declaração. Na folha onde anotavam, li, em letras muito chamativas, o nome de "Hannah Senesh".

Rodszé voltou. Leu minha declaração e fez com que eu a assinasse. Tomou meu juramento e outra vez perguntou:

"Então, o que a senhora pensa? Onde pode estar sua filha agora?"

Insisti que, até onde eu sabia, vivia numa colônia agrícola perto de Haifa.

"Pois bem, se a senhora não sabe, eu lhe revelarei. Ela está aqui ao lado, na sala adjunta. Vamos trazê-la para que a senhora a convença a confessar o que sabe. Se não o fizer, será a última vez na vida que vocês vão se ver..."

---

1 Nomes muito conhecidos naquele tempo. (N. T.)

III

Estava em pé, ao lado da mesa. Agarrei-a com as duas mãos, pois tive a impressão de que o chão se abria. Fechei os olhos e senti que todo o meu mundo, minha fé, minhas esperanças e minha vida se desmoronavam. Como um castelo de cartas, em poucos minutos senti o impacto deste desmoronamento em meu corpo, em minha carne. Mas em seguida a porta se abriu. Virei-me, agora de costas para a mesa, paralisada. Quatro homens a trouxeram. Se não soubesse que era ela, não teria reconhecido em princípio a Anikó de cinco anos atrás. O cabelo estava despenteado e descuidado. As feições outrora harmônicas eram agora confusas e o rosto ressaltava as marcas da tortura. Hematomas azul-esverdeados se formaram debaixo dos olhos grandes. A perplexidade não durou mais que um momento. Anikó se soltou dos guardas, se jogou em meus braços e murmurou:

"Mamãezinha, me perdoe!"

Percebi as palpitações de seu coração, minhas lágrimas quentes. Mas esbarrei no olhar hostil dos quatro homens que permaneciam na expectativa. E, apesar de o chão se mover por um momento debaixo de meus pés, me esforcei para dominar minhas emoções e fiquei de pé, muda e imóvel. Foi quando Rodszé falou:

"Pois bem, fale com sua filha e convença-a a me contar tudo o que sabe. Se não, não voltarão a se ver..."

Não tinha ideia do que estava acontecendo. Também não pude aceitar que a extremamente pacifista Anikó tinha se alistado no Exército Britânico. Eu nem sabia que eles aceitavam mulheres. Não pude decifrar o enigma: como ela tinha vindo parar aqui, neste inferno? Ninguém me explicava e eu não sabia nada, absolutamente nada. Mas tinha certeza de que, se Anikó se negava a falar, era porque tinha razões importantes para isso. E, obviamente, não seria eu a convencê-la do contrário.

"E então, por que não fala?", perguntou Rodszé.

Minha própria voz me soou estranha:

"Me parece supérflua sua insistência. Minha filha o ouviu tanto quanto eu."

"Mesmo assim, trate de falar com ela. Deixaremos vocês duas a sós."

Fizeram com que nos sentássemos e se foram. O detetive não se moveu. Não pronunciamos palavra.

De repente me ocorreu que Anikó talvez se houvesse proposto a levar a cabo alguma missão audaz e fantástica para ajudar-me, ao saber da situação na Hungria. Eu conhecia suas virtudes e sua força de vontade e sabia que ela não poderia ser dissuadida e não se curvava ante nenhum obstáculo, nem mesmo quando todas as evidências os mostrassem insuperáveis. E, apesar da distância, eu sentia sempre que me amava e se preocupava comigo.

"Minha Anikó, sou eu a causa de tudo isso?"

"Não, mãezinha, de nenhuma maneira", apressou-se a tranquilizar-me. "Você não. Você não tem culpa de nada."

"Como você chegou aqui? Se há pouco recebi teu telegrama, em que você me contava que Guiora chegou a Eretz Israel. Ele também não está lá?"

"Do que você está falando, mamãe? O telegrama eu te enviei de Eretz Israel. Não tema por Guiora, ele está ótimo."

Percebi que lhe faltava um dos dentes superiores. As marcas dos golpes em seu rosto permitiam adivinhar a estreita ligação entre as coisas. Mas a presença do detetive não permitia que tivéssemos uma conversa muito franca. Mesmo assim, perguntei:

"Você perdeu teu dente aqui, certo?"

"Não, não foi aqui."

Meu coração se contraiu ao vê-la naquele estado. Acariciei suas mãos e encontrei-as arruinadas. As unhas quebradas e a pele como uma lixa. As marcas dos golpes me partiam a alma. Queria beijá-la. Tentei abraçá-la, mas naquele momento a porta abriu-se com violência e entraram os quatro carrascos – que, sem dúvida, estiveram nos vigiando. Separaram-nos.

"Aqui não se permite cochichar segredos. Por hoje já basta!", disse Rodszé, enquanto levavam Anikó.

"Posso prendê-la também", acrescentou, "mas tenho consideração por sua idade. Vá para casa. Se precisarmos de seu testemunho, lhe telefonaremos. Tudo depende da confissão de sua filha. E tenha cuidado! Nenhuma palavra a ninguém sobre o que ocorreu aqui. Não mencione sequer que esteve aqui, entendeu?"

"Entendi, mas há alguém que já sabe."

"Quem é?"

"A atriz Margit Dayka."

O detetive esclareceu:

"A senhora Senesh é encarregada da casa da atriz, que estava presente quando fui buscá-la."

"E a pressionará com perguntas, certo?"

"É claro. Não é comum detetives virem me buscar."

"Então, quando lhe perguntar, diga que não pode contar nada. Aja dessa maneira em todos os casos. Agora pode ir."

Ele então foi embora. O detetive viu que eu não conseguia me mover e quis consolar-me:

"Descanse mais um momento, ainda há tempo. Não precisa ir imediatamente."

Confiei nele e pedi que tivesse piedade e me explicasse o que estava acontecendo. Ele assegurou-me que não sabia.

Entraram policiais que precisavam da sala. O detetive ajudou-me a descer as escadas e procurou tranquilizar-me dizendo que não levasse as ameaças ao pé da letra. "As coisas não são tão simples", alegou, consolando-me com atitude humana e sensibilidade.

IV

A duras penas cheguei em casa. Era uma hora da tarde. Em frente de casa me esperavam vizinhos, vários conhecidos e a zeladora, que vivia comigo e em troca cuidava do jardim. Me cobriram de perguntas: O que aconteceu?

"Um mal-entendido", limitei-me a responder.

Mas quando estava com Margit, lhe disse:

"Não houve nenhum mal-entendido. É algo terrível, mas me proibiram de falar."

Ela não se conformou, prometeu não contar a ninguém.

"Talvez não me contenha, mas neste momento não sou capaz de falar."

Tocaram a campainha da porta e Margit correu apressada. Ouvi uma conversa e fui para meu quarto, mas logo a atriz voltou. O diretor do filme queria levá-la ao estúdio cinematográfico para que visse a primeira cena filmada com sua participação.

"Mas", vacilava, "não quero deixá-la sozinha neste momento." (Mais tarde, contou à minha irmã que meu rosto tinha ficado desfigurado de maneira inimaginável no transcurso de poucas horas.)

No entanto, eu ansiava por ficar sozinha. Precisava de uma força sobre-humana para continuar me controlando. Pedi que fosse e que me desse o número de telefone de onde estaria para o caso de eu ter que chamá-la. Antes de sair, entregou-me os documentos falsos que eu havia lhe dado de manhã e finalmente se foi.

Não estive sozinha por muito tempo. A zeladora bateu à porta e anunciou um homem, o mesmo que se empenhava em convencer-me a fugir com sua família para a Romênia. Tinha vindo perguntar sobre meus preparativos, pois em dois ou três dias deveríamos viajar. Também desejava ver meus documentos. Respondi que havia pensado e que definitivamente não viajaria com eles. Ele não se deu por satisfeito e tentou insistentemente convencer-me de que fugir era o plano mais recomendável. Além do mais, glorificou a *aliá* para Eretz Israel.

"Na verdade não tenho ninguém lá", dizia, "mas esses são meus planos. Você, em compensação, tem dois filhos em Eretz Israel. É você quem deveria se arriscar. E não se esqueça que é o desejo de Anikó, lembre-se o quanto ela se esforçou até conseguir o certificado de imigração."

Enquanto falava e examinava os documentos, eu considerava se deveria ou não contar-lhe o que havia ocorrido. Talvez – pensei – o destino o enviou para que eu lhe confiasse a minha tragédia, que sem dúvida ainda continuaria... E, se ele chegasse a Eretz Israel, pelo menos alguém contaria a Guiora.

Eu sabia que aquele homem era uma pessoa de confiança. Revelei meu segredo. Todo ele. Ele escutou aturdido e disse:

"Não tenho palavras para expressar-me sobre essa catástrofe, mas entendo agora seu desejo de ficar aqui. É difícil adivinhar o que aconteceu, mas da maneira como conheço sua filha, não duvido que tenha se incumbido de uma tarefa incomum. Prometi-lhe guardar segredo e certamente o farei, mesmo não aprovando seu silêncio. Pelo contrário: você deveria contar esse segredo a pessoas que possam ajudar."

Acompanhei-o até a rua. Estávamos ainda no corredor quando soou a campainha. Vi um carro fechado e em volta dele soldados da ss. Um deles gritou:

"Estamos procurando a senhora Senesh. Deixem-nos entrar."

"Em um momento", disse eu. "Vou buscar a chave."

Voltei à sala, guardei no armário de Margit os documentos falsos e saí em direção à porta.

Meu amigo quis ir embora, mas um dos homens da Gestapo (que a partir de agora chamarei de Seifert) impediu-lhe a passagem:

"Quem é você?"

"Minha mulher é amiga da senhora Senesh. Vim ver como estava passando e já vou embora."

Seifert vacilou um instante. Foram minutos de tensão. Por fim, liberou-o.

Quatro oficiais entraram. Seifert me ordenou que o acompanhasse para prestar depoimento. Estava sozinha em casa.

Alguns momentos antes, quando estava com meu amigo, a zeladora tinha me trazido o almoço. Ela sabia que eu ainda não havia provado a comida, e como não conseguia engolir nada, retirou a comida, comunicando-me que estava saindo para fazer compras, pois o dia seguinte era um domingo e o comércio não abria. Ela ainda não tinha voltado, e eu queria esperá-la para que alguém ficasse na casa durante minha ausência.

"Lamento, mas não posso deixar a casa sem ninguém", desculpei-me com firmeza, "pois sou responsável pela casa e pelos objetos pessoais de uma artista que não se encontra aqui agora."

"Não importa", retrucou, "você voltará assim que prestar depoimento. Agora venha."

Entrei no segundo quarto e ele me seguiu. Eu não sabia se confessava que estava ciente do que se tratava ou se fingia surpresa. Lembrei da ameaça de Rodszé e fiquei quieta. Seifert observava, entrava e saia dos quartos, perguntava qual era o meu e qual era o da atriz. Interessava-se pelos móveis e por seu conteúdo. Minha resposta foi precisa: com exceção de um único quarto, toda a casa pertencia à atriz. Perguntou pela saída e por cada uma das portas. Expliquei-lhe, sabendo que faria uma inspeção. De repente, mostrou-me uma fotografia:

"Conhece-a?"

Era Anikó, como a tinha visto algumas horas antes.

"Quem é?", perguntei

"Tem uma filha chamada Hannah Senesh?"

"Sim, mas aqui está irreconhecível. De onde você tirou essa foto?"

Não recebi nenhuma resposta.

"Vamos, vamos", empurrou-me e ordenou que eu trancasse todas as portas. Quis saber quem mais tinha a chave da casa.

"Só a atriz e eu."

"Quando ela volta?"

"Provavelmente ao anoitecer."

Por fim, apareceu Rozsi, a zeladora. Troquei várias palavras com ela rapidamente, entreguei-lhe a chave de uma porta e dei-lhe o número de telefone de Margit para que a chamasse tão logo eu tivesse saído. Ela fez um embrulho com vários sanduíches e colocou-o na minha bolsa.

Começamos a caminhar. Rozsi fechou a porta e Seifert perguntou:

"O que é isso? Você também vai levar uma chave?"

"Por acaso o senhor não disse que depois de prestar depoimento eu voltarei para casa?"

"Claro, claro", disse, como quem falou demais da conta. "Leve uma chave."

Entramos numa viatura policial sem janelas e em poucos minutos chegamos à prisão. Ao descer do veículo, comprovei o quão próximo de minha casa ficava. Estávamos junto ao Tribunal Departamental de Budapeste, ao lado da rodovia que levava à prisão alemã. Seifert desceu comigo e despediu-se dos demais. Falaram rapidamente, comentaram o programa de entretenimento do sábado e desejaram-se bom divertimento. Seifert levou-me, então, a um escritório no primeiro andar. Eram quase dezessete horas. Seifert anotou minhas respostas na presença de um soldado da ss (que usava uma caveira como distintivo), de um soldado jovem e de um homem de meia-idade. Quando colocou a folha numa pasta de documentos, li a inscrição "Muito urgente". Pediu que lhe entregasse as chaves de minha casa e saiu. O homem da caveira passou a ocupar-se de mim. Ordenou-me que lhe entregasse todos os meus objetos de valor. Mexeu em meu porta-moedas, pegou o dinheiro, o relógio, a caneta-tinteiro e minha aliança de casamento. Perguntou se eu tinha mais dinheiro. Eu levava uma pequena bolsinha pendurada no pescoço com a soma que era permitida aos judeus carregar. Hesitei um pouco e entreguei-a a ele. O oficial castigou meu atraso com uma tremenda bofetada, mas não a senti. Para dizer a verdade, não havia sentido nada desde o encontro com Anikó naquela manhã. Era como se um ser estranho vivesse dentro de mim. Minha falta de reação incomodou o soldado. O homem vestido como civil, por sua vez, parecia confuso: sussurrou-me para que eu não prestasse atenção a esses acessos de fúria (com o tempo, fiquei sabendo que aquele tinha sido o diretor-geral da empresa "Hopper & Schrantz" e que os nazistas o recrutaram para tarefas de escritório). Anotaram com exatidão o que e quanto tiraram de mim, me deixaram alguns centavos e o homem da caveira me garantiu que, se me libertassem, eu receberia tudo de volta. Depois, comunicou ao jovem soldado o número da minha cela: 528. Na escadaria, ele me perguntou se não escondera objetos de valor, a fim de evitar outro espetáculo desagradável, já que em breve voltariam a me revistar. Tranquilizei-o: já havia entregado tudo.

A revista ficou a cargo de duas inspetoras suábias.[1] Uma delas me conduziu ao quinto andar. A fechadura da pesada porta de ferro rangeu e fui introduzida na cela.

---

1 A Suábia (em alemão, Schwaben) é uma região administrativa do estado alemão da Baviera, cuja capital é a cidade de Augsburgo. A Suábia é uma região histórica da Alemanha, com um dialeto local chamado Schwäbisch. O território histórico abrangia grande parte do estado de Baden-Württemberg, bem como a região administrativa bávara da Suábia. Na Idade Média, a maior parte da atual Suíça e da Alsácia (hoje pertencente à França) também fazia parte da Suábia. (N. T.)

V

A cela era ampla e iluminada. Se não fosse pelas grades, pareceria – com suas sete camas brancas – muito mais uma sala de hospital do que uma cela de prisão, como eu imaginava que seria. Mulheres curiosas aproximaram-se de mim, como acontece sempre que chega uma nova "inquilina". Uma delas, mais decidida, veio ao meu encontro. Eu a conhecia: a baronesa Bizska Hatvany, ex-esposa do barão Laiausz Hatvany (escritor e mecenas, protetor do grande poeta húngaro Endre Ady). Dias antes, a baronesa Bizska havia desaparecido após ter ido prestar depoimento, e desde então sua mãe a procurara sem descanso através de um advogado, mas em vão. No dia anterior eu falara com ela casualmente por telefone.

Sentadas numa cama, algumas prisioneiras jogavam bridge, contrariando a proibição de ocupar-se com qualquer coisa. A baronesa, pintora talentosa, desenhou naipes de baralho em pedaços de papel, e com essas cartas improvisadas as mulheres passavam o tempo. O regulamento obrigava que todas ficassem sentadas, sem ação, das cinco da manhã até o anoitecer. A guardiã espiava a cada tanto através da claraboia, certificando-se de que o regulamento não fosse desobedecido... Apesar disso, as prisioneiras deitavam na cama, em turnos; se escutassem os passos da guardiã, pulavam automaticamente, mesmo se estavam dormindo...

As prisioneiras me rodearam, pedindo notícias de fora. A baronesa as apresentou: a senhora Vajda (esposa do único membro judeu do Parlamento), denunciada por seu mordomo por difamar as autoridades alemãs; a condessa de Sizsy, divorciada, de origem judaica, que tentou esconder pinturas de valor. É tão jovem e bonita que surpreende saber que já é avó. Tinha também a viúva do ex-deputado Lehel Hidravary, acusada de colaborar com as potências do Ocidente, e a irmã do banqueiro parisiense Jacques Manheim. Esses são os nomes que recordo. Mas as outras também eram vítimas de acusações, verdadeiras ou falsas, como de ocultar bens, falsificação de documentos, tentativa de fuga, hostilidade política etc. A baronesa Bizska, que desde o falecimento do pai dirige seu escritório de direitos autorais que tratava da publicação e exibição de espetáculos teatrais, era acusada de ter contatos com o exterior. E todas se espantam: como eu vim parar aqui? Não pertenço à classe plutocrática¹ e nunca me meti em questões políticas. Por outro lado, todos sabiam que desde a morte de meu marido eu vivia reclusa e era inconcebível que alguém tivesse me delatado. De minha parte ficou claro que eu não estava disposta a revelar a verdade.

De repente, me senti terrivelmente faminta. Já escurecia e eu ainda não havia comido nada. Desembrulhei os sanduíches e os mastiguei. Doze pares de olhos ávidos se fixaram em mim. A fatia de pão entalou em minha garganta. Entreguei o pequeno pacote de comida e a baronesa o dividiu igualmente. Ela exerce a liderança na cela, sendo elogiada em todos os sentidos por sua moderação e bom-senso.

No entanto, à noite irrompeu uma discussão violenta. A cada dia, e por um turno rigoroso, correspondia a alguém a limpeza da cela, especialmente do vaso sanitário. Na manhã seguinte, a condessa de Sizsy deveria fazê-lo, mas ela protestava e avisava com veemência que não limparia o vaso sanitário. Não apenas por nunca ter trabalhado, mas por não ter noção de como se realizava esse tipo de serviço. Houve quem se oferecesse voluntariamente para substituí-la, mas a baronesa Bizska insistiu que ninguém deveria ter privilégios. Explicou à condessa como usar a escova, como usar o desinfetante etc. e ressaltou que ninguém na cela conhecia aquele trabalho. Todas participaram da discussão, posicionando-se contra ou a favor. A vida de confinamento, sem acontecimentos de maior importância e com o nervosismo permanente que a acompanha, causa uma sensibilidade que provoca discussões fervorosas. Eu ainda não tinha me acostumado com essa vida de prisioneira. Meus pensamentos estavam em outro lugar. Fiquei em um canto, muda e imóvel.

Após uma noite de insônia, nos levantamos às cinco da manhã. Domingo era dia de descanso também para a Gestapo. A opinião geral, no entanto, afirmava que, se a pasta dizia "Muito urgente", eu poderia ter certeza que me chamariam naquela segunda-feira para prestar depoimento no Monte dos Suábios.

---

1   Governo em que o poder pertence às classes ricas. (N. T.)

Eu não tinha mais forças para continuar guardando meu segredo: contei a Bizska o que acontecera. Ela me escutou atônita e logo tentou acalmar-me: "Anikó", ela diz, "é uma prisioneira de guerra, mais importante do que todas nós juntas." E prometeu que não revelaria meu segredo. Não sei se cumpriu a promessa. À tarde a condessa Clara Sizsy aproximou-se de mim e me pediu desculpas por ter promovido o alvoroço do dia anterior por uma futilidade. Eu via a todas como através de um véu nublado. Só me preocupava em saber se Anikó ainda estava viva. Tinha certeza de que não confessaria o que queriam arrancar dela à força. Também não havia perspectivas de perdão. Para que seria eu interrogada no dia seguinte? Tremia ao pensar nos métodos da Gestapo. Que lógica existe nessas torturas? Se Anikó vivia, eu não podia fazer nada por ela estando presa. Em compensação, corria o risco de arrastar comigo amigos e familiares cujos nomes a ss devia ter encontrado ao revistar minha casa.

Deus me faria um favor se me permitisse morrer naquela noite.

De duas paredes da cela pendiam prateleiras e, sobre elas, pequenas gavetas com artigos de higiene. Não eram suficientes para todas nós, pois mudamos o aspecto original da cela. As que chegaram antes haviam se apropriado do que havia.

As prisioneiras arrumavam seus pertences e recebiam pacotes nos dias estabelecidos para tal. A condessa Clara Sizsy declarou com ironia:

"De tudo o que meu marido envia, a gilete é o mais útil. Serve como tesoura, como faca e ao mesmo tempo como apontador..."

Olhei fixamente para ela e vi que guardou a gilete na gaveta. À noite, depois da difícil tarefa de arrumar as camas (era preciso tirar os colchões e estendê-los sobre o chão para que todas tivessem lugar), passei, como que por acaso, perto da gaveta, e tirei a gilete. Estava deitada ao lado de uma janela e escondi a gilete no batente. Ao anoitecer, todas se deitaram. Só do lado de fora podia haver luz, mas ela nunca era acesa. Finalmente reinava o silêncio e eu tentei pôr fim ao meu sofrimento... O sangue corria, mas não da veia. Minha vizinha acordou e eu fingi dormir. Tentei outra vez, mas sem êxito. Em junho amanhece cedo. Todas acordaram. O plano fracassou. O cobertor me cobria por completo, me enrolei no impermeável e tentei apagar as manchas de sangue. Bizska me olhou enquanto me vestia e desconfiou de algo. Descobriu minhas feridas, aproximou-se assustada, perguntou, pressionou e depois me repreendeu. Poderia ter causado a desgraça de todas. Amarrou-me o braço com dois pequenos lenços e sugeriu que eu vestisse o casaco impermeável de manga comprida, caso fosse chamada para interrogatório.

VI

Às sete horas entrou um soldado trazendo uma lista onde estava meu nome. Uma de minhas companheiras colocou em minha mão a porção diária de pão. Elas sabiam que no Monte dos Suábios os interrogatórios se prolongavam da manhã até a noite, e que não se dava de comer nesse meio-tempo. Mas logo comprovei que o pão que me deram havia mofado e era impossível comê-lo.

Os candidatos para interrogatório eram reunidos no amplo corredor do segundo andar. Cada um permanecia em pé, de cara para a parede, até que chegavam todos. Era proibido fazer o menor movimento ou gesto. Levavam-nos ao Monte dos Suábios em viaturas de polícia: trinta ou quarenta infelizes espremidos e amontoados. Não havia janelas, somente pequenas aberturas no alto, buracos para ventilação. Vi algumas pessoas jogando para fora bilhetes e cartas através dessas aberturas, com a esperança de que caíssem em mãos de alguém que as levaria ao seu destino.

Esperei imóvel o dia inteiro numa sala destinada às mulheres. Havia muitas. Uma das mulheres sentou-se ao meu lado e perguntou pelo motivo de minha prisão. Outra me preveniu com gestos para que não confiasse na primeira. Mais tarde me explicou que aquela mulher era agente dos alemães. Não acreditei, mas durante meus três meses na cadeia da Gestapo foram várias as insinuações desse tipo.

Naquele dia não chegou minha vez. Havia excesso de trabalho. Chegavam presos novos de todos os cantos do país; muitos deles eram trazidos diretamente ao Monte dos Suábios.

À noite me entregaram um formulário, como a todos os prisioneiros, com um cartão. Com ele eu podia informar meu paradeiro a quem quisesse, pedir comida, roupa e artigos de higiene. Os pacotes que chegavam eram entregues às quartas-feiras, das dez ao meio-dia. Já era segunda-feira. Perguntei-me se receberiam minha carta a tempo. Por outro lado, a quem poderia escrever? Temia dar o nome de familiares e também não gostaria que a atriz recebesse correspondência vinda da prisão da Gestapo. Após muito hesitar, escrevi a um cabeleireiro vizinho e pedi-lhe que entregasse a carta à senhora que morava em minha casa.

No dia da divisão dos pacotes houve um nervosismo na cela. A distribuição começava às dez horas, mas a expectativa e a impaciência eram sentidas já de madrugada. Não apenas por causa da fome, mas também porque o pacote era o único vínculo com as pessoas queridas no mundo exterior.

Cada pacote era revistado cuidadosamente e os revistadores ficavam com o que tivessem vontade. As mulheres presidiárias que trabalhavam fora da cela eram encarregadas da divisão. Houve quem recebesse dois ou três pequenos pacotes de uma vez; outras, nada...

Era quase meio-dia. Já havia perdido as esperanças quando, de repente, chegou um pacote para mim. Foi trazido de carro. Da sopa ainda saía fumaça, tudo estava fresco e o aroma delicioso aumentava o apetite, ainda mais depois da comida sem gosto da prisão. Mas não era um pacote essencialmente útil. Sentamo-nos à mesa. Cada uma desfrutava de um pequeno "banquete". Depois, outras duas semanas de espera sem receber nada. Mas os novos pacotes já viriam mais completos: conservas, queijo holandês doce, salame, bolos etc. Chamou a minha atenção o fato de Margit mandar roupa inapropriada para esse lugar. Era óbvio: o quarto que mostrei a Seifert como sendo meu, e onde estava o meu armário, foi lacrado. Isso foi confirmado pelo fato de que Margit me enviava de vez em quando peças de seu próprio vestuário.

Todos os dias depois do almoço eu passeava dez minutos em companhia de duas vizinhas da cela ao lado. Esse era o auge da rotina diária. E, apesar de ser quase impossível conversar, compartilhávamos informações que vazavam até mesmo para dentro das celas mais hermeticamente vigiadas. Conhecíamo-nos de vista. Descobríamos conhecidos em comum, distantes ou próximos.

A população carcerária mudava diariamente: algumas saíam e outras novas eram trazidas. A aglomeração crescia. Já éramos vinte e uma em nossa cela.

No dia 23 de junho pela manhã levaram Bizska Hatvany, a senhora Vajda e outra mulher. Para onde? Ninguém sabe. Corria o rumor de que duas vezes por semana se fazia uma deportação, e que em outras duas ocasiões enviavam prisioneiros ao acampamento Kish Tarcze. Prontas para qualquer eventualidade, empacotávamos nossos objetos pessoais todas as manhãs: quem era chamada deveria partir imediatamente.

Naquela mesma manhã eu também fui chamada a depor. Desci acompanhada de um soldado ao lugar de concentração no segundo andar, e uma prisioneira jovem, que limpava as escadas, me sussurrou: "Tia Kata, Anikó também está aqui. Ontem falei com ela".

Quase não pude me conter. De repente vi a Bizska. Queria me aproximar e contar-lhe a novidade, mas ela estava de cara para a parede, como todas, e era proibido falar uma palavra que fosse.

Naquele mesmo dia me interrogaram. Entrei na sala onde estava Seifert, o encarregado do meu caso. Ele me fez perguntas por longas horas: interessava-se por detalhes e pormenores que não pareciam chamar a atenção dos húngaros. Em cortesia e educação, ele superava Rodszé. Seu comportamento me encorajava. Ao terminar, pedi-lhe que me dissesse do que minha filha estava sendo acusada. Ele calou-se. No entanto – após uma pausa – disse: "De acordo com as leis húngaras, a pena de morte não ameaça sua filha. As leis alemãs, no entanto, são mais severas".

Respirei com certo alívio.

VII

Ao entardecer, uma das prisioneiras que trabalhava fora se aproximou de mim. Era Hilda, de Berlim, estereótipo de beleza loira. Dominava o idioma alemão e não a submetiam a trabalhos físicos, mas a tarefas de escritório e de maior responsabilidade. Os alemães tinham tanta confiança nela, que não raro lhe confiavam as chaves das celas. Chamou-me com um tom autoritário, militar. Quando cheguei ao corredor, me disse em voz baixa que fosse até a janela da cela. Aquilo era uma coisa terminantemente proibida, mas a transgressão a essa regra era muito comum.

Obedeci-a e, na janela do quinto andar de uma cela que dava para o pátio central, em frente a nós, vi Anikó gesticulando e sorrindo para mim.

No dia seguinte, postei-me ao lado da janela de manhã cedinho. Após alguns minutos de espera, voltei a ver minha filha. Ela "escrevia", com gestos, letras grandes no ar. Respondi-lhe da mesma maneira. Sabíamos que podiam estar nos observando e por isso somente "conversamos" sobre temas triviais, com muito cuidado. Percebi que sua janela era totalmente diferente da nossa: estava situada no alto do muro e sua forma era horizontal. Fiquei sabendo que as piores celas para prisioneiros em solitária tinham aquele tipo de janela, que os impedia de olhar para fora. Minhas companheiras de cela permaneciam ao meu lado e acompanhavam nossa curiosa "conversação aérea". Anikó perguntou o que era a "mancha" amarela sobre nosso peito. Expliquei-lhe e perguntei se não a obrigavam a usá-la. Respondeu-me que já não era mais cidadã húngara (uma de minhas companheiras lhe "escreveu": Sorte a tua!). Anikó traçou com o dedo uma grande Estrela de David no vidro coberto de pó, que ficaria lá, à vista, durante semanas, até o dia da limpeza. Logo depois disso, Anikó desapareceu da janela. Esperei-a o dia todo, mas em vão.

Na tarde seguinte, Hilda voltou a chamar-me com sua voz autoritária e me disse que eu poderia falar um momento com Anikó, cara a cara, no banheiro ao lado. Fui para lá e finalmente apertei-a contra meu peito. Contou-me que, como oficial de radiocomunicações do Exército Britânico, havia assumido uma missão "que lamentavelmente não pude completar. Meu destino eu aceito de qualquer maneira, mas não posso me conformar com o fato de ter te arrastado atrás de mim".

Tranquilizei-a, dizendo que não acontecera nada comigo e que por sorte estava ao lado dela, coisa que seria impossível se não estivesse, eu mesma, na cadeia. Ela sorriu com profundo pesar. Voltou a ser a Anikó de sempre. As marcas dos golpes desapareceram. O cabelo estava arrumado, o rosto sereno. Mas ainda faltava o dente. Quando perguntei, respondeu que o dente quebrara ainda em Eretz Israel, quando saltara com pouca sorte na Escola de Paraquedistas, mas eu sei que ela não queria me contar a verdade.

"Mas mãezinha", exclamou sorridente, "se nesta ação tudo o que eu perder for apenas um dente, poderei sentir-me realmente satisfeita."

Perguntei se a torturaram.

"Creia-me, frente às torturas da alma, as torturas do corpo carecem de significado."

Ela relatou que, quando foram capturados, o suicídio repentino de um dos jovens do grupo causou uma catástrofe e isso levantou suspeitas sobre todos. Foram revistados, e no bolso de um deles encontraram um fone de rádio.

Hilda chamou. Separamo-nos.

Nos dias seguintes quase não a vi. Esperei-a dias inteiros, porém em vão. Sei que a levavam ao Monte dos Suábios e que voltava do interrogatório somente à noite. Uma de minhas companheiras de cela, que também prestava depoimento, a viu por lá. Através dela fiquei sabendo que Anikó ficara meses inteiros na companhia de Partisans e que saltou de paraquedas de um avião.

E novamente ela voltou a aparecer na janela, mas apenas por uns instantes. Às vezes, durante a manhã, ela recortava letras grandes de papel e as juntava, formando palavras. Frequentemente, porém, desaparecia na metade de uma frase. Não era fácil chegar até essa janela alta: em cima da cama ela colocava a mesa e sobre ela uma cadeira. Mas ela dispunha da cadeira somente por um instante, durante a manhã: quando a traziam junto com uma bacia, para que se lavasse. Quando ouvia passos, obviamente, pulava apressada.

Quando o interrogatório foi interrompido por dez minutos para o passeio da tarde, vi Anikó caminhar acompanhada de outras mulheres. Isto é, vi-a numa das esquinas do pátio que era visível de minha janela. Quando a fila passou perto, contemplei-a. Passavam em pares, mas ela, rigorosamente incomunicável, caminhava sozinha no final da fila. Sabia que a observava e quando passava pela esquina, olhava para cima. Vigiavam-nos para que não nos encontrássemos. Mas uma vez aconteceu de estarmos em dois grupos que passeavam simultaneamente. Muitas das prisioneiras já sabiam quem ela era e, sabendo de nosso parentesco, esperavam ansiosas que estivéssemos uma ao lado da outra. O esforço feito foi em vão, pois eu encabeçava a fileira da qual ela era a última.

No meio do pátio, nos vigiava a guarda, enquanto os soldados, situados em distintos pontos do pátio, nos vigiavam com olhos de Argos,[1] Anikó saiu da fila. Simulava amarrar o cadarço dos sapatos e as prisioneiras passavam ao seu lado. Deste modo, como por coincidência, ficamos uma ao lado da outra. Minha companheira retrocedeu um passo e Anikó ocupou seu lugar. Conversamos em voz baixa, ignorando a proibição. Notei o olhar da guarda que nos observava, calei-me e a preveni. Mas ela me disse: "Veja mamãe, você deve saber que, de todas as maneiras, nos ameaça aqui o pior dos perigos. Fale, por favor, fale sem medo".

Contou-me que dois dias depois de nosso confronto, Rodszé quis voltar a ver-me; em sua presença telefonou para casa e a atriz informou-o que os alemães haviam me prendido. Não sabia dizer-lhe nada sobre meu paradeiro, por isso desligou o telefone e gritou furioso:

"Ela também é mercenária dos judeus! Ela a escondeu!"

Tempos mais tarde, a atriz contou que nesse dia fizeram uma busca em sua casa, me procurando. Alemães e húngaros interferiam no trabalho uns dos outros com frequência: espiavam e se intrometiam nos planos e gestões uns dos outros.

VIII

Aproximava-se o dia 17 de julho, dia do aniversário de Anikó. Eu pensava muito no presente que poderia fazer para ela. Já havia dividido com ela meu segundo pacote, mas separei um frasco com doce de laranja (para o caso de não ter outra coisa para presenteá-la). Quando as companheiras de cela me viram preparando o frasco que guardei com tanto cuidado – e

---

[1] Na mitologia grega, Argus ou Argos (Ἄργος) Panoptes era um gigante que tinha cem olhos. "Panoptes" significa "(aquele) que tudo vê". Argos nunca dormia – pelo menos por inteiro. Quando cinquenta olhos se fechavam para dormir, os outros cinquenta permaneciam abertos. Por isso era um excelente vigia. (N. T.)

sabiam com que objetivo –, uma agregou um pequeno lenço, outra uma luva para banho, a terceira um pedaço de sabonete... São bens de valor fabuloso na prisão. Uma guarda atendeu meu pedido e levou o presente para Anikó. Horas mais tarde, uma das trabalhadoras colocou um bilhete na palma da minha mão. Eram palavras calorosas de agradecimento: eu a deixei feliz e não somente porque o doce era saboroso, mas porque era de laranja. As laranjas lembravam-na de Eretz Israel. Quando fazia o balanço de sua vida e olhava para trás, comprovava que sua juventude fora linda e profusamente colorida, e que seus vinte e três anos de vida lhe deram muitas alegrias.

Esse tom de balanço final de sua vida me cravou uma flecha no coração.

Nos passeios, eu a via com um casal de crianças, uma de cada lado. Eram refugiados da Polônia que peregrinavam com sua mãe há anos, de um acampamento a outro, de uma prisão a outra. Logo adivinharam seu amor pelas crianças e não se separavam dela. Às vezes brincava de esconde-esconde com eles e os guardas "com benevolência" faziam vista grossa. Para esses pequenos, Anikó começou a "fabricar" bonecos de papel, valendo-se dos meios primitivos a seu alcance: papel velho, barbantes, lápis de cor... Um dia a levaram (não sei por que razão) à cela coletiva, onde estavam as crianças. Na mesma hora, começou a ensiná-los a ler e a escrever, brincou com eles e lhes contou histórias. Mas isso não fazia com que se esquecesse dos mais velhos: ela os ocupava e os entretinha. Quando voltava à sua cela, renovava a produção de bonecos e intensificava a "correspondência" através da janela.

Três mulheres suábias eram responsáveis por vigiar as prisioneiras. Revezavam-se a cada oito horas. A mais assustadora era Marieta, cruel e sem piedade. Quando era seu turno, muitas renunciavam a seu direito mais cobiçado: o do passeio de dez minutos. Em pé, num lugar estratégico do pátio, agitava um chicote e vociferava ordens como se domasse feras num circo:

"Rápido! – Devagar! – Mais rápido! – Acelerar o passo!", e obrigava-as a correr em círculo.

Em certa ocasião, durante um passeio, Anikó me contou algo que de nenhuma maneira combinava com o sadismo dessa fera: uma manhã, durante sua habitual "correspondência" comigo, Anikó não ouviu os passos que se acercavam. Marieta tinha visto tudo a partir do buraco de onde vigiava.

Entrou com um ar sádico, com uma fúria atroz, seus olhos pareciam sair das órbitas quando viu Anikó no alto de sua "torre" (cama, mesa e cadeira, colocadas um em cima do outro). Lançou um grito ensurdecedor: Como se atrevia? Com quem se comunicava? Anikó lhe respondeu, do alto de seu posto e em voz alta, que estava se comunicando com a mãe, que não via há cinco anos.

Marieta se retirou da cela sem dizer uma palavra sequer e a partir de então, quando estava a serviço, era ela quem trazia na hora do asseio a cadeira e a bacia, "esquecendo" logo depois a cadeira na cela. E a mesma Marieta, quando soube que ninguém enviava pacotes "à oficial inglesa" (Anikó), fez um embrulho com comida roubada de outros e mandou levar para ela.

As guardas alemãs também lhe forneciam material para seus bonecos: papel, fios, lápis...

Uma vez recebi dois bonecos de papel: um menino e uma menina passeando pelo campo. Nunca imaginei que suas mãos fossem tão hábeis. Todas as companheiras de cela admiraram seu trabalho. Na vida monótona da prisão, tudo despertava interesse. Agradeci-lhe o presente com algumas linhas: "Apesar de ter sonhado que um dia você me faria feliz com bonecos reais, de carne e osso, devo conformar-me, por enquanto, com estes".

Pouco a pouco, minhas companheiras de cela também receberam bonecos cada vez mais bonitos e coloridos, e até as guardas foram presenteadas. Não é preciso dizer que todas ficaram encantadas. Eram bonecos do tipo Biedermayer,[1] Rococó[2] etc. Personagens de ópera (Carmen, Butterfly e outros) iam enchendo a cela. Aos prisioneiros jovens enviava chalutzim e chalutzot,[3] que levavam no ombro uma pá, um ancinho e uma enxada...

Uma vez me disse: "Na verdade me alegro de não estar perdendo tempo aqui. Ganhei muitas adeptas para o sionismo".

---

1 Nome de uma corrente figurativa e de um estilo ornamental que se desenvolveu na época da Restauração no Império Austríaco e no resto da Europa Central. (N. T.)
2 Estilo artístico que surgiu na França como desdobramento do Barroco, porém mais leve e intimista e usado inicialmente em decoração de interiores. Desenvolveu-se na Europa do século XVIII, e da arquitetura disseminou-se para todas as artes. (N. T.)
3 Forma feminina de "pioneiros". (N. T.)

Ao mesmo tempo, dizia que não entendia por que não lhe chegavam notícias de fora. Não deviam saber de seu paradeiro, do contrário – e apesar da gravidade da situação – teriam achado um meio de chegar até ela.

Eu não sabia a que meio ela se referia, mas a partir daquele momento procurei uma maneira de fazer com que lá fora soubessem de seu paradeiro.

No dia da divisão dos pacotes deixei um bilhete numa das malas vazias que eram mandadas de volta. Nesse bilhete, eu agradecia a Margit pelo seu esforço e, ao mesmo tempo, pedia que me mandasse sempre dois pacotes, pois eu dividia as coisas com Anikó. A atriz recebeu estas linhas e as transmitiu à minha irmã, que preparava os pacotes com ela. Minha irmã, perplexa, supôs que eu perdera a razão. Não podia acreditar que Anikó estivesse aqui. No dia seguinte, o fato lhe foi confirmado, mas por outra fonte.

Durante um dos passeios, tentei arrancar de minha filha informação sobre a natureza da operação em que estava metida.

"Não posso contar", se desculpou, "é um segredo militar. A guerra terminará logo e então você saberá. De qualquer maneira – e mesmo que não tivesse me comprometido a ficar calada – eu não te contaria. A polícia dispõe de métodos para obter confissões através da força. É melhor que você continue sem saber."

"Mesmo que não me diga, sei que você não se juntou ao exército por amor aos ingleses. Algo judaico deve haver nisso."

Anikó me apertou a mão.

"Tua suposição está correta, mãe."

"A questão é saber se era justo que por isso você pusesse tua vida em perigo."

Em voz baixa, mas com firmeza, respondeu:

"Eu tenho certeza disso", e em seguida acrescentou: "Mas fique tranquila, não fiz nada contra a Hungria. Pelo contrário, o que hoje se define como uma falta amanhã será uma virtude. Os fatos me justificarão."

Uma vez me perguntou, da janela, se eu gostaria de aprender hebraico, pois nunca tivera tanto tempo quanto agora. Apesar de não estar com a mente livre para aprender, concordei, para deixá-la feliz. A partir de então, passou a me dar aulas, sistemática e permanentemente. Claro que a cela apertada e meu estado de ânimo não me permitiam dedicar-me às lições como deveria. Após duas semanas confessei-lhe, e ela suspendeu as aulas. Mas ainda assim, ela continuou desenvolvendo uma atividade maravilhosamente intensiva.

IX

No início de agosto eu faria vinte e cinco anos de casada. As circunstancias não eram ideais para uma comemoração, mas Anikó lembrou com um carinho comovente minhas "Bodas de Prata". Embrulhou uma lata de talco cilíndrica com papel prateado e me deu de presente, com vinte e cinco rosas brancas artificiais. Os talos eram de palha tirada do colchão. Uma imitação perfeita de um ramo de flores num vaso prateado, sobre uma toalha branca e bordada, mas também de papel. Nunca vimos um ramalhete mais impressionante. E uma boneca de papel – uma noiva! – com véu e mantilha (com rosas nas mãos) completava o esplêndido presente. Tudo isso vinha acompanhado de uma poesia muito linda que não pude guardar por medo de que descobrissem nossa comunicação. Mas lembro o conteúdo desta breve poesia que com o tempo teria importância simbólica:
"As lembranças são como flores de papel que nunca murcharão:
Parece que sempre florescem
E os homens, ao vê-las, esquecem
Que sua vida é uma ilusão."

Nesse meio-tempo, a atividade de Anikó chegou ao seu auge. Os sinais da janela, que se tornaram permanentes, já não eram destinados exclusivamente a mim. Serviam como serviço de informação ou noticiário de guerra. De muitas janelas a observavam. Essa ousadia me desesperava. Temia que prejudicasse sua situação, mas não consegui influenciá-la. Uma vez colocou seus dedos médio e indicador na horizontal debaixo do nariz (indicando bigodes) e fez um movimento com a outra mão, como quem corta o pescoço. Por mais estranho que isso parecesse, todos entendemos a mensagem: alguma coisa acontecera a Hitler e durante o passeio da tarde se espalhou o rumor de que houvera um atentado contra a vida de Hitler. De onde ela conseguia essas informações? As prisioneiras "livres" (as damas da elite húngara) lhe forneciam jornais, livros e informações. Havia entre estas uma jovem princesa da dinastia dos Odskalchy e uma condessa jovem e bonita que estavam presas em celas abertas. Podiam tomar banho todos os dias e passeavam pelo amplo corredor. Elas eram suas fontes de informação. Ela recolhia muitas notícias também no carro que transportava presos ao Monte dos Suábios. Minhas companheiras de cela que a encontravam lá contaram admiradas que os alemães a tratavam de maneira especial. Às vezes lhe enviavam almoço (que ela tratava de dividir) ou lhe traziam jornais. Os guardas também a tratavam com tolerância, especialmente os provenientes do distrito de Bachka. Ela ganhou sua simpatia falando com eles no idioma sérvio, o qual aprendeu entre os Partisans.

Uma noite trouxeram para nossa cela, já bastante repleta, quatro prisioneiras novas: duas mulheres de Debrecen e duas jovens, quase meninas, de Budapeste. Tinham tentado fugir e foram presas na fronteira. Já haviam sido submetidas a um intenso interrogatório no Monte dos Suábios e estavam relatando suas experiências. Uma das mulheres perguntou: "Quem é essa jovem encantadora que recebe as prisioneiras novas com seus conselhos, as encoraja, ensina como responder as perguntas, e possui muita informação sobre tudo?". "É Anikó", informaram sorridentes minhas companheiras de cela.

Uma das jovens relatou ter estado várias horas com minha filha no calabouço da Gestapo. Certa vez Hannah perguntou ao oficial da SS:

"Que castigo me aplicaria se o veredito dependesse de você?"

"Não lhe aplicaria nenhum castigo", respondeu o oficial. "Nunca vi em minha vida uma jovem tão corajosa."

Para dizer a verdade, ela já era "de casa" lá no Monte dos Suábios. Quando lhe perguntei uma vez sobre isso, ela respondeu:

"É fato que os alemães não usam meios drásticos para me interrogar. Recorrem a outro procedimento: esperam obter minha confissão usando métodos respeitosos."

Cada vez que depôs, o fez através de um tradutor. Ocultava seu conhecimento de alemão, para ganhar tempo antes de responder. Seifert – que também era responsável por seu caso – às vezes, depois de um longo interrogatório, lhe oferecia cigarros ou café e lhe pedia para contar sobre a Palestina. Após um desses longos interrogatórios lhe disseram:

"Basta por hoje. Agora vamos ouvir um pouco sobre a Palestina."

E as palavras fluíam como de um manancial. "Sabe, talvez eu esteja exagerando na idealização da realidade...", confessou-me Anikó. E, no fim, eles se fartaram ante tantas histórias maravilhosas.

Um deles afirmou resmungando:

"Muito bem, muito bem. Chegaremos lá e veremos pessoalmente o quanto há de verdade em seu relato. Porque não tenha dúvidas: chegaremos a todas as partes e também lá."

"Está bem. Quando vierem, lhes mostraremos tudo, como fazemos com os demais turistas. Mas vocês nunca chegarão da maneira como pensam chegar."

Naqueles dias, já não havia quem não soubesse sobre Anikó. Acontecia com frequência que, durante os passeios, mulheres desconhecidas se aproximassem de mim, apertassem minha mão ou expressassem sua admiração por ela. Numa época tão sombria, quando os piores instintos do povo foram expostos, os perseguidos e os martirizados viam em Anikó – além de sua missão legendária da Terra Santa – a encarnação de valores espirituais e morais. Viam nela o "sobre-humano". E realmente, naqueles tempos difíceis, Anikó elevou-se a esferas difíceis de serem alcançadas.

O final

I

Mais ou menos no meio de agosto Anikó recebeu o primeiro pacote de Margit e de minha irmã, preparado com um carinho especial. Alegre e contente, descreveu seu abundante conteúdo e, ao que parece, ninguém roubou nada. Com o rosto resplandecente de satisfação enfatizou que "também nos lugares pertinentes" já deviam saber sobre seu paradeiro. O pacote continha uma blusa azul que, por sua cor e tamanho, era igual aos uniformes usados no movimento. Só que era de seda, não de tecido comum.

A partir daquele momento não deixou de usá-la (ela nunca soube que minha irmã enviou essa blusa por mera casualidade).

Em agosto, a situação acalmou um pouco. Os interrogatórios diminuíram até pararem completamente. Os ataques se multiplicavam, as forças aliadas conseguiam uma série de triunfos, e particularmente o avanço dos exércitos russos despertava um sentimento de segurança nos prisioneiros. O número de novos presos diminuía, mas o número dos que eram levados para um destino desconhecido se mantinha igual. Alguns eram trazidos apenas por uma noite, outros por vários dias. Não faltavam, certamente, os confinados desde muito antes, aqueles que, por sua situação deprimente, já haviam perdido o interesse em tudo e não se importavam para onde seriam levados: o importante era que fossem levados. Cada um desejava, nas profundezas de sua alma, ser transferido ao campo de concentração de Kistarsca, controlado pelos húngaros e mais confortável que a prisão da Gestapo. Corria o boato de que lá as deportações tinham sido suspensas. Suponho que eu era a única sem vontade de mudar de prisão. Eu rezava a Deus para que não nos separassem.

No final de agosto a situação em nossa cela havia melhorado muito, a tal ponto que lembro ter dormido sozinha em minha cama. Numa noite excepcionalmente bela e silenciosa, eu não conseguia dormir e tive a sensação de que Anikó também não dormia. Rastejei até a janela, temendo acordar alguém numa noite tão quieta. A lua irradiava sua luz como se fosse de dia e vi claramente a silhueta de Anikó através da janela semiaberta, vestida com sua camisola azul-escura, o cabelo suavemente emoldurando seu belo rosto. Ela estava completamente entregue a seus pensamentos e a lua parecia formar uma delicada auréola em volta de sua cabeça. Pareceu-me que sua alma estava espelhada em seu rosto naquele instante. Devastada por uma tristeza infinita, voltei à minha cama, joguei-me em cima dela e enterrei a cabeça em meus braços para sufocar o choro. Eu estava chorando por minha criança, por sua juventude, por sua situação difícil e por seu destino cruel.

No início de setembro Anikó foi transferida a uma cela coletiva, adjacente à minha. Isso pôs um fim à nossa "conversa" de janela a janela, mas em troca tivemos outra vantagem. Anikó pediu ao terrível inspetor que a visitava na prisão que a deixasse encontrar-se comigo. No Monte dos Suábios eles lhe prometeram que isso seria possível quando a investigação tivesse terminado. O inspetor se negava, alegando que a ordem estava demorando a chegar, mas, ante a insistência de Anikó, finalmente concordou:

"Está bem, farei alguma coisa. Mas não conte a ninguém."

Nosso sonho – que nos colocassem juntas na mesma cela – não se concretizou. Porém, estávamos no mesmo grupo nos passeios. E fora isso, em frente à porta de nossa cela havia a torneira, de onde as prisioneiras estavam autorizadas a trazer água três vezes por dia: de manhã, à tarde e à noite. Essa atividade despertou uma grande disputa, pois possibilitava sair ao corredor por alguns instantes. Pelo buraco de inspeção na porta da cela podia-se ver nitidamente a torneira. As companheiras de Anikó deixavam-na chegar à torneira sem disputar com ela esse privilégio e as minhas me cederam o direito de espiar pelo buraco e vê-la todos os dias. Às vezes, alguma das trabalhadoras me chamava lá fora no momento preciso, o que me possibilitava pegar-lhe na mão ou abraçá-la por um instante. Começava-se a sentir um estado de ânimo otimista na cela. Falávamos de receitas de pratos saborosos, assunto que era sempre prazeroso em época de privações. A esposa do diretor de um banco nos convidou para – no futuro – visitar seu apartamento em Buda e enumerou os pratos deliciosos que prepararia para nós. Planos como esse não eram raros e lembro-me de que no final de agosto a sra. Faber, de Cracóvia (sobre quem se poderia escrever uma novela), que há anos viajava de um país a outro, irritou-se ao ouvir nossos planos. Tinha sofrido horrivelmente e não se cansava de exclamar:

"Doce ilusão! Todas nós teremos um só destino: Auschwitz!"

O que significava Auschwitz? Pela primeira vez ouvi mencionarem o campo de extermínio dos alemães. Pouco antes haviam trazido uma jovem da Polônia, que concordou quando escutou as profecias da sra. Faber. Relatou também que Auschwitz não era o único campo de extermínio.

Sentíamos, contudo, que uma mudança estava ocorrendo lá fora. O jeito como éramos tratadas pelas guardas estava ficando mais brando. Algumas prisioneiras foram libertadas, inclusive uma de nossa cela, mesmo que em troca de um resgate fabuloso. Corria o boato de que o governo de Budapeste não deixava os alemães deportarem cidadãos húngaros e que a prisão estava cercada por policiais locais.

Mas, no dia 10 de setembro, as luzes da prisão subitamente se acenderam. Lamentos dolorosos romperam o silêncio da noite. Ficamos aterrorizadas e esperando. Pela primeira vez desde que começara meu cativeiro, soubemos que naquela noite começariam a deportar grande parte dos refugiados da Polônia. Um pregoeiro entrou em nossa cela e chamou pela infeliz oriunda de Cracóvia. No corredor já esperava um contingente numeroso, que enchia o ar com seus lamentos. Nesse momento houve um ataque aéreo violento. As luzes foram apagadas e pensamos que o projeto infernal seria anulado. Mera esperança. Sua realização foi apenas adiada por meia hora.

Mais tarde, uma das companheiras de cela contou que Anikó desmoronou e caiu em prantos, para surpresa de todas que conheciam sua força emocional. Imediatamente, no entanto, voltou a ser aquela que animava todas.

Na manhã seguinte, dia 11 de setembro, uma das trabalhadoras bateu à porta de nossa cela e me disse que haviam levado Anikó: "Mas não se preocupe", acrescentou, "só podem tê-la levado a um lugar melhor que este".

Em vão tentei me acalmar. Durante o passeio, suas companheiras me contaram que Anikó estava abatida e que, com sua transferência, havia desaparecido também o espírito da cela. Ao chegar, ela havia infundido fé nas prisioneiras e havia dado conteúdo e interesse aos dias monótonos e lentos... Todas as manhãs ela as colocava em fila e faziam exercícios físicos em conjunto. Quase sempre lhes contava sobre Eretz Israel. Seu entusiasmo pelo país era contagiante e as que nunca tinham ouvido falar sobre sionismo tornaram-se sionistas devotas. Ensinou-lhes a fazer bonecos e organizava jogos recreativos. "Sabia fazer com que nossos dias fossem mais curtos", observou uma de suas companheiras.

Os boatos otimistas aumentavam. Comentava-se que nos levariam a um lugar melhor. E realmente, no dia 12, levaram algumas de minhas companheiras. No dia 13, dois dias depois da transferência de Anikó, me chamaram com várias outras companheiras de cela. Do nosso antigo grupo restavam somente duas ou três mulheres.

Muitas estavam no pátio de concentração. No escritório, anotaram mais uma vez nossos nomes. Em seguida, nos devolveram os pertences que nos foram tirados no dia em que fomos presas (menos o dinheiro e os objetos de valor). Perguntei baixinho ao diretor da firma Hopper & Schrantz – que ainda trabalhava no escritório – sobre o paradeiro de Anikó. Ele não sabia, mas acreditava que ela havia sido levada para um lugar melhor.

Subimos numa grande viatura policial e nos transportaram ao acampamento de Kistarsca. Uma multidão nos esperava, olhando com curiosidade enquanto descíamos. Familiares e amigos se reencontraram. Não faltaram companheiras de cela. Procuramos outras, mas em vão.

Em comparação à prisão da Gestapo, o novo alojamento parecia um hotel. Permitiam-nos passear sem restrições pelo pátio, que estava cercado por uma grade. Podíamos escrever cartas todos os dias. Podíamos receber quantos pacotes quiséssemos. Em alguns casos, permitiam que recebêssemos visitas.

Mas meu medo por Anikó me angustiava. Escrevi a Margit pedindo que me visitasse. Logo fui chamada à sala de espera. Além do funcionário, estavam lá Margit e a atriz Hilda Gobbi. Abracei-a emocionada, mas ela se manteve impassível:

"Senhora, sua assinatura é necessária no contrato da casa. Trouxe-lhe também um adiantamento."

Compreendi que com essa desculpa ela havia conseguido ficar ao meu lado. A duras penas contivemos o riso. O funcionário afundou a cabeça nos papéis enquanto falávamos o que queríamos durante um longo tempo. Pedi-lhe para averiguar o paradeiro de Anikó. Quando as acompanhei para a saída, uma multidão as rodeou. Muitos eram do meio artístico. A notícia de sua visita se espalhou como uma corrente e logo choveram quantidades de perguntas e pedidos.

O otimismo cresceu no acampamento. As organizações judaicas nos enviaram presentes de Rosh Hashaná. Tinha notícias frequentes de minha irmã. Escrevia-me que distribuíam cartas de proteção – especialmente suíças – e que ela estava tentando conseguir-me uma, o que equivaleria à minha libertação.

Sobre Anikó, nem uma palavra.

Nos últimos dias de setembro – precisamente em Yom Kipur – fomos todas libertadas. O Ministério de Relações Exteriores fechou o acampamento de Kistarsca.

II

Mudei-me para a casa de minha irmã, que agora vivia num dos edifícios da "Maguen David". Não acreditei no que meus olhos viram: tinha envelhecido muito em três meses e meio, aflita pelo destino de sua família e por seus esforços vãos em salvar a Anikó e a mim. O importante, no entanto, era que Anikó havia dado sinal de vida. Na prisão da rua Conti ela foi visitada pelo dr. Nánoy, um jovem advogado que ofereceu seus serviços para defendê-la nos tribunais. Anikó lhe pediu que entrasse em contato com sua família por intermédio da atriz Margit (único endereço que conhecia) e eles decidiriam. Com meu cunhado, também advogado, visitei o dr. Nánoy. Contou-nos que havia outros acusados pelo mesmo delito que Anikó, mas estavam confinados na prisão da rua Margit. Eles haviam aceitado sua defesa: mostrou-nos a autorização que assinaram. Expliquei que antes de decidir queria consultar meu amigo, o procurador dr. Palágyi, e principalmente falar com Anikó. Prometeu conseguir-me logo uma autorização de visitação, com a condição que eu tirasse o distintivo amarelo. Visitei Margit, ou seja, voltei à minha casa. Meu quarto continuava lacrado pela Gestapo. Margit me entregou um envelope que havia sido deixado em seu camarim por dois jovens na tarde do dia anterior. O envelope continha dinheiro. O remetente era Geri. Não conhecia esse Geri misterioso. Muito mais tarde soube que era o apelido de Reuven Dafni. Dois dias depois, o dr. Nánoy me levou à prisão da rua Conti: uma visita de dez minutos. Saiu, e eu esperei impaciente. Anikó entrou, vigiada por dois guardas.

Tinha um bom aspecto. Não havia limites para sua alegria quando me viu em liberdade, mas não podíamos falar livremente. Desamarrou o pacote que eu lhe trouxe. No quinto ano da guerra mundial as condições alimentícias eram difíceis. Familiares e amigos, ao saber para onde ia, apressaram-se em trazer de tudo. Também levei roupas e objetos pessoais, assim como a caixinha de costura de quando ela era menina. Minha experiência na prisão havia me ensinado o quanto essas "besteiras" eram importantes. Anikó recebeu contente tudo o que lhe trouxe, mas quando viu o pequeno objeto de sua infância, os olhos se encheram de lágrimas. Apertou-o junto a seu coração e murmurou: "Também isso ainda existe?".

Perguntei o que lhe fazia falta.

"Livros", respondeu, "bons livros, tantos quanto seja possível. Temos tempo de sobra para ler. Mas saiba que você não os receberá de volta. Os livros ficam na biblioteca da prisão. Gostaria de ler Bialik e uma Bíblia em hebraico."

Um dos guardas se assombrou:

"Como é possível que Anikó seja judia e sua mãe cristã?"

"Erro crasso, eu também sou judia."

"E onde está então a estrela amarela?"

Sabia que um decreto novo eximia da obrigação de usar a estrela amarela judeus que contribuíram com valores importantes para a cultura húngara, ou que enalteceram o nome da Hungria no mundo. Nosso amigo, o dr. Palágyi, havia me informado desse privilégio, uma homenagem a meu falecido esposo. Disse:

"Me eximiram do dever de usar a estrela em reconhecimento à obra literária de meu marido."

Todos acreditaram em mim. Anikó sorriu orgulhosa.

"Ah, é claro, o senhor Senesh!", disse o guarda. "Eu o conhecia bem. Eu era garçom na cafeteria que ele frequentava."

Transmiti a Anikó as lembranças de Geri. Seus olhos iluminaram-se de alegria. Perguntei o que mais gostaria que lhe trouxesse. Estávamos em outubro: o frio começava a se fazer sentir.

"Se puder, traga roupa mais quente. Já está frio na cela."

De resto, me assegurou que se sentia muito bem, não fez nenhuma queixa. Não estava só: na cela havia outras jovens e o tempo passava de forma tranquila. Por último, referiu-se ao mais importante:

"Provavelmente em breve meu caso será levado aos tribunais. Preciso de um advogado de defesa. Decidam vocês a respeito, mas sem perda de tempo."

Passaram-se os dez minutos. Despedimo-nos.

Agora amigos e familiares me visitavam e de todos os lados choviam os conselhos: a quem recorrer e como. A maioria sugeriu que eu procurasse a Organização Sionista.

Depois de ter conversado com o advogado, o dr. Nánoy, visitei a "Casa de Cristal", da rua Vadasz, sede da União Sionista. Fui atendida por um homem jovem, que confirmou o boato sobre a libertação dos prisioneiros. Disse-lhe o que sabia sobre Anikó e seus amigos. Tranquilizou-me e afirmou estar a par de tudo. A verdade, no entanto, é que nem sequer sabia que Anikó havia sido transferida para a prisão da rua Conti três semanas antes. Pensava que continuava com os demais na prisão da rua Margit. Prometeu intervir em favor de todos. Pedi ao advogado dr. Palágyi, que não conhecia o dr. Nánoy, que escolhesse um advogado de sua confiança. O primeiro a quem se dirigiu não aceitou porque só cuidava de casos civis (obviamente, os advogados judeus não exerciam a profissão naqueles dias). Finalmente, escolheu o dr. Szelecsenye, que ultimamente havia conquistado muito êxito como advogado de defesa. Mas, antes de assinar a procuração conferindo-lhe poderes, escutei o conselho dos amigos que acreditavam que eu devia recorrer a uma autoridade de maior prestígio na União Sionista e não a um simples funcionário. No entanto, todas as minhas tentativas nesse sentido fracassaram.

Não pretendo descrever toda a minha angustiosa expectativa, nem a ansiedade, a frustração e a decepção daqueles dias. No dia 12 de outubro, convencida de que não fazia sentido continuar esperando o cumprimento de todas as promessas, fui com o dr. Palágyi ao escritório do advogado, o dr. Szelecsenye, e contratei-o para a defesa. Ele me prometeu que no dia seguinte visitaria Anikó e também levaria um pacote para ela. Além disso, ele também tentaria conseguir uma autorização de entrada para mim.

Enquanto isso, empenhei-me em vão para achar uma Bíblia em hebraico. As livrarias judaicas continuavam fechadas. Encaminhei-me até a casa de um famoso editor judeu da rua Kiray, mas ele tinha viajado para o exterior. Na livraria de obras religiosas da rua Deak me olharam estupefatos: possuíam exemplares da Bíblia em todos os idiomas, mas não em hebraico... Pelo menos, não naqueles dias... Creio que eles possuíam, de fato, um exemplar, mas, ao saber que não o teriam de volta, não queriam desfazer-se dele. Sempre me atormentará o fato de não poder ter satisfeito esse pedido de Anikó.

Os dias passavam. O dinheiro de Geri permitiu-me preparar um pacote bem nutritivo, mas não sabia como entregá-lo. Impaciente, decidi não esperar mais e enviei-o com o advogado.

Nesse ínterim, recebi uma carta de Anikó, que percorreu um longo trajeto de censura. Ela descrevia com riqueza de detalhes como transcorriam seus dias, elogiava as companheiras e enfatizava que continuava realizando atividades de maneira intensiva. Toda essa atividade febril, acrescentou ela, tinha como objetivo desviar o pensamento da realidade.

III

Dois anos depois, uma de suas companheiras de prisão da rua Conti contou a um emissário de Eretz Israel como Anikó havia conquistado, desde o primeiro momento, o coração de todas as que estavam presas com ela. Todas eram comunistas e ela pregava o ideal sionista. Nenhuma delas sabia o que era o sionismo. No início, afastavam-se dela e a olhavam com desconfiança. Mas logo viram como ela ajudava as outras e, mesmo enfatizando que não era comunista, dividia com todas tudo o que tinha. Ensinava as analfabetas e dava palestras apaixonantes sobre o movimento dos trabalhadores em Eretz Israel e as instituições da Histadrut.[1] A distância que as separava desapareceu completamente, pois passaram a perceber apenas a calorosa bondade de seu grande coração.

No dia 13 de outubro, seu advogado, o dr. Szelecsenye, foi autorizado a visitar Anikó na prisão, mas um violento ataque aéreo fez com que todos descessem aos abrigos. Por esse motivo ele só a viu no dia 14, um sábado. Contou-me que falaram muito, já que um segundo ataque o havia impedido de sair do edifício. Não contou detalhes, mas afirmou que entre mil homens não seria possível encontrar um capaz de proezas como as que ela havia feito. Ele também disse que se ela fosse julgada, seria certamente condenada. Não saberia prever a quantos anos a condenariam – cinco ou dois, mas não a declarariam inocente. Falou que o tamanho da sentença não tinha nenhuma importância, já que no fim da guerra prisioneiros políticos seriam imediatamente libertados. "E não preciso contar-lhe sobre a situação atual na frente de batalha", acrescentou. "Não há absolutamente nenhuma possibilidade de uma sentença de morte. Não estou dizendo isso somente para acalmá-la, mas porque estou convencido disso."

---

[1] Federação da união dos sindicatos dos trabalhadores em Israel. Foi fundada antes da proclamação de independência de Israel e tem o objetivo de proteger os direitos dos trabalhadores. (N. T.)

Prometeu informar-me assim que o processo começasse. Talvez durante os intervalos eu pudesse falar com minha filha. Por enquanto, era impossível que a visse, pois o capitão dr. Simón, encarregado do caso, não concedia autorizações antes que a sentença fosse proferida.

No dia seguinte, 15 de outubro, o destino dos judeus húngaros remanescentes foi selado.

Szálasi[1] depôs Horthy, e a Cruz Flechada – sedenta de sangue, cruel e desumana – tomou o poder. Os judeus tinham o direito de sair somente duas horas por dia, pela manhã, e isso não se aplicava a todos os dias. Por outro lado, supervisores de casas encarregavam-se para que ninguém saísse sem a estrela amarela.

Eu não podia mais visitar o advogado Szelecsenye, e só minha irmã e meu cunhado – liberados de portar a estrela amarela graças à proteção suíça – mantinham contato com ele.

Fiquei sabendo que o julgamento começaria no dia 28 de outubro. Uma das famílias vizinhas me permitiu telefonar de sua casa ao advogado. Perguntei quais as perspectivas após a mudança de governo e ele respondeu:

"Talvez a pena seja de dez a vinte anos, talvez prisão perpétua, mas no fundo isso não muda a situação." E voltou a pedir-me que fosse ao julgamento.

No dia 28 de outubro visitei a prisão da rua Margit, que era cenário de uma agitação fora do normal. Esperei no corredor do tribunal. Na entrada da sala, ao lado da porta, havia um cartaz: "Hannah Senesh e cúmplices". Após aguardarmos com muita ansiedade, às onze horas a porta do salão se abriu e os juízes saíram para dar o veredito. Entre as pessoas que saíram, vi Anikó. Surpresa, ela me abraçou com alegria. O guarda se interpôs: só após a leitura do veredito nos autorizariam a conversar. Permanecemos em pé no corredor,

---

[1] Ferenc Szálasi foi o líder do Partido Nacional Socialista Húngaro Cruz Flechada (Arrow Cross) – o "Líder da Nação", sendo ao mesmo tempo chefe de Estado e primeiro-ministro do "Governo da União Nacional" do Reino da Hungria nos últimos três meses da participação da Hungria na Segunda Guerra Mundial. Durante seu breve governo, os homens de Szálasi assassinaram entre dez mil e quinze mil judeus. Após a guerra, ele foi executado por crimes contra o Estado. (N. T.)

uma em frente à outra. Eu estava animada e ela também estava entusiasmada e com um sorriso confiante nos lábios. Depois de certo tempo mandaram entrar e, após alguns minutos de expectativa tensa, eles voltaram ao corredor. Anikó me informou que o tribunal iria proferir sua sentença dentro de oito dias: no sábado seguinte, dia 4 de novembro.

Essa alteração inesperada me deprimiu. Perguntei ao advogado de defesa o que isso significava. Afirmou que não era nada de especial, que isso acontecia. Anikó acrescentou:

"Agradeça ao doutor Szelecsenye. Defendeu-me muito bem."

O advogado se sentiu lisonjeado (tempos depois, contou à minha irmã que os membros do tribunal o censuraram por ter defendido com tanto afinco uma judia).

"E agora", disse, "aproveitem este momento."

O dr. Szelecsenye apressou-se para outro julgamento, mas prometeu comunicar-me o dia do veredito, para que eu pudesse voltar.

A duras penas escondi meus temores e Anikó tentou acalmar-me dizendo que o adiamento não mudaria em nada a situação, pois de todas as maneiras não a libertariam antes que a guerra terminasse. "Mas me assusta, mãe, que você se exponha nestes dias. Por que você não se esconde? Onde estão teus amigos católicos?"

Quando lhe disse que primeiro deveríamos resolver o problema dela, ela respondeu:

"Eu acharei uma saída, mas teu descuido não me dá sossego."

O guarda (o garçom do café) avisou que não podia deixar que continuássemos conversando, mas como o julgamento já havia terminado, não havia nada que impedisse as visitas na rua Conti. Eu deveria conseguir uma autorização no escritório da prisão.

Descemos. O guarda queria chamar um carro, mas Anikó disse, saudosa, que preferiria ir de bonde, para ver o movimento nas ruas. Anikó e o guarda entraram no pátio. Fiquei olhando-a até perdê-la de vista.

Nos dias 30 e 31 não pude ir à prisão por causa dos ataques aéreos. Também não pude ir no dia 1º de novembro (feriado católico). No dia 2 apresentei-me no escritório. Lá me disseram que, como a sentença ainda não havia sido proferida, eu deveria me dirigir ao juiz militar, capitão Simón, no quartel Hadik. No dia 3 fui até o gabinete de Simón, onde fui informada de que ele havia saído da cidade e que poderia vê-lo na terça-feira, dia 7. Expliquei meu caso e perguntei quem o substituía. Fui informada de que, em sua ausência, ninguém tinha direito de conceder um passe de visitação.

Enquanto isso, e antes de se cumprirem os oito dias, escrevi ao dr. Szelecsenye perguntando a data em que a sentença seria proferida. Ele me respondeu que havia um atraso, pois nomearam um novo presidente do tribunal que assumiu o caso. Assim que soubesse, ele me informaria.

No dia 7 de novembro – onze dias após o julgamento – fui ver o oficial Simón no quartel Hadik. Lá reinava o caos. Caminhões e carros partiam completamente carregados com pacotes e o porteiro disse que não havia por que entrar no prédio pois, até onde ele sabia, todos haviam ido embora. Os canhões russos retumbavam cada vez mais perto. Os fascistas começavam a fugir. Apesar de tudo, eu queria falar com o capitão Simón. Em seu gabinete, tudo estava empacotado também. Duas funcionárias vestindo casaco e um jovem oficial do exército se aprontavam para viajar. Quatro dias antes, eu havia falado com esse soldado. Agora, lhe disse outra vez que queria um passe assinado pelo capitão Simón. Informou-me que Simón havia sido transferido um dia antes para a prisão militar da rua Margit, deu-me o número novo de seu gabinete, olhou seu relógio e aconselhou-me que me apressasse. Entendi que o capitão não estaria lá por muito tempo. Corri até a rua Margit. Cheguei às dez e meia. Em comparação com o movimento que havia no dia do julgamento, desta vez reinava o silêncio. Fora a sentinela no portão, não encontrei nenhuma alma viva. Tive a impressão de que todos fugiram. Procurei um pouco e com a ajuda da numeração encontrei o gabinete. Estava vazio, mas uma pasta e um par de luvas que estavam em cima de uma das mesas eram um indício de que seu dono estava próximo. Esperei no corredor. Apareceu um funcionário, que me informou que o capitão Simón estava no edifício e que retornaria logo. Após uma espera cheia de tensão crescente – pois compreendi que naquele dia já não conseguiria chegar à rua Conti –, o capitão Simón entrou em seu gabinete. Segui-o, disse quem era e solicitei o passe de visitação.

"O caso já não pertence à minha jurisdição", disse, visivelmente confuso.
"Desde quando?"
"Desde ontem."
"Quem tem a autoridade agora?"
"Não sei."
"Posso ir para a rua Conti e pedir às autoridades da prisão?"
"Talvez. Vá. Tente."

Suas respostas evasivas aceleraram a explosão de minha amargura contida:
"Senhor capitão, pelo menos me aconselhe: o que devo fazer? Não entendo por que é tão difícil conseguir uma autorização, se todos os outros presos recebem visitas com regularidade... Eu a visitei somente uma vez e apenas por dez minutos..."

"Sim?", estranhou o oficial. "Eu não lhe concedi nenhuma autorização."
"E por que ainda não se sabe qual o veredito? Já se passaram oito dias..."

Como permaneceu calado, insisti:
"Devo compreender que a sentença já foi proferida?"

Simón aproximou-se de sua mesa, sentou-se e me mandou fazer o mesmo. Após uma pausa confusa, perguntou:
"A senhora é judia? Ou por acaso seu marido era judeu?"
"Ele era e eu sou. Todos nós somos judeus."
"Não vejo a estrela."

Mostrei-lhe a estrela de Davi que levava na bolsa.
"Sabe o que sua filha fez?"
"Sim. O advogado de defesa me explicou."

Contou-me rapidamente que minha filha abandonara sua cidadania húngara e servira como oficial de comunicações radiotelefônicas no Exército Britânico. Na primavera, viajara de avião do Cairo à Iugoslávia, via Itália, onde saltara de paraquedas e atuara por um longo tempo junto aos guerrilheiros. Da Iugoslávia, cruzara a fronteira para a Hungria, alegando querer salvar judeus e cidadãos ingleses. Em resumo: cometera um pecado muito grave contra a Hungria, sua pátria.

Interrompi-o:
"Sei muito bem sobre tudo isso. Durante um passeio na prisão da Gestapo nos encontramos casualmente. Perguntei-lhe sobre a missão que aceitou cumprir,

mas ela respondeu que é um segredo militar e não podia me contar. 'Mas', acrescentou, 'pode ficar tranquila: não fiz nada contra a Hungria. Bem pelo contrário!'"

"Estamos em guerra", continuou Simón, "e também descobriram com ela um transmissor de rádio. O advogado do Estado considerou-a culpada de traição e pediu a pena capital. E essa pena... já foi levada a cabo..."

Meu coração parou de bater. Olhei para ele petrificada. Uma escuridão me envolveu. Subitamente recordei que naquele mesmo dia o advogado me comunicara por carta que o veredito ainda não havia sido proferido. Poderia este homem estar mentindo só pelo prazer sádico de me torturar?

"Não, não pode ser. Hoje mesmo o advogado me escreveu que ainda não há um veredito e prometeu avisar-me a tempo. Ele é advogado, certamente sabe o que diz!"

"É claro que o advogado sabe", afirmou Simón, "mas por compaixão não quer contar-lhe."

"Por compaixão? Qual é a lógica dessa compaixão? Quanto tempo ele poderia ocultar? Não, o advogado está dizendo a verdade."

"Quem é o advogado?

"O doutor Szelecsenye Andor. Tenho a carta, quer vê-la?" Peguei a carta e a entreguei a ele.

Simón a leu rapidamente, anotou o nome do remetente e o número de seu telefone:

"Bem, eu o chamarei."

Compreendi que não me restavam esperanças.

"Como isso pode ser feito assim, dessa maneira... como se não significasse nada... sem que eu a tivesse visto... sem que tivesse falado com ela...?", gaguejei.

"Ela não queria que a senhora a visse para poupar-lhe da dor." (Szelecsenye me contou depois o contrário: ela pediu para ver-me, foi seu último desejo, mas a "dissuadiram".)

Após uma breve pausa, prosseguiu:

"A senhora receberá sua carta de despedida. Escreveu-lhe umas linhas. A propósito: devo tirar meu chapéu diante da coragem de sua filha, manteve-se firme até o último momento, orgulhosa de seu judaísmo", disse Simón, com uma veemência estranha, porém sincera.

Finalmente disse:

"Não sei se minha filha cometeu uma falta nem se violou as leis militares..."

"Uma falta grave", interrompeu-me.

"... mas diante de Deus e dos homens não duvido que é pura e inocente. Uma pessoa com seu talento e com suas qualidades só é capaz de atitudes boas e belas."

"Certamente", disse, "era uma pessoa pouco comum. Mas são precisamente essas pessoas que se encarregam de ações excepcionais. Pena que se desviou do bom caminho..."

E acrescentou:

"Tranquilize-se. São incontáveis as vítimas desta guerra. Considere-a também como uma delas."

Pedi suas cartas. Respondeu que poderia recebê-las na rua Conti. A duras penas arrastei meus pés e tive a certeza de que Simón tinha acabado de voltar da execução de Hannah (com o tempo, soube que foi exatamente o que aconteceu).

Uma hora após eu ter saído, o advogado, dr. Szelecsenye, entrava na prisão da rua Margit. Ao entrar, viu um carro funerário saindo de lá. "O que é isso? Houve alguma execução recente?", perguntou à sentinela. "Sim, eles executaram a oficial inglesa", respondeu a sentinela. Ao ouvir isso, dr. Szelecsenye apressou-se na direção de Simón e o acusou de assassinato ilegal, afirmando que o "assassinato judiciário" era uma execução ilegal sem que uma sentença tivesse sido proferida. Isso ficou estabelecido mais tarde, durante o julgamento do capitão Simón.

Alguns dias depois fui à prisão da rua Conti acompanhada de minha irmã para pedir as cartas de despedida de Hannah. Quando lá chegamos, estranharam e disseram que deveriam estar na rua Margit. E na verdade realmente estavam lá: Simón as mantinha em seu poder. Ele as leu para o dr. Szelecsenye. Uma carta estava endereçada aos seus companheiros de armas e a outra estava endereçada a mim. Mas Simón não entregou as cartas tampouco ao dr. Szelecsenye. A opinião do advogado é que ele as levou junto com outros documentos quando fugiu para o Ocidente.

Na rua Conti me entregaram alguns objetos de Anikó. No bolso de seu vestido encontramos dois pedacinhos de papel: uma poesia que, de acordo com a data anotada, foi escrita na cela, logo após nosso primeiro encontro no quartel Hadik, e algumas linhas de despedida, sem data:

"Minha querida e amada mãe!

Não tenho palavras, só posso dizer-lhe isto: um milhão de vezes obrigada. Perdoe-me, se puder. Você mesma entenderá por que palavras são desnecessárias...

Com amor infinito – tua filha."

É verdade, as palavras não são necessárias. Elas tampouco existem.

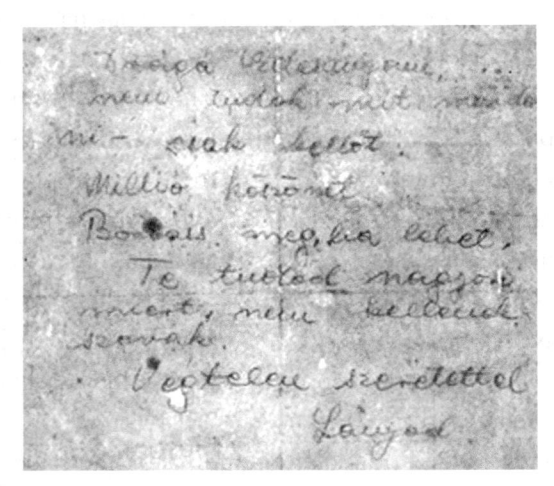

Último bilhete para a mãe, encontrado no bolso de sua saia após a execução, em 7 de novembro de 1944.

O legado de Hannah Senesh, *por Moshe Braslavsky*[1]

A primeira noticia vinculada a esta figura que só uns poucos entre nós conheciam nos chegou com os quatro versos que começam com "Abençoado o fósforo".

Sabíamos que haviam sido escritos por uma emissária incógnita que saíra ao encontro do inimigo em território hostil, que fora capturada e que ninguém sabia se ainda seguia com vida. Ignorávamos seu nome e ainda nada sabíamos sobre ela, mas essas linhas comoveram as raízes de nossa alma. Elas nos traziam o eco de um mundo distante e maravilhoso. Era o eco do heroísmo judeu, único em seu gênero, fundido na fornalha de tormentos e torturas da guerra mundial, ardendo sem ser consumido, iluminado com um brilho espantoso e sublime ao mesmo tempo. Este heroísmo misturou-se aos feitos desesperados dos guerrilheiros judeus dos guetos e dos bosques. Um acorde de prece judaica ressoou desta poesia que remete aos lugares sagrados em Israel, ao sofrimento extraído das profundezas da dor de gerações e, por fim, ao grito de guerra à beira da forca. Essa força emanava de quatro simples linhas em hebraico. Uma composição apaixonante de uma pessoa que não conhecíamos. Uma pessoa da qual nem sabíamos o nome.

***

---

[1] Editor, entre outros, do livro em hebraico *Hannah Senesh: Diários, poesias e depoimentos* (1994), usado como base para esta tradução para o português. (N. T.)

Mais tarde, quando a notícia da morte de Hannah foi confirmada e o véu foi levantado sobre sua missão e o cruel desenlace da mesma, surgiu o desejo de erguer um monumento em sua memória. Só então desvendou-se o segredo de seu coração e de sua vida, selados com sua letra pela própria Hannah. Sua morte revelou sua vida e o enigma que a cercava. Revelou-se diante de nós a fonte de uma vida que passou despercebida, vida que foi e já não é mais, que se reflete em seu diário, em suas poesias, cartas e textos dramáticos. Vimo-nos ante a obrigação de divulgar o conteúdo dessas páginas e decidimos reuni-las num livro e publicá-las no primeiro aniversário de sua morte, como herança e legado de nosso movimento.

***

Na mala que Hannah deixou em Sdot Yam-Cesareia[1] foram encontrados livros e muitos cadernos, escritos em húngaro e hebraico. Logo de início chamaram a atenção os últimos dois cadernos de seu diário: um todo escrito em hebraico, da época que viveu em Cesareia até sua partida para a missão, e o seu predecessor, que começava em húngaro e terminava em hebraico. As datas do diário indicam que foi iniciado em Budapeste e concluído em Eretz Israel, no povoado de Nahalal. Ao cuidarmos de seus manuscritos e ao investigarmos tudo o que nos deixou de herança, foram encontrados os primeiros cadernos de seu diário, de data anterior à sua chegada ao país, contendo poesias que foram escritas no exterior e seus primeiros pensamentos sobre Eretz Israel.

Respondendo ao nosso pedido, Katarina Senesh, mãe de Hannah, entregou-nos as cartas que Hannah lhe enviou quando estava na escola de Nahalal. Uma seleção delas foi incluída neste livro.

***

---

1 Hoje Kibutz Sdot Yam. (N. T.)

O diário: Hannah começou a escrever seu diário aos treze anos e manteve o hábito por uma década. Dez anos seguidos contou sobre si mesma e sobre sua vida, com simplicidade, sinceridade assombrosa e verdade aguçada. Acompanhando seus escritos húngaros, é possível comprovar como sua letra melhora até tornar-se bonita. A mesma coisa ocorre com sua escrita em hebraico. Também é possível seguir a jornada que a levou a Eretz Israel, ao trabalho e ao kibutz.

Seu diário é dividido em quatro cadernos: o primeiro, de oitenta páginas, começa em 4 de abril de 1934 e termina em 27 de setembro de 1936; o segundo, de umas duzentas páginas, começa em 2 de outubro de 1936 e termina em 15 de junho de 1938; o terceiro, do mesmo tamanho, começa em 23 de junho de 1938 e termina em 3 de agosto de 1941; e o quarto, de setenta e quatro páginas, começa em 25 de agosto de 1941, com o fim de seus estudos em Nahalal, e termina em Cesareia em 11 de janeiro de 1944, às vésperas de sua partida.

* * *

Sem idioma: Assim ela denominou o caderno de suas poesias. Antes de partir para a missão, copiou todos os seus versos em hebraico em um caderno e escreveu na capa: "Leló Safá" ("Sem Idioma"). Assinou "Hagar", seu pseudônimo em hebraico durante a missão. A data era 4 de janeiro de 1944. Hannah entregou o caderno a sua amiga mais íntima, Miriam I., que morava no kibutz que hoje é conhecido como Kibutz Hatzor.

Foram encontradas muitas de suas poesias em húngaro. Um caderno com as primeiras trinta poesias que escreveu durante sua infância, e outras quinze, da época de sua adolescência, datilografadas num maço de papel. A primeira poesia de seu primeiro caderno data do ano de 1928, quando Hannah tinha sete anos.

As poesias da infância expressam saudades da primavera, dos pássaros que a anunciam, cantos de amor e de respeito à sua mãe. Uma vez ou outra aparece a tristeza pela morte do pai: cantos tristes sobre a "felicidade perdida", sobre crianças felizes que vivem com seus pais. Em sua poesia "Chanuká" já aparecem indícios de seu orgulho patriótico judaico.

Nos cadernos de seus diários em hebraico foram encontradas as poesias "Nas fogueiras da guerra" (primeira poesia escrita em hebraico), "Caminhada para Cesareia" e "Semente". A última escrita a lápis, como se fosse um primeiro rascunho. Cada poesia era datada e trazia o nome do lugar onde fora composta. Todas foram transcritas sem correção de nada, além de falhas de ortografia. Da época da missão e da prisão recebemos três poesias. A primeira é "Colhemos flores", escrita na véspera de sua partida para a Iugoslávia. Hannah a entregou num envelope fechado a Tz.I., para que a guardasse até sua volta, com instruções de abri-lo caso não voltasse. As circunstâncias em que foi escrita a poesia "Abençoado o fósforo" já foram relatadas por Reuven Dafni. Sua última poesia, "Um—Dois—Três", foi encontrada entre suas roupas após a sua morte, escrita num papel amassado poucos dias depois de ter sido capturada.

* * *

O violino: Peça teatral sobre a vida no kibutz. O violino é sua primeira e última tentativa nesse gênero literário, escrita em hebraico. Hannah a iniciou em Sdot Yam-Cesareia e terminou-a, ao que parece, às vésperas de sua partida. Um ato inteiro e outras partes menores foram apagadas por Hannah, com a intenção de reescrevê-los. Um detalhe que merece ser mencionado é a parte apagada no segundo caderno, onde Yehudit conta, através de uma carta, o fim amargo e cruel do tio Artur (aquele tio que condenou sua partida e que, alguns dias antes, já durante a guerra, tentou exercer sua influência para fazê-la voltar à Hungria. "Ainda hoje não compreendem o que lhes aguarda"). Também esta obra nos permite ver o kibutz através de sua visão particular do mundo. A obra aparece escrita no último caderno de seu diário.

* * *

Em um de seus cadernos foram encontradas páginas dedicadas resumidamente a problemas do movimento trabalhista mundial. Ao que parece, foram pensamentos anotados durante uma reunião ou como material para a pauta. Comprovam a atenção que Hannah prestava a tudo o que acontecia no mundo durante a guerra, e em particular aos problemas dos movimentos trabalhistas no mundo. A primeira frase diz: "O problema primordial do movimento trabalhista, ao estourar a guerra, consiste em ver uma maneira de desencadear a revolução socialista nos países democráticos sem destruir assim a força de combate contra o fascismo". E é assim que termina o trecho: "Todos os movimentos trabalhistas esperam hoje o momento em que possam influenciar a assinatura do tratado de paz sobre bases sociais e política forte, para que não possibilite o retorno do regime burguês com todos os seus defeitos".

De seu último ano de vida – passado no Egito e na Iugoslávia, seguido pela sua prisão na Hungria – quase não há escritos, salvo algumas cartas isoladas e as três poesias já mencionadas. É inconcebível supor que Hannah não tenha se expressado num ano tão carregado de emoções e experiências. Sem dúvida, a força das circunstâncias em que transcorreram sua missão e subsequente captura impediu a conservação de seus escritos. Em algum lugar da Iugoslávia foi enterrada uma caixa com seus objetos. Até hoje essa caixa ainda não foi descoberta, e ninguém sabe o que contém. Quando estava entre os guerrilheiros, Hannah publicou no jornal *Frente* das mulheres antifascistas da Iugoslávia um artigo, na seção "A mulher na luta", com o título "O esforço de guerra da mulher no Império Britânico". Sua intenção, na realidade, era destacar a mobilização da mulher judia em Eretz Israel, mas esse era o único meio de transmitir sua mensagem.

Depois da publicação da primeira edição do livro *Hannah Senesh*: *Diários, poesias e testemunhos* e com a vinda de Katarina Senesh para Eretz Israel, foram acrescentadas às novas edições cartas à mãe e ao irmão datadas da época de Nahalal e anteriores à sua partida para a missão. Com a mãe chegaram muitos objetos ligados à infância de Hannah. Entre eles, chamou a atenção "O Jornal dos Pequenos Seneshes", seis revistas mensais dirigidas por Hannah e seu irmão quando crianças, cheias de graça em sua forma e conteúdo.

A mãe trouxe também o bilhete que Hannah lhe escreveu em seus últimos dias na prisão, anteriores à sua execução:

"Minha querida e amada mãe!

Não tenho palavras, só posso dizer-lhe isto: um milhão de vezes obrigada.

Perdoe-me, se puder. Você mesma entenderá por que palavras são desnecessárias...

Com amor infinito – tua filha."

Ao finalizar a leitura deste livro não choramos somente pela morte de Hannah, mas também pelo seu "violino" despedaçado. E, realmente, quem sabe o quanto perdemos com sua morte? Esse mesmo "violino" pelo qual ela tanto se inquietava na única peça teatral que escreveu, a cujos acordes perdidos ela tanto se agarrava e que pensava guardar e conservar para a geração vindoura, esse "violino" cujas cordas vibraram de repente... Sua morte fez surgir os acordes escondidos, e seus ecos maravilhosos chegaram a nossos ouvidos e ressoaram até as profundezas de nossa alma.

Que este livro seja um pequeno santuário à poesia de sua vida e morte.

O corpo de Hannah Senesh chega a Sdot Yam, 1950.

Funeral de Hannah Senesh, 1950.

Túmulo de Hannah Senesh no monte Herzl, em Jerusalém.

Posfácio

Como suportar o olhar de quem será morto?

Muitos livros me emocionaram ao longo da vida, mas jamais cheguei a chorar em alguma cena. Desta vez, aos setenta e cinco anos, parei de ler o texto e fiquei embargado, estava difícil. É o momento em que o pelotão de fuzilamento ergue as armas para matá-la e Hannah Senesh, com apenas vinte e três anos, recusa a venda, para olhar nos olhos daqueles que iam tirar sua vida. Que força a mantinha! A crença em seu país, a resistência ao nazismo que estava dizimando seu povo... O que o livro não diz, e eu como ficcionista e observador da vida gostaria de saber, é se algum daqueles executores suportou o olhar. Algum deles, por segundos, tornou-se humano e desviou os olhos, depois levou para a casa e para a vida aquele brilho que Hannah manteve com coragem e dignidade? Algum sobreviveu e carregou essa lembrança para sempre ou eram apenas assassinos frios e profissionais, agindo em nome da ideologia mais perversa que já houve sobre a terra? Algum suportou aquele olhar ou desmoronou? Algum entendeu que aquela jovem estava dizendo que os judeus não eram acomodados, nem ovelhas, mas dotados de imensa força interior?

Não sei se podemos definir Hannah como "heroína" – o termo me parece fraco. O que descobrimos neste livro é que estas pessoas excepcionais também carregam dúvidas, inquietações, hesitações, receios. A matéria que os constitui é uma potência forjada gradualmente a partir da realidade e dos sentimentos. Os verdadeiros heróis não possuem poderes extraordinários, nem são imortais, imbatíveis, indestrutíveis. A partir dessa premissa se vê como a história de Hannah Senesh nos assombra, porque é uma mulher que redime, nos faz acreditar no ser humano. Ela é uma heroína de carne e osso, como nós, uma pessoa que está ao nosso lado, mas que se diferencia porque é iluminada e nos mostra que a coragem é fé, determinação e crença na justiça, cada vez mais rara no mundo. Há na multidão de rostos comuns pessoas dispostas a se imolar por nós, sem misticismos fraudulentos, sem vozes interiores inexplicáveis e sobrenaturais.

Eis um romance de aventuras, sem o ser. Um poema épico, sem o ser. Um livro que nos revela como os mitos são construídos de matéria normal, moldados no cotidiano, no quase prosaico. Quando comecei a ler os diários e poemas perguntei a mim mesmo: onde se quer chegar? Que história é essa de uma jovenzinha judia que vai para Eretz Israel, participa da vida no kibutz, se indaga sobre o futuro desse país, quer viver uma história de amor, vê uma nação construída no deserto, crescendo sobre o nada, enquanto o mundo mergulha na guerra que matará milhões de pessoas? A guerra provocada pela sanha nazista vai destruindo e esta jovem que não tem vinte anos descasca batatas, lava meias, planta verduras, faz trabalho comunitário, socializado, tem saudades da mãe. Escreve poemas e cartas. Fala de pássaros e noites que caem, sentimentos de adolescente. Ela tem quinze anos e à medida que lemos estes poemas e cartas percebemos que alguma coisa está sendo moldada, a percepção de Hannah se abre, ela conhece os riscos que se calam, as lágrimas que oprimem. A narrativa se acelera à medida que ela vai se conscientizando de que há no mundo uma força profundamente errada, distorcida, direcionada para o mal sem limites. Então, conhecemos a jovem sionista que cria uma consciência de sua origem judaica. Hannah vai se transformando, forjando sua alma, focada, destinada a construir um lar judaico. Sem arroubos, com maturidade ainda aos vinte anos.

Mais do que uma história pessoal, esta é a história de um povo. Um livro sobre a história dos pioneiros do Estado de Israel, um romance de aventuras, um filme hollywoodiano em que os personagens não são clichês, pois eles têm alma, estrutura, são reais. Uma história quase inacreditável, felizmente contada numa estrutura que vai nos apertando o coração e nos levando às lágrimas diante da coragem, da força e da leveza de alma, do arrojo. Aprendemos aqui como a coragem nos torna divinos, indestrutíveis. Coragem é crer. As páginas da luta de Hannah como partisan, sua prisão e tortura. Hannah inquebrantável, colocando um tribunal em cheque. E estes juízes que a julgaram e a condenaram, como viveram os dias que se seguiram? Ou a consciência estava extirpada totalmente daquele regime brutal? O mesmo povo que deu ao mundo Anne Frank, revela Hannah – muito diferente, mas tocante, nos levando a olhar para dentro de nós, indagando: quem sou, o que sou, o que posso fazer, tenho coragem para fazer?

São Paulo, agosto de 2011
Ignácio de Loyola Brandão

Sobre a organizadora e tradutora e o posfaciador

Frida Milgrom nasceu no Rio de Janeiro (RJ), no dia 7 de maio de 1959. Aos dezenove anos migrou para Israel, onde nasceram seus três filhos, e onde estudou televisão no Neguev College. Durante onze anos viveu no Kibutz Bror-Chail, atuando sobretudo na organização de festas e eventos. Em 1990 transferiu-se para Guayaquil, Equador, trabalhando como freelancer numa produtora de TV, produzindo e dirigindo comerciais. Em 1994 fixou-se em São Paulo (SP), onde foi assistente editorial e secretária quadrilíngue do editor-chefe da revista da International Psychoanalytical Association, e secretária quadrilíngue da representante do Instituto Tecnológico de Israel na América Latina. Em 2007 produziu e secretariou o musical *José e seu manto technicolor*, apresentado no teatro Sérgio Cardoso. Em 2008 montou o Projeto Hannah Senesh, iniciativa educacional que visa divulgar a história dessa personagem histórica.

Ignácio de Loyola Brandão nasceu em Araraquara (SP), no dia 31 de julho de 1936. Jornalista, cronista, roteirista e romancista, é autor de mais de trinta títulos – entre eles, *Bebel que a cidade comeu* (romance, Prêmio Governador do Estado de São Paulo de Melhor Roteiro Cinematográfico, 1968), *Pega ele, Silêncio* (Prêmio Especial do I Concurso Nacional de Contos do Paraná, 1968) e *Zero* (Prêmio Melhor Ficção da Fundação Cultural do Distrito Federal, 1976). É membro da Academia Paulista de Letras.

Este livro, composto com tipografia Electra e
diagramado pela Alaúde Editorial Limitada,
foi impresso em papel Chamois Fine Dunas setenta
gramas pela Ipsis Gráfica e Editora Sociedade Anônima
no sexagésimo quarto ano da publicação do *Diário* de
Anne Frank. São Paulo, outubro de 2011.